# CUSTOS

3ª edição

## ANÁLISE E GESTÃO



Pearson Education
EMPRESA CIDADÃ

Evandir Megliorini

# CUSTOS

3ª edição

## ANÁLISE E GESTÃO

Pearson

*Diretor editorial:* Roger Trimer
*Gerente editorial:* Sabrina Cairo
*Editor de desenvolvimento:* Jean Xavier
*Coordenadora de produção editorial:* Thelma Babaoka
*Editora de texto:* Cibele Cesario
*Preparação:* Renata Siqueira de Campos
*Revisão:* Mônica Santos e Maria Cecília Madarás
*Capa:* Alexandre Mieda
*Projeto gráfico e diagramação:* Globaltec Editorial & Marketing

**Dados Internacionais de Catalogação na Publicação (CIP)**
**(Câmara Brasileira do Livro, SP, Brasil)**

Megliorini, Evandir
Custos: análise e gestão / Evandir Megliorini. — 3. ed. — São Paulo: Pearson Prentice Hall, 2012.

Bibliografia.
ISBN 978-85-7605-964-6

1. Contabilidade de custos I. Título.

11-09792 CDD-657.42

**Índice para catálogo sistemático:**
1. Contabilidade de custos 657.42

Direitos exclusivos cedidos à
Pearson Education do Brasil Ltda.,
uma empresa do grupo Pearson Education
Avenida Francisco Matarazzo, 1400
Torre Milano – 7o andar
CEP: 05033-070 -São Paulo-SP-Brasil
Telefone 19 3743-2155
pearsonuniversidades@pearson.com

Distribuição
Grupo A Educação
www.grupoa.com.br
Fone: 0800 703 3444

# Sumário

# Prefácio

Este livro é o resultado de muitos anos de experiência em sala de aula ministrando as disciplinas contabilidade de custos, análise de custos e contabilidade gerencial em cursos de graduação em administração, economia, engenharia e contabilidade, e também de minha vivência profissional em empresas.

Nele procurei enfocar os aspectos ligados a custos de maneira essencialmente prática, a fim de facilitar a compreensão para aqueles que estiverem iniciando seus estudos na área. A teoria vem sempre acompanhada de exemplos que permitem entender o modo como os custos são apurados e como podem ser empregados para determinar ponto de equilíbrio, preço de venda etc.

Ao final de cada capítulo, há várias atividades: ao todo, são 234 questões sobre os assuntos tratados e 206 exercícios. Essas atividades retratam situações que envolvem variados graus de dificuldade e permitem ao estudante avaliar quanto aprendeu. No final do livro, o aluno pode conferir suas respostas.

Na terceira edição foram acrescentados novos exemplos em vários capítulos bem como conteúdos com o propósito de melhorar a compreensão dos conceitos de custos. Também foram incluídos temas não tratados nas edições anteriores, especificamente, a questão ética na apuração dos custos e os custos que ocorrem fora do ambiente de produção. Novos exercícios propostos integram a presente edição.

Espera-se, assim, oferecer aos estudantes, professores e demais profissionais que se interessam pelo estudo dos assuntos aqui tratados um livro didático e objetivo para temas bastante complexos. Receberei com muita atenção quaisquer críticas ou sugestões dos leitores.

Evandir Megliorini

Os professores que utilizam este livro ainda podem contar com um manual de solução dos exercícios propostos, além de transparências em PowerPoint para auxiliá-los em suas aulas. Todo esse conteúdo está disponível no Site de Apoio (www.grupoa.com.br) e é protegido por senha. Para ter acesso a ele, o professor deve entrar em contato através do e-mail *divulgacao@grupoa.com.br*.

# Introdução

Conhecer custos é uma condição essencial para "tocar" uma empresa, independentemente do tipo — comercial, industrial ou prestadora de serviços — e do porte — pequeno, médio ou grande.

Em um mercado altamente competitivo, o conhecimento e a arte de administrar são fatores determinantes do sucesso de qualquer empresa. Em razão disso, não se pode relegar o cálculo dos custos a um plano secundário, pois eles constituem ferramentas auxiliares da boa administração.

Elaborar uma planilha e nela indicar os produtos,* lançar valores e proceder a uma série de cálculos que pareçam "lógicos" não significa que estejamos operando um sistema de custeio, e sim fazendo cálculos cujos resultados talvez não atendam às demandas dos gestores com vistas à tomada de decisões. Ainda que sejam utilizados modelos adotados com sucesso por outras empresas, o resultado pode não ser satisfatório, pois cada empresa possui suas peculiaridades. Para ser útil, o custo deve atender às necessidades para as quais foi calculado.

No contexto atual, de competição acirrada, verifica-se que o ciclo de vida dos produtos vem sendo progressivamente reduzido. Além disso, há um grau acentuado de personalização dos produtos, ao mesmo tempo em que as empresas apresentam linhas de produtos diversificadas. Em função desse cenário, as empresas precisam modificar continuamente sua estrutura operacional e, em consequência disso, sua estrutura de custos.

A preocupação das empresas, hoje, não está focada apenas nos custos de produção. Também são relevantes os custos de pesquisa e de desenvolvimento, os custos da engenharia com projetos e desenhos e os custos relacionados ao marketing, à logística e ao atendimento ao cliente.

Para atender às demandas informacionais dos gestores nesse novo ambiente, foram desenvolvidas novas abordagens para o cálculo e a análise de custos, e as que já existiam foram aperfeiçoadas. Entre as novas abordagens temos o custeio ABC, o custo-meta, o custeio do ciclo de vida, o custeio *kaizen* e a gestão econômica. Este livro apresenta ao leitor um panorama completo dos métodos de custeio por absorção, variável e por atividades e mostra como utilizá-los da maneira mais apropriada à sua empresa.

---

* Ao longo deste livro, o termo *produto* é utilizado para representar o objeto de negócio de uma empresa. Nesse caso, em empresas industriais, ele é empregado para designar o *item* por elas fabricado; em empresas comerciais, para denominar a *mercadoria* por elas revendida; e em empresas de serviços, para designar o *serviço* por elas prestado.

capítulo 1

# Bases para o conhecimento de custos

## OBJETIVO

O objetivo deste capítulo é apresentar os principais conceitos relacionados a custos, possibilitando ao leitor:

- identificar os métodos de custeio empregados na apuração dos custos;
- identificar os objetivos da contabilidade de custos;
- compreender o significado de custos e despesas;
- entender a terminologia aplicada;
- realizar a classificação dos custos.

## 1.1 Introdução

Os custos de uma empresa resultam da combinação de diversos fatores, entre os quais a capacitação tecnológica e produtiva no que diz respeito a processos, produtos e gestão; o nível de atualização da estrutura operacional e gerencial; e a qualificação da mão de obra.

De modo geral, os custos refletem uma série de variáveis, tanto internas como externas às empresas. Entre as variáveis internas estão o modo de operar, os comportamentos e as atitudes, e, como exemplo de variáveis externas, podemos citar o nível de demanda e os preços dos insumos.

Quanto mais estruturada for a empresa, melhores serão os resultados obtidos por meio de um sistema de custos e, uma vez que estruturar um sistema de custos é um assunto que mistura metas simples e um tratamento de dados complexo, é necessário definir seus objetivos.

Uma empresa apura seus custos visando:

**a)** ao atendimento de exigências legais quanto à apuração de resultados de suas atividades e avaliação de estoques;

**b)** ao conhecimento dos custos para a tomada de decisões corretas e o exercício de controles.

Para atender às exigências legais, a empresa precisa adequar seus métodos de apuração de custos aos princípios contábeis e estar em conformidade com as normas e legislações vigentes. Já para a tomada de decisões, podem ser empregados quaisquer métodos de custeio capazes de fornecer informações que atendam às necessidades gerenciais da empresa. A seguir, veremos quais são os métodos de custeio utilizados de acordo com os objetivos visados pela empresa.

## 1.2 Métodos de custeio

Os métodos de custeio determinam o modo de valoração dos objetos de custeio – que pode ser uma operação, uma atividade, um conjunto de atividades, um produto, um departamento etc. Existem diferentes métodos de custeio, os quais são adotados de acordo com os objetivos estabelecidos pela empresa: *custeio por absorção, custeio pleno, custeio variável* e *custeio ABC*.

Por exemplo: se o objetivo é conhecer a margem de contribuição, deve-se utilizar o custeio variável; se é atender aos usuários externos, deve-se utilizar o custeio por absorção; se é rastrear os custos, identificando fontes de desperdícios e a realização de atividades desnecessárias, deve-se optar pelo custeio ABC. Em algumas situações, pode ser necessário empregar mais de um método concomitantemente.

É comum encontrar, na literatura sobre contabilidade de custos, a classificação dos métodos de custeio em *tradicionais* e *contemporâneos*. Os *métodos de custeio tradicionais* são os que têm como foco principal a apuração do custo dos produtos, considerando que estes sejam geradores de custos. Tais métodos são adequados a ambientes de produção em que predominam os custos diretos (materiais e mão de obra direta). Entre os métodos de custeio tradicionais estão o custeio por absorção, o custeio pleno e o custeio variável, e todos eles têm relação com o conceito de que o comportamento dos custos varia de acordo com a quantidade fabricada, sendo considerados, portanto, métodos de custeio baseados em volume.

- *Custeio por absorção*: método de custeio pelo qual se apropriam aos produtos fabricados em determinado período todos os custos incorridos neste período, sejam fixos ou variáveis.
- *Custeio pleno*: método de custeio pelo qual se apropriam aos produtos fabricados em determinado período todos os custos e despesas incorridos neste período.
- *Custeio variável*: método de custeio pelo qual se apropriam aos produtos fabricados em determinado período somente os custos variáveis incorridos neste período.
- *Custeio ABC*: método de custeio pelo qual se apropriam, inicialmente, os custos dos recursos consumidos em determinado período às atividades executadas pela empresa. O custo dos produtos resulta da soma dos custos das atividades necessárias à sua fabricação.

A rápida evolução tecnológica que vem ocorrendo desde o final do século XX, em resposta a um ambiente competitivo mais intenso, tem obrigado as empresas a reformular continuamente suas estratégias e a se preocupar cada vez mais com a gestão de custos. Como resultado, os *métodos de custeio contemporâneos*, com novas abordagens de gestão de custos, têm sido elaborados para aplicações específicas, com destaque para o custeio ABC. Por exemplo, pelo Custeio ABC é possível identificar atividades que agregam valor e aquelas que não agregam valor (atividades que realmente necessitam ser realizadas para atender ao que o cliente solicita ou para a gestão da empresa e atividades que poderiam ser eliminadas sem afetar o que o cliente solicita ou a gestão da empresa).

Entre as novas abordagens, destacam-se o conceito de ciclo de vida dos produtos, o custeio-alvo, a teoria das restrições e o sistema de gestão econômica. Agora que já vimos quais são os métodos utilizados, vamos entender quais são os objetivos da contabilidade de custos.

## 1.3 Objetivos da contabilidade de custos

Como visto na Seção 1.1, os custos são determinados para que se atinjam os objetivos relacionados à determinação do lucro, ao controle das operações e à tomada de decisões. Além desses objetivos, as informações geradas pela contabilidade de custos subsidiam:

- a determinação dos custos dos insumos aplicados na produção;

- a determinação dos custos das diversas áreas que compõem a empresa;
- as políticas de redução de custos dos insumos aplicados na produção ou das diversas áreas que compõem a empresa;
- o controle das operações e das atividades;
- a administração, auxiliando-a na tomada de decisões ou na solução de problemas especiais;
- as políticas de redução de desperdício de material, tempo ocioso etc.;
- a elaboração de orçamentos.

A contabilidade de custos também auxilia na solução de problemas relacionados:

- ao preço de venda;
- à contribuição de cada produto ou linha de produtos para o lucro da empresa;
- ao preço mínimo de determinado produto em situações especiais;
- ao nível mínimo de atividades exigido para que o negócio passe a ser viável;
- ao gerenciamento dos custos;
- a diversos problemas específicos.

## 1.4 O significado de custos e despesas na demonstração de resultados

Os termos *custos* e *despesas* são encontrados na demonstração de resultados das empresas, tanto nas industriais quanto nas comerciais e nas prestadoras de serviços. Os custos referem-se a produtos, mercadorias ou serviços entregues ou prestados aos clientes, gerando as respectivas receitas (no Capítulo 2, na página 78, discute-se uma situação especial de reconhecimento de custos e receitas relacionada a encomendas de execução de longo prazo). Assim, se a receita corresponder à venda de cem unidades do produto X, o custo corresponderá a cem unidades desse produto. Desse modo, na demonstração de resultados, os custos estão associados às respectivas receitas.

As despesas são consideradas esforços realizados para gerar a receita e administrar a empresa, e os valores lançados na demonstração de resultados correspondem ao período a que a demonstração se refere. Assim, caso ela se refira ao ano de 2XX4, as despesas corresponderão ao acumulado de janeiro a dezembro desse ano.

### 1.4.1 Empresa industrial

Uma empresa industrial incorre diariamente em uma série de gastos para realizar suas atividades administrativas, fabris e comerciais, como a compra de matéria-prima para a fabricação de seus produtos, a aquisição de material de escritório, o pagamento de taxas e impostos, a manutenção dos bens patrimoniais, a folha de pagamento etc.

Nem sempre, porém, esses gastos são considerados custos, pois alguns deles são tratados como despesas e outros, como investimentos (veja a Seção 1.5). Em uma demonstração de resultados típica de uma empresa industrial, encontramos os custos e as despesas lançados separadamente:

| | | |
|---|---|---|
| | Receita de vendas | $ xxx.xxx,xx |
| (–) | Custo dos produtos vendidos | $ xxx.xxx,xx |
| (=) | Lucro bruto | $ xxx.xxx,xx |
| (–) | Despesas administrativas e de vendas | $ xxx.xxx,xx |
| (=) | Lucro operacional | $ xxx.xxx,xx |

Os custos nas empresas industriais correspondem aos gastos relativos à fabricação dos produtos, ao passo que as despesas referem-se aos gastos relacionados à administração da empresa e à geração de receita.

Para facilitar o entendimento do significado dos termos *custos* e *despesas*, vamos utilizar um organograma (Figura 1.1), no qual dividiremos os departamentos de uma empresa em três grupos: administração, vendas e fábrica, representados, respectivamente, pelas diretorias de administração, comercial e fabril.

- *Administração*: engloba todos os departamentos administrativos, entre eles recursos humanos, processamento de dados, contabilidade, financeiro etc.
- *Vendas*: engloba todos os departamentos relacionados à atividade comercial, como serviço de atendimento ao cliente, vendas, representantes, marketing etc.
- *Fábrica*: é a divisão da empresa onde os produtos são fabricados. Compõe-se de departamentos de apoio à produção, como administração da fábrica (que inclui a engenharia do produto, a engenharia do processo ou industrial, o planejamento e o controle de produção), almoxarifado, controle da qualidade etc., e de departamentos de produção como usinagem, montagem, pintura etc.

Assim, os custos e as despesas são identificados de acordo com as divisões da empresa industrial em que são gerados:

| Fábrica | Administração | Vendas |
|---|---|---|
| Nesta divisão ocorrem os CUSTOS | Nestas divisões ocorrem as DESPESAS | |

**Figura 1.1**

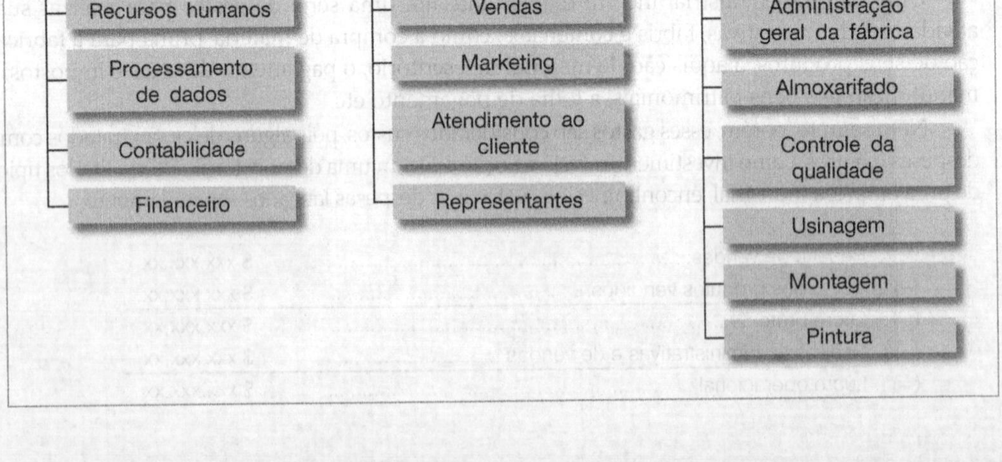

Na demonstração de resultados, as despesas correspondem às incorridas nas divisões de administração e de vendas durante o exercício. Já os custos dos produtos vendidos (CPV) são os que incorrem na divisão de fábrica e que na demonstração de resultados correspondem à quantidade vendida. Isso funciona dessa maneira porque, muitas vezes, apenas parte da produção de um período é vendida, e o restante é estocado para venda em outro período.

Para exemplificar, consideremos que a empresa J. Glória Ltda. tenha iniciado suas atividades no ano de 2XX6, produzindo apenas o produto Alfa. Nesse ano, fabricou 10 mil unidades. Não restou nenhuma unidade semiacabada desse produto ao final do ano na produção em andamento. Foram vendidas 8 mil unidades ao preço de $ 10,00 cada. No ano, foram adquiridos $ 30.000,00 de matérias-primas, tendo sido consumido na produção 80% do volume comprado. O custo com a mão de obra direta foi de $ 12.000,00 no ano e os custos indiretos totalizaram $ 18.000,00. As despesas administrativas totalizaram $ 12.000,00 e as despesas de vendas totalizaram $ 7.000,00.

Assim, o custo da produção das 10 mil unidades de Alfa totalizou $ 54.000,00, sendo $ 24.000,00 de matéria-prima, $ 12.000,00 de mão de obra direta e $ 18.000,00 de custos indiretos. O custo é de $ 5,40 por unidade. Como foram vendidas 8 mil unidades, o custo dos produtos vendidos é de $ 43.200,00 e, como mostra a tabela a seguir, a demonstração de resultados desse primeiro ano aponta um lucro operacional de $ 17.800,00.

| | | |
|---|---|---|
| | Receita de vendas | $ 80.000,00 |
| (–) | Custo dos produtos vendidos | $ 43.200,00 |
| (=) | Lucro bruto | $ 36.800,00 |
| (–) | Despesas administrativas | $ 12.000,00 |
| (–) | Despesas de vendas | $ 7.000,00 |
| (=) | Lucro operacional | $ 17.800,00 |

O saldo de estoque de matéria-prima da J. Glória ao final do ano foi de $ 6.000,00, o que corresponde ao valor de aquisição, $ 30.000,00, deduzido do valor aplicado na produção, $ 24.000,00. O saldo de estoque de produtos acabados da J. Glória ao final do ano foi de $ 10.800,00, o que corresponde ao custo de produção, $ 54.000,00, deduzido do custo dos produtos vendidos, $ 43.200,00. Para compreender melhor os conceitos, veja o esquema de demonstração de resultados do exercício, apresentado na página seguinte.

## 1.4.2 Empresa comercial

Assim como a empresa industrial, a comercial também incorre diariamente em uma série de gastos para realizar suas atividades operacionais, os quais incluem a compra de mercadorias para revenda, a aquisição de material de escritório, o pagamento de taxas e impostos, a manutenção dos bens patrimoniais, a folha de pagamento etc.

Em uma demonstração de resultados típica de uma empresa comercial, também encontramos os custos e as despesas lançados separadamente:

| | | |
|---|---|---|
| | Receita de vendas | $ xxx.xxx,xx |
| (–) | Custo das mercadorias vendidas | $ xxx.xxx,xx |
| (=) | Lucro bruto | $ xxx.xxx,xx |
| (–) | Despesas administrativas e de vendas | $ xxx.xxx,xx |
| (=) | Lucro operacional | $ xxx.xxx,xx |

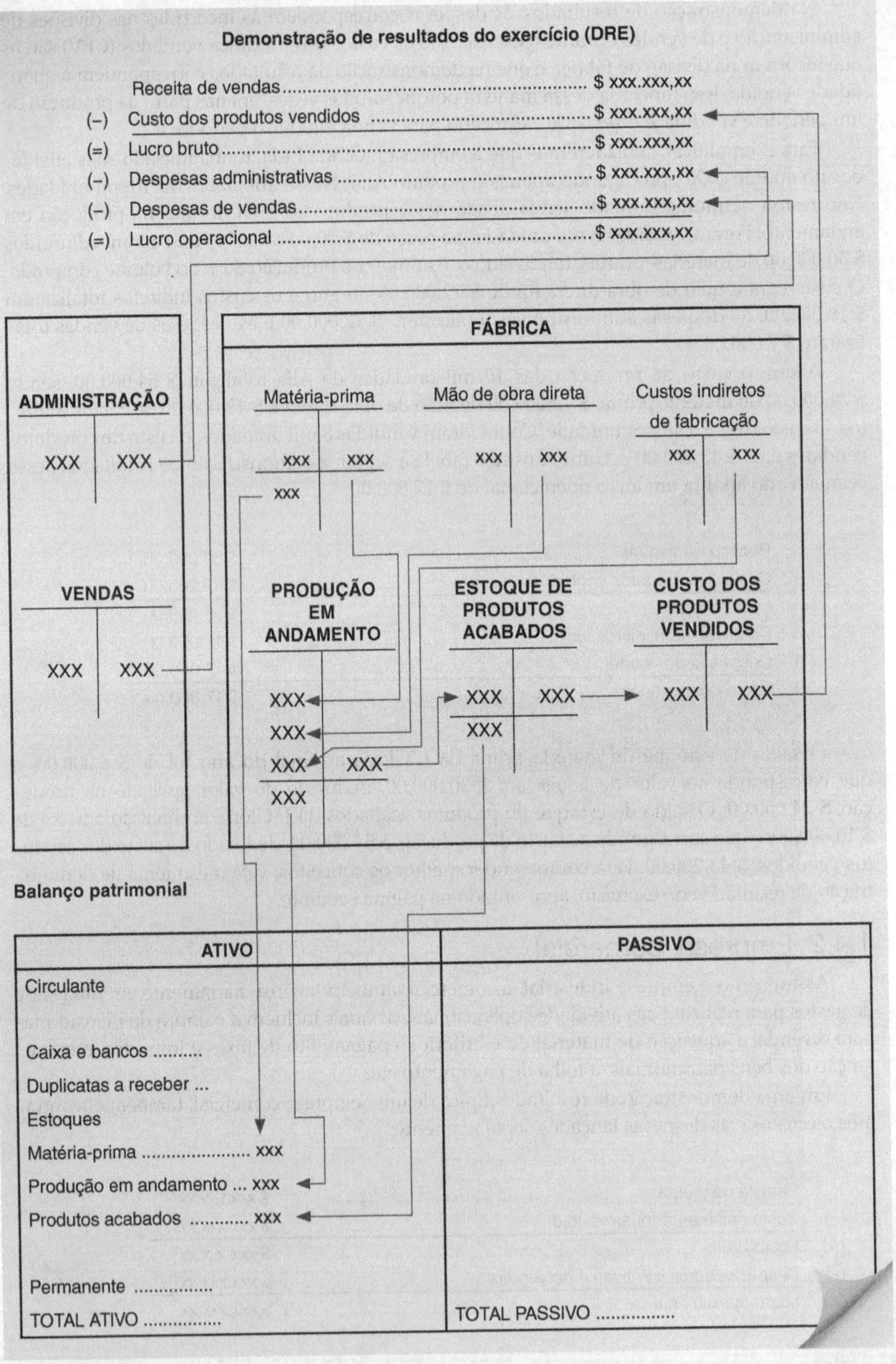
Demonstração de resultados do exercício (DRE)
Receita de vendas ........................................................ $ xxx.xxx,xx
(–) Custo dos produtos vendidos ........................................ $ xxx.xxx,xx
(=) Lucro bruto ........................................................ $ xxx.xxx,xx
(–) Despesas administrativas ........................................... $ xxx.xxx,xx
(–) Despesas de vendas ................................................. $ xxx.xxx,xx
(=) Lucro operacional .................................................. $ xxx.xxx,xx
ADMINISTRAÇÃO
XXX XXX
VENDAS
XXX XXX
FÁBRICA
Matéria-prima
XXX XXX
XXX
Mão de obra direta
XXX XXX
Custos indiretos de fabricação
XXX XXX
PRODUÇÃO EM ANDAMENTO
XXX
XXX
XXX XXX
XXX
ESTOQUE DE PRODUTOS ACABADOS
XXX XXX
XXX
CUSTO DOS PRODUTOS VENDIDOS
XXX XXX
Balanço patrimonial
ATIVO
Circulante
Caixa e bancos ..........
Duplicatas a receber ...
Estoques
Matéria-prima ...................... XXX
Produção em andamento ... XXX
Produtos acabados ............ XXX
Permanente ................
TOTAL ATIVO ................
PASSIVO
TOTAL PASSIVO ................

Diferentemente da empresa industrial, que fabrica seus produtos, a empresa comercial apenas revende as mercadorias sem alterá-las, no mesmo estado em que as recebe de seus fornecedores. Sendo assim, podemos concluir que os custos, nas empresas comerciais, correspondem aos gastos relativos à aquisição das mercadorias; na demonstração de resultados, correspondem à quantidade vendida. As despesas referem-se aos gastos relacionados à administração da empresa e à geração de receitas.

### 1.4.3 Empresa prestadora de serviços

Como nas empresas industrial e comercial, a empresa prestadora de serviços também incorre diariamente em uma série de gastos para realizar suas atividades operacionais, como a compra de materiais a serem aplicados na execução dos serviços, a aquisição de material de escritório, o pagamento de taxas e impostos, a manutenção dos bens patrimoniais, a folha de pagamento etc. Em uma demonstração de resultados típica de uma empresa prestadora de serviços, os custos e as despesas também são lançados separadamente:

| | | |
|---|---|---|
| | Receita de vendas | $ xxx.xxx,xx |
| (–) | Custo dos serviços prestados | $ xxx.xxx,xx |
| (=) | Lucro bruto | $ xxx.xxx,xx |
| (–) | Despesas administrativas e de vendas | $ xxx.xxx,xx |
| (=) | Lucro operacional | $ xxx.xxx,xx |

Os custos, nas empresas prestadoras de serviços, correspondem aos gastos relativos à execução dos serviços, ao passo que as despesas correspondem aos gastos relacionados à administração da empresa e à geração de receitas incorridas durante o exercício.

## 1.5 Terminologia aplicada

Para entender a sistemática da apuração de custos, é necessário conhecer o significado dos principais termos utilizados nessa área. Embora na literatura especializada encontremos conceitos diversos para esses termos, neste livro vamos considerar os seguintes significados:

**a)** Gastos: correspondem aos compromissos financeiros assumidos por uma empresa no tocante à aquisição de:
- recursos que serão consumidos no ambiente fabril para a fabricação do produto;
- mercadorias para revenda;
- recursos para a realização de serviços;
- recursos a ser consumidos no ambiente de administração;
- recursos a ser consumidos no ambiente comercial.

**b)** Custos: correspondem à parcela dos gastos consumida no ambiente fabril para a fabricação do produto, pela aquisição de mercadorias para revenda e para a realização de serviços.

**c)** Despesas: correspondem à parcela dos gastos consumida para administrar a empresa e realizar as vendas, isto é, para gerar a receita. São representadas pelas despesas administrativas e pelas despesas de vendas.

**d)** Investimentos: correspondem à parcela dos gastos registrada em contas do ativo da empresa. Podem se referir à aquisição de matéria-prima, mercadorias para revenda e materiais diversos (registrados em contas representativas de estoque), à aquisição de máquinas ou veículos (registrados em contas do ativo imobilizado) ou mesmo à aquisição de ações de outras empresas.

Vamos tomar como exemplo a aquisição de uma matéria-prima. A compra (à vista ou a prazo) é um gasto. Ao abastecer o estoque de matéria-prima, temos um investimento, ou seja, o montante gasto com a aquisição será registrado na respectiva conta do ativo circulante até que o material seja requisitado para consumo, isto é, aplicado na fabricação de um produto. Quando requisitamos esse material do estoque e o aplicamos na produção, temos o custo. Ao concluir o produto e estocá-lo para venda, temos novamente um investimento (registro do custo de fabricação no estoque de produtos acabados). Quando retirado do estoque de produtos acabados para venda, temos o custo do produto vendido. Os gastos incorridos para realizar a venda do produto e para administrar a empresa serão considerados despesas.

A aquisição de uma máquina é um investimento registrado na respectiva conta do ativo imobilizado e, pela depreciação, teremos um custo ou uma despesa, dependendo do departamento (fabril, administrativo ou comercial) em que essa máquina for utilizada.

## 1.6 Classificação dos custos

Os custos precisam ser classificados para atender às diversas finalidades para as quais são apurados. Para facilitar essa classificação, vamos considerar uma empresa industrial e, como objetos de custeio, os produtos por ela fabricados. As duas classificações básicas são as que permitem determinar (1) o custo de cada produto fabricado e (2) seu comportamento em diferentes volumes de produção nos quais a empresa possa operar.

1. Quanto aos produtos fabricados: para que se apropriem os custos aos produtos, eles são classificados em *custos diretos* e *custos indiretos*.
2. Quanto ao comportamento em diferentes volumes de produção: para que os custos de diferentes volumes de produção sejam determinados, eles são classificados em *custos fixos* e *custos variáveis*.

### 1.6.1 Custos diretos e custos indiretos

Todos os gastos ocorridos na divisão de fábrica são classificados como custos. Assim, a matéria-prima, a mão de obra, a energia elétrica, a depreciação e até mesmo o cafezinho e os materiais de higiene e limpeza consumidos pela divisão de fábrica constituem custos. E, como os custos são apropriados aos produtos, há de se estabelecer critérios para isso. A separação desses custos em *diretos* e *indiretos* vai ao encontro dessa necessidade (veja a Figura 1.2).

A regra básica para essa classificação é: se for possível identificar a quantidade do elemento de custo aplicada no produto, o custo será direto. Se não for possível identificar essa quantidade, o custo será indireto.

Desse modo, os termos *direto* e *indireto* são empregados com os seguintes sentidos:

**a)** Direto: a apropriação de um custo ao produto se dá pelo que esse produto consumiu de fato. No caso da matéria-prima, pela quantidade efetivamente consumida, e, no caso da mão de obra direta, pela quantidade de horas de trabalho.

**b)** Indireto: a apropriação de um custo ao produto ocorre por rateio, que faz que essa apropriação seja descaracterizada como direta.

Para entender o que significam custo direto e custo indireto, suponha que um grupo de amigos resolva fazer uma comemoração em um restaurante. Todos se sentam à mesa e fazem seus pedidos. Ao término da comemoração, será realizado um rateio do valor gasto entre os ami-

**Figura 1.2**

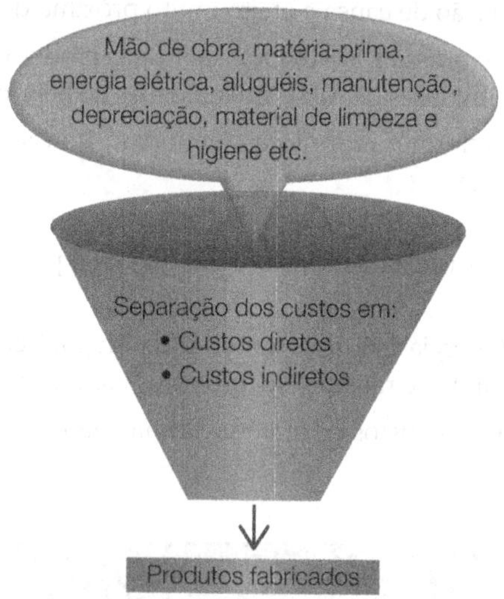


gos e, para isso, pode-se usar como base de rateio o número de pessoas presentes (condição que determinará que cada um contribua com o mesmo valor) ou outra base qualquer, como ratear o total de modo proporcional ao peso ou à idade de cada pessoa, e assim por diante. Caracteriza-se, dessa maneira, a distribuição do valor gasto aos presentes de maneira indireta, ou seja, eles não contribuirão pelo que efetivamente consumiram; na verdade, a base de rateio acordada procura "refletir"o que cada um deve ter consumido.

Por outro lado, se cada um dos presentes se sentasse em mesas separadas e seus gastos individuais fossem identificados, esses custos seriam diretos.

Assim, podemos definir alguns conceitos:

> **Custos diretos:** são os custos apropriados aos produtos conforme o consumo. Exemplos clássicos de custos diretos são a matéria-prima e a mão de obra direta. Se outro elemento de custo tiver sua medição do consumo no produto, esse custo será considerado direto. Exemplo disso pode ser a energia elétrica. Caso haja aparelhos medidores do consumo de energia nas máquinas de modo a realizar um controle do que cada uma delas consome, esse custo também será direto.

A matéria-prima classificada como custo direto corresponde aos materiais cujo consumo pode ser quantificado no produto. Se não for possível identificar a quantidade aplicada no produto, o material passa a ser apropriado como um custo indireto. Por exemplo: os parafusos utilizados em uma carteira escolar são custos diretos; já a tinta e a solda empregadas na carteira são consideradas custos indiretos, pelo fato de não ser possível obter o consumo por unidade fabricada. Já a mão de obra direta compreende os funcionários que atuam diretamente na fabricação do produto, cujo tempo gasto possa ser identificado, isto é, apontado no produto.

> **Custos indiretos:** são os custos apropriados aos produtos de acordo com uma base de rateio ou outro critério de apropriação. Essa base de rateio deve guardar uma relação próxima entre o custo indireto e o produto. Em geral, são empregados como bases de rateio: o período (em horas) de emprego de mão de obra; o período (em horas) de utilização das máquinas na fabricação dos produtos; a quantidade (em quilos) de matéria-prima consumida etc. Um bom exemplo é o custo da energia elétrica, que pode ser rateado em proporção às horas de

utilização das máquinas pelos produtos, considerando que o consumo de energia desses produtos tenha uma relação de causa e efeito muito próxima dessas horas.

Vejamos um exemplo: a empresa J. Flores Ltda. fabrica os produtos Alfa e Beta. Durante o mês de abril foram fabricadas 180 unidades de Alfa e 240 unidades de Beta, com os seguintes custos:

- matéria-prima: conforme requisições emitidas, tem-se $ 12.000,00 para Alfa e $ 15.000,00 para Beta;
- mão de obra direta: conforme apontamento de horas, tem-se 300 horas em Alfa e 350 horas em Beta. O custo da mão de obra foi calculado pela contabilidade de custos em $ 25,00 por hora.
- custos indiretos (energia elétrica, depreciação, aluguel etc.): $ 19.500,00 no mês. O total de custos indiretos é rateado aos produtos conforme as horas de mão de obra.

Na tabela a seguir, temos os custos de matéria-prima, mão de obra direta e custos indiretos apropriados aos produtos.

| Produtos | Quantidade fabricada | Horas de mão de obra | Custos | | | |
|---|---|---|---|---|---|---|
| | | | Matéria-prima | Mão de obra | Custos indiretos | TOTAL |
| Alfa | 180 | 300 | 12.000,00 | 7.500,00 | 9.000,00 | 28.500,00 |
| Beta | 240 | 350 | 15.000,00 | 8.750,00 | 10.500,00 | 34.250,00 |
| TOTAL | | 650 | 27.000,00 | 16.250,00 | 19.500,00 | 62.750,00 |

Salienta-se que o custo total dos produtos Alfa e Beta será diferente caso a base de rateio seja outra que não as horas de mão de obra.

## 1.6.2 Custos fixos e custos variáveis

Para que possamos estudar o comportamento dos custos, classificaremos como custos fixos e custos variáveis as contas antes classificadas como custos diretos e custos indiretos. Essa classificação ocorre de acordo com o comportamento dos elementos de custo em relação às possíveis mudanças no volume de produção. A ideia é a seguinte: para certo volume de produção incorre-se em determinado montante de custos. Se esse volume aumentar ou diminuir, o consumo de alguns elementos de custos acompanhará a oscilação para mais ou para menos, outros não.

Veja o que pode acontecer quando um empreendedor resolve montar uma fábrica com capacidade para processar dez toneladas/mês de matéria-prima na fabricação de seu produto. Em primeiro lugar, é preciso instalar uma estrutura capaz de suportar esse volume de produção. Essa estrutura gera certos elementos de custos, como aluguel do prédio onde a empresa será instalada, depreciação de máquinas e equipamentos, funcionários etc. Se a fábrica não produzir nada ou se sua produção chegar a dez toneladas, os custos permanecerão iguais. São os chamados *custos fixos*, isto é, que ocorrem de qualquer maneira, pois sustentam a estrutura operacional da empresa. Quando esta fábrica entra em operação, passa a consumir matéria-prima, energia elétrica e outros elementos de custos gerados pelo ato de fabricar. São os *custos variáveis,* cujo consumo será maior ou menor de acordo com o volume de produção. Esse tipo de custo só ocorre quando há produção.

Portanto, para classificar um elemento de custo como fixo ou variável, é preciso verificar como ele reage às alterações no volume de produção, ou seja, se o volume de produção se alterar e o custo também, ele será variável; do contrário, será fixo. Assim, podemos dizer que:

**Custos fixos:** são aqueles que decorrem da manutenção da estrutura produtiva da empresa, independendo da quantidade que venha a ser fabricada dentro do limite da capacidade instalada. Exemplos desse comportamento são o custo do aluguel e a depreciação. Assim, tomando como base o exemplo citado, independentemente de a fábrica produzir zero ou dez toneladas de produto, os custos fixos permanecerão os mesmos.

O Gráfico 1.1 facilita a compreensão desses conceitos. Ele representa o comportamento do custo fixo: em qualquer volume de produção entre zero e dez toneladas, e esse custo não se altera.

**Gráfico 1.1**

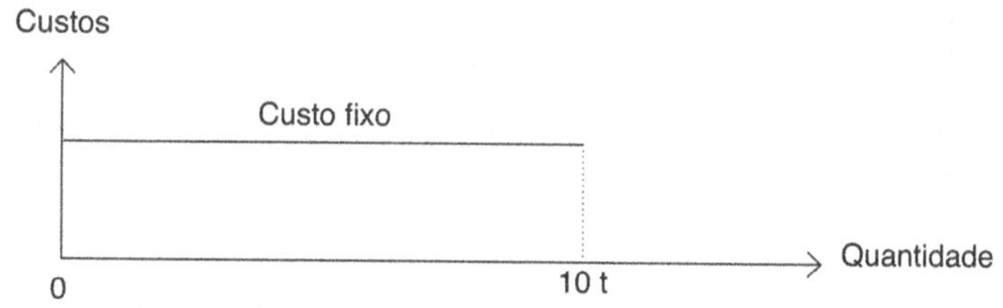


Espera-se que, quanto mais próximo do volume máximo de produção, menor seja o custo por unidade fabricada, em razão da economia de escala proporcionada. O Gráfico 1.2 ilustra essa situação:

**Gráfico 1.2**

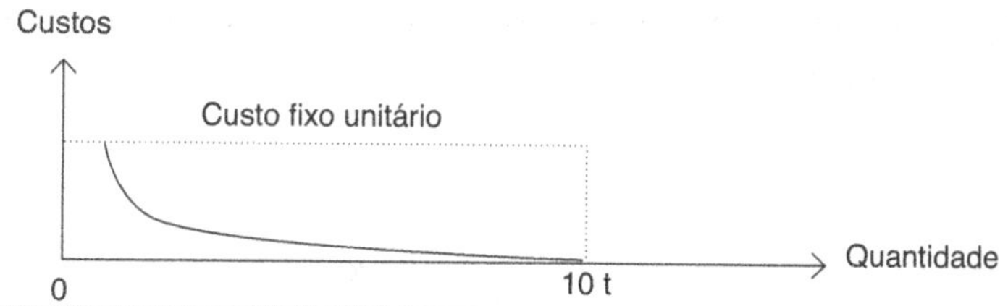


Observe que a reta do custo fixo unitário não começa na quantidade zero, mas na primeira unidade, pois, nesse volume de produção, é ela que absorve todo o custo.

**Custos variáveis:** são aqueles que aumentam ou diminuem conforme o volume de produção. São exemplos desse comportamento os custos da matéria-prima (quanto mais se produz, maior a necessidade; portanto, maior o custo) e da energia elétrica (quanto mais se produz, maior o uso de máquinas e equipamentos elétricos; consequentemente, maiores o consumo e o custo). A representação gráfica dos custos variáveis é:

**Gráfico 1.3**

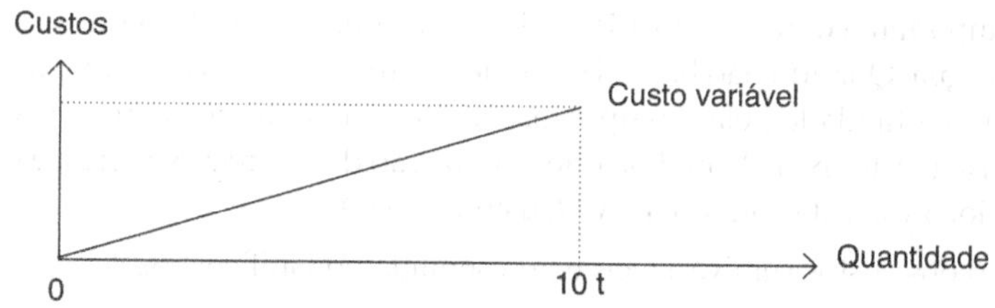

Em razão do comportamento dos custos variáveis, espera-se que cada unidade fabricada tenha o mesmo custo. O Gráfico 1.4 traz uma representação para o custo variável unitário. Observe que a reta do custo variável unitário não inicia na quantidade zero, mas na primeira unidade, pois, na quantidade zero, não ocorrem custos variáveis.

**Gráfico 1.4**

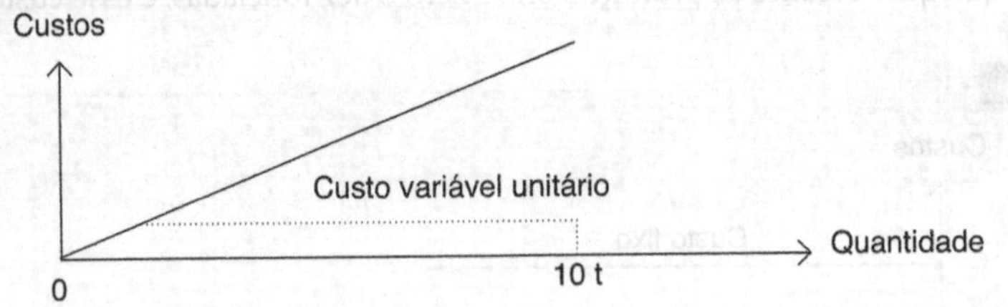


Atenção: alguns elementos classificados como custos variáveis podem apresentar comportamentos como este: provavelmente, ao iniciar suas atividades, uma empresa não contará com funcionários bem treinados, o que pode levar a grande desperdício de tempo e matéria-prima, bem como a desajustes nas máquinas, impedindo o bom aproveitamento da matéria-prima. Assim, o custo variável das unidades iniciais deverá ser maior do que quando a empresa já estiver operando em condições ideais. Nos capítulos 3 (Seção 3.8.5) e 7 (Seção 7.14.1), voltaremos a esse assunto.

**Custo total:** é o somatório dos custos fixos e variáveis. Graficamente, o custo total tem a seguinte representação:

**Gráfico 1.5**

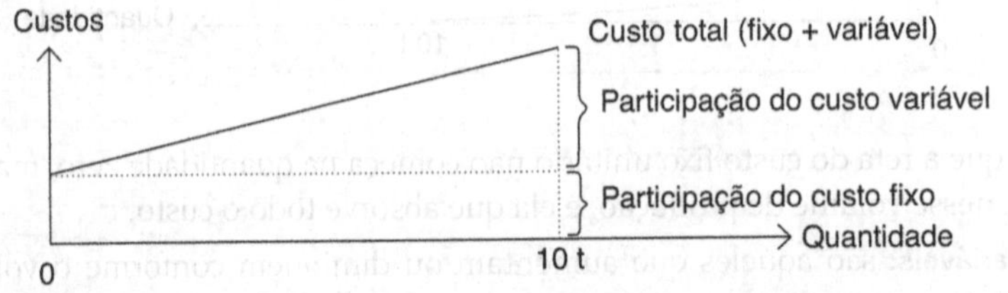


Além da classificação dos custos em fixos e variáveis, há mais duas classificações possíveis: *custos semivariáveis* e *custos semifixos*.

**Custos semivariáveis:** são os elementos de custos que possuem, em seu valor, uma parcela fixa e outra variável, isto é, têm um comportamento de custo fixo até certo momento e depois se comportam como custo variável. Bons exemplos desse tipo de custo são a energia elétrica e a água. Quando não há utilização desses recursos ou o consumo fica abaixo de um valor mínimo estipulado pelas companhias de fornecimento de energia e de água, paga-se uma taxa fixa (custo fixo). À medida que a utilização desses recursos cresce com o aumento da produção, o valor da conta se eleva (custo variável).

A ilustração dos custos semivariáveis é apresentada no Gráfico 1.6.

**Gráfico 1.6**

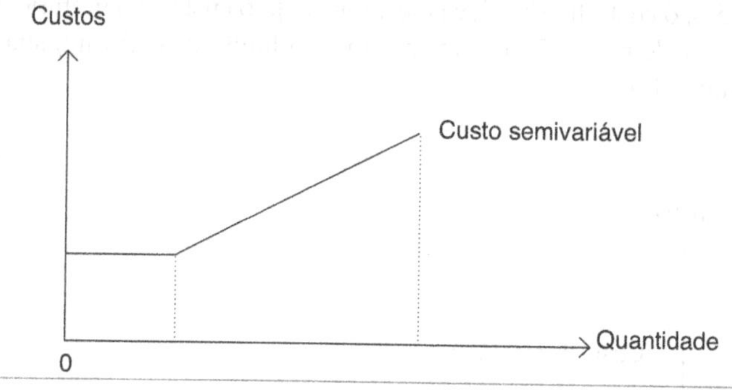


Já o custo semivariável unitário teria a representação do Gráfico 1.7:

**Gráfico 1.7**

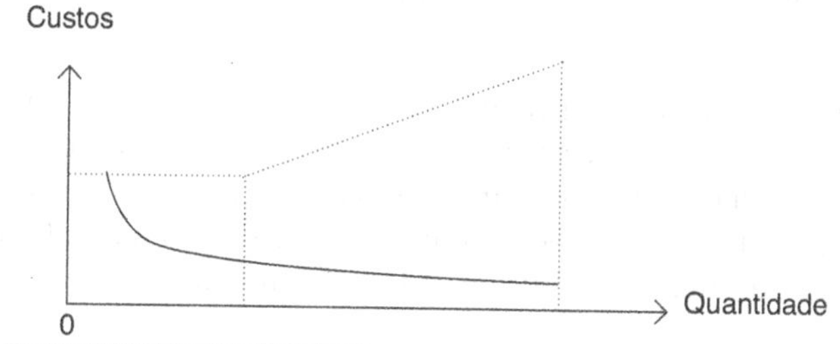


**Custos semifixos:** são os elementos de custos classificados como fixos, mas se alteram em decorrência de mudanças na capacidade de produção instalada. Como vimos anteriormente, em qualquer volume de produção entre zero e dez toneladas, os custos fixos se mantêm iguais em períodos de produção e de não produção. Se a demanda aumentar e a empresa decidir expandir sua capacidade de produção, passando a fabricar 15 toneladas de produto, talvez tenha de alugar outro galpão, adquirir novas máquinas, contratar mais funcionários etc. Os custos fixos para essa capacidade serão maiores e permanecerão constantes nesse novo patamar. Se ocorrer outro aumento da capacidade, o processo se repetirá. Assim, os custos fixos crescem em patamares. O oposto também ocorre: quando a capacidade de produção é reduzida, o mesmo ocorre com os custos, cuja redução se dá em patamares. Essa situação é apresentada no Gráfico 1.8.

**Gráfico 1.8**

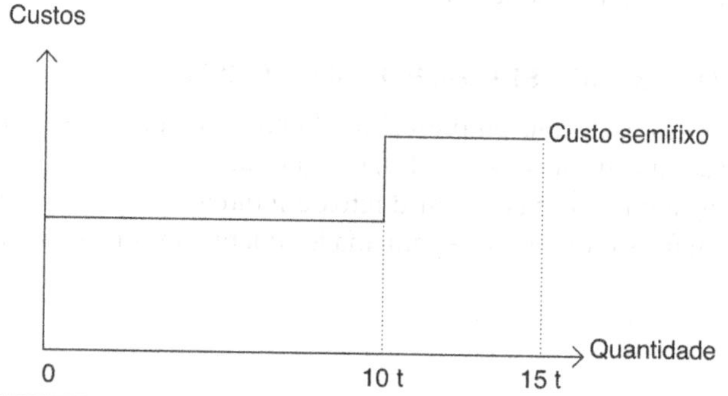

O Gráfico 1.8 representa o comportamento do custo semifixo: quando a produção passa de dez para 15 toneladas, o custo fixo se eleva e estabiliza. Já o custo fixo unitário é maior no início de cada novo patamar de produção e será mínimo no limite dele. Assim, sua representação é apresentada no Gráfico 1.9:

Gráfico 1.9

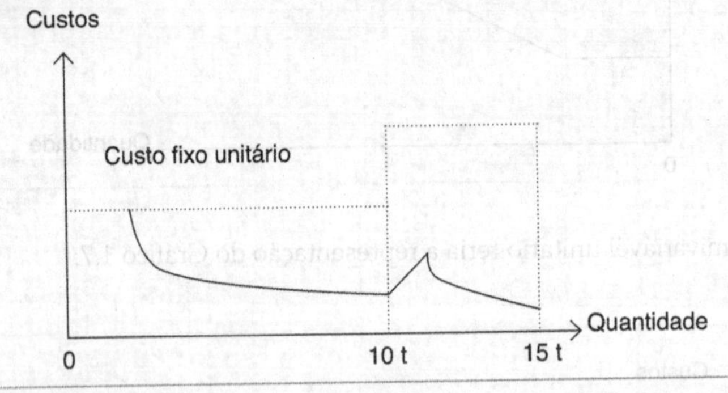


Observa-se que a reta do custo fixo unitário não começa na quantidade zero, mas na primeira unidade, pois, nesse volume de produção, é ela que absorve todo o custo fixo. No início de um novo patamar, é a primeira unidade que recebe a maior parcela do custo fixo.

Exemplo: a Cia. P. Princesa Isabel tem capacidade de produzir 60 unidades mensais de seu produto Alfa. No mês de outubro, fabricou 50 unidades desse produto com os seguintes custos:

- matéria-prima = $ 12.000,00;
- mão de obra direta = $ 10.800,00;
- energia elétrica = $ 5.000,00;
- aluguel do prédio = $ 10.000,00;
- seguro = $ 3.500,00;
- depreciação = $ 5.000,00.

Os custos variáveis totalizam $ 27.800,00, correspondentes a matéria-prima, mão de obra direta e energia elétrica. Os custos fixos totalizam $ 18.500,00, correspondentes ao aluguel do prédio, seguro e depreciação. Assim, o custo de cada unidade de Alfa é de $ 926,00, sendo $ 556,00 de custos variáveis e $ 370,00 de custos fixos.

Caso a produção fosse, digamos, de 55 unidades, o custo variável de cada unidade seria os mesmos $ 556,00, o que totalizaria $ 30.580,00, e o custo fixo agora seria $ 336,36 por unidade. O custo de cada unidade seria de $ 892,36.

## 1.6.3 Resumo da classificação dos gastos

Ao classificar os gastos de uma empresa, inicialmente os separamos de acordo com as divisões (de fábrica, de administração e de vendas) em que são gerados.

Em seguida, separamos os custos em diretos e indiretos — para que sejam apropriados aos produtos — e em fixos e variáveis — para análise quanto ao comportamento em relação ao volume fabricado.

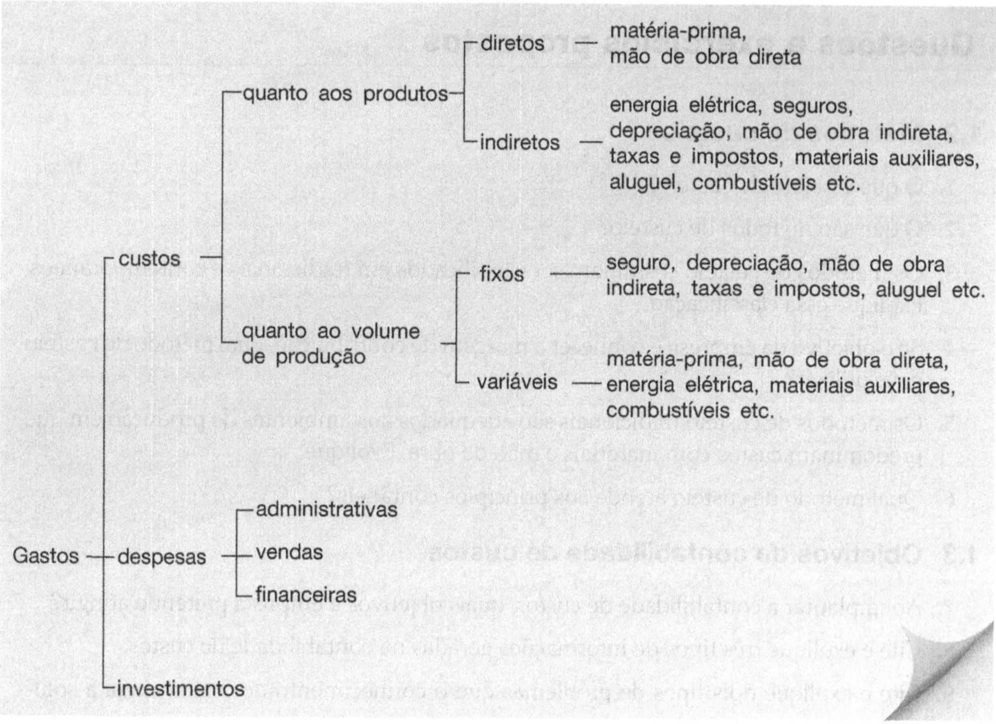


## 1.6.4 Outras classificações de custos

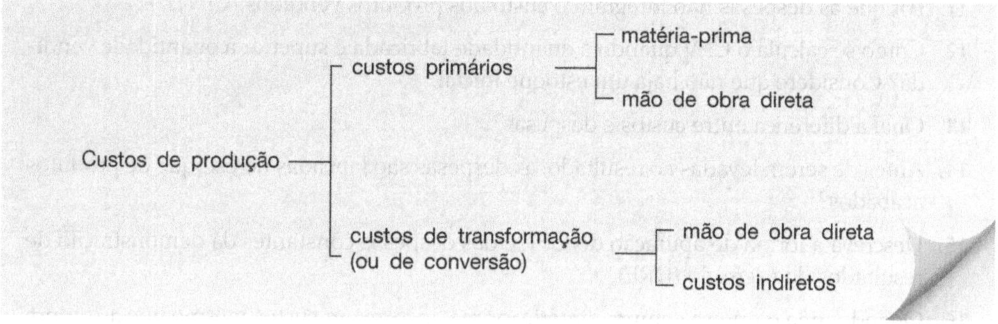


**Custos de produção:** compreendem os custos com matéria-prima, mão de obra direta e os custos indiretos.

**Custos primários:** compreendem os custos com matéria-prima e mão de obra direta.

**Custos de transformação:** também conhecidos por custos de conversão, correspondem aos custos incorridos para transformar a matéria-prima em produto. Compreendem os custos com mão de obra direta e os custos indiretos de fabricação.

## Questões e exercícios propostos

### 1.2 Métodos de custeio

1. O que é objeto de custeio?
2. O que são métodos de custeio?
3. Os métodos de custeio costumam ser classificados em tradicionais e contemporâneos. Explique essa classificação.
4. Se o objetivo da empresa é conhecer a margem de contribuição, qual método de custeio deve utilizar?
5. Os métodos de custeio tradicionais são adequados aos ambientes de produção em que predominam custos com materiais e mão de obra. Explique.
6. Qual método de custeio atende aos princípios contábeis?

### 1.3 Objetivos da contabilidade de custos

7. Ao implantar a contabilidade de custos, quais objetivos a empresa pretende atingir?
8. Cite e explique três tipos de informações geradas na contabilidade de custos.
9. Cite e explique dois tipos de problemas que o conhecimento de custos ajuda a solucionar.

### 1.4 O significado de custos e despesas na demonstração de resultados

10. O que significa uma demonstração de resultados do exercício (DRE)?
11. Por que as despesas não integram o custo dos produtos vendidos (CPV)?
12. Como se calcula o CPV quando a quantidade fabricada é superior à quantidade vendida? Considere que não haja um estoque inicial.
13. Qual a diferença entre custos e despesas?
14. Antes de serem levadas ao resultado, as despesas são lançadas no estoque de produtos acabados?
15. Descreva a forma de apuração do CPV e das despesas constantes da demonstração de resultados do exercício (DRE).
16. Quando uma empresa compra matéria-prima, incorre em custos mesmo que a compra seja feita a prazo?
17. Qual a diferença entre custo e preço de venda? Quando você vai adquirir um bem, pergunta ao vendedor qual seu custo ou qual seu preço?
18. Classifique as contas a seguir em *custos de produção*, *despesas administrativas* e *despesas de vendas*:
    - Marketing.
    - Água consumida no processo de resfriamento de peças.
    - Aluguel do galpão da fábrica.
    - Aluguel mensal do ônibus que transporta o pessoal da contabilidade.

- Prêmios dos vendedores.
- Refeitório dos funcionários da fábrica.
- Manutenção do computador do departamento financeiro.
- Imposto predial da fábrica.
- Salários dos gerentes da fábrica.
- Honorários dos diretores administrativo e comercial.
- Energia elétrica do prédio da administração da empresa.
- Madeira utilizada na fabricação de mesas.
- Salário do supervisor da montagem.

**19.** Ao final de 20X4 havia vinte unidades do produto X no estoque de produtos acabados, com custo de $ 20.000,00. Em 20X5 foram fabricadas mais oitocentas unidades desse produto e vendidas 810 unidades, a $ 1.100,00 cada uma. Nesse ano, os custos totalizaram $ 800.000,00, e as despesas, $ 50.000,00.

Determine:

**a)** O custo dos produtos vendidos.
**b)** O custo do saldo do estoque de produtos acabados.
**c)** O lucro obtido em 20X5.

**20.** Uma empresa inicia suas atividades em 01/01/X9. Nesse mês ocorreu o seguinte:

- Compra de matéria-prima = $ 30.000,00.
- Aluguel da fábrica = $ 10.000,00.
- Mão de obra da fábrica = $ 20.000,00.
- Despesas administrativas = $ 30.000,00.
- Despesas de vendas = $ 20.000,00.
- Custos diversos = $ 15.000,00.
- Consumo de matéria-prima = $ 25.000,00.

Foram fabricadas cem unidades do produto X e vendidas oitenta unidades desse produto a $ 1.625,00 cada uma.

Determine:

**a)** O custo dos produtos vendidos.
**b)** O custo do saldo do estoque de produtos acabados.
**c)** O lucro operacional. (Para isso, elabore a DRE.)

**21.** A empresa H. Bela Vista, fabricante dos produtos Alfa, Beta e Gama, apresentou as seguintes contas, relativas ao ano de 20X8:

- Matéria-prima requisitada = $ 700.000,00.
- Depreciação de equipamentos de produção = $ 80.000,00.
- Depreciação do imóvel da administração = $ 20.000,00.
- Depreciação do imóvel do escritório de vendas = $ 20.000,00.
- Manutenção dos equipamentos da fábrica = $ 50.000,00.
- Material de propaganda = $ 15.000,00.
- Materiais auxiliares de produção = $ 200.000,00.

- Energia elétrica consumida pelos equipamentos da fábrica = $ 300.000,00.
- Honorários de diretorias (administrativa e comercial) = $ 500.000,00.
- Seguros dos equipamentos da fábrica = $ 70.000,00.
- Salários e encargos da administração = $ 400.000,00.
- Salários e encargos dos vendedores = $ 250.000,00.
- Salários e encargos dos funcionários da fábrica = $ 1.200.000,00.
- Despesas com entrega das vendas efetuadas = $ 10.000,00.
- Materiais de escritório consumidos na administração = $ 5.000,00.
- Total = $ 3.820.000,00.

I. Classifique essas contas apresentadas em custos de produção, despesas administrativas e despesas de vendas e apure o montante de cada grupo. Dos honorários da diretoria, 60% correspondem à diretoria administrativa e 40%, à comercial.

II. Calcule os custos dos produtos, considerando que:

**a)** Dos salários e encargos da fábrica, 70% correspondem à mão de obra direta e 30%, à mão de obra indireta.

**b)** O custo da mão de obra direta foi apropriado aos produtos conforme as horas de produção apontadas:

- produto Alfa = 20% das horas apontadas;
- produto Beta = 50% das horas apontadas;
- produto Gama = 30% das horas apontadas.

**c)** O custo da matéria-prima foi apropriado aos produtos conforme requisições do almoxarifado:

- produto Alfa = 25% do valor requisitado;
- produto Beta = 40% do valor requisitado;
- produto Gama = 35% do valor requisitado.

**d)** Os custos indiretos de fabricação foram rateados aos produtos conforme o tempo de fabricação (considerar o custo da mão de obra direta como proporção do tempo apontado).

**22.** Calcule o custo dos produtos Alfa, Beta e Gama do exercício 21, considerando que os custos indiretos foram rateados aos produtos conforme o custo da matéria-prima requisitada.

**23.** Calcule o custo dos produtos Alfa, Beta e Gama do exercício 21, considerando que os custos indiretos foram rateados aos produtos conforme os respectivos custos diretos.

## 1.5 Terminologia aplicada

**24.** O que é gasto?

**25.** O que é custo?

**26.** O que é despesa?

**27.** O que é investimento?

**28.** Quando uma empresa gasta com marketing, incorre em custos?

**29.** Quando uma empresa compra matéria-prima, incorre em custo, despesa ou investimento? Explique.

**30.** Quando uma empresa compra um equipamento para a divisão de fábrica, incorre em custo, despesa ou investimento? Explique.

**31.** Como os gastos são separados em custos e despesas?

**32.** A depreciação é um custo ou uma despesa?

**33.** Cite dez contas que representem despesas.

**34.** Cite dez contas que representem custos.

## 1.6 Classificação dos custos

**35.** Como se classificam os custos quanto aos produtos fabricados?

**36.** Como se classificam os custos quanto ao volume de produção?

**37.** Explique por que a produção em andamento é considerada estoque para fins de balanço.

**38.** O que é custo direto? Dê exemplos.

**39.** O que é custo indireto? Dê exemplos.

**40.** O que é custo variável? Dê exemplos.

**41.** O que é custo fixo? Dê exemplos.

**42.** O que é custo semivariável? Dê exemplos.

**43.** O que é custo semifixo? Dê exemplos.

**44.** Classifique as contas do exercício 21 em:

- Custos diretos.
- Custos indiretos.

**45.** Classifique as contas do exercício 21 em:

- Custos fixos.
- Custos variáveis.

**46.** Em qual volume de produção o custo variável total e o custo variável unitário se igualam?

**47.** Em qual volume de produção o custo fixo total e o custo fixo unitário se igualam?

**48.** Como os custos variáveis unitários e os custos fixos unitários se comportam quando a produção aumenta e quando ela diminui?

**49.** Por que o aumento da produção até o limite da capacidade instalada de uma empresa provoca a redução dos custos unitários?

**50.** Identifique, no gráfico a seguir, que custo é representado em cada reta.

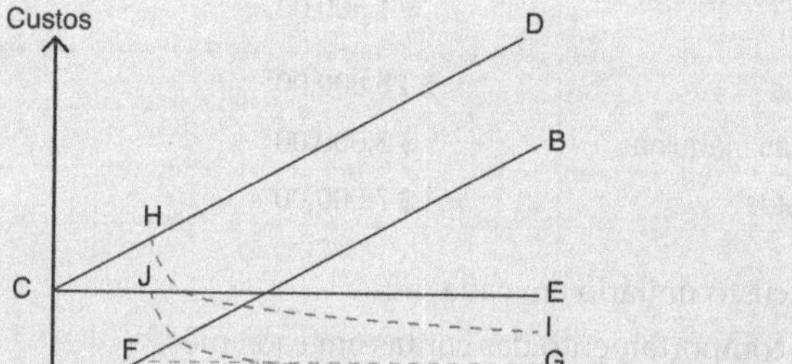

**51.** Uma empresa tem capacidade para fabricar dez unidades do produto X. Os custos variáveis foram calculados em $ 1.000,00 por unidade. Os custos fixos mensais somam $ 8.000,00. O preço de venda é de $ 2.000,00 por unidade.

**a)** Elabore gráficos para o custo fixo total e o custo variável total.

**b)** Demonstre, em um único gráfico, a reta representativa do custo total e da receita total.

**c)** Escreva um comentário sobre a situação obtida em "b".

**d)** Elabore gráficos para o custo fixo unitário, o custo variável unitário, o custo total unitário e a receita unitária.

**52.** No mês de março, a empresa Piteco Ltda. teve os seguintes custos:

- Matéria-prima = $ 15.000,00.
- Mão de obra direta = $ 20.000,00.
- Energia elétrica = $ 2.000,00.
- Aluguel do prédio = $ 7.000,00.
- Telefone = $ 500,00.
- Depreciação dos equipamentos = $ 1.500,00.

Nesse período, a empresa fabricou vinte unidades do produto Z. Determine:

**a)** O custo unitário do produto Z.

**b)** O custo unitário de Z se a empresa tivesse fabricado 25 unidades.

**53.** A Cia. J. N. Aliança Ltda. tem um custo fixo mensal de $ 250.000,00. No mês de novembro/X9, fabricou quinhentas unidades do produto M, incorrendo em $ 400.000,00 de custos variáveis. Se sua produção fosse reduzida para quatrocentas unidades, qual seria seu custo unitário?

**54.** Nos meses de março e abril/X4, a empresa J. Montanha fabricou, respectivamente, 80 mil unidades e 100 mil unidades do produto X. Os dados são apresentados na tabela seguir.

| Contas | Março — 80 mil unidades | Abril — 100 mil unidades |
|---|---|---|
| Aluguel da fábrica | $ 5.000,00 | $ 5.000,00 |
| Telefone da fábrica | $ 3.700,00 | $ 2.500,00 |
| Mão de obra direta | $ 15.000,00 | $ 20.000,00 |
| Seguros da fábrica (prédios e equipamentos) | $ 1.500,00 | $ 1.500,00 |
| Materiais diretos | $ 28.800,00 | $ 30.500,00 |
| Depreciação das máquinas | $ 3.000,00 | $ 3.000,00 |
| Materiais indiretos | $ 7.000,00 | $ 7.500,00 |

**a)** Calcule o custo unitário em cada mês.

**b)** Analise o comportamento das contas em cada mês.

**55.** Em determinado mês, foram fabricadas mil unidades do produto X. Os custos incorridos nesse mês foram:

- Fixos = $ 100.000,00.
- Variáveis = $ 200.000,00.

Se a produção tivesse sido de 1.500 unidades, qual teria sido o custo total? Determine também os custos unitários.

## Exercícios adicionais

1. Os custos em uma empresa industrial compreendem aqueles gastos consumidos na produção. Considere duas empresas que competem em um mesmo mercado. Uma delas possui equipamentos modernos, mão de obra qualificada e *layout* de fábrica bem estruturado. A outra possui equipamentos com alguns anos de uso e sem manutenção adequada, mão de obra menos qualificada e *layout* de fábrica bastante precário. Como essas estruturas interferem nos custos dessas empresas?
2. Basicamente, todos os segmentos de mercado atuam em um ambiente de forte concorrência, o que leva as empresas a adotarem políticas de preços bastante agressivas para conquistar os clientes. Estes, por sua vez, mais exigentes, desejam produtos mais funcionais e de melhor qualidade. Qual a importância de um sistema de custos para auxiliar os gerentes das empresas a tomar decisões e exercer o controle em um ambiente altamente competitivo?
3. São vários os métodos de custeio que podem ser utilizados pelas empresas. Entre eles, o custeio por absorção, o custeio variável e o custeio ABC. Historicamente, o método de custeio por absorção foi o primeiro a ser desenvolvido e o custeio ABC, o mais recente. Podemos dizer que o avanço tecnológico que permite o desenvolvimento de produtos mais sofisticados e processos de produção mais complexos exige o desenvolvimento de novos métodos de custeio? Explique.
4. A competição tem levado as empresas a exercerem um controle cada vez mais cuidadoso sobre seus custos. No extremo, podemos dizer que os gastos que não geram benefícios foram suprimidos, o que implica dizer que a as empresas operam em uma situação que se aproxima do ideal. Aceitando essa condição, é possível visualizar novos benefícios para a administração das empresas, proporcionado pela contabilidade de custos?
5. Os gastos de uma empresa podem ser classificados em custos, despesas e investimentos, e a cada um deles é dado um tratamento específico. Os custos correspondem aos gastos com a produção, com a aquisição de mercadorias para revenda e com a realização de serviços, sendo, então, apropriados aos produtos, mercadorias ou serviços. As despesas são associadas aos gastos para gerar a receita e administrar a empresa, sendo que o montante desses gastos é lançado diretamente no resultado do exercício em que ocorrem. Os investimentos referem-se aos gastos realizados no presente, cujos benefícios serão obtidos no futuro e, com isso, são ativados. Os custos e as despesas são lançados separadamente na demonstração de resultados. A partir dessas informações, analise as seguintes situações:

   **a)** Considere que um gasto de valor relevante devesse ser classificado como custo, porém, foi indevidamente classificado como despesa. Descreva os prováveis impactos que essa classificação indevida pode provocar no resultado de uma empresa, quando:

I. não houver saldos iniciais e finais de estoques de produtos acabados;

II. quando houver saldo final de produtos acabados.

**b)** Considere que um gasto de valor relevante devesse ser classificado como despesa, porém, foi indevidamente classificado como custo. Descreva os prováveis impactos que essa classificação indevida pode provocar no resultado de uma empresa, quando:

I. não houver saldos iniciais e finais de estoques de produtos acabados;

II. quando houver saldo final de produtos acabados.

**6.** A base de rateio a ser empregada para apropriação dos custos indiretos deve representar uma relação próxima entre o custo indireto e os produtos. Entretanto, a definição de uma base de rateio envolve aspectos subjetivos e arbitrários, o que não permite afirmar que o custo de um produto corresponde exatamente ao consumo de recursos exigidos em sua fabricação. Assim, alguns produtos acabam ficando supercusteados e outros, subcusteados. Entretanto, quando os custos indiretos têm pouca representatividade em relação aos custos totais de uma empresa, sendo os custos diretos os valores mais significativos, as informações de custos têm baixo potencial para prejudicar decisões a serem tomadas. Situação oposta ocorre quando os custos indiretos são bastante representativos. Quais as consequências do rateio dos custos indiretos aos custos dos produtos quando uma empresa fabrica produtos homogêneos em grandes quantidades nas duas situações descritas?

**7.** Considerando que os custos indiretos têm aumentado sua participação nos custos totais de uma empresa, para minimizar os aspectos subjetivos e arbitrários seria importante que as bases de rateios fossem definidas por um comitê composto de pessoas de várias áreas da empresa? Justifique.

**8.** Considere que o valor do aluguel de uma máquina seja reajustado a cada trimestre. Nesse caso, o custo com o aluguel pode ser tratado como custo variável?

**9.** Para arrecadar dinheiro, a comissão de formatura de uma universidade considerou oportuna a realização de uma festa baile. Para isso, alugou um amplo salão e contratou um conjunto musical. O salão foi alugado por $ 10.000,00 e o conjunto musical cobrou $ 5.000,00 pela apresentação. A partir dessas informações:

**a)** Considere que 300 convites individuais foram vendidos. Qual o custo total desta festa? Qual o custo por convidado?

**b)** Considere que 200 convites individuais foram vendidos. Qual o custo total desta festa? Qual o custo por convidado?

**c)** Quais problemas teriam os membros da comissão de formatura caso utilizassem o custo unitário obtido em "a" para determinar o quanto cobrar por convite.

**10.** A Cia. V. Buarque apresentou os seguintes dados relativos ao mês de abril:

- Custo de matéria-prima: $ 250.000,00.
- Custo de mão de obra direta: $ 180.000,00.
- Custos indiretos: $ 80.000,00.

Pede-se:

**a)** Determine o custo total de produção.

**b)** Determine o custo total primário.

**c)** Determine o custo total de transformação.

**11.** A Cia. S. Gertrudes iniciou suas atividades no mês de março, no qual apresentou os seguintes dados:

- Depreciação de equipamentos de produção: $ 300,00
- Consumo de matéria-prima: $ 8.050,00
- Custo da mão de obra direta: $ 6.000,00
- Energia elétrica consumida na produção: $ 1.200,00
- Aluguel da fábrica: $ 1.800,00
- Consumo de lubrificantes dos equipamentos de produção: $ 350,00
- Manutenção de máquinas de produção: $ 500,00
- Seguro dos equipamentos de fábrica: $ 340,00
- Despesas comerciais: $ 2.800,00
- Despesas administrativas: $ 3.500,00

Outros dados relativos ao mês de março:

- Produção e vendas:

| Produtos | Quantidade produzida (em unidades) | Quantidade vendida (em unidades) | Preço de venda unitário |
|---|---|---|---|
| Alfa | 3.500 | 3.000 | $ 3,50 |
| Beta | 1.500 | 800 | $ 4,20 |
| Gama | 2.400 | 2.000 | $ 5,60 |

O tempo de mão de obra direta e o consumo de matéria-prima são os seguintes:

| Produtos | Tempo de mão de obra direta (por unidade) | Consumo de matéria-prima (por unidade) |
|---|---|---|
| Alfa | 0,5 h | 1,80 kg |
| Beta | 1,0 h | 3,50 kg |
| Gama | 1,25 h | 5,25 kg |

Os custos indiretos são rateados com base no tempo total de mão de obra direta. Sendo assim:

**a)** Calcule o custo de produção.

**b)** Calcule o custo dos produtos vendidos.

**c)** Calcule o lucro operacional do mês.

**d)** Calcule o custo do saldo de estoque de produtos acabados.

**12.** A empresa Parnaíba iniciou suas atividades em 20X0 para produzir mesas de pebolim. Cada mesa é vendida por $ 1.700,00. No mês de janeiro, a empresa incorreu nos seguintes custos e despesas:

- Matéria-prima: $ 12.000,00.
- Mão de obra direta: $ 8.000,00.
- Aluguel da área fabril: $ 1.200,00.
- Mão de obra indireta: $ 6.000,00.
- Outros custos indiretos: $ 7.000,00.
- Despesas administrativas: $ 8.000,00.
- Despesas comerciais: 10% da receita.

No mês foram fabricadas 25 mesas e vendidas 18. Sendo assim:

**a)** Calcule o custo da produção.
**b)** Calcule o custo dos produtos vendidos.
**c)** Calcule o lucro operacional do mês.
**d)** Calcule o custo do saldo de estoque de produtos acabados.

**13.** A empresa Milano, fabricante de biscoitos, apresentou os seguintes dados relativos ao mês de outubro:

- Estoque inicial de matéria-prima: $ 15.000,00.
- Compras de matéria-prima: $ 40.000,00.
- Despesas administrativas: $ 20.000,00.
- Despesas comerciais: $ 8.500,00.
- Mão de obra direta: $ 14.000,00.
- Custos indiretos: $ 18.000,00.
- Estoque final de matéria-prima: $ 17.000,00.
- Estoque inicial de produtos acabados: $ 24.000,00.
- No mês foram vendidos 70% da quantidade de produtos acabados existentes, por $ 105.000,00.

Com base nessas informações:

**a)** Calcule o custo da produção.
**b)** Calcule o custo dos produtos vendidos.
**c)** Calcule o lucro operacional do mês.
**d)** Calcule o custo do saldo de estoque de produtos acabados.

**14.** A fábrica de sorvetes M. Bianco iniciou suas atividades no mês de novembro. Nesse mês foram adquiridos $ 15.000,00 em matérias-primas. O custo da mão de obra direta do mês foi $ 6.000,00 e os custos indiretos totalizaram $ 8.000,00. Durante o mês, a produção consumiu 80% das matérias-primas adquiridas e foram vendidos 95% da produção no mês. Sendo assim:

**a)** Calcule o custo da produção.
**b)** Calcule o custo dos produtos vendidos.
**c)** Calcule o custo do saldo de estoque de matérias-primas.
**d)** Calcule o custo do saldo de estoque de produtos acabados.

**15.** A contabilidade de custos da empresa Rio Verde apresentou os seguintes dados relativos ao mês de maio:

| Estoques | 1º de Junho ($) | 31 de Junho ($) |
|---|---|---|
| Matérias-primas | 3.200,00 | 2.800,00 |
| Produtos acabados | 12.500,00 | 15.100,00 |
| **Eventos** | | |
| Receita líquida de vendas | | 98.000,00 |
| Compras de matérias-primas | | 14.000,00 |
| Mão de obra direta | | 15.000,00 |
| Mão de obra indireta | | 6.000,00 |
| Depreciação dos equipamentos de produção | | 4.100,00 |
| Outros custos de produção | | 6.200,00 |
| Despesas comerciais | | 12.000,00 |
| Despesas administrativas | | 18.000,00 |

Com base nas informações apresentadas:

**a)** Calcule o custo da produção.

**b)** Calcule o custo dos produtos vendidos.

**c)** Calcule o lucro operacional do mês.

**16.** A empresa Mossoró produz sal grosso e sal refinado. Os dados relativos ao mês de maio são:

| | Sal grosso | Sal refinado |
|---|---|---|
| Produção | 12.000 kg | 15.000 kg |
| Horas apontadas | 4.500 | 7.500 |
| Preço de venda | $ 2,00 o quilo | $ 1,50 o quilo |
| Matéria-prima | $ 2.000,00 | $ 3.000,00 |
| Mão de obra | $ 4.000,00 | $ 6.000,00 |
| Estoques iniciais de matérias-primas | 0 | 0 |
| Estoques finais de matérias-primas | 0 | 0 |
| Estoques iniciais de produtos acabados | 0 | 0 |
| Quantidade vendida | 10.000 kg | 12.000 kg |

Os custos indiretos totalizaram $ 8.000,00 e são rateados aos produtos com base nas horas apontadas. A partir desses dados:

**a)** Determine o custo de produção de cada produto.

**b)** Determine os saldos de estoques existentes ao final do mês (em quantidade e em valor monetário).

**c)** Determine o lucro bruto obtido de cada produto.

capítulo

# 2 Custeio por absorção

## OBJETIVO

O objetivo deste capítulo é descrever o método de custeio por absorção para apuração de custos tanto das empresas que fabricam produtos em série como das que fabricam produtos sob encomenda. A seguir, são apresentados os critérios de apropriação de cada um dos seguintes elementos de custos:

- matéria-prima;
- mão de obra direta;
- custos indiretos de fabricação.

## 2.1 Introdução

O método de custeio por absorção caracteriza-se por apropriar custos fixos e variáveis aos produtos. Desse modo, os produtos fabricados "absorvem" todos os custos incorridos de um período.

O primeiro passo para a apuração dos custos é separar os gastos do período em *despesas*, *custos* e *investimentos*. As despesas não são apropriadas aos produtos, e sim lançadas na demonstração de resultados do exercício, por estarem relacionadas à geração de receita e à administração da empresa; os custos são apropriados aos produtos e os investimentos, ativados.

O passo seguinte consiste em separar os custos em *diretos* e *indiretos*. Os custos diretos são apropriados aos produtos conforme as medições de consumo neles efetuadas; já os custos indiretos são apropriados por meio de rateios.

Para entender como se dá a apuração dos custos, vamos tomar como exemplo uma empresa que produz carteiras escolares e identificar os três elementos de custos envolvidos em sua fabricação:

1. Materiais diretos: também chamados de matérias-primas, são os recursos que integram "fisicamente" as carteiras, representando a parte "visível" do custo.
2. Mão de obra: é necessária para transformar as matérias-primas no produto. Aqui estamos considerando somente a mão de obra direta, isto é, que age sobre a matéria-prima de modo a modificá-la, dando origem ao produto.
3. Demais custos: além da matéria-prima e da mão de obra direta, cujo consumo pode ser quantificado nos produtos, há outros custos envolvidos na fabricação de um item,

como energia elétrica, manutenção, depreciação, mão de obra indireta, telefone, impostos etc. Esses consumos não podem ser quantificados no produto e, por isso, integram os custos indiretos de fabricação.

Com relação à matéria-prima, quando a empresa conta com um sistema de controle de estoques, toda vez que um material é requisitado, identifica-se onde ele será aplicado. Assim, quando se requisitam, por exemplo, parafusos para montar uma carteira, reconhece-se o custo correspondente e apropria-se esse custo ao produto de modo "direto".

Quanto à mão de obra, podemos discriminar dois grupos de funcionários: no primeiro, há funcionários que atuam diretamente na transformação da matéria-prima, como marceneiros, montadores, pintores etc., que são chamados *mão de obra direta*. O segundo grupo inclui aqueles que não têm essas atribuições: são os funcionários de apoio, como gerentes, chefes, ajudantes-gerais, vigias, almoxarifes, engenheiros de fábrica etc., que são chamados *mão de obra indireta*.

Os funcionários do primeiro grupo identificam suas atividades por meio do apontamento das horas trabalhadas. Com esse procedimento é possível reconhecer o consumo de mão de obra decorrente da relação "direta" com o produto. Para os funcionários do segundo grupo, essa relação "direta" não é observada, e seus custos são caracterizados como indiretos.

Quanto aos demais custos, essa relação "direta" também não é observada, pois não é possível quantificar o consumo de seus elementos em cada unidade de produto fabricada. Por exemplo, sabemos que determinado produto consumiu energia elétrica, mas não conseguimos identificar a quantidade de kW "aplicada". Esses são, portanto, os custos indiretos de fabricação.

## 2.2 Matéria-prima

Uma empresa industrial utiliza materiais de diversos tipos: matérias-primas, materiais auxiliares de produção, para embalagem, de escritório, de higiene e limpeza etc.

Desses, somente as matérias-primas integram os produtos; são os chamados *materiais diretos*. No caso de uma carteira escolar, por exemplo, temos madeira, fórmica, parafusos, rebites, tinta, verniz, solda etc. Além desses materiais, no processo de fabricação são utilizadas serras, lixas, estopas etc., que não integram fisicamente o produto e, por isso, são chamados de *materiais auxiliares de produção* ou *materiais indiretos*.

Dentro da cadeia produtiva, o produto fabricado por uma empresa pode ser matéria-prima utilizada em outra empresa. É o caso, por exemplo, do parafuso, que é produto na fábrica de parafusos e matéria-prima na fabricação de carteiras. Veja, na Figura 2.1, um exemplo de matéria-prima transformada em produto e que depois volta a ser matéria-prima em outra produção:

**Figura 2.1**

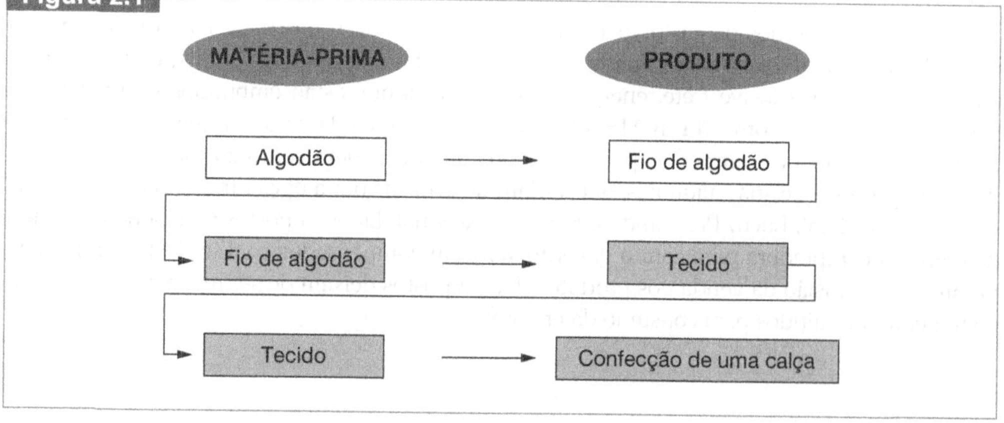

De modo geral, o produto é destinado ao consumidor, que o utilizará para consumo ou aplicação em outro produto, nesse caso como matéria-prima.

Para que a matéria-prima seja considerada custo direto, é necessário que seja quantificado o consumo, além de ela ter de integrar o produto. Por exemplo, quando se considera um produto em que se utiliza cola ou tinta, embora esses componentes sejam matérias-primas, seu consumo por produto nem sempre pode ser medido. Por isso, esses elementos são agrupados aos custos indiretos para rateio.

### 2.2.1 Perdas de matéria-prima

O custo da matéria-prima deve corresponder à quantidade consumida na fabricação do produto. Pode-se observar que alguns materiais são necessários em quantidades maiores do que as efetivamente incorporadas ao produto, como é o caso do tecido para confeccionar uma calça, por exemplo: sempre há sobras (retalhos) na produção. O mesmo ocorre com outros materiais, como a madeira utilizada para fabricar o braço de uma carteira escolar, as chapas de aço empregadas para produzir um para-lama de automóvel, e assim por diante. Essas perdas fazem parte do processo de fabricação, sendo possível minimizá-las, mas não evitá-las. São chamadas de *perdas normais* e, por isso, integram o custo dos produtos.

Assim, a quantidade necessária de um material é a quantidade utilizada na produção. Nela estão incluídas as perdas normais de processo. Por exemplo, de uma chapa de aço de 300 kg obtém-se uma peça de 290 kg; os 10 kg sobram naturalmente.

Caso exista material excedente que possa ser aproveitado em outro produto, seu consumo não ficará caracterizado, e o custo correspondente não será apropriado ao produto. Ainda com relação ao exemplo anterior, vamos supor que fossem disponibilizados 500 kg de matéria-prima e deles fossem retirados 300 kg para a produção da peça. Os 200 kg excedentes seriam devolvidos ao estoque, e o custo do material apropriado ao produto corresponderia aos 300 kg utilizados.

Se houver *perda anormal* no almoxarifado, por exemplo, em caso de incêndio, roubo, enchente etc., os valores correspondentes não deverão ser tratados como custos de produção, mas levados diretamente ao resultado do exercício.

### 2.2.2 Composição do custo da matéria-prima

Ao adquirir materiais, geralmente a empresa incorre em outros gastos além do valor pago ao fornecedor. Ela pode se responsabilizar pelo frete, pelo seguro e pela armazenagem do material e, se este for importado, ela também pode se responsabilizar pelo frete marítimo ou aéreo, pelas despesas aduaneiras, por gastos alfandegários e pelo transporte até a empresa.

Desse modo, todos os gastos necessários para a obtenção dos materiais constituem seu custo. Além disso, deve-se considerar que, nos valores pagos quando da aquisição de materiais para a produção (inclusive frete, energia elétrica e telefone), estão embutidos tributos passíveis de recuperação, como IPI, ICMS, PIS e Cofins. Recomenda-se que o leitor esteja atento à legislação relativa aos impostos passíveis de recuperação, bem como ao método de cálculo desses impostos e de suas alíquotas, que variam de acordo com a opção tributária da empresa, ou seja, Lucro Real, Lucro Presumido e Simples Nacional. Esses impostos representam crédito da empresa compradora para com o governo, a serem compensados com impostos da mesma natureza por ocasião da venda dos produtos. Tais impostos deixam de ser recuperáveis no caso de materiais adquiridos para consumo da empresa.

Nas transações comerciais, são comumente utilizadas as siglas CIF e FOB. A sigla CIF significa *cost, insurance and freight* (custo, seguro e frete). Nessa modalidade, a empresa que vende o material é responsável por sua entrega na empresa que o comprou e, por conseguinte, pelos gastos envolvidos nesse procedimento, que, por certo, já estão incorporados ao preço de venda. Já FOB é a sigla para *free on board*, que significa "posto a bordo". Nessa modalidade, a empresa que compra o material é responsável pelos gastos com frete e seguro.

Sendo assim, se considerarmos apenas o IPI e o ICMS como impostos recuperáveis, o custo de um material pode ser obtido mediante o seguinte cálculo:

| | |
|---|---|
| | Valor pago ao fornecedor: |
| (–) | IPI |
| (–) | ICMS |
| (+) | Frete |
| (–) | ICMS sobre o frete |
| (+) | Seguro |
| (+) | Armazenagem e outros gastos |
| (=) | Custo do material (ou custo da compra) |

Se o material integrar a política de estoques da empresa, esse será o custo do material a ser ativado. Se for adquirido para aplicação específica em um produto, esse será o custo apropriado a ele.

## O IPI e o ICMS incidentes nas compras

Os impostos incidentes na aquisição dos materiais destinados à produção merecem atenção especial. Para exemplificar, consideremos apenas o IPI (Imposto sobre Produtos Industrializados) e o ICMS (Imposto Sobre a Circulação de Mercadorias e Serviços). Esses impostos são "pagos" somente uma vez, pelo consumidor final. O processo funciona assim:

- Uma empresa vende seu produto e cobra os impostos do cliente, recolhendo-os para o governo. Portanto, esses impostos não integram sua receita.
- A empresa compradora utiliza o material na fabricação de seu produto, que também será vendido. Ao vendê-lo, cobra os impostos de seu cliente.
- Se, nessa segunda operação de vendas, a empresa vendedora recolher os valores dos impostos recebidos, o governo receberá os impostos duas vezes (relativos à primeira e à segunda operação de vendas). No entanto, isso não ocorre, ou seja, não há incidência em cascata desses impostos. Eles são compensados pelo cliente/consumidor seguinte até atingir o consumidor final, que não terá como repassá-lo; desse modo, constitui custo seu, por não compensá-lo.

Vamos supor, por exemplo, que a matéria-prima V seja transformada no produto X pela empresa Alfa. Esse produto X volta a ser matéria-prima no produto Y quando transformado pela empresa Beta. O produto Y, por sua vez, volta a ser matéria-prima quando aplicado no produto Z pela empresa Gama, que o venderá a um consumidor final.

Suponhamos também que o fabricante de X vende a matéria-prima por $ 2.200,00, valor no qual estariam incluídos 10% de IPI ($ 200,00) e 18% de ICMS ($ 360,00). É diferente a sistemática de cálculo desses impostos: o IPI é calculado "por fora", ou seja, adicionado ao valor com ICMS, e o ICMS "por dentro", desta forma:

$$\text{Preço} = \left[\frac{\text{Valor da mercadoria sem impostos}}{100\% - \text{ICMS}\%}\right] \times (1 + \text{IPI}\%)$$

O fabricante de Y adquire e utiliza a matéria-prima em seu produto, que é vendido por $ 22.000,00, valor que inclui 10% de IPI ($ 2.000,00) e 18% de ICMS ($ 3.600,00). O fabricante de Z adquire e utiliza a matéria-prima em seu produto, que é vendido por $ 110.000,00, valor que inclui 10% de IPI ($ 10.000,00) e 18% de ICMS ($ 18.000,00).

Ocorreram três transações, e em suas notas fiscais de vendas os fabricantes discriminaram, no total, $ 12.200,00 de IPI e $ 21.960,00 de ICMS. Entretanto, não seriam esses os valores recolhidos para o governo, pois tais impostos não constituem custo nem receita para as empresas. Representam para elas, na compra, um adiantamento para o governo dos impostos compensados quando da venda de seus produtos, ocasião em que tais impostos são cobrados novamente. As empresas funcionam como intermediárias entre o governo e o cliente. No exemplo anteriormente citado, seriam recolhidos ao governo os seguintes valores:

**Fabricante de X**

| | | |
|---|---|---|
| | Valor bruto da venda | $ 2.200,00 |
| (–) | IPI incluso (10%) | $ 200,00 |
| (–) | ICMS incluso (18%) | $ 360,00 |
| (=) | Receita líquida da venda | $ 1.640,00 |

Esse fabricante recolheria $ 200,00 de IPI para o governo federal e $ 360,00 de ICMS para o governo estadual.

**Fabricante de Y**

| | | |
|---|---|---|
| | Valor pago ao fabricante de X | $ 2.200,00 |
| (–) | Crédito de IPI | $ 200,00 |
| (–) | Crédito de ICMS | $ 360,00 |
| (=) | Custo da matéria-prima | $ 1.640,00 |
| | | |
| | Valor bruto da venda | $ 22.000,00 |
| (–) | IPI incluso (10%) | $ 2.000,00 |
| (–) | ICMS incluso (18%) | $ 3.600,00 |
| (=) | Receita líquida da venda | $ 16.400,00 |

Esse fabricante recolheria $ 1.800,00 ($ 2.000,00 – $ 200,00) de IPI para o governo federal e $ 3.240,00 ($ 3.600,00 – $ 360,00) de ICMS para o governo estadual.

**Fabricante de Z**

| | | |
|---|---|---|
| | Valor pago ao fabricante de Y | $ 22.000,00 |
| (–) | Crédito de IPI | $ 2.000,00 |
| (–) | Crédito de ICMS | $ 3.600,00 |
| (=) | Custo da matéria-prima | $ 16.400,00 |
| | Valor bruto da venda | $ 110.000,00 |
| (–) | IPI incluso (10%) | $ 10.000,00 |
| (–) | ICMS incluso (18%) | $ 18.000,00 |
| (=) | Receita líquida da venda | $ 82.000,00 |

Esse fabricante recolheria $ 8.000,00 ($ 10.000,00 – $ 2.000,00) de IPI para o governo federal e $ 14.400,00 ($ 18.000,00 – $ 3.600,00) de ICMS para o governo estadual.

Resumindo, seriam recolhidos:

| IPI | |
|---|---|
| Fabricante | Valor |
| Do produto X | $ 200,00 |
| Do produto Y | $ 1.800,00 |
| Do produto Z | $ 8.000,00 |
| Total | $ 10.000,00 |

| ICMS | |
|---|---|
| Fabricante | Valor |
| Do produto X | $ 360,00 |
| Do produto Y | $ 3.240,00 |
| Do produto Z | $ 14.400,00 |
| Total | $ 18.000,00 |

A soma dos impostos recolhidos equivale ao valor dos impostos destacados em nota fiscal pelo fabricante do produto Z; desse modo, não ocorre incidência em cascata. Esse custo ficará a cargo do consumidor final, pelo fato de ele não ter como compensá-lo.

Exemplo: a Empresa S. André adquiriu 200 kg da matéria-prima Alfa, pagando ao fornecedor $ 11.000,00. Nesse valor estão inclusos 18% de ICMS e 10% de IPI.

Como o IPI é calculado sobre o valor com ICMS, em primeiro lugar é necessário determinar esse valor com ICMS. Para realizar esse cálculo, utiliza-se a fórmula apresentada na página 30. Observe que, para obter o valor com IPI, multiplicou-se o valor com ICMS por (1 + IPI%); agora realiza-se a operação inversa da multiplicação. Assim, o valor dessa aquisição sem o IPI será: $ 11.000,00/1,10 = $ 10.000,00. O valor do IPI será a diferença, ou seja, $ 1.000,00.

Utilizando-se da fórmula para calcular o valor com ICMS, dividimos o valor sem impostos por (100% – ICMS %); agora realiza-se a operação inversa da divisão. Assim, o valor dessa aquisição sem o ICMS será: $ 10.000,00 x 82% = $ 8.200,00. O valor do ICMS será a diferença, ou seja, $ 1.800,00.

### 2.2.3 Métodos de avaliação dos estoques

As empresas efetuam compras de materiais de acordo com suas necessidades, geralmente em conformidade com políticas de estoque. Alguns materiais são adquiridos com frequência; porém, como eles podem ser comprados em diferentes datas e de diversos fornecedores, os preços e as condições de pagamento podem variar de acordo com fatores como frete e seguro, por exemplo, que ora são pagos pelo fornecedor, ora pelo comprador.

Considerando essa diversidade de situações, é provável que existam no estoque várias unidades do mesmo material com custos de aquisição diferentes. Então, quando requisitarmos um material para consumo, qual custo deveremos considerar, o mais recente, o mais antigo ou uma média? Enfim, qual custo deverá ser atribuído à requisição? Qual será o custo do saldo remanescente no estoque?

Para resolver essas questões, foram criados alguns métodos de avaliação de estoque, dos quais os mais utilizados são:

- **UEPS (último a entrar, primeiro a sair) ou LIFO (*last-in, first-out*):** as quantidades requisitadas são valorizadas pelo custo da aquisição mais recente, *desde que haja saldo dessa aquisição no estoque*. Quando o saldo for esgotado, deve-se passar à anterior, e assim sucessivamente. Esse procedimento de valorização pode coincidir ou não com a movimentação física do material. Havendo nova compra, esta passará a ser a última entrada. A requisição seguinte será valorizada pelo custo da última compra, até que seu saldo se esgote, quando, então, se utilizará a entrada anterior que ainda tiver saldo.
- **PEPS (primeiro a entrar, primeiro a sair) ou FIFO (*first-in, first-out*):** as quantidades requisitadas são valorizadas pelo custo da aquisição mais antiga, *desde que haja saldo dessa aquisição no estoque*. Quando o saldo for esgotado, deve-se passar à aquisição seguinte, e assim sucessivamente. A valorização das requisições por esse método obedece a uma regra oposta à do método UEPS.
- **Custo médio ponderado móvel:** toda vez que houver uma entrada resultante de nova compra, o custo médio do estoque deve ser alterado, ponderando-se o saldo anterior com a compra efetuada. Por esse método, as quantidades requisitadas são valorizadas pelo custo médio do saldo existente no momento da requisição.

Vejamos um exemplo. Vamos supor que não haja estoque inicial de determinada matéria-prima e que o custo das compras tenha sido obtido conforme exemplo apresentado na Seção anterior (2.2.2).

As entradas no estoque, conforme as notas fiscais (NF) das compras realizadas, são:

- Dia 10: 10 unidades ao custo de $ 150,00 cada, pela NF nº 11.593.
- Dia 15: 12 unidades ao custo de $ 160,00 cada, pela NF nº 20.549.
- Dia 25: 8 unidades ao custo de $ 170,00 cada, pela NF nº 25.055.

As saídas, conforme as requisições de materiais (RM), são:

- Dia 12: 7 unidades para uso no produto X, pela RM nº 159.
- Dia 17: 13 unidades para uso no produto Y, pela RM nº 205.
- Dia 28: 9 unidades para uso no produto Z, pela RM nº 250.

## UEPS (último a entrar, primeiro a sair)

Neste método, aplicável a itens de estoque com pouca movimentação de entradas e saídas, os custos apropriados aos produtos são sempre os mais recentes. É como se, fisicamente, o consumo do estoque se desse da última entrada para a primeira. Com isso, é necessário controlar o saldo de cada entrada.

As compras mais recentes provavelmente são efetuadas a valores mais elevados, o que contribui para aumentar o custo dos produtos e, consequentemente, reduzir o lucro da empresa. O UEPS não é aceito pelo fisco no Brasil.

Considerando a movimentação de entradas e saídas do estoque, temos:

| FICHA DE CONTROLE DE ESTOQUE | | | | | | | | | | | |
|---|---|---|---|---|---|---|---|---|---|---|---|
| **Material:** | | | | | | **Estoque mínimo:** | | | **Estoque máximo:** | | |
| **Código:** | | | | | | **Localização no estoque:** | | | | | |
| **Principais fornecedores:** | | | | | | | | | | | |
| **Dia** | **DOCUMENTO** | | **ENTRADAS** | | | **SAÍDAS** | | | **SALDO** | | |
| | **Tipo** | **Número** | **Qtde.** | **Custo unitário** | **Custo total** | **Qtde.** | **Custo unitário** | **Custo total** | **Qtde.** | **Custo médio** | **Custo total** |
| 10 | NF | 11.593 | 10 | $ 150,00 | $ 1.500,00 | | | | 10 | | $ 1.500,00 |
| 12 | RM | 159 | | | | 7 | | $ 1.050,00 | 3 | | $ 450,00 |
| 15 | NF | 20.549 | 12 | $ 160,00 | $ 1.920,00 | | | | 15 | | $ 2.370,00 |
| 17 | RM | 205 | | | | 13 | | $ 2.070,00 | 2 | | $ 300,00 |
| 25 | NF | 25.055 | 8 | $ 170,00 | $ 1.360,00 | | | | 10 | | $ 1.660,00 |
| 28 | RM | 250 | | | | 9 | | $ 1.510,00 | 1 | | $ 150,00 |

*Valorização das requisições:*

- Do dia 12 = 7 unidades.

Essa RM foi valorizada utilizando-se a última entrada no estoque antes da requisição, ocorrida no dia 10, uma vez que ela tem quantidade suficiente. Assim, temos:

$$7 \text{ u} \times \$\ 150{,}00 = \$\ 1.050{,}00$$

Observação: dessa entrada ainda há saldo de 3 unidades no estoque.

- Do dia 17 = 13 unidades.

A última entrada no estoque, de 12 unidades, ocorrida no dia 15, é insuficiente. Nesse caso, utiliza-se toda a última entrada e complementa-se com o saldo da entrada anterior. Assim, temos:

| | | | | |
|---|---|---|---|---|
| 12 u | × | $ 160,00 | = | $ 1.920,00 |
| 1 u | × | $ 150,00 | = | $ 150,00 |
| 13 u | | | = | $ 2.070,00 |

Observação: da entrada do dia 10 ainda há saldo de 2 unidades no estoque.

- Do dia 28 = 9 unidades.

A última entrada no estoque, de 8 unidades, ocorrida no dia 25, é insuficiente. Nesse caso, utiliza-se toda a última entrada e complementa-se com o saldo da entrada anterior; nesse caso, a entrada do dia 10. Assim, temos:

| | | | | |
|---|---|---|---|---|
| 8 u | × | $ 170,00 | = | $ 1.360,00 |
| 1 u | × | $ 150,00 | = | $ 150,00 |
| 9 u | | | = | $ 1.510,00 |

Observação: da entrada do dia 10 ainda há saldo de 1 unidade que corresponde exatamente ao saldo final de estoque.

## PEPS (primeiro a entrar, primeiro a sair)

Assim como o UEPS, esse método também é aplicável a itens de estoque com pouca movimentação de entradas e saídas; entretanto, os custos apropriados aos produtos são os mais antigos. É como se, fisicamente, o consumo do estoque se desse da entrada mais antiga para a mais recente. Com isso, é necessário controlar o saldo de cada entrada.

As compras mais antigas provavelmente foram efetuadas utilizando valores mais baixos, o que contribui para reduzir o custo dos produtos e, consequentemente, aumentar o lucro da empresa. O PEPS é aceito pelo fisco no Brasil.

Considerando a movimentação de entradas e saídas do estoque, temos:

| FICHA DE CONTROLE DE ESTOQUE | | | | | | | | | | | | |
|---|---|---|---|---|---|---|---|---|---|---|---|---|
| Material: | | | | | | Estoque mínimo: | | | Estoque máximo: | | | |
| Código: | | | | | | Localização no estoque: | | | | | | |
| Principais fornecedores: | | | | | | | | | | | | |
| Dia | DOCUMENTO | | ENTRADAS | | | SAÍDAS | | | SALDO | | | |
| | Tipo | Número | Qtde. | Custo unitário | Custo total | Qtde. | Custo unitário | Custo total | Qtde. | Custo médio | Custo total | |
| 10 | NF | 11.593 | 10 | $ 150,00 | $ 1.500,00 | | | | 10 | | $ 1.500,00 | |
| 12 | RM | 159 | | | | 7 | | $ 1.050,00 | 3 | | $ 450,00 | |
| 15 | NF | 20.549 | 12 | $ 160,00 | $ 1.920,00 | | | | 15 | | $ 2.370,00 | |
| 17 | RM | 205 | | | | 13 | | $ 2.050,00 | 2 | | $ 320,00 | |
| 25 | NF | 25.055 | 8 | $ 170,00 | $ 1.360,00 | | | | 10 | | $ 1.680,00 | |
| 28 | RM | 250 | | | | 9 | | $ 1.510,00 | 1 | | $ 170,00 | |

*Valorização das requisições:*

- Do dia 12 = 7 unidades.

Essa RM foi valorizada utilizando-se a entrada no estoque do dia 10, a primeira entrada ocorrida antes da requisição, uma vez que ela tem quantidade suficiente. Assim, temos:

7 u × $ 150,00 = $ 1.050,00

Observação: dessa entrada do dia 10 ainda há saldo de 3 unidades no estoque.

- Do dia 17 = 13 unidades.

Essa requisição é valorizada considerando o saldo de estoque da entrada do dia 10, complementado com a entrada posterior. Assim, temos:

3 u x $ 150,00 = $ 450,00
10 u x $ 160,00 = $ 1.600,00
13 u = $ 2.050,00

Observação: da entrada do dia 15 ainda há saldo de 2 unidades no estoque.

- Do dia 28 = 9 unidades.

Essa requisição é valorizada considerando o saldo de estoque da entrada do dia 15, complementado com a entrada posterior. Assim, temos:

2 u x $ 160,00 = $ 320,00
7 u x $ 170,00 = $ 1.190,00
9 u = $ 1.510,00

Observação: da entrada do dia 25 ainda há saldo de 1 unidade, que corresponde exatamente ao saldo final de estoque.

## Custo médio ponderado móvel

Quando se utiliza esse método, não é necessário controlar cada entrada no estoque, como ocorre quando são empregados os métodos UEPS e PEPS, pois as requisições são valorizadas pelo custo médio existente no momento da retirada de material do estoque. O custo ponderado móvel é recomendado para itens de estoque com grande movimentação.

Nesse método é feito um controle permanente do estoque. A cada nova entrada, apuram-se os saldos em valor e em quantidade, calculando-se o custo médio unitário.

Considerando a movimentação de entradas e saídas do estoque, temos:

| FICHA DE CONTROLE DE ESTOQUE | | | | | | | | | | | | |
|---|---|---|---|---|---|---|---|---|---|---|---|---|
| Material: | | | | | | Estoque mínimo: | | | | Estoque máximo: | | |
| Código: | | | | | | Localização no estoque: | | | | | | |
| Principais fornecedores: | | | | | | | | | | | | |
| Dia | DOCUMENTO | | ENTRADAS | | | SAÍDAS | | | SALDO | | | |
| | Tipo | Número | Qtde. | Custo unitário | Custo total | Qtde. | Custo unitário | Custo total | Qtde. | Custo médio | Custo total | |
| 10 | NF | 11.593 | 10 | $ 150,00 | $ 1.500,00 | | | | 10 | $ 150,00 | $ 1.500,00 | |
| 12 | RM | 159 | | | | 7 | $ 150,00 | $ 1.050,00 | 3 | $ 150,00 | $ 450,00 | |
| 15 | NF | 20.549 | 12 | $ 160,00 | $ 1.920,00 | | | | 15 | $ 158,00 | $ 2.370,00 | |
| 17 | RM | 205 | | | | 13 | $ 158,00 | $ 2.054,00 | 2 | $ 158,00 | $ 316,00 | |
| 25 | NF | 25.055 | 8 | $ 170,00 | $ 1.360,00 | | | | 10 | $ 167,60 | $ 1.676,00 | |
| 28 | RM | 250 | | | | 9 | $ 167,60 | $ 1.508,40 | 1 | $ 167,60 | $ 167,60 | |

*Valorização das requisições*

As requisições são valorizadas pelo custo médio do saldo de estoque do dia de sua emissão.

- Do dia 12 = 7 unidades.

Essa RM foi valorizada pelo custo médio de estoque do dia da requisição. Cada unidade do saldo de estoque custava $ 150,00. Assim, temos:

7 u × $ 150,00 = $ 1.050,00

No dia 15 houve uma nova entrada, modificando o custo unitário do estoque, que servirá de base para valorizar a próxima requisição.

- Do dia 17 = 13 unidades.

Essa RM foi valorizada pelo custo médio do estoque do dia da requisição. Assim, temos:

13 u × $ 158,00 = $ 2.054,00

No dia 25 houve uma nova entrada, modificando o custo unitário do estoque, que servirá de base para valorizar a próxima requisição.

- Do dia 28 = 9 unidades.

Essa RM foi valorizada pelo custo médio do estoque do dia da requisição. Assim, temos:

9 u × $ 167,60 = $ 1.508,40

Observação: pelos três métodos apresentados, o custo da requisição do dia 12 foi exatamente o mesmo, porque a disponibilidade no estoque era, ao mesmo tempo, a última e a primeira entrada e o saldo.

## 2.2.4 Requisição de material

A requisição de material (RM) é um documento utilizado para retirar material do estoque. Na RM, o solicitante indica, entre outros dados, a descrição do material, o código, a quantidade e o débito (ou seja, onde o material será utilizado). A saída de material do almoxarifado é registrada na ficha de controle de estoque.

A seguir, é apresentado um modelo de requisição de material.

| REQUISIÇÃO DE MATERIAL | RM Nº ______ |
|---|---|
| Material: | |
| Código: | |
| Débito:* | |
| | |
| Quantidade: | |
| Custo unitário: | |
| Custo total: | |
| Vistos: | |
| Solicitante: ____________ | Chefia: ____________ |
| | |
| Data de emissão: ____/____/____ | |

* Nesse espaço, indica-se onde o material será utilizado. Se for matéria-prima, deve-se indicar o produto em que será empregado. Nos demais casos, devem-se indicar os departamentos ou centros de custos.

## 2.2.5 Sobras de material

Na produção pode haver sobras de material decorrentes de:

- Material requisitado em excesso: sobras que podem resultar de erros de cálculo na quantidade de material necessária para a produção ou que ocorrem em consequência da precaução dos funcionários da fábrica, para evitar que um material com baixo saldo de estoque seja requisitado para outro produto. Devolve-se a sobra ao estoque, creditando-se o produto e debitando-se o estoque.
- Material requisitado indevidamente: nesse caso, basta devolver o material ao estoque, creditando o produto e debitando o estoque.
- Compra de segurança: é considerada uma reserva técnica feita para evitar interrupções na produção, caso ocorra defeito, quebra ou outro tipo de problema com o material no momento do uso. Adquirem-se unidades a mais de um material para determinado produto, a título de segurança; então requisita-se o lote comprado, apropriando seu custo ao produto. Caso não haja problemas, as unidades não utilizadas permanecem no estoque com custo zero, integrando um grupo de sobras eventualmente aproveitáveis, ou têm outro destino, por exemplo, entrega ao cliente como material sobressalente.

Caso seja requisitada uma quantidade de material superior à necessária, o excesso deve ser devolvido ao estoque pelo mesmo custo da requisição, de acordo com o método de avaliação empregado.

### 2.2.6 Administração de materiais

Em algumas empresas, os *custos de administração de materiais* são somados aos custos dos materiais requisitados do estoque. A administração de materiais compreende os departamentos de compras, recepção e estocagem.

Para exemplificar, verifica-se o custo desses departamentos e o dos materiais requisitados em determinado período, por exemplo, dos últimos seis meses. Depois, divide-se o custo dos departamentos pelo custo dos materiais para obter a taxa de administração. Multiplicando o custo de cada requisição por essa taxa, tem-se o custo a ser absorvido pelos materiais requisitados. Então, somando o custo da requisição e o custo resultante da aplicação da taxa, tem-se o custo do material.

## 2.3 Mão de obra direta

A mão de obra direta diz respeito aos funcionários que atuam diretamente na transformação da matéria-prima em produto. No entanto, o custo que esses funcionários representam não pode ser tratado como custo direto sem que antes se analise seu trabalho e se exerça um controle sobre as horas trabalhadas.

A mão de obra direta pode trabalhar na fabricação do produto ou, temporariamente, executar outras atividades. Ela pode até mesmo ficar improdutiva por falta de energia elétrica e/ou de matéria-prima, por causa de uma máquina quebrada etc. No entanto, somente o tempo trabalhado e apontado no produto é considerado custo direto. O tempo em que os funcionários não trabalharam nele constitui um custo que, para ser absorvido pela produção, deve ser agrupado nos custos indiretos de fabricação.

Quando a mão de obra direta não efetua o apontamento das horas trabalhadas nos produtos, seu custo deixa de ser considerado direto e é apropriado nesses produtos por rateio.

A princípio, poderíamos pensar que o custo da mão de obra direta corresponde à valorização das horas apontadas nos produtos, tendo como base o salário-hora dos funcionários. Assim, se um soldador cujo salário é de $ 4,00 por hora apontasse 3 horas de atividades no produto X, o custo da mão de obra direta seria:

$$3 \text{ h} \times \$\ 4{,}00/\text{h} = \$\ 12{,}00$$

Agindo dessa maneira, estaríamos considerando:

- que o custo da mão de obra direta refere-se somente aos salários dos funcionários;
- que esse custo refere-se somente às horas apontadas nos dias em que os funcionários comparecem à empresa.

Portanto, estaríamos desconsiderando os encargos sociais e trabalhistas gerados pela mão de obra:

- Além das horas trabalhadas, os funcionários recebem pelos domingos e feriados, têm faltas que podem ser justificadas e abonadas etc.
- Os funcionários recebem da empresa outros tipos de remuneração: férias, abono sobre as férias, 13º salário.
- Há também a contribuição da empresa ao INSS e ao FGTS.

Portanto, o custo da mão de obra corresponde aos salários dos funcionários *acrescidos* dos encargos sociais e trabalhistas. No caso de um funcionário horista, o salário corresponde às horas registradas no cartão de ponto ou em outro dispositivo de controle de presença, ou seja, as horas em que esse funcionário esteve disponível na empresa para trabalhar. Domingos, feriados e faltas justificadas e abonadas são tratados como encargos. Quando o funcionário é mensalista, sua remuneração já contempla domingos e feriados, que, nesse caso, não são tratados como encargos, mas como salário (ver modelo de Recibo de pagamento).

## Funcionários mensalistas e funcionários horistas

A Constituição Federal do Brasil de 1988, em seu art. 7º, inciso XIII, e a Consolidação das Leis do Trabalho (CLT), em seu art. 58, determinam que a jornada de trabalho a ser cumprida pelos empregados não deve ultrapassar 8 horas diárias e 44 horas semanais. Entretanto, a legislação prevê outros tipos de jornada de trabalho com duração de tempo menor, consideradas jornadas especiais.

A remuneração dos funcionários, conforme dispõe o art. 457 da CLT, compreende toda importância paga pelo empregador ao empregado em decorrência da contraprestação de serviços. Compõem essa remuneração o salário contratual acrescido de horas extras, adicional noturno, adicionais de periculosidade e de insalubridade, descanso semanal remunerado (para os funcionários horistas), prêmios por assiduidade e outras vantagens recebidas pelo empregado durante a vigência do contrato de trabalho.

São duas as principais categorias de funcionários, conforme o modelo contratual:

- Mensalistas, com o valor do salário fixado por mês: em um mês completo de contraprestação de serviços, o funcionário mensalista recebe um salário correspondente a 30 dias (independentemente do número de dias do mês), acrescido de horas extras, prêmio por assiduidade etc.
- Horistas, com o valor do salário fixado por hora: em um mês completo de contraprestação de serviços, os horistas terão sua remuneração composta pelo salário referente ao número de horas comparecidas no mês, acrescido do descanso semanal remunerado e feriados, perfazendo o número de dias do mês (28, 29, 30 ou 31 dias), aos quais são somados as horas extras, adicionais de periculosidade etc.

Modelo de recibo de pagamento de funcionário mensalista:

| | | | | |
|---|---|---|---|---|
| | | | | RECIBO DE PAGAMENTO |
| | | | | Mês: Maio de 20X4 |
| Nome do Funcionário: | | | Centro de Custo: | |
| Função: | | | | |
| Código | Descrição | Referência | Vencimentos | Descontos |
| 1 | Salário | 30,00 | $ 1.500,00 | |
| 11 | INSS sobre salário | 9,00 | | $135,00 |
| | TOTAIS | | $ 1.500,00 | $135,00 |
| | | LÍQUIDO RECEBIDO | $ 1.365,00 | |

| Salário-Base | Sal. Contr. INSS | Sal. Base Cálculo FGTS | FGTS | Base Cálculo IRRF | Faixa IRRF |
|---|---|---|---|---|---|
| | | | | | |

Modelo de recibo de pagamento de funcionário horista:

| | | | | |
|---|---|---|---|---|
| | | | RECIBO DE PAGAMENTO | |
| | | | Mês: Maio de 20X4 | |
| Nome do Funcionário: | | | Centro de Custo: | |
| Função: | | | | |
| Código | Descrição | Referência | Vencimentos | Descontos |
| 2 | Salário Hora | 183,33 | $ 825,00 | |
| 3 | Descanso Semanal Remunerado | 44,00 | $ 198,00 | |
| 11 | INSS sobre salário | 8,00 | | $ 81,84 |
| | TOTAIS | | $ 1.023,00 | $ 81,84 |
| | | LÍQUIDO RECEBIDO | $ 941,16 | |

| Salário-Base | Sal. Contr. INSS | Sal. Base Cálculo FGTS | FGTS | Base Cálculo IRRF | Faixa IRRF |
|---|---|---|---|---|---|
| | | | | | |

## 2.3.1 Encargos sociais e trabalhistas

Os encargos sociais e trabalhistas correspondem aos gastos da empresa com o funcionário além do salário. Trata-se de conquistas asseguradas por lei, provenientes de acordo sindical ou negociação com a própria empresa. Alguns encargos são concentrados em determinada época do ano, como o 13º salário e as férias, ou ocorrem em situações específicas, como a multa do FGTS, que deve ser paga em casos de dispensa sem justa causa.

Assim como ocorre com os custos indiretos de fabricação, esses custos sazonais devem ser distribuídos ao longo do ano, e não são absorvidos pelos produtos fabricados apenas nos meses em que ocorrem (veja as seções 2.4.5 e 2.4.6). Para que isso seja possível, deve-se desenvolver um quadro de encargos sociais e trabalhistas em que se obtenha o percentual de encargos aplicável aos salários que constam da folha de pagamento, de modo a nivelar o custo da mão de obra durante o ano.

A seguir, apresentamos dois quadros de encargos. Um deles é aplicável aos salários dos horistas e o outro, aos salários dos mensalistas. Neles não constam encargos resultantes de negociações coletivas com sindicatos de classe ou com a empresa (veja a Seção 2.3.4). Nestes quadros, apresentamos os encargos básicos e os critérios utilizados para calcular cada um deles.

É preciso lembrar que, para aplicar tais quadros em uma empresa, é necessário adequá-los às legislações trabalhista, previdenciária e tributária, pois o objetivo deste livro é apenas oferecer um roteiro básico para o cálculo dos principais encargos incidentes sobre a mão de obra.

Para começar a desenvolver esse assunto, falaremos sobre folha de pagamento, salários e encargos sociais e trabalhistas. Lembramos que na folha de pagamento estão discriminados os salários e os encargos que integram o Grupo B; os percentuais de encargos obtidos pelos quadros são aplicados somente sobre os salários constantes da folha de pagamento. Nos quadros, os encargos são agrupados da seguinte maneira:

- **Grupo A:** compreende as contribuições fixas mensais incidentes sobre a folha de pagamento. Essas contribuições também incidem sobre os encargos do Grupo B, que integram a folha de pagamento. Essa incidência cumulativa está demonstrada na linha 18 do quadro. (Observação: as contribuições ao INSS, deduzidas dos salários dos funcionários pelas empresas, não constituem custos para elas e, portanto, não integram o quadro de encargos.)

- **Grupo B:** compreende os encargos que integram a remuneração da mão de obra e estão incluídos na folha de pagamentos, sofrendo, portanto, taxação dos encargos do Grupo A.
- **Grupo C:** compreende as obrigações trabalhistas que não incidem sobre outros encargos nem são influenciadas por eles, ou seja, não influenciam nem são influenciadas pelos encargos dos demais grupos.

Veja, nos quadros a seguir, os encargos para funcionários horistas e mensalistas, respectivamente.

| ENCARGOS PARA FUNCIONÁRIOS HORISTAS | | | |
|---|---|---|---|
| DISCRIMINAÇÃO | GRUPOS A QUE PERTENCEM | | |
| | A | B | C |
| 1. INSS | 0,2000 | | |
| 2. SESI, SESC | 0,0150 | | |
| 3. SENAI, SENAC | 0,0100 | | |
| 4. INCRA | 0,0020 | | |
| 5. SEBRAE | 0,0060 | | |
| 6. SALÁRIO-EDUCAÇÃO | 0,0250 | | |
| 7. SAT – SEGURO ACIDENTE DE TRABALHO (média) | 0,0200 | | |
| 8. FGTS | 0,0800 | | |
| 9. DSR – DESCANSO SEMANAL REMUNERADO | | 0,1884 | |
| 10. FÉRIAS + 1/3 DE FÉRIAS | | 0,1304 | |
| 11. FERIADOS | | 0,0399 | |
| 12. AVISO PRÉVIO | | 0,0840 | |
| 13. AUXÍLIO-DOENÇA | | 0,0109 | |
| 14. 13º SALÁRIO | | 0,1087 | |
| 15. FALTAS ABONADAS | | 0,0150 | |
| 16. DEPÓSITOS FGTS – DISPENSA SEM JUSTA CAUSA | | | 0,0189 |
| 17. TOTAL PARCIAL | 0,3580 | 0,5773 | 0,0189 |
| 18. INCIDÊNCIAS CUMULATIVAS (Grupo A x Grupo B) | | 0,2067 | |
| 19. TOTAL DOS ENCARGOS | | 1,1609 | |
| 20. PERCENTUAL | | 116,09% | |

*Observação*: para obter o custo da mão de obra horista, devem-se acrescer ao salário-hora os 116,09% referentes aos encargos.

| ENCARGOS PARA FUNCIONÁRIOS MENSALISTAS | | | |
|---|---|---|---|
| **DISCRIMINAÇÃO** | **GRUPOS A QUE PERTENCEM** | | |
| | **A** | **B** | **C** |
| 1. INSS | 0,2000 | | |
| 2. SESI, SESC | 0,0150 | | |
| 3. SENAI, SENAC | 0,0100 | | |
| 4. INCRA | 0,0020 | | |
| 5. SEBRAE | 0,0060 | | |
| 6. SALÁRIO-EDUCAÇÃO | 0,0250 | | |
| 7. SAT – SEGURO ACIDENTE DE TRABALHO (média) | 0,0200 | | |
| 8. FGTS | 0,0800 | | |
| 9. DSR – DESCANSO SEMANAL REMUNERADO | | - | |
| 10. FÉRIAS + 1/3 DE FÉRIAS | | 0,1212 | |
| 11. FERIADOS | | - | |
| 12. AVISO PRÉVIO | | 0,0840 | |
| 13. AUXÍLIO-DOENÇA | | 0,0009 | |
| 14. 13º SALÁRIO | | 0,0909 | |
| 15. FALTAS ABONADAS | | 0,0100 | |
| 16. DEPÓSITOS FGTS – DISPENSA SEM JUSTA CAUSA | | | 0,0157 |
| 17. TOTAL PARCIAL | 0,3580 | 0,3070 | 0,0157 |
| 18. INCIDÊNCIAS CUMULATIVAS (Grupo A x Grupo B) | | 0,1099 | |
| 19. TOTAL DOS ENCARGOS | | 0,7906 | |
| 20. PERCENTUAL | | 79,06% | |

*Observação:* para obter o custo da mão de obra mensalista, devem-se acrescer ao salário-mês os 79,06% referentes aos encargos.

A seguir, vamos esclarecer como os percentuais de cada encargo são determinados.

## Grupo A

Nesse grupo, os percentuais são fixados por lei para os encargos discriminados nas linhas 1 a 8. Por isso, recomenda-se ao leitor estar atento à legislação relativa às alterações nas alíquotas desses encargos.

Com relação ao encargo SAT (Seguro Acidente de Trabalho), são três as alíquotas existentes: 1, 2 e 3%. Tais alíquotas são aplicadas em conformidade com o grau de risco do ramo de atividade da empresa. Aqui, para fins didáticos, considerou-se a alíquota média, de 2%.

## Grupo B

Para os cálculos dos encargos desse grupo, consideramos 276 dias produtivos ao ano, assim calculados:

| | | |
|---|---|---|
| | Dias do ano | 365 dias |
| (–) | Domingos | 52 dias |
| (–) | Feriados | 11 dias |
| (–) | Férias | 26 dias úteis* |
| (=) | | 276 dias produtivos |

* Consideramos 26 dias de férias, porque 4 domingos já estão incluídos no número total de domingos no ano.

- Linha 9 – DSR (descanso semanal remunerado): considerados 52 domingos para 276 dias produtivos.

$$\frac{52\text{ dias}}{276\text{ dias}} = 0{,}1884$$

- Linha 10 – Férias + 1/3 de férias:
  - De horistas:

As férias são fixadas em 30 dias corridos. Excluindo-se os domingos (que já foram considerados no cálculo do DSR, na linha 9), temos 26 dias úteis. Como a remuneração das férias é um terço maior que a remuneração normal, temos de considerá-la no cálculo desse encargo. Esse adicional incide sobre os 30 dias de férias.

$$\left\{\frac{26\text{ dias}}{276\text{ dias}} + \left[\frac{1}{3} \times \frac{30\text{ dias}}{276\text{ dias}}\right]\right\} = 0{,}1304$$

  - De mensalistas:

$$\left\{\frac{1\text{ mês}}{11\text{ meses}} + \left[\frac{1}{3} \times \frac{1\text{ mês}}{11\text{ meses}}\right]\right\} = 0{,}1212$$

- Linha 11 – Feriados: compreende os feriados nacionais, estaduais e municipais, além dos feriados religiosos.

$$\frac{11\text{ dias}}{276\text{ dias}} = 0{,}0399$$

- Linha 12 – Aviso prévio: corresponde a 30 dias de remuneração, podendo ou não ser trabalhado. Para determinar seu percentual, deve-se recorrer ao histórico de avisos prévios da empresa.
  - Aviso prévio não trabalhado: o funcionário é dispensado do trabalho nesse período. Assim, deixa de comparecer à empresa 25 dias: 30 dias – (4 domingos + 1 feriado), considerando-se que haja um feriado nesse intervalo.

$$\frac{25\text{ dias}}{276\text{ dias}} = 0{,}0906$$

- Aviso prévio trabalhado: o funcionário trabalha 25 dias nesse período, podendo se ausentar do trabalho duas horas por dia.

Horas diárias não trabalhadas ........ 2 h
Dias de aviso prévio ........ 25 dias
Jornada de trabalho (44 h semanais ÷ 6 dias) ........ 7,33 h/dia
Dias trabalhados no ano ........ 276 dias
Cálculo $[(2 \times 25) \div (7{,}33 \times 276)] = 0{,}0247$

- Ponderação: considerando que 90% dos funcionários demitidos não trabalhem durante o aviso prévio e que 10% trabalhem nesse período, temos:

$$[(0{,}90 \times 0{,}0906) + (0{,}10 \times 0{,}0247)] = 0{,}0840$$

- Linha 13 – Auxílio-doença: esse encargo representa os 15 primeiros dias de licença, os quais são pagos pelo empregador. Caso o afastamento seja por um tempo maior, será custeado pelo INSS. Considerando que a média dos funcionários que recorrem a essa licença é de 20% para horistas e de 2% para mensalistas, temos:
  - Cálculo dos horistas:

$$\frac{15 \text{ dias}}{276 \text{ dias}} \times 20\% = 0{,}0109$$

  - Cálculo dos mensalistas:

$$\frac{15 \text{ dias}}{330 \text{ dias}} \times 2\% = 0{,}0009$$

- Linha 14 – 13º salário: corresponde à remuneração de 220 horas para horistas e de 30 dias para mensalistas.
  - Horistas:

$$\frac{30 \text{ dias}^*}{276 \text{ dias}} = 0{,}1087$$

(* 220 horas ÷ 7,33 h/dia = 30 dias)

  - Mensalistas:

$$\frac{1 \text{ mês}}{11 \text{ meses}} = 0{,}0909$$

- Linha 15 – Faltas abonadas: correspondem aos dias em que os funcionários não comparecem à empresa, quer por motivos legais (para tirar título de eleitor, doar sangue, para o alistamento militar etc.), quer por motivos pessoais (para acompanhar um familiar ao médico etc.), que são justificados e abonados pela empresa. Consideramos que as faltas abonadas representam 1,5% dos dias produtivos para os horistas e 1% para os mensalistas.

## Grupo C

Esse grupo compreende 50% de multa sobre o valor depositado no FGTS, a qual deverá ser paga quando houver rescisão do contrato de trabalho sem justa causa (a multa é fixada em legislação).

- Linha 16 – Depósito do FGTS por rescisão motivada por dispensa sem justa causa: vamos supor que, das demissões, 30% ocorram sem justa causa. Nesse caso, o cálculo será:

$$8{,}0 \text{ de FGTS} \times (1 + \text{total do Grupo B}) \times 50\%$$

- Horistas:

$$0{,}08 \times 1{,}5773 \times 0{,}50 = 0{,}0631$$
$$0{,}30 \times 0{,}0631 = 0{,}0189$$

- Mensalistas:

$$0{,}08 \times 1{,}3070 \times 0{,}50 = 0{,}0523$$
$$0{,}30 \times 0{,}0523 = 0{,}0157$$

- Linha 17 – Incidências cumulativas: os encargos do Grupo A são aplicados sobre a remuneração do funcionário. Como os encargos do Grupo B integram essa remuneração, são taxados pelos encargos do Grupo A; daí o cálculo dessas incidências cumulativas.

## Cálculo simplificado dos encargos

Uma alternativa simplificada para o quadro de encargos consiste em determinar o montante de encargos pagos por uma empresa para manter um funcionário. A seguir, utilizaremos como exemplo a situação hipotética para um funcionário horista.

Consideremos um funcionário contratado com salário de $ 5,00 por hora para cumprir uma jornada de trabalho de 44 horas semanais. Durante um ano, ele terá custado $ 20.158,72 à empresa, se registrar presença por 2.023 horas, o que resultará em um custo de $ 9,96 por hora.

Nesse custo-hora, os encargos representarão $ 4,96 ou 99,20% dos salários, assim calculados:

| | | |
|---|---|---|
| | Custo-hora | $ 9,96 |
| (–) | Salário-hora | $ 5,00 |
| (=) | Encargos | $ 4,96 |

Seu percentual será de 99,20%, assim calculado:

$$\frac{\text{Encargos}}{\text{Salário}} = \frac{\$4{,}96}{\$5{,}00} = 0{,}9920 \Rightarrow 99{,}20\%$$

Esse percentual é inferior ao calculado de acordo com o quadro, pois, em seu cálculo, não foram considerados alguns encargos do Grupo B, como aviso prévio, auxílio-doença e faltas abonadas, nem a incidência dos encargos do Grupo A ou mesmo o encargo do Grupo C.

Para chegarmos a esses resultados, consideramos:

**1.** Dias em que o funcionário compareceu ao trabalho durante o ano:

| | | |
|---|---|---|
| | Dias do ano | 365 dias |
| (–) | Domingos | 48 dias |
| (–) | Feriados | 11 dias |
| (–) | Férias | 30 dias úteis |
| (=) | | 276 dias produtivos |

**2.** Jornada de trabalho:

$$\frac{\text{44 horas semanais}}{\text{6 dias}} = 7{,}33 \text{ h/dia}$$

**3.** Salários:

276 dias × 7,33 h/dia × $ 5,00 por hora = $ 10.115,40

**4.** Férias:

220 horas × $ 5,00 = $ 1.100,00

**5.** Abono de férias:

1/3 de $ 1.100,00 = $ 366,67

**6.** 13º salário:

220 horas × $ 5,00 = $ 1.100,00

**7.** Domingos e feriados:

(48 dias + 11 dias) × 7,33 h/dia × $ 5,00 = $ 2.162,35

**8.** Total da remuneração anual = $ 14.844,42.

**9.** Contribuições fixadas em leis (Grupo A do quadro):

($ 14.844,42 × 0,3580) = $ 5.314,30

**10.** Custo anual = $ 20.158,72.

**11.** Total de horas comparecidas no ano = (1 × 2) = 2.023 h.

**12.** Custo-hora (10 ÷ 11) = $ 9,96 por hora.

### 2.3.2 Jornada de trabalho e apontamento de horas

Os funcionários registram diariamente sua presença na empresa, indicando a hora da entrada e a da saída por meio de cartão ou livro de ponto, cartão magnético ou outro dispositivo. As horas que compõem essa jornada de trabalho correspondem ao período em que os funcionários ficaram à disposição da empresa para executar suas atividades. Esses registros servem de base para o cálculo da folha de pagamento.

Os funcionários que compõem o grupo da mão de obra direta também fazem o registro das atividades diárias no boletim de apontamento de produção ou em outro tipo de formulário, para efeito de controle e cálculo do custo direto da mão de obra.

| BOLETIM DE APONTAMENTO DE PRODUÇÃO | | | | | |
|---|---|---|---|---|---|
| **Centro de custos:*** | | | | **Data: ___/___/___** | |
| **Nome do funcionário:** | | | | **Registro:** | |
| **DURAÇÃO DA ATIVIDADE** | | | **PRODUTO** | **CÓDIGO** | **QUANTIDADE** |
| **INÍCIO** | **TÉRMINO** | **Nº DE HORAS** | | | |
| | | | | | |
| | | | | | |
| | | | | | |
| TOTAL | | | | | |
| **Horas improdutivas:** | | | | | |
| 1. Falha de energia | | | | | |
| 2. Falta de matéria-prima | | | | | |
| 3. Falta de ferramenta | | | | | |
| 4. Falta de desenho | | | | | |
| 5. Máquina em manutenção | | | | | |
| 6. Outros motivos | | | | | |
| Vistos | | | | | |
| Funcionário: | | | Supervisor: | | |

* O centro de custos é um setor ou departamento

Nesse boletim de apontamento de produção, que é diário e individual, são apontadas as horas produtivas e as improdutivas. Processando-se todos os boletins do mês de cada centro de custos, obtêm-se:

**a)** As horas de mão de obra direta apontadas por produto (horas produtivas).

**b)** O total de horas improdutivas. Com o acompanhamento dessas horas, é possível detectar possíveis anormalidades e levar à tomada de decisões para corrigir o que for necessário.

Os apontamentos podem ser feitos como *hora-homem* (HH) ou *hora-máquina* (HM):

- Quando as atividades são executadas manual e individualmente (pintura, montagem de uma cadeira etc.), o apontamento é hora-homem (HH). Quando as atividades são executadas com o auxílio de uma máquina (a costura de uma calça, por exemplo), se o homem parar, a máquina também parará; por isso, o apontamento é hora-homem (HH).
- Quando uma equipe de duas ou mais pessoas opera a mesma máquina, por exemplo, um torno em que trabalham o torneiro e o ajudante, o apontamento é hora-máquina (HM).

### 2.3.3 Tempo ocioso

O tempo ocioso corresponde às horas não trabalhadas em decorrência de motivos que fogem à normalidade da empresa, como falta de produção, greves ou acidentes que paralisem a produção. O custo correspondente a esse tempo deve ser tratado como custo do período, indo diretamente para o resultado do exercício.

### 2.3.4 Outros gastos com a mão de obra

Além dos salários e dos encargos discriminados nos quadros da Seção 2.3.1, as empresas em geral têm outros gastos com os funcionários, como alimentação, transporte, seguro de vida, assistência médica etc., que representam gastos fixos mensais e não proporcionais aos salários. Esses gastos costumam ser agrupados aos custos indiretos para rateio à produção.

### 2.3.5 Exemplo resolvido

Vamos supor que no departamento de pintura haja cinco funcionários diretos com jornada de trabalho de 44 horas semanais. O salário de cada um é $ 5,00 por hora. Os encargos sociais e trabalhistas correspondem a 116,09% dos salários. No mês de junho houve quatro domingos e um feriado (que caiu em uma quarta-feira). Um dos funcionários faltou dois dias, que foram justificados e abonados.

**1.** Cálculo dos dias de trabalho no mês:

Dos funcionários que não faltaram:

| | |
|---|---|
| | 30 dias |
| (–) | 4 domingos |
| (–) | 1 feriado |
| (=) | 25 dias úteis |

Do funcionário que faltou 2 dias:

| | |
|---|---|
| | 30 dias |
| (–) | 4 domingos |
| (–) | 1 feriado |
| (–) | 2 faltas |
| (=) | 23 dias úteis |

**2.** Cálculo da jornada diária:

$$\frac{\text{44 horas semanais}}{\text{6 dias}} = 7{,}33 \text{ h/dia}$$

**3.** Cálculo das horas disponíveis para o trabalho, conforme cartões de ponto:

Dos funcionários que não faltaram:
25 dias úteis
(×) 7,33 h/dia
(=) 183,25 h/mês
(×) 4 funcionários
(=) 733,00 horas disponíveis para o trabalho

Do funcionário que faltou 2 dias:
23 dias úteis
(×) 7,33 h/dia
(=) 168,59 h/dia
(×) 1 funcionário
(=) 168,59 horas disponíveis para o trabalho

Os cinco funcionários disponibilizaram para o trabalho 901,59 horas no mês (733,00 h + 168,59 h).

**4.** Apontamento de horas:

Conforme os boletins de apontamento de produção, as 901,59 horas disponíveis foram distribuídas da seguinte forma:

| Produtos | Tempo total |
|---|---|
| A | 120,00 h |
| B | 270,00 h |
| C | 225,00 h |
| D | 210,00 h |
| Total de horas produtivas | 825,00 h |
| Horas improdutivas | 76,59 h |
| Total de horas apontadas | 901,59 h |

**5.** Cálculo do salário mensal do departamento:

901,59 horas disponíveis, conforme cálculos apresentados no item 3
(×) $ 5,00 salário-hora
(=) $ 4.507,95 salário-mês do departamento

**6.** Cálculo dos encargos sociais e trabalhistas:

$ 4.507,95 de salários
(×) 116,09% (percentual dos encargos — ver quadro de horistas)
(=) $ 5.233,28 de encargos

**7.** Cálculo do custo da mão de obra do departamento:

$ 4.507,95 de salários
(+) $ 5.233,28 de encargos
(=) $ 9.741,23 de custo da mão de obra

**8.** Cálculo do custo-hora da mão de obra do departamento:

$$\frac{\$\ 9.741,23 \text{ de custo}}{901,59 \text{ horas disponíveis}} = \$10,80450/h$$

**9.** Custo direto da mão de obra direta:

825,0 horas produtivas
(×) $ 10,80450/h
(=) $ 8.913,71 de custo

**10.** Custo do tempo improdutivo da mão de obra direta:

76,59 horas improdutivas
(×) $ 10,80450/h
(=) $ 827,52 de custo

O custo da mão de obra direta dos produtos será:

| Produtos | Horas apontadas | | Custo-hora | | Custo da mão de obra direta |
|---|---|---|---|---|---|
| A | 120,0 h | × | $ 10,80450 | = | $ 1.296,54 |
| B | 270,0 h | × | $ 10,80450 | = | $ 2.917,22 |
| C | 225,0 h | × | $ 10,80450 | = | $ 2.431,01 |
| D | 210,0 h | × | $ 10,80450 | = | $ 2.268,94 |
| **Total** | 825,0 h | | | | $ 8.913,71 |

Apropriando aos produtos esses custos, deixa-se de apropriar o custo das horas improdutivas, isso porque somente esses são considerados custo direto da mão de obra direta, em virtude do apontamento das horas neles efetuadas.

As horas improdutivas não têm identificação direta com os produtos, mas seu custo deve ser apropriado a eles, nesse caso, de forma indireta. O custo de $ 827,52 será lançado no mapa de custos indiretos de fabricação no respectivo departamento, para posterior rateio aos produtos. Quando se considera o custo das horas improdutivas como custo indireto de fabricação, abre-se uma nova conta de CIF, que deve ser identificada no mapa de custos indiretos. Assim, incorporando o custo das horas improdutivas aos CIFs do departamento, ele será rateado aos produtos fabricados por tal departamento. Se o rateio de CIF for feito com base nas horas produtivas apontadas, terá o mesmo efeito no custo do produto que teria se o custo-hora da mão de obra direta fosse calculado pela divisão do custo total de mão de obra do departamento por suas horas produtivas. Os resultados não seriam os mesmos se a base de rateio dos custos indiretos do departamento fosse outra, como os quilos ou metros por ele processados. No entanto, é preferível fazer o cálculo do custo das horas improdutivas para que a empresa avalie seu custo e tome providências. Caso venha a absorver o custo das horas improdutivas pelas horas produtivas, como descrito anteriormente, o custo-hora sofrerá oscilações de um período para outro se o volume de horas improdutivas não for constante. Esse assunto será tratado na Seção 2.4.4.

## 2.4 Custos indiretos de fabricação

Os custos indiretos de fabricação compreendem um grupo de elementos cujo consumo não é quantificado nos produtos; por isso, eles são apropriados aos produtos por meio de rateios. Com exceção da matéria-prima e da mão de obra direta, quase todos os demais custos são tratados como indiretos.

Hoje em dia, observa-se uma redução gradativa na participação do custo da mão de obra direta e um aumento na participação dos custos indiretos no custo total de uma empresa em decorrência de novos métodos de produção e do avanço da tecnologia. Como, em geral, os custos indiretos são rateados com base na mão de obra direta, podem ocorrer distorções sérias nos custos dos produtos. No entanto, essa situação não causa grandes problemas quando a mão de obra direta tem participação relevante nos custos totais.

Apresentamos uma nova abordagem sobre a apropriação dos custos indiretos no Capítulo 4: o custeio ABC, ou *activity-based costing*, que representa uma alternativa para apropriação desses custos ao considerar inúmeras bases de alocação.

## 2.4.1 Composição dos custos indiretos de fabricação

Podemos dividir os custos indiretos em três grupos:

1. Materiais indiretos: correspondem aos materiais auxiliares empregados no processo de produção e que não integram fisicamente os produtos, e aos materiais diretos, cujo consumo não pode ser quantificado nos produtos.
2. Mão de obra indireta: corresponde à mão de obra que **não** trabalha diretamente na transformação da matéria-prima em produto, ou cujo tempo gasto na fabricação dos produtos não pode ser determinado.
3. Outros custos indiretos: são os demais custos indiretos incorridos na fábrica, cujo consumo não pode ser quantificado nos produtos.

## 2.4.2 Dificuldades para estabelecer as bases de rateio

A dificuldade em apropriar custos indiretos reside na definição da base de rateio a ser utilizada, pois essa é uma tarefa que geralmente envolve aspectos subjetivos e arbitrários. Tendo em vista que o montante dos custos indiretos será absorvido pela produção independentemente da base que venha a ser empregada, alguns produtos podem ser subavaliados e outros, superavaliados. Portanto, o que se busca ao definir uma base é minimizar tais distorções.

Para que se possa entender melhor essa situação, vamos analisar um exemplo simples de como o custo da energia elétrica pode ser apropriado aos três produtos de uma empresa: X, Y e Z. Supondo-se que o valor da conta de energia elétrica seja de $ 1.500,00, quanto caberia a cada um dos produtos?

Em primeiro lugar, podemos dividir a conta em três partes iguais:

$$\frac{\$\ 1.500,00}{3} = \$\ 500,00 \text{ para cada um dos produtos}$$

Nessa divisão não foram levadas em consideração as quantidades fabricadas de cada um, o que, por certo, determinaria uma melhor apropriação. Ao fazer um levantamento do volume de produção, constatamos que este foi de 310 unidades, assim distribuídas:

Produto X = 10 unidades
Produto Y = 100 unidades
Produto Z = 200 unidades

Considerando esse volume de produção como base de rateio, o custo da energia elétrica seria:

$$\frac{\$\ 1.500,00}{310} = \$\ 4,83871 \text{ por unidade}$$

Produto X = 10 unidades × $ 4,83871/u = $ 48,39
Produto Y = 100 unidades × $ 4,83871/u = $ 483,87
Produto Z = 200 unidades × $ 4,83871/u = $ 967,74

Teoricamente, esse resultado é melhor que o anterior, por levar em consideração a quantidade fabricada, ou seja, o produto fabricado em maior escala deveria absorver a maior parcela do custo. No entanto, podemos supor, por exemplo, que o consumo de energia elétrica seja proporcional ao tempo de fabricação. Nesse caso, o produto cuja fabricação consumir mais tempo utilizará mais máquinas e, consequentemente, terá um consumo de energia e um custo maiores.

Considerando os tempos de fabricação, temos:

Produto X = 5 horas por unidade
Produto Y = 4 horas por unidade
Produto Z = 10 horas por unidade

O rateio do custo da energia elétrica ficaria mais complexo, pois teríamos de fazer alguns cálculos:

**1.** Cálculo do tempo total de fabricação:

| Produto | Quantidade | Tempo unitário | Tempo total |
|---|---|---|---|
| X | 10 u | 5 h | 50 h |
| Y | 100 u | 4 h | 400 h |
| Z | 200 u | 10 h | 2.000 h |
| **Total de horas** | | | 2.450 h |

**2.** Cálculo da taxa-hora de energia elétrica:

$$\frac{\text{Custos de energia}}{\text{Total de horas}} \rightarrow \frac{\$\ 1.500{,}00}{2.450\ \text{h}} = \$\ 0{,}61224 \text{ por hora}$$

**3.** Cálculo do custo da energia dos produtos:

| Produto | Quantidade | Tempo unitário | Tempo total |
|---|---|---|---|
| X | 50 u | $ 0,61224 | $ 30,61 |
| Y | 400 u | $ 0,61224 | $ 244,90 |
| Z | 2.000 u | $ 0,61224 | $ 1.224,49 |
| **Total de horas** | 2.450 h | | $ 1.500,00 |

Esse último procedimento, mais trabalhoso, deve aproximar-se de um provável consumo de energia elétrica pelos produtos. Porém, outros procedimentos poderiam ser considerados, como o rateio do custo da energia pelo peso das matérias-primas empregadas ou outra base que melhor representasse o consumo de energia elétrica. Um cálculo preciso do custo da energia apropriado aos produtos requereria instalar medidores de energia elétrica em cada máquina e controlar o consumo. Dessa maneira, a energia elétrica deixaria de ser um custo indireto e passaria a ser um custo direto.

### 2.4.3 Algumas bases de rateio mais comuns

Qualquer base utilizada para ratear os custos indiretos possibilitará a obtenção do custo dos produtos. No entanto, para não obter resultados distorcidos, é necessário escolher essa base de modo coerente. Assim, é preciso ter bem claro que a base empregada deve representar uma relação lógica de causa e efeito, procurando aproximar-se do "custo perfeito".

Na busca desse "custo perfeito", podem ser utilizadas diversas bases de rateio, uma para cada conta de custos indiretos, bem como para os departamentos auxiliares (veja a Seção 2.4.4). Em geral, utilizam-se as seguintes bases para rateio:

**a)** área ocupada pelos departamentos para ratear custos com aluguel, depreciação do prédio e impostos prediais;

**b)** potência instalada dos departamentos, em quilowatts-hora, para ratear o custo da energia elétrica;

**c)** número de funcionários para ratear os custos apropriados ao departamento de administração geral da fábrica;

**d)** número de requisições de material para ratear os custos apropriados ao almoxarifado.

Em um mapa de apropriação dos custos indiretos, tem-se uma visão mais ampla de como o problema dos rateios é tratado. O modelo que mostraremos na Seção 2.4.4 facilita a compreensão desse assunto.

Ao definir as bases de rateio dos custos indiretos de fabricação, o responsável pelo cálculo dos custos deve ter em mente que essas bases precisam ser duradouras. Devem-se evitar mudanças frequentes, pois elas acabariam provocando flutuações nos custos dos produtos de um período para o outro, impossibilitando comparações e confundindo os destinatários dos resultados de custos, que nem sempre conhecem a sistemática de apropriação.

No entanto, caso seja necessário substituir a base de rateio em uso por outra mais adequada, o responsável pelo cálculo dos custos deve proceder à sua substituição, efetuando observações a respeito disso nos relatórios de custos, para que os usuários compreendam os resultados em análise, e refazer os cálculos do período anterior utilizando a nova base, se possível, de modo a permitir que os resultados sejam comparados.

### 2.4.4 Apropriação dos custos indiretos

O modo como os custos indiretos são apropriados tem importante papel na contabilidade de custos. Eles podem ser registrados e acumulados em uma única conta, depois rateados aos produtos por uma base adequada, ou, então, em uma perspectiva funcional, ser registrados e acumulados nos departamentos. No primeiro caso, ocorre uma distribuição simplificada dos custos indiretos, ao passo que no segundo há uma distribuição mais racional. Vejamos como tratar os custos indiretos em cada uma dessas situações.

#### Apropriação dos custos indiretos sem departamentalização

É a forma mais simples de apropriação dos custos indiretos aos produtos. Consiste em acumular todos os custos indiretos em uma única conta e, por meio de uma única base, rateia-se o valor dessa conta aos produtos. A Figura 2.2 ilustra o esquema básico de apropriação dos custos diretos e indiretos sem departamentalização.

Figura 2.2

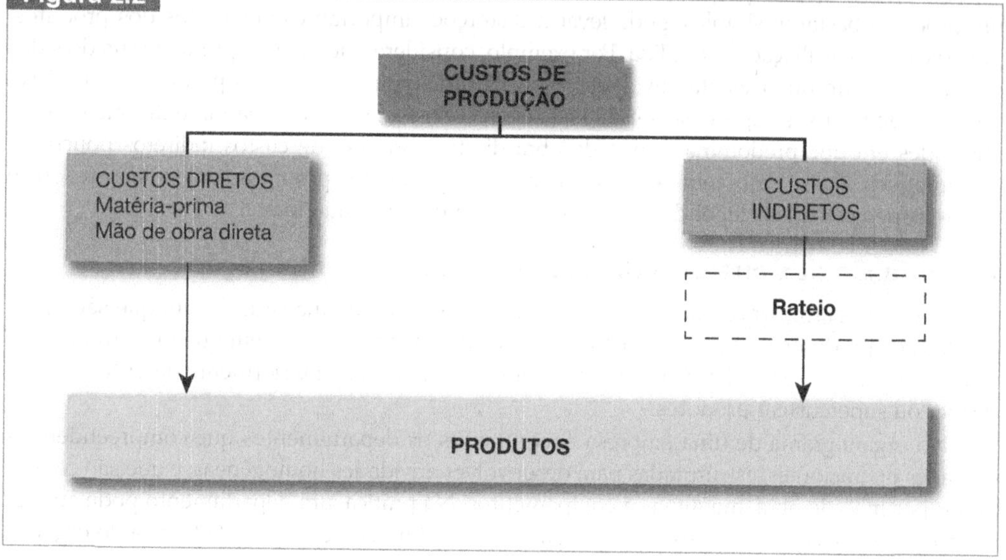


Vejamos um exemplo de apropriação dos custos indiretos sem a departamentalização. Para isso, consideremos que a Empresa S. Adélia fabrique três produtos: X, Y e Z. Os custos indiretos do mês de outubro são:

| | |
|---|---|
| Mão de obra indireta | $ 405.000 |
| Materiais diversos | $ 143.700 |
| Depreciação | $ 46.300 |
| Energia elétrica | $ 35.000 |
| Água | $ 2.500 |
| Telefone | $ 10.000 |
| Aluguel | $ 100.000 |
| TOTAL | $ 742.500 |

Neste mês, a produção da empresa foi: 100 unidades do Produto X, 80 unidades do produto Y e 200 unidades do produto Y.

Os custos indiretos são rateados aos produtos tendo por base as horas apontadas:

| | |
|---|---|
| Produto X | 900 horas |
| Produto Y | 550 horas |
| Produto Z | 1.450 horas |
| TOTAL | 2.900 horas |

Dividindo-se o total de custos indiretos pelo total de horas apontadas, tem-se a taxa de custo indireto por hora, no valor de $ 256,03448. Multiplicando-se essa taxa pelas horas apontadas, temos os seguintes custos apropriados a cada um dos produtos:

| | |
|---|---|
| Produto X: | 900 h × $ 256,03448 = $ 230.431 |
| Produto Y: | 550 h × $ 256,03448 = $ 140.819 |
| Produto Z: | 1.450 h × $ 256,03448 = $ 371.250 |
| TOTAL | $ 742.500 |

Salienta-se que a apropriação dos custos indiretos sem departamentalização, embora seja um processo bastante simples, pode levar a distorções importantes nos custos dos produtos, prejudicando a avaliação pretendida. Por exemplo, considere que uma empresa possua dois departamentos: um que executa atividades especializadas requeridas pelos produtos e, por isso, necessita de recursos cujos custos indiretos sejam elevados, e outro departamento que executa atividades em que predomina a mão de obra direta, portanto, de custos indiretos pouco representativos. Nesse caso, tem-se uma situação em que alguns produtos serão subcusteados e outros, supercusteados, dependendo das atividades por eles requeridas.

## Apropriação dos custos indiretos com departamentalização

Com a departamentalização dos custos indiretos, tem-se uma situação em que são apropriados aos produtos somente os custos indiretos dos departamentos em que tais produtos tiveram atividades executadas. Desse modo, evita-se o problema anteriormente descrito, de subcustear ou supercustear produtos.

No organograma de uma empresa encontramos os departamentos que compreendem as unidades operacionais, estruturadas para desenvolver atividades homogêneas, e que são constituídos por mão de obra, máquinas e equipamentos. Na prática, um departamento pode abrigar diversos setores, como é o caso do departamento de administração geral da fábrica do organograma a seguir (Figura 2.3).

**Figura 2.3**

Em geral esses departamentos (e setores) são chamados de centros de custos, independentemente de se referirem às divisões de administração, vendas ou fábrica. *Centro de custos* é uma expressão utilizada para designar áreas de responsabilidade da empresa em que os custos ou despesas são acumulados.

Para facilitar a acumulação dos custos ou despesas nos departamentos, estes costumam ser identificados por um número (ou código), como na Figura 2.4.

Com exceção da matéria-prima, cujo custo é identificado com o produto, os demais custos de uma empresa ocorrem nos departamentos, embora a matéria-prima também seja consumida nos departamentos em que os produtos são fabricados. Alguns custos indiretos são imediatamente identificados com os departamentos, sendo registrados neles de maneira *direta;* são os chamados *custos próprios dos departamentos* ou *custos identificados dos departamentos.* Alguns exemplos desses custos são:

- Mão de obra indireta: é possível saber o custo de cada departamento observando a folha de pagamento. Considera-se o montante de salários e acrescentam-se os encargos sociais e trabalhistas.
- Depreciação: o custo da depreciação de cada departamento é identificado por meio do controle patrimonial dos equipamentos.
- Materiais diversos (de escritório, higiene, limpeza e auxiliares de produção): o consumo de cada departamento é identificado por meio das requisições emitidas.

Outros custos estão relacionados a um conjunto de departamentos e são considerados *custos comuns.* São exemplos de custos comuns:

- Energia elétrica (supondo que não haja um medidor de consumo em cada departamento).
- Água (supondo-se não haver um hidrômetro em cada departamento).
- Telefone (supondo-se que haja uma central telefônica).

**Figura 2.4**

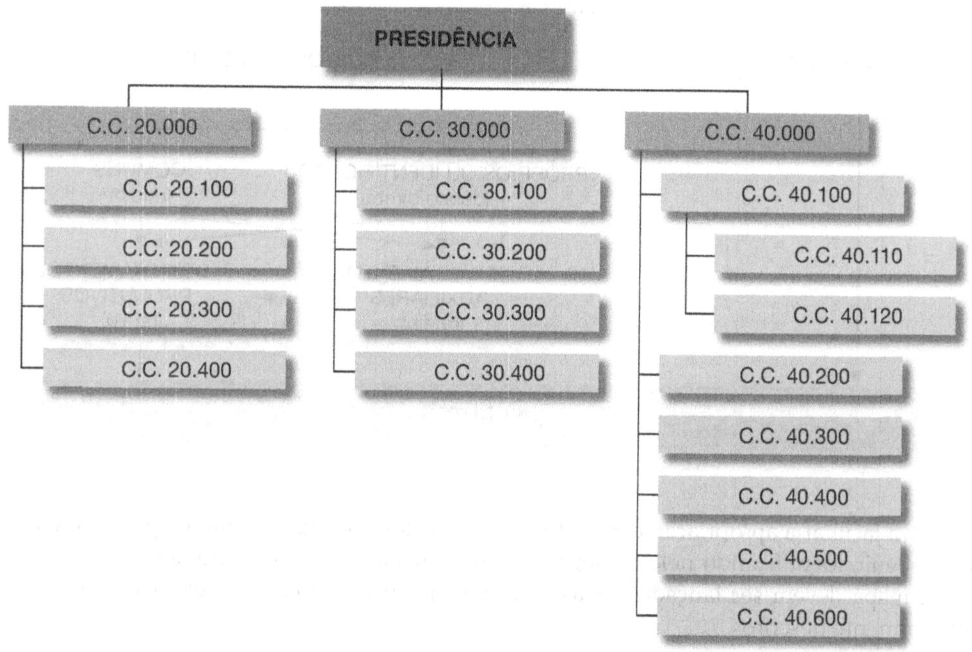

É importante separar os departamentos da divisão de fábrica em dois grupos: *auxiliares* (ou *de apoio*) e *produtivos* (ou *de produção*).

- Os departamentos auxiliares são os que não trabalham os produtos, servindo de apoio aos departamentos produtivos. Entre eles estão, por exemplo, a administração geral da fábrica, o almoxarifado e o controle de qualidade.
- Os departamentos produtivos são os que trabalham os produtos, ou seja, estão diretamente envolvidos na fabricação dos itens. Incluem, por exemplo, o departamento de usinagem, o de montagem e o de pintura.

Os custos indiretos apropriados aos departamentos produtivos podem ser rateados aos produtos sem muita dificuldade. Os custos do departamento de montagem, por exemplo, podem ser rateados aos produtos com base nas horas dedicadas a montá-los. Sempre haverá uma base que permite realizar o rateio dos departamentos produtivos pelo fato de os produtos terem passado por eles.

O mesmo já não ocorre com os departamentos auxiliares, que não trabalham os produtos, apenas auxiliam em sua fabricação. Suas funções incluem gerenciar, planejar, acompanhar e controlar a produção; atender às necessidades de materiais dos diversos departamentos da empresa; inspecionar os produtos; realizar a manutenção predial e das máquinas etc. Portanto, não há uma base de rateio para a apropriação dos custos desses departamentos aos produtos. Contudo, eles trabalham para outros departamentos, por isso seus custos podem ser transferidos para os departamentos beneficiados, em um processo sucessivo de rateios que culmina na apropriação de seus custos aos departamentos produtivos. Assim, os departamentos produtivos, além de seus custos indiretos, também recebem os custos indiretos dos departamentos auxiliares. Depois, esses custos são rateados aos produtos. A Figura 2.5 apresenta uma síntese geral da apropriação dos custos.

Figura 2.5

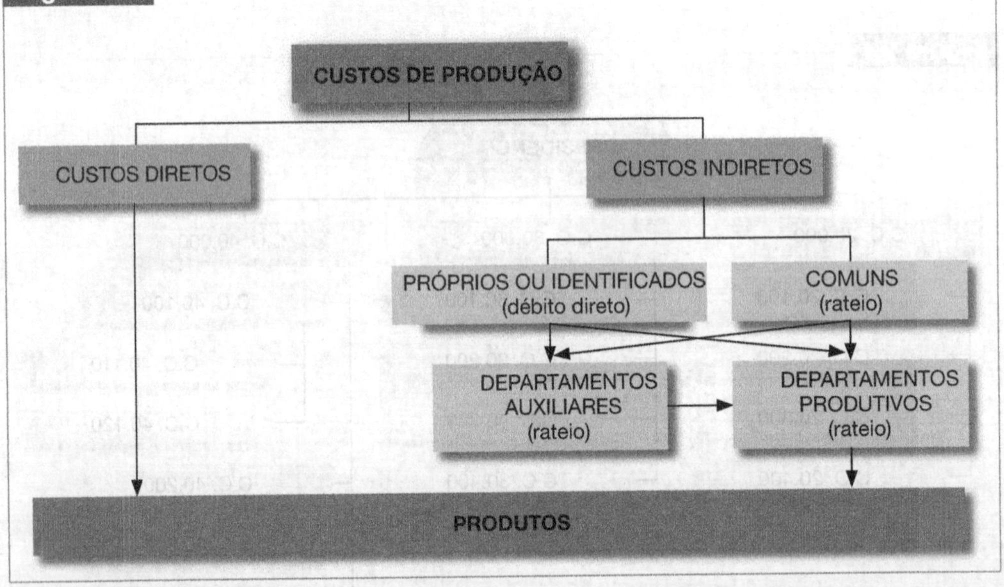


Para facilitar a apropriação dos custos indiretos, deve-se elaborar um mapa como o quadro a seguir, identificando nele os departamentos auxiliares e os departamentos produtivos. Nesse mapa devem ser lançadas todas as contas de custos indiretos e efetuados os rateios anteriormente descritos.

| MAPA DE CUSTOS INDIRETOS DE FABRICAÇÃO | | | | | | | | |
|---|---|---|---|---|---|---|---|---|
| | | DEPARTAMENTOS AUXILIARES | | | DAPARTAMENTOS PRODUTIVOS | | | TOTAIS |
| | | **Administ. geral** | **Almox.** | **Contr. de qualidade** | **Usinagem** | **Montagem** | **Pintura** | |
| **Base de rateio** | | | | | | | | |
| 1. Nº de funcionários | | | | | | | | |
| 2. Área ocupada ($m^2$) | | | | | | | | |
| 3. Potência instalada (kW) | | | | | | | | |
| 4. Quantidade de aparelhos de telefone | | | | | | | | |
| 5. Nº de requisições de materiais | | | | | | | | |
| 6. Horas-homem (HH) | | | | | | | | |
| 7. Horas-máquina (HM) | | | | | | | | |
| 8. Horas de controle de qualidade | | | | | | | | |
| **Custos próprios ou identificados** | | | | | | | | |
| 9. Mão de obra indireta ($) | | | | | | | | |
| 10. Materiais diversos ($) | | | | | | | | |
| 11. Depreciação ($) | | | | | | | | |
| 12. SUBTOTAL ($) | | | | | | | | |
| **Custos comuns** | | | | | | | | |
| | Bases de rateio | | | | | | | |
| 13. Energia elétrica ($) | 3 | | | | | | | |
| 14. Água ($) | 1 | | | | | | | |
| 15. Telefone ($) | 4 | | | | | | | |
| 16. Aluguel ($) | 2 | | | | | | | |
| 17. SUBTOTAL ($) | | | | | | | | |
| 18. TOTAL DE CIF DOS DEPARTAMENTOS ($) | | | | | | | | |
| **Rateio dos departamentos auxiliares** | | | | | | | | |
| 19. Administração geral ($) | 1 | | | | | | | |
| 20. Almoxarifado ($) | 5 | | | | | | | |
| 21. Controle de qualidade ($) | 8 | | | | | | | |
| 22. TOTAL DE CIF DOS DEPARTAMENTOS PRODUTIVOS ($) | | | | | | | | |
| 23. Base de rateio dos custos dos departamentos produtivos | | | | | | | | |
| 24. TAXAS DE RATEIO ($) | | | | | | | | |

O mapa de custos indiretos apresenta a seguinte estrutura:

- Os departamentos estão separados em dois grupos: auxiliares e produtivos. Em cada grupo temos de:

  **a)** ordenar os departamentos auxiliares, posicionando à esquerda aqueles que mais prestam serviços; à direita devem ficar os departamentos beneficiários (auxiliares e produtivos), que, consequentemente, receberão seus custos;

  **b)** ordenar os departamentos produtivos, preferencialmente de acordo com a sequência do processo de fabricação, embora isso não modifique os custos finais.

- É necessário identificar as bases de rateio que serão utilizadas para ratear os custos comuns, os departamentos auxiliares e os produtivos.

- Devem-se separar os custos indiretos em custos próprios (ou identificados) e custos comuns. Os custos próprios ou identificados são lançados nos departamentos nos quais ocorreram. Os custos comuns, inicialmente, têm seus valores lançados na coluna TOTAIS; em seguida, são rateados aos departamentos.

Vejamos um exemplo. Vamos supor que na empresa S. Adélia, fabricante dos produtos X, Y e Z, haja os seguintes departamentos (e atribuições):

- Departamentos auxiliares:
  - Administração geral da fábrica (AGF): abriga a diretoria fabril, o planejamento, a programação e o controle da produção, a engenharia industrial e outros departamentos administrativos da fábrica.
  - Almoxarifado: é o responsável pela guarda de toda a matéria-prima e dos materiais consumidos na produção, materiais de higiene, de limpeza e de escritório.
  - Controle de qualidade: é o responsável pela qualidade do produto final.
- Departamentos produtivos:
  - Usinagem: executa os serviços de plaina, torno e furação de peças.
  - Montagem: executa a montagem do produto conforme as especificações de engenharia.
  - Pintura: executa a pintura conforme especificações de engenharia.

O primeiro passo para elaborar o mapa de custos indiretos de fabricação é ordenar os departamentos auxiliares, iniciando pelo que presta mais serviços aos demais departamentos; no caso, é a administração geral da fábrica, que, no mapa, aparece em primeiro lugar. O almoxarifado é o segundo departamento que mais presta serviços, pois atende a todos os outros. O controle de qualidade atua somente nos departamentos produtivos; nesse caso, é o departamento auxiliar posicionado mais próximo dos departamentos produtivos.

As bases de rateio são obtidas de diversas fontes: folha de pagamento, engenharia, almoxarifado, apontamentos de horas etc. Os custos próprios ou identificados e os custos comuns são levantados conforme registros contábeis e lançados no mapa de custos indiretos de fabricação. No mapa a seguir, os custos próprios ou identificados estão lançados nos respectivos departamentos, nas linhas 9 a 11, e os custos comuns aparecem na coluna TOTAIS e nas linhas 13 a 16. Observe que as bases de rateio estão identificadas nas linhas 1 a 8.

| MAPA DE CUSTOS INDIRETOS DE FABRICAÇÃO | | DEPARTAMENTOS AUXILIARES | | | DEPARTAMENTOS PRODUTIVOS | | | TOTAIS |
|---|---|---|---|---|---|---|---|---|
| | | **Administ. geral** | **Almox.** | **Contr. de qualidade** | **Usinagem** | **Montagem** | **Pintura** | |
| **Base de rateio** | | | | | | | | |
| 1. Nº de funcionários | | 6 | 2 | 3 | 10 | 15 | 4 | 40 |
| 2. Área ocupada ($m^2$) | | 50 | 80 | 30 | 400 | 340 | 100 | 1.000 |
| 3. Potência instalada (kW) | | 70 | 40 | 140 | 1.300 | 1.100 | 850 | 3.500 |
| 4. Quantidade de aparelhos de telefone | | 5 | 1 | 1 | 1 | 1 | 1 | 10 |
| 5. Nº de requisições de materiais | | 30 | 10 | 60 | 400 | 200 | 100 | 800 |
| 6. Horas-homem (HH) | | | | | | 1.200 | 1.000 | 2.200 |
| 7. Horas-máquina (HM) | | | | | 700 | | | 700 |
| 8. Horas de controle de qualidade | | | | | 100 | 120 | 80 | 300 |
| **Custos próprios ou identificados** | | | | | | | | |
| 9. Mão de obra indireta ($) | | 72.000 | 8.000 | 25.000 | 120.000 | 130.000 | 50.000 | 405.000 |
| 10. Materiais diversos ($) | | 2.500 | 500 | 700 | 30.000 | 70.000 | 40.000 | 143.700 |
| 11. Depreciação ($) | | 1.500 | 300 | 2.500 | 23.000 | 12.000 | 7.000 | 46.300 |
| 12. SUBTOTAL ($) | | 76.000 | 8.800 | 28.200 | 173.000 | 212.000 | 97.000 | 595.000 |
| **Custos comuns** | | | | | | | | |
| | Bases de rateio | | | | | | | |
| 13. Energia elétrica ($) | 3 | | | | | | | 35.000 |
| 14. Água ($) | 1 | | | | | | | 2.500 |
| 15. Telefone ($) | 4 | | | | | | | 10.000 |
| 16. Aluguel ($) | 2 | | | | | | | 100.000 |
| 17. SUBTOTAL ($) | | | | | | | | 147.500 |
| 18. TOTAL DE CIF DOS DEPARTAMENTOS ($) | | | | | | | | 742.500 |
| **Rateio dos departamentos auxiliares** | | | | | | | | |
| 19. Administração geral ($) | 1 | | | | | | | |
| 20. Almoxarifado ($) | 5 | | | | | | | |
| 21. Controle de qualidade ($) | 8 | | | | | | | |
| 22. TOTAL DE CIF DOS DEPARTAMENTOS PRODUTIVOS ($) | | | | | | | | |
| 23. Base de rateio dos custos dos departamentos produtivos | | | | | | | | |
| 24. TAXAS DE RATEIO ($) | | | | | | | | |

Os custos próprios ou identificados considerados nesse exemplo são:

- Mão de obra indireta: refere-se aos salários e encargos dos funcionários classificados como indiretos. Aos salários obtidos na folha de pagamento são acrescidos os encargos sociais e trabalhistas. Na administração geral da fábrica, o custo dessa mão de obra é composto de gerentes, secretárias, planejadores e engenheiros; no almoxarifado, de almoxarifes e auxiliares; no controle de qualidade, de inspetores e técnicos; na usinagem, montagem e na pintura, de mestres e ajudantes.
- Materiais diversos: são as requisições de materiais de escritório, de higiene e de limpeza e auxiliares de produção, emitidas pelos departamentos.
- Depreciação: corresponde à depreciação do ativo imobilizado, conforme registros na contabilidade.

Os custos comuns considerados foram:

- Energia elétrica: é um custo comum a todos os departamentos da empresa. No exemplo, seu rateio será feito com base na potência instalada de cada departamento.
- Água: também é um custo comum, cujo rateio, nesse exemplo, será feito com base no número de funcionários de cada departamento (consideraremos aqui que a água não é utilizada no processo de fabricação, na limpeza de peças ou no resfriamento de equipamentos, por exemplo).
- Telefone: no exemplo, o rateio será feito de acordo com o número de aparelhos instalados (consideraremos uma única central telefônica para a empresa toda).
- Aluguel: o rateio será feito de acordo com a área ocupada pelos departamentos.

Nos cálculos, demonstramos os rateios dos custos comuns efetuados de acordo com as bases indicadas no mapa. No caso da energia elétrica, utilizamos a base de rateio número 3 (potência instalada). Dividimos o custo da energia pela potência total, obtendo a taxa de rateio. Multiplicando essa taxa pela potência de cada departamento, encontramos a parcela do custo da energia que lhe cabe. O processo se repete para cada um dos custos comuns, divididos pelas respectivas bases.

**MAPA DE CUSTOS INDIRETOS DE FABRICAÇÃO**

| | DEPARTAMENTOS AUXILIARES | | | DEPARTAMENTOS PRODUTIVOS | | | TOTAIS |
|---|---|---|---|---|---|---|---|
| | Administ. geral | Almox. | Contr. de qualidade | Usinagem | Montagem | Pintura | |
| **Base de rateio** | | | | | | | |
| 1. Nº de funcionários | 6 | 2 | 3 | 10 | 15 | 4 | 40 |
| 2. Área ocupada (m²) | 50 | 80 | 30 | 400 | 340 | 100 | 1.000 |
| 3. Potência instalada (kW) | 70 | 40 | 140 | 1.300 | 1.100 | 850 | 3.500 |
| 4. Quantidade de aparelhos de telefone | 5 | 1 | 1 | 1 | 1 | 1 | 10 |
| 5. Nº de requisições de materiais | 30 | 10 | 60 | 400 | 200 | 100 | 800 |

(*continua*)

(*continuação*)

| | | | | | | | | |
|---|---|---|---|---|---|---|---|---|
| 6. Horas-homem (HH) | | | | | | 1.200 | 1.000 | 2.200 |
| 7. Horas-máquina (HM) | | | | | 700 | | | 700 |
| 8. Horas de controle de qualidade | | | | | 100 | 120 | 80 | 300 |
| **Custos próprios ou identificados** | | | | | | | | |
| 9. Mão de obra indireta ($) | | 72.000 | 8.000 | 25.000 | 120.000 | 130.000 | 50.000 | 405.000 |
| 10. Materiais diversos ($) | | 2.500 | 500 | 700 | 30.000 | 70.000 | 40.000 | 143.700 |
| 11. Depreciação ($) | | 1.500 | 300 | 2.500 | 23.000 | 12.000 | 7.000 | 46.300 |
| 12. SUBTOTAL ($) | | 76.000 | 8.800 | 28.200 | 173.000 | 212.000 | 97.000 | 595.000 |
| **Custos comuns** | | | | | | | | |
| | Bases de rateio | | | | | | | |
| 13. Energia elétrica ($) | 3 | 700 | 400 | 1.400 | 13.000 | 11.000 | 8.500 | 35.000 |
| 14. Água ($) | 1 | 375 | 125 | 187 | 650 | 938 | 250 | 2.500 |
| 15. Telefone ($) | 4 | 5.000 | 1.000 | 1.000 | 1.000 | 1.000 | 1.000 | 10.000 |
| 16. Aluguel ($) | 2 | 5.000 | 8.000 | 3.000 | 40.000 | 34.000 | 10.000 | 100.000 |
| 17. SUBTOTAL ($) | | 11.075 | 9.525 | 5.587 | 54.625 | 46.938 | 19.750 | 147.500 |
| 18. TOTAL DE CIF DOS DEPARTAMENTOS ($) | | 87.075 | 18.325 | 33.787 | 227.625 | 258.938 | 116.750 | 742.500 |
| **Rateio dos departamentos auxiliares** | | | | | | | | |
| 19. Administração geral ($) | 1 | | | | | | | |
| 20. Almoxarifado ($) | 5 | | | | | | | |
| 21. Controle de qualidade ($) | 8 | | | | | | | |
| 22. TOTAL DE CIF DOS DEPARTAMENTOS PRODUTIVOS ($) | | | | | | | | |
| 23. Base de rateio dos custos dos departamentos produtivos | | | | | | | | |
| 24. TAXAS DE RATEIO ($) | | | | | | | | |

O próximo passo será efetuar o rateio dos departamentos auxiliares e, para isso, algumas regras deverão ser seguidas. O departamento auxiliar que já teve seus custos rateados não receberá custos de outros departamentos, mesmo que preste serviços a eles. Do contrário, teremos de voltar a ratear seus custos, entrando em um processo sucessivo de rateios de valores cada vez menos representativos que, na prática, não traria nenhum benefício.

## MAPA DE CUSTOS INDIRETOS DE FABRICAÇÃO

| | | DEPARTAMENTOS AUXILIARES | | | DEPARTAMENTOS PRODUTIVOS | | | TOTAIS |
|---|---|---|---|---|---|---|---|---|
| | | Administ. geral | Almox. | Contr. de qualidade | Usinagem | Montagem | Pintura | |
| **Base de rateio** | | | | | | | | |
| 1. Nº de funcionários | | 6 | 2 | 3 | 10 | 15 | 4 | 40 |
| 2. Área ocupada (m$^2$) | | 50 | 80 | 30 | 400 | 340 | 100 | 1.000 |
| 3. Potência instalada (kW) | | 70 | 40 | 140 | 1.300 | 1.100 | 850 | 3.500 |
| 4. Quantidade de aparelhos de telefone | | 5 | 1 | 1 | 1 | 1 | 1 | 10 |
| 5. Nº de requisições de materiais | | 30 | 10 | 60 | 400 | 200 | 100 | 800 |
| 6. Horas-homem (HH) | | | | | | 1.200 | 1.000 | 2.200 |
| 7. Horas-máquina (HM) | | | | | 700 | | | 700 |
| 8. Horas de controle de qualidade | | | | | 100 | 120 | 80 | 300 |
| **Custos próprios ou identificados** | | | | | | | | |
| 9. Mão de obra indireta ($) | | 72.000 | 8.000 | 25.000 | 120.000 | 130.000 | 50.000 | 405.000 |
| 10. Materiais diversos ($) | | 2.500 | 500 | 700 | 30.000 | 70.000 | 40.000 | 143.700 |
| 11. Depreciação ($) | | 1.500 | 300 | 2.500 | 23.000 | 12.000 | 7.000 | 46.300 |
| 12. SUBTOTAL ($) | | 76.000 | 8.800 | 28.200 | 173.000 | 212.000 | 97.000 | 595.000 |
| **Custos comuns** | | | | | | | | |
| | Bases de rateio | | | | | | | |
| 13. Energia elétrica ($) | 3 | 700 | 400 | 1.400 | 13.000 | 11.000 | 8.500 | 35.000 |
| 14. Água ($) | 1 | 375 | 125 | 187 | 625 | 938 | 250 | 2.500 |
| 15. Telefone ($) | 4 | 5.000 | 1.000 | 1.000 | 1.000 | 1.000 | 1.000 | 10.000 |
| 16. Aluguel ($) | 2 | 5.000 | 8.000 | 3.000 | 40.000 | 34.000 | 10.000 | 100.000 |
| 17. SUBTOTAL ($) | | 11.075 | 9.525 | 5.587 | 54.625 | 46.938 | 19.750 | 147.500 |
| 18. TOTAL DE CIF DOS DEPARTAMENTOS ($) | | 87.075 | 18.325 | 33.787 | 227.625 | 258.938 | 116.750 | 742.500 |
| **Rateio dos departamentos auxiliares** | | | | | | | | |
| 19. Administração geral ($) | 1 | (87.075) | 5.122 | 7.683 | 25.610 | 38.416 | 10.244 | 0 |
| 20. Almoxarifado ($) | 5 | | (23.447) | 1.851 | 12.341 | 6.170 | 3.085 | 0 |
| 21. Controle de qualidade ($) | 8 | | | (43.321) | 14.440 | 17.328 | 11.553 | 0 |
| 22. TOTAL DE CIF DOS DEPARTAMENTOS PRODUTIVOS ($) | | | | | 280.016 | 320.852 | 141.632 | 742.500 |
| 23. Base de rateio dos custos dos departamentos produtivos | | | | | 700 HM | 1.200 HH | 1.000 HH | |
| 24. TAXAS DE RATEIO ($) | | | | | 400,02285 | 267,37666 | 141,63200 | |

Nesse exemplo, os departamentos auxiliares tiveram seus custos rateados da seguinte maneira:

- Administração geral da fábrica (AGF): a base utilizada foi o número de funcionários. Observe que a fábrica possui quarenta funcionários, dos quais seis pertencem à própria AGF. Desse modo, a base de rateio será constituída pelos funcionários dos departamentos que receberão os custos da AGF.

$$\frac{\$\ 87.075{,}00}{40-6} = \$\ 2.561{,}02941 \text{ por funcionário}$$

- Almoxarifado: a base utilizada foi o número de requisições de material (RM) atendidas. Observe que tanto a AGF quanto o almoxarifado emitiram requisições, mas não receberão nenhuma parcela de rateio. A base de rateio será constituída pelas requisições dos demais departamentos que receberão custos do almoxarifado, e o custo do almoxarifado incorpora a parcela de rateio recebida da administração geral da fábrica.

$$\frac{\$\ 18.325{,}00 + \$\ 5.122{,}00}{800-(30+10)} = \frac{\$\ 23.447{,}00}{760} = \$\ 30{,}85131 \text{ por requisição}$$

- Controle de qualidade: a base de rateio desse departamento é o número de horas apontadas por ele durante as inspeções realizadas nos produtos, em cada um dos departamentos produtivos. O custo do controle de qualidade incorpora a parcela de rateio recebida da administração geral da fábrica e do almoxarifado.

$$\frac{\$\ 33.787{,}00 + \$\ 7.683{,}00 + \$\ 1.851{,}00}{300\ \text{h}} = \frac{\$\ 43.321{,}00}{300\ \text{h}} = \$\ 144{,}40333 \text{ por hora}$$

Depois que os rateios dos departamentos auxiliares forem efetuados, todos os custos indiretos estarão concentrados nos departamentos produtivos. O próximo passo será ratear os custos desses departamentos aos produtos que eles trabalharam.

No exemplo, tais departamentos foram rateados aos produtos conforme as horas apontadas. Na usinagem, rateou-se pelas horas-máquina (HM); na montagem e na pintura, pelas horas-homem (HH). O apontamento dessas horas resultou no seguinte quadro:

| Produtos | Quantidade | Departamentos | | |
|---|---|---|---|---|
| | | **Usinagem** | **Montagem** | **Pintura** |
| X | 100 u | 200 HM | 300 HH | 400 HH |
| Y | 80 u | 150 HM | 200 HH | 200 HH |
| Z | 200 u | 350 HM | 700 HH | 400 HH |
| **Total** | | 700 HM | 1.200 HH | 1.000 HH |

Observe o cálculo das taxas unitárias de custos indiretos de fabricação:

- Usinagem:

$$\frac{\$\ 280.016{,}00}{700\ HM} = \$\ 400{,}02285/HM$$

- Montagem:

$$\frac{\$\ 320.852{,}00}{1.200\ HH} = \$\ 267{,}37666/HH$$

- Pintura:

$$\frac{\$\ 141.632{,}00}{1.000\ HH} = \$\ 141{,}63200/HH$$

Valorizando as horas apontadas nos produtos pelas taxas dos respectivos departamentos, temos:

| Custos indiretos de fabricação rateados aos produtos | | | | |
|---|---|---|---|---|
| Produtos | Departamentos | | | |
| | Usinagem | Montagem | Pintura | Total |
| X | $ 80.005,00 | $ 80.213,00 | $ 56.653,00 | $ 216.871,00 |
| Y | $ 60.003,00 | $ 53.475,00 | $ 28.326,00 | $ 141.804,00 |
| Z | $ 140.008,00 | $ 187.164,00 | $ 56.653,00 | $ 383.825,00 |
| **Total** | $ 280.016,00 | $ 320.852,00 | $ 141.632,00 | $ 742.500,00 |

## 2.4.5 Sazonalidade dos custos indiretos e de produção

Até agora descrevemos a apropriação dos custos indiretos sempre utilizando dados reais, ou seja, custos realmente incorridos e produção realizada de fato. Por exemplo: "A empresa Alfa, fabricante dos produtos P, Q e R, teve no mês de outubro de 20X2 a seguinte produção... e os seguintes custos indiretos...".

No exemplo da empresa S. Adélia, não são consideradas algumas situações particulares quanto à ocorrência dos custos. Por exemplo, no mês de outubro pode ter havido custos que não se repetiram em outros meses, ou podem ter ocorrido certos custos nos outros meses que não se repetiram em outubro, tornando os produtos fabricados nesse mês mais caros ou mais baratos, conforme o caso, comparativamente a outros meses.

Outro problema a ser resolvido pela contabilidade de custos é conhecer o custo de um produto no momento em que ele é concluído — no dia 15 de determinado mês, por exemplo. Entretanto, os custos só são conhecidos com o fechamento contábil, após o encerramento do mês; portanto, não seria possível determinar o custo desse produto no dia 15. No entanto, se houvesse a necessidade de conhecer o custo para decidir se é viável aceitar um pedido especial por um preço abaixo do normalmente praticado, deixaríamos de atender a uma importante finalidade da contabilidade de custos.

Assim, a necessidade dos gestores da empresa de conhecer os custos antes do encerramento contábil e o fato de os custos e os volumes de produção não se comportarem uniformemente por todos os meses do ano demandam a aplicação de mecanismos que resolvam essas situações. Atender a essa necessidade é uma das funções da contabilidade de custos. Algumas das situações aqui descritas podem ser parcialmente resolvidas por meio da aplicação da taxa de encargos sociais e trabalhistas aos salários. Vejamos algumas hipóteses:

1. Empresas que concedem férias coletivas em certas épocas do ano. Nesse período há uma redução na produção, em consequência do menor número de dias trabalhados. Os custos indiretos fixos serão os mesmos do período em que não há férias coletivas. Somente os custos indiretos variáveis sofreriam redução, em razão do menor volume de produção.
2. Empresas que fazem a manutenção das instalações em certas épocas do ano. O ritmo de trabalho é interrompido ou reduzido, fazendo que a produção fique em situação semelhante à descrita no item anterior.
3. Nos meses em que vários funcionários saem de férias há redução da produção, e os gastos com pagamentos das férias e da primeira parcela do 13º salário são maiores do que nos outros meses. Isso produz uma situação semelhante às já descritas.
4. Quando há cortes no quadro de funcionários, os gastos com rescisões são mais elevados do que nos demais meses, quando a rotatividade de pessoal é normal. Os custos com funcionários classificados como custos fixos serão reduzidos, mas os custos indiretos fixos relativos a aluguel, depreciação etc., não.

Para ilustrar essas situações, vamos imaginar uma empresa que, em condições normais, trabalhe 20 mil horas-mês, fabricando somente o produto X. Gastam-se dez horas de mão de obra direta em cada unidade e incorre-se em $ 90.000,00 de custos indiretos de fabricação, dos quais $ 50.000,00 são variáveis e $ 40.000,00 são fixos.

Em condições normais de funcionamento, o custo de X seria:

$$\frac{\$\,50.000{,}00 + \$\,40.000{,}00}{20.000\text{ h}} = \frac{\$\,90.000{,}00}{20.000\text{ h}} = \$\,4{,}50/\text{h}$$

$$\text{Custo de X} = 10\text{ h} \times \$\,4{,}50 = \$\,45{,}00/\text{u}$$

Em cada uma das hipóteses descritas poderíamos ter:

1. Concessão de férias coletivas por 15 dias.

A produção ficaria reduzida em 50%, passando de 20.000 h/mês para 10.000 h/mês. A parcela fixa dos custos indiretos de fabricação permaneceria estável e a parcela variável seria reduzida, acompanhando o volume de produção. No entanto, a empresa incorreria em gastos adicionais com o pagamento das férias.

| | De | Para |
|---|---|---|
| Produção | 20.000 h | 10.000 h |
| CIFs fixos | $ 40.000,00 | $ 40.000,00 |
| CIFs variáveis | $ 50.000,00 | $ 25.000,00 |
| Gastos com férias | | $ 4.000,00 |
| **Total** | $ 90.000,00 | $ 69.000,00 |

Assim, o custo de X seria:

$$\frac{\$\,69.000,00}{10.000\ h} = \$\,6,90/h$$

$$\text{Custo de X} = 10\ h \times \$\,6,90 = \$\,69,00/u$$

**2.** Manutenção das instalações industriais.

Vamos supor que a manutenção seja realizada somente em uma parte da fábrica, sem interromper a produção. Assim, a parcela fixa dos custos indiretos de fabricação permaneceria estável, e a parcela variável sofreria menos redução que na situação anterior. No entanto, a empresa incorreria em gastos adicionais com a manutenção.

| | De | Para |
|---|---|---|
| Produção | 20.000 h | 18.000 h |
| CIFs fixos | \$ 40.000,00 | \$ 40.000,00 |
| CIFs variáveis | \$ 50.000,00 | \$ 45.000,00 |
| Gastos com manutenção | | \$ 13.000,00 |
| **Total** | \$ 90.000,00 | \$ 98.000,00 |

Assim, o custo de X seria:

$$\frac{\$\,98.000,00}{18.000\ h} = \$\,5,44444/h$$

$$\text{Custo de X} = 10\ h \times \$\,5,44444 = \$\,54,44/u$$

**3.** 5% dos funcionários gozando férias no mesmo mês.

A parcela fixa dos custos indiretos de fabricação permaneceria estável, e a parcela variável seria reduzida, em virtude da produção menor. No entanto, a empresa incorreria em gastos adicionais com o pagamento das férias e da primeira parcela do 13º salário.

| | De | Para |
|---|---|---|
| Produção | 20.000 h | 19.000 h |
| CIFs fixos | \$ 40.000,00 | \$ 40.000,00 |
| CIFs variáveis | \$ 50.000,00 | \$ 47.500,00 |
| Gastos com férias | | \$ 2.000,00 |
| **Total** | \$ 90.000,00 | \$ 89.500,00 |

Assim, o custo de X seria:

$$\frac{\$\,89.500,00}{19.000\ h} = \$\,4,71052/h$$

$$\text{Custo de X} = 10\ h \times \$\,4,71052 = \$\,47,11/u$$

**4.** Corte de 10% no quadro de funcionários diretos e indiretos.

A parcela fixa dos custos indiretos de fabricação sofreria uma redução em razão do corte de 10% da mão de obra indireta, e a parcela variável seria reduzida em virtude da redução de 10% no número de horas, ocasionada pelo corte na mão de obra direta. No entanto, a empresa incorreria em gastos adicionais com o pagamento das rescisões.

| | De | Para |
|---|---|---|
| Produção | 20.000 h | 18.000 h |
| CIFs fixos | $ 40.000,00 | $ 38.000,00 |
| CIFs variáveis | $ 50.000,00 | $ 45.000,00 |
| Gastos com rescisões | | $ 6.000,00 |
| **Total** | $ 90.000,00 | $ 89.000,00 |

Assim, o custo de X seria:

$$\frac{\$\,89.000,00}{18.000\text{ h}} = \$\,4,94444/\text{h}$$

$$\text{Custo de X} = 10\text{ h} \times \$\,4,94444 = \$\,49,44/\text{u}$$

Conforme os resultados obtidos em condições normais e nas hipóteses levantadas, o custo do produto X poderia ter sido:

| Hipóteses | Custo de X |
|---|---|
| Situação normal | $ 45,00/u |
| 1ª hipótese | $ 69,00/u |
| 2ª hipótese | $ 54,44/u |
| 3ª hipótese | $ 47,11/u |
| 4ª hipótese | $ 49,44/u |

Ao analisar esses resultados, poderíamos nos deparar com algumas situações:

1. Se a empresa formasse o preço de venda com base nos custos apurados, seria necessário praticar preços diferentes quando passasse de uma situação para outra. No entanto, se um preço inicialmente determinado não fosse modificado, a empresa teria lucros e prejuízos inesperados durante o ano.
2. Os usuários das informações de custos, que não necessariamente conhecem os critérios de cálculos, teriam dificuldades em entender essas oscilações.
3. Por que apenas a produção do mês em que foi feita a manutenção das instalações absorveu o custo do serviço, se a produção dos demais meses também contribuiu para o desgaste dos equipamentos? Por que esses meses nada "pagaram" por essa manutenção?

Para solucionar casos como esses, emprega-se a *taxa de aplicação de custos indiretos.*

## 2.4.6 Taxa de aplicação de custos indiretos

Com a aplicação dessa taxa, os produtos fabricados no ano, independentemente do mês em que são concluídos, recebem o mesmo montante de custos indiretos. A taxa de aplicação de custos indiretos tem por finalidade uniformizar os custos indiretos apropriados à produção em determinado período. Para calcular essa taxa, é necessário fazer as seguintes estimativas:

- da produção do período;
- dos custos indiretos de fabricação variáveis dessa produção;
- dos custos indiretos de fabricação fixos para o período.

Quando essa taxa é aplicada, um produto fabricado em janeiro, por exemplo, recebe uma parcela do custo de manutenção com realização prevista para dezembro. Se a manutenção ocorrer em janeiro, o produto fabricado nesse mês receberá apenas uma parcela do custo da manutenção, e o restante do custo será distribuído ao longo do ano.

A contabilidade também precisa abrir uma conta de *custos indiretos aplicados*, na qual serão efetuados os lançamentos, a crédito, dos custos indiretos apropriados aos produtos. Na conta de custos indiretos (real), a contabilidade vai debitando os custos efetivamente incorridos no período. No final do exercício, as duas contas são encerradas, e o total registrado nelas é levado para uma conta de variação de custos indiretos, cujo saldo será distribuído para as contas de produção em andamento, estoque de produtos acabados e custo dos produtos vendidos. Com esse procedimento, o saldo das três últimas contas se apresentará como se a empresa tivesse apropriado mensalmente os custos indiretos reais; esse procedimento se aplica a todos os departamentos produtivos. Basta elaborar o mapa de custos indiretos e lançar nele os custos estimados, estabelecer as bases de rateio de cada um deles, procedendo como visto na Seção 2.4.4, para chegar à taxa de custos indiretos predeterminada. Veja o exemplo a seguir.

As estimativas de custos e de produção para o departamento Alfa são as seguintes para o exercício de 20X8:

- Produção anual (em horas de mão de obra) = 15.000 horas.
- Custos indiretos variáveis:
  - por hora = $ 35,00;
  - no ano (15.000 h × $ 35,00/h) = $ 525.000,00.
- Custos indiretos fixos no ano = $ 300.000,00.
- Total dos custos indiretos de fabricação estimados = $ 825.000,00.

Neste exemplo, vamos ratear o total dos custos indiretos de fabricação estimados à base das horas de mão de obra estimadas.

A taxa de aplicação de CIF será:

$$\frac{\text{Custos indiretos de fabricação estimados}}{\text{Horas de mão de obra estimadas}} = \frac{\$\ 825.000{,}00}{15.000\ \text{h}} = \$\ 55{,}00/\text{h}$$

Para cada hora apontada na produção, aplica-se a taxa de custos indiretos predeterminada de $ 55,00/h, obtendo-se o custo indireto de fabricação apropriado aos produtos. Antes de prosseguirmos com o exemplo, é necessário definir alguns termos que passarão a ser empregados:

- **CIFO** (custo indireto de fabricação orçado): corresponde ao custo indireto estimado para o período.
- **CIFA** (custo indireto de fabricação aplicado): corresponde ao custo indireto apropriado aos produtos fabricados, pela taxa de aplicação de custos indiretos.

- **CIFE** (custo indireto de fabricação efetivo): corresponde ao custo indireto efetivamente incorrido no período, ou seja, ao custo real.
- **CIFAj** (custo indireto de fabricação ajustado): custo indireto que seria estimado e apropriado ao produto caso a produção estimada se igualasse à produção real.

Voltando ao exemplo, a contabilidade irá debitando e acumulando, durante o ano de 20X8, os custos indiretos reais na conta do CIFE. Na conta do CIFA irá creditando os custos indiretos apropriados aos produtos por meio da taxa de aplicação. No encerramento do exercício, confrontam-se os valores acumulados das duas contas, ou seja, o CIFE e o CIFA, obtendo-se a variação de CIF (veja o esquema apresentado na Seção 2.4.7).

O ideal seria não haver divergências entre elas, o que demonstraria grande poder de previsão e o controle efetivo das operações e dos custos. Porém, é difícil isso acontecer. O que se busca é fazer que a variação seja a menor possível. Veremos a seguir, na Seção 2.4.7, que a análise da variação permitirá o aprimoramento das estimativas de produção e de custos para os exercícios seguintes.

Do confronto entre o CIFE e o CIFA ocorrem:

- CIFA < CIFE, que indica subabsorção dos custos indiretos pelos produtos.
- CIFA > CIFE, que indica superabsorção dos custos indiretos pelos produtos.

## 2.4.7 Variação de custos indiretos

Essa variação é obtida, ao final do exercício, em uma conta de variação de CIF, debitada pelo custo acumulado da conta de custos indiretos reais e creditada pelo custo acumulado da conta de custos indiretos aplicados. Existindo variação, o valor é distribuído para as contas de produção em andamento, estoque de produtos acabados e custo dos produtos vendidos. Desse modo, o saldo dessas contas, que estava subavaliado ou superavaliado, fica ajustado pelos valores reais.

Para observar como acontece essa variação entre o CIFE e o CIFA, vamos admitir que no exercício de 20X8 tenham sido apontadas 13 mil horas de produção, com os seguintes destinos:

| Produção | | Destino da produção |
|---|---|---|
| em horas | em % | |
| 650 | 5 | Permaneceu na produção em andamento |
| 10.400 | 80 | Refere-se aos produtos vendidos |
| 1.950 | 15 | Corresponde aos produtos acabados e que ainda não foram vendidos. Estão no estoque de produtos acabados |
| 13.000 | 100 | TOTAL DA PRODUÇÃO |

Para essa produção, o CIFA totalizaria $ 715.000,00 (13.000 horas × $ 55,00/h de taxa de aplicação).

Admitamos também que o CIFE de 20X8 tenha totalizado $ 730.000,00. Confrontando o CIFE com o CIFA, teríamos uma variação de custos indiretos de $ 15.000,00, ou seja, a produção ficaria subavaliada nesse valor.

Assim, o destino da produção estaria subavaliado:

- Produção em andamento: $ 15.000,00 × 5% = $ 750,00.
- Estoque de produtos acabados: $ 15.000,00 × 15% = $ 2.250,00.
- Custo dos produtos vendidos (CPV): $ 15.000,00 × 80% = $ 12.000,00.

Creditando-se a conta de variação de CIF e debitando-se os três destinos da produção, os resultados finais seriam iguais aos que teriam sido obtidos se os custos indiretos reais tivessem sido utilizados durante o ano para custear a produção. Os razonetes mostram essas operações. Para facilitar, vamos supor que inexistam custos de matéria-prima e de mão de obra direta.

Figura 2.6

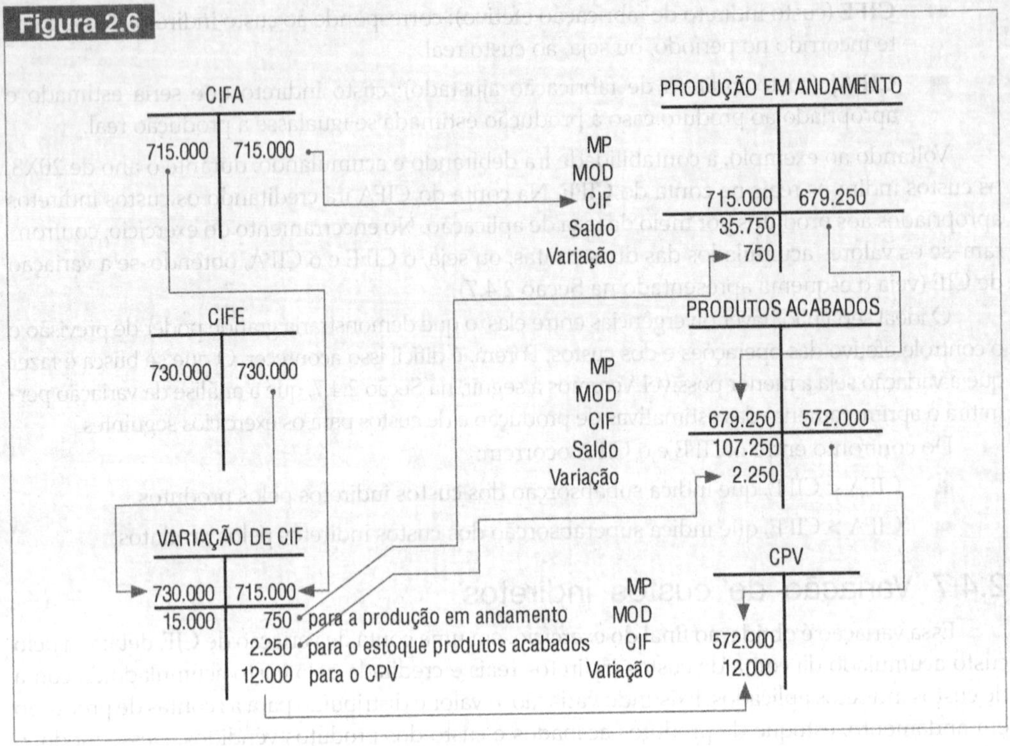


Após o ajuste da variação, temos:

- O saldo da produção em andamento ficaria em $ 36.500,00 ($ 35.750,00 + $ 750,00).
- O saldo do estoque de produtos acabados ficaria em $ 109.500,00 ($ 107.250,00 + $ 2.250,00).
- O custo dos produtos vendidos ficaria em $ 584.000,00 ($ 572.000,00 + $ 12.000,00).

## 2.4.8 Análise da variação de custos indiretos

Durante o ano podem acontecer duas situações que ocasionam variações entre o CIFE e o CIFA:

- A produção efetiva pode ser diferente da que foi estimada: no exemplo, estimou-se produzir o correspondente a 15 mil horas de mão de obra, mas na verdade produziu-se o correspondente a 13 mil horas.
- Os custos efetivamente realizados podem ser diferentes dos estimados: por exemplo, pode-se estimar $ 100.000,00 de aluguel para o ano, mas totalizar $ 120.000,00, ou então a energia elétrica pode ser estimada à base de $ 5,00 o kW, mas ter seu valor modificado ao longo do ano. Além disso, podem ocorrer custos que não tenham sido previstos, ou custos previstos podem não ocorrer etc.

Assim, pode haver custos incorridos diferentes dos estimados, ou um volume de produção diferente do previsto, o que ocasionará divergências entre os custos indiretos aplicados pelas taxas predeterminadas e os custos indiretos reais. Essa variação entre o CIFE e o CIFA pode decorrer de dois fatores:

- Variação de custos.
- Variação de volume.

## Variação de custos

Para entender a variação de custos, vamos pensar na seguinte situação: o CIFO foi calculado para um volume de 15 mil horas e a empresa realizou apenas 13 mil horas. Se não houvesse esse "erro" na previsão, teríamos estimado o seguinte CIFO:

| | | |
|---|---|---|
| | CIFs variáveis = 13.000 h × $ 35,00/h | $ 455.000,00 |
| (+) | CIFs fixos | $ 300.000,00 |
| | Total CIFO | $ 755.000,00 |

O valor de $ 755.000,00 seria o CIF debitado à produção de 20X8, uma vez que a produção realizada seria a que fora estimada. Vamos chamar esse valor de CIF ajustado (CIFAj). Como a empresa incorreu em $ 730.000,00 de CIFE, o desempenho foi melhor que o esperado em $ 25.000,00, resultando em uma variação favorável (F). A essa variação dá-se o nome de variação de custos, que pode ser expressa da seguinte maneira:

| | | |
|---|---|---|
| | CIFE | $ 730.000,00 |
| (–) | CIFAj | $ 755.000,00 |
| | Variação | $ 25.000,00 F (Favorável) |

Assim, há necessidade de refazer a previsão do valor dos custos indiretos para o volume da produção realizada, a fim de calcular a diferença entre o custo efetivamente realizado e o custo que seria estimado para o mesmo volume de produção real.

## Variação de volume

Essa variação é decorrente de uma produção efetiva diferente da que fora estimada, o que acaba gerando alteração no comportamento dos custos indiretos fixos. Pode ser calculada de várias maneiras:

**a)** Como o próprio nome indica, um dos fatores que levaram à variação total de CIF foi o "erro" na estimativa do volume de horas. Foram estimadas 15 mil horas e trabalhadas 13 mil, gerando uma variação de volume desfavorável de 2 mil horas. A taxa de aplicação de CIF de $ 55,00/h poderia ter sido calculada do seguinte modo:

| | | |
|---|---|---|
| | CIF variável | $ 35,00/h |
| (+) | CIF fixo ($ 300.000,00 ÷ 15.000 h) | $ 20,00/h |
| | Taxa de aplicação | $ 55,00/h |

Essa taxa é válida para um volume de 15 mil horas. Como a empresa trabalhou 13 mil, a taxa ficou subavaliada, tendo em vista que seu componente custo indireto fixo foi rateado por uma quantidade maior de horas. Para o volume de 13 mil horas, teríamos:

| | | |
|---|---|---|
| | CIF variável | $ 35,00/h |
| (+) | CIF fixo ($ 300.000,00 ÷ 13.000 horas) | $ 23,07692/h |
| | Taxa de aplicação | $ 58,07692/h |

Assim, cada hora efetivamente trabalhada absorveu $ 20,00 de CIF fixo, quando deveria ter absorvido $ 23,07692, o que resultou em uma variação de $ 3,07692/h.

A variação decorrente do erro no volume de produção, chamada de variação de volume, será:

13.000 h × $ 3,07692/h = $ 40.000,00 D (Desfavorável)

**b)** Outra forma de apurar a variação de volume é verificar que o componente fixo dos custos indiretos que integra a taxa de aplicação de custos indiretos é de $ 20,00/h. Esse valor resulta de uma estimativa de produção de 15 mil horas. Para as 13 mil horas trabalhadas foram apropriados $ 260.000,00 (13.000 h × $ 20,00/h) de CIF fixo, quando deveriam ser apropriados $ 300.000,00, que são os CIF estimados para o ano, resultando em uma diferença de $ 40.000,00 D (Desfavorável).

**c)** Uma maneira mais simples de apurar a variação de volume é confrontar o CIFA e o CIFAj. Vejamos:

| | | |
|---|---|---|
| | CIFA | $ 715.000,00 |
| (–) | CIFAj | $ 755.000,00 |
| | Variação | $ 40.000,00 D (Desfavorável) |

Essa diferença chama-se variação de volume, pois é decorrente de um "erro" na estimativa do volume de produção — nesse caso, no número de horas. Deixamos, portanto, de apropriar aos produtos $ 40.000,00 de custos indiretos, resultando em uma variação desfavorável.

## Variação total de custos indiretos

É a soma das variações de custos e de volume:

| | | |
|---|---|---|
| | Variação de custos | $ 25.000,00 F |
| (+) | Variação de volume | $ 40.000,00 D |
| | Variação total | $ 15.000,00 D |

Essas variações estão esquematizadas na figura a seguir:

Figura 2.7

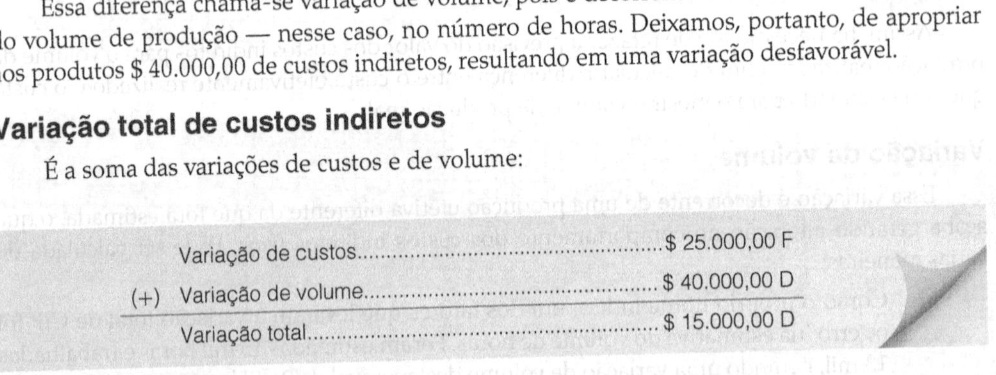

## 2.5 Empresas e seus produtos: sistemas de acumulação de custos

Em um parque industrial, encontramos empresas com produção contínua que fabricam produtos padronizados, em série, e outras que fabricam produtos sob encomenda, de acordo com as especificações dos clientes.

Entre os produtos fabricados em série, podemos citar telefones, calculadoras, medicamentos, veículos, móveis, produtos alimentícios, produtos de higiene etc. Entre os fabricados sob encomenda estão as peças e os equipamentos para indústrias siderúrgicas e petroquímicas, os veículos especiais, os móveis fabricados conforme especificações de decoradores etc.

Os produtos fabricados em série são, basicamente, os que estão ofertados no mercado, prontos para serem consumidos. Com os produtos fabricados sob encomenda isso não ocorre: eles não são encontrados nas prateleiras dos supermercados. Antes de fabricá-los, as empresas precisam receber um pedido do cliente, que pode, por exemplo, encomendar um armário de cozinha ou uma sala de jantar composta de mesa e cadeiras com detalhes personalizados.

Para fins de custeamento, vamos encontrar sistemas distintos de acumulação de custos para essas empresas:

- Nas empresas que trabalham sob encomenda, é utilizado o *sistema de acumulação de custos por ordem de serviço*, também chamado de ordem de produção.
- Nas empresas que trabalham com produção contínua, temos o *sistema de acumulação de custos por processo*.

As características desses sistemas podem ser resumidas da seguinte maneira:

**a)** Produção sob encomenda:
- os custos são acumulados em contas representativas de cada produto;
- o custo de uma encomenda é o somatório dos custos acumulados durante todo o período de fabricação e só é conhecido quando o produto está concluído.

**b)** Produção contínua:
- os custos são acumulados por processo (departamento ou fases de fabricação) e associados a um dado volume de produção;
- o custo unitário de um produto é a soma dos custos unitários dos processos, sendo calculado dividindo-se esses custos por sua produção equivalente (ver seção 2.5.2).

### 2.5.1 Sistema de acumulação de custos por ordem de serviço

As empresas que trabalham sob encomenda, antes de iniciar qualquer atividade em produtos ou serviços, necessitam de uma autorização do cliente. Muitas vezes essas empresas participam de concorrências, e somente no caso de vencerem e assinarem o contrato de fornecimento é que poderão dar início ao processo de fabricação.

A seguir, apresentamos uma descrição sucinta do funcionamento do processo de concorrência.

- Cotação de preços: antes de adquirir o produto de que necessita, o cliente efetua consultas, geralmente com mais de um fornecedor, decidindo por aquele que apresenta a melhor proposta no que se refere a preço, formas de pagamento, prazo de entrega, qualidade, garantia etc.
- Estimativa de custos do produto cotado: o fabricante consultado possui uma estrutura, como um departamento de orçamentos, capaz de realizar a estimativa de custos do

produto para fins de formulação do preço de venda. Essa estrutura geralmente é composta por vendedores técnicos, orçamentistas, projetistas, desenhistas etc.

Para se chegar ao custo estimado, que será a base para formulação do preço a ser ofertado, algumas etapas e procedimentos precisam ser executados:

- 1ª etapa – projetos e desenhos: caso o cliente não os forneça à empresa, o departamento de engenharia deve desenvolvê-los.
- 2ª etapa – lista de materiais: consiste em uma relação de todos os materiais que integrarão o produto. O departamento de orçamentos, de posse dos desenhos e especificações do cliente, elabora a lista completa dos componentes do produto. Alguns desses componentes poderão ser adquiridos prontos no mercado ou fabricados internamente, ou, então, adquiridos de outros fabricantes, mediante encomenda. Se fabricados internamente, listam-se os materiais que integram tais componentes. Se adquiridos de outros fabricantes, talvez seja necessário comprá-los em quantidade superior à da aplicação, para prevenção em caso de quebra, defeito etc.
- 3ª etapa – conhecendo-se o projeto e as etapas de fabricação necessárias, estima-se o número de horas de fabricação em cada departamento produtivo.
- 4ª etapa – as atividades complementares, como fretes, seguros, embalagens especiais, montagem e partida do equipamento no cliente (ou seja, colocar o equipamento em funcionamento), muitas vezes são de responsabilidade do fabricante.

A seguir, apresentamos um modelo de formulário utilizado para realizar o cálculo da estimativa de custos.

| ESTIMATIVA DE CUSTOS | | | | Nº:_______ | | |
|---|---|---|---|---|---|---|
| Cliente: | | | Código: | | | |
| Produto: | | | Desenho: | | | |
| MATERIAIS | | | | | | |
| Código | Descrição | Quantidade | Peso líquido | Peso bruto | Custos unitários | Custo dos materiais |
| | | | | | | |
| | | | | | | |
| | | | | | | |
| | | | | | | |
| Total dos materiais: | | | | | | |

| SERVIÇOS SUBCONTRATADOS* | | |
|---|---|---|
| Descrição dos serviços | Fornecedor | Custo dos serviços |
| | | |
| | | |
| | | |
| | | |
| Total das subcontratações: | | |

(*continua*)

*(continuação)*

| FABRICAÇÃO (MÃO DE OBRA E CUSTOS INDIRETOS) | | | |
|---|---|---|---|
| Departamento | Horas | Custo-hora | Custo de fabricação |
| | | | |
| | | | |
| | | | |
| Total MOD + CIF: | | | |
| **ENGENHARIA** | | | |
| Atividades | Horas | Custo-hora | Custo da engenharia |
| Projetos | | | |
| Desenhos | | | |
| Total engenharia: | | | |
| **DEMAIS CUSTOS** | | | |
| **Descrição** | | | **Custos** |
| | | | |
| | | | |
| Total demais custos: | | | |
| **Total custo estimado:** | | | |
| Despesas administrativas e de vendas: | | | |
| **Preço de venda:** | | | |
| Alíquota do ICMS_____________% | | Alíquota do IPI ________% | |
| Custos financeiros para pagamento a ________ dias = _________ % | | | |

* Refere-se a serviços executados por terceiros, como usinagem, pintura, tratamento térmico etc., para os quais a empresa não possui tecnologia, equipamentos ou mão de obra especializada.

## Valorização do custo estimado

Após definir os materiais a serem utilizados, os tempos de engenharia e fabricação, os serviços subcontratados etc., o próximo passo é valorizá-los. Os custos devem refletir, na data do cálculo da estimativa do custo do produto, os custos de reposição dos materiais, o custo atualizado da mão de obra e os demais recursos a serem aplicados no produto. Assim, a empresa incorre em gastos antes mesmo de conquistar o pedido. São os gastos relacionados às atividades de projeto do produto, para estimar o consumo de materiais para fabricar o produto, mão de obra etc., para efetuar cotações nos fornecedores de materiais etc. Caso ganhe a concorrência, esses gastos poderão ser transferidos para a ordem de serviço, a fim de que se apure o custo total da encomenda.

Se a empresa ganhar a concorrência, o departamento de vendas aciona todos os departamentos por meio da emissão de uma ordem de serviço, para que cada um cuide de suas atribuições:

- O financeiro faz a programação dos recebimentos indicados nos contratos de fornecimento e a atualização do fluxo de caixa.
- A contabilidade cuida da abertura da conta em que serão acumulados os custos.
- O almoxarifado faz as reservas de materiais e a solicitação de compras para materiais faltantes.
- O planejamento e controle da produção elabora a programação da produção.
- A fábrica providencia as ferramentas necessárias etc.

## Apropriação dos custos de encomendas

O número da ordem de serviço emitida pelo departamento de vendas será, na contabilidade, o número da conta que receberá os lançamentos de custos e receitas. Para efetuar esses lançamentos, o documento básico utilizado pela contabilidade de custos é a *ficha de custos* (veja quadro a seguir).

A contabilidade mantém as fichas de custos de cada encomenda "abertas" durante todo o período de produção, registrando nelas os custos relativos aos materiais diretos consumidos, à mão de obra direta apontada, aos serviços subcontratados e aos custos indiretos de fabricação, além do número de horas trabalhadas e da quantidade de materiais diretos mais relevantes consumidos e da receita correspondente.

Normalmente, os lançamentos feitos nessas fichas são mensais, e eles podem ser periodicamente acumulados com vistas a medir e monitorar o desempenho. Ao término da encomenda, acumulam-se as horas de trabalho, a quantidade de material consumido, os custos e as receitas. Ao confrontá-los com os valores estimados, são identificadas as variações ocorridas, cuja análise permite aprimorar as estimativas em futuras cotações de preços.

| FICHA DE CUSTOS | | | | Ordem de serviço nº ______ | | |
|---|---|---|---|---|---|---|
| Cliente: | | | | | | |
| Produto: | | | | | | |
| Preço contratual: | | Prazo de entrega: ___/___/___ | | | | |
| Contas / mês e ano: | | ___/___ | ___/___ | ___/___ | ___/___ | **ACUMULADO** |
| Mão de obra | Depto.:______ | | | | | |
| | Depto.:______ | | | | | |
| | Depto.:______ | | | | | |
| | TOTAL | | | | | |
| Engenharia | Projetos | | | | | |
| | Desenhos | | | | | |
| | TOTAL | | | | | |
| Materiais | Chapas de aço | | | | | |
| | Tubos | | | | | |
| | Perfis | | | | | |
| | Outros | | | | | |
| Demais custos | | | | | | |
| | | | | | | |
| | | | | | | |
| | TOTAL | | | | | |
| TOTAL DE CUSTOS DO MÊS | | | | | | |
| CUSTO ACUMULADO | | | | | | |
| RECEITA DO MÊS* | | | | | | |
| RECEITA ACUMULADA | | | | | | |
| Horas de fabricação gastas | | | | | | |
| Horas de engenharia gastas | | | | | | |

* É importante ressaltar que a receita da encomenda só é conhecida no momento da entrega do produto. Nessa ficha, a receita corresponde a parcelas adiantadas pelos clientes que não necessariamente representam a remuneração dos recursos empregados na produção. Ao assinar um contrato de fornecimento, por exemplo, a empresa recebe um adiantamento ou as parcelas previamente acordadas após a realização de determinadas etapas.

Os relatórios mensais que "abastecem" a contabilidade de custos são gerados com os dados a serem lançados nessas fichas de custos:

- Relatório de materiais diretos: resume, por ordem de serviço, todas as requisições de materiais emitidas, indicando o material, a quantidade e o custo.
- Relatório de mão de obra direta: resume, por ordem de serviço, os apontamentos de horas de produção dos departamentos produtivos com os custos correspondentes, calculados previamente pela contabilidade de custos.
- Relatório de engenharia: resume, por ordem de serviço, os apontamentos de horas de desenhos e projetos com os custos correspondentes, calculados previamente pela contabilidade de custos.
- Relatórios de outros custos diretos: resume, por ordem de serviço, todos os documentos referentes a custos incorridos com ferramentas, viagens e representações, serviços especializados executados por terceiros (subcontratações) etc.
- Relatório de custos indiretos: resume os custos indiretos apropriados a cada ordem de serviço, calculados conforme os critérios descritos na Seção 2.4.
- Relatório de faturamento: resume, por ordem de serviço, os faturamentos relativos ao valor do principal e reajustes ocorridos.

Como o tempo de fabricação de uma encomenda varia de poucos dias até alguns anos, é normal que o preço contratado fique defasado. Para evitar isso, costuma-se prever uma forma de reajuste no contrato de fornecimento. Ao efetuar o faturamento, emitem-se duas notas fiscais, uma para o valor original (aqui chamado de *principal*) e outra para o valor do reajuste (*complementar* ao preço).

## Tempo de fabricação da encomenda e sua relação com o modo de apuração dos resultados

O tempo de fabricação de uma encomenda pode variar de poucos dias a vários anos. Além disso, poderá ser contado o período necessário para colocar o produto em funcionamento na planta do cliente, se essa atividade for de responsabilidade do fabricante.

Independentemente do tempo de fabricação, a apuração dos custos obedece à forma anteriormente descrita nesta seção. Porém, o modo de apurar os resultados varia conforme o tempo de fabricação. Para isso, é necessário classificar as encomendas como encomendas de curto e longo prazo de fabricação. Nas encomendas de curto prazo, a receita corresponde à realizada, ao passo que nas encomendas de longo prazo é calculada para cada exercício social, proporcionalmente aos custos incorridos.

O conceito de *curto prazo* aplica-se às encomendas cujo tempo de fabricação é inferior a um ano; o de *longo prazo,* às encomendas cujo tempo de fabricação é superior a um ano. A seguir, vamos analisar como apurar a receita nas duas situações.

### Encomendas de curto prazo

Como já foi dito, o motivo de separarmos as encomendas conforme o prazo de fabricação reside no modo como a receita será apurada. A forma de apuração do custo, contudo, não é afetada por essa divisão de tempo.

Mensalmente, os custos são lançados e acumulados na ficha de custos da ordem de serviço. Quando a fabricação da encomenda é finalizada, procede-se à sua baixa da produção em andamento, levando-se os custos acumulados ao resultado do exercício sob o título de custo do produto vendido (não há estoques de produtos acabados, pois, ao final da fabricação, eles são entregues aos clientes). A receita corresponde ao valor contratual acrescido de reajustes, se houver.

Nessa ocasião, o departamento de contabilidade de custos elabora um relatório de desempenho das encomendas, indicando custos e receitas para a administração da empresa, podendo incluir, ainda, dados relativos à estimativa de custos. Caso a encomenda seja iniciada em um exercício social e concluída em outro, permanece na produção em andamento e, nesse caso, não há apuração de resultado parcial, como acontece com as encomendas de longo prazo.

**Encomendas de longo prazo**

As encomendas de longo prazo passam por um procedimento diferente em relação ao que ocorre com as encomendas de curto prazo no que diz respeito ao modo de apuração de seus resultados. A regra é reconhecer a receita no momento da entrega da encomenda ao cliente. Consideremos, por exemplo, uma empresa que fabrica, sob encomenda, produtos que demoram dois anos ou mais para ser concluídos. É possível que, em determinado ano, a empresa não encerre nenhuma encomenda, ou encerre um número reduzido delas, ou mesmo que diversas encomendas tenham sido concluídas. Essas possibilidades não determinam o potencial de resultados que a empresa pode realizar em cada exercício.

Alternativamente a essa situação, obtém-se um resultado em cada exercício social para as encomendas de longo prazo, independentemente de elas virem ou não a ser concluídas. A regra é transferir para o resultado, como custo dos produtos vendidos, os custos acumulados em cada exercício social.

Feito isso, é necessário atribuir um valor de receita correspondente a esses custos, uma vez que a receita da encomenda só será conhecida na entrega do produto.

Para fins de apuração de resultados, não são considerados receitas os eventos financeiros decorrentes do recebimento de adiantamentos contratuais efetuados pelos clientes ou do cumprimento de certas etapas de fabricação, cujos valores não guardam relação com os custos incorridos na fabricação. Suponhamos, por exemplo, que uma empresa fabricante de caldeiras, ao assinar o contrato de fornecimento, receba um adiantamento de 30% do valor contratual. Certamente a empresa ainda não incorreu em custos; logo, esse valor não terá nenhuma relação com os custos de fabricação do produto. Tal adiantamento deve ficar registrado no balanço patrimonial em uma conta do passivo circulante como adiantamento de clientes ou serviços a realizar.

Em uma situação oposta, se no primeiro ano de fabricação da encomenda a empresa tiver incorrido em custos superiores aos valores recebidos do cliente, a diferença deverá ficar registrada no balanço patrimonial em uma conta do ativo, como serviços executados a faturar ou contas a receber.

Assim, a receita deve corresponder aos custos incorridos, e não aos valores recebidos. Feitas essas considerações, conclui-se que, para apurar o resultado do exercício, é necessário determinar o valor da receita. Para tanto, podem ser aplicados os seguintes critérios:

1. **Proporcionalidade do custo total**

Esse critério tem como base de cálculo da receita a relação do preço de venda contratual com os custos estimados. Por exemplo, se o custo estimado para uma caldeira for de $ 100.000,00 e o preço de venda contratual for de $ 130.000,00, a margem de lucro/custo estimado será de 30%. Assim, a cada $ 1,00 de custo corresponderá $ 1,30 de receita. Dessa maneira, acumulam-se os custos incorridos dessa encomenda em cada exercício social e determina-se a receita proporcional correspondente.

Caso ocorram alterações nos custos estimados em decorrência de revisões no orçamento (alteração na quantidade de componentes, inclusão de um componente não previsto, mudança no custo de componentes ou no serviço de um fornecedor, revisão no número de horas estimadas etc.) ou mesmo alteração do preço de venda contratual em razão de reajustes, modifica-se a margem de lucro/custo estimado, e a receita atribuída passa a refletir essa nova relação. Disso resulta que a receita do exercício em curso compensará diferenças ocorridas em exercícios anteriores como decorrência da nova expectativa de resultados. Veja o exemplo a seguir.

Uma empresa vence uma concorrência para fornecimento de um tanque para armazenamento de gás, cujo prazo de entrega é de três anos. Os dados relativos a essa encomenda são os seguintes:

| | |
|---|---|
| Custo estimado | $ 30.000,00 |
| Preço de venda | $ 42.000,00 |
| Margem de lucro | $ 12.000,00 |
| Margem de lucro/custo estimado | 40% |
| Relação preço/custo | 1,40 |

Assim, para cada $ 1,00 de custo apropriado à encomenda, será atribuído $ 1,40 de receita. Vamos admitir que, no primeiro exercício social:

- não houve revisão nos custos estimados;
- não houve revisão no preço de venda;
- os custos reais acumulados no exercício foram de $ 8.000,00.

A receita a ser atribuída para esse exercício será:

| | |
|---|---|
| Custo acumulado no exercício | $ 8.000,00 |
| Relação preço/custo | × 1,40 |
| Receita | $ 11.200,00 |

No segundo exercício ocorre:

- revisão nos custos estimados: 20%, passando a projetar $ 36.000,00;
- revisão no preço de venda conforme cláusula contratual: 35%, passando a projetar $ 56.700,00;
- custos reais acumulados no segundo ano: $ 15.000,00.

A relação margem de lucro/custo estimado dessa encomenda passará de 40% para 57,5%.

| | |
|---|---|
| Novo custo estimado | $ 36.000,00 |
| Novo preço de venda | $ 56.700,00 |
| Nova margem de lucro | $ 20.700,00 |
| Margem de lucro/custo estimado | 57,5% |
| Relação preço/custo | 1,575 |

Assim, devemos considerar que a margem de lucro/custo estimado de 57,5% é válida para a encomenda toda, e não apenas para o segundo exercício, sendo preciso, portanto, reavaliar o resultado do primeiro exercício.

A receita a ser atribuída nesse segundo exercício será:

| | | |
|---|---|---|
| | Custo acumulado do primeiro exercício | $ 8.000,00 |
| (+) | Custo acumulado do segundo exercício | $ 15.000,00 |
| (=) | Custo total acumulado | $ 23.000,00 |
| (×) | Nova relação preço/custo | × 1,575 |
| (=) | Receita acumulada | $ 36.225,00 |
| (–) | Receita do primeiro exercício | $ 11.200,00 |
| (=) | Receita do segundo exercício | $ 25.025,00 |

No terceiro exercício ocorrem o término da fabricação e o faturamento da encomenda. O custo acumulado desse exercício totaliza $ 22.000,00; portanto, o custo total acumulado da encomenda foi de $ 45.000,00, e seu faturamento total foi de $ 60.000,00. Como nos dois exercícios anteriores já haviam sido atribuídos $ 36.225,00 de receita, para o terceiro exercício serão atribuídos $ 23.775,00. O quadro a seguir resume todos os resultados.

| | PREVISÃO | 1º EXERCÍCIO | 2º EXERCÍCIO | | | 3º EXERCÍCIO | |
|---|---|---|---|---|---|---|---|
| Contas | Custo estimado e preço contratual | Resultado | Revisões do custo estimado e do preço de venda | Resultado | Acumulado | Resultado | Total da encomenda |
| Custo | $ 30.000,00 | $ 8.000,00 | $ 36.000,00 | $ 15.000,00 | $ 23.000,00 | $ 22.000,00 | $ 45.000,00 |
| Receita | $ 42.000,00 | $ 11.200,00 | $ 56.700,00 | $ 25.025,00 | $ 36.225,00 | $ 23.775,00 | $ 60.000,00 |
| Margem | $ 12.000,00 | $ 3.200,00 | $ 20.700,00 | $ 10.025,00 | $ 13.225,00 | $ 1.775,00 | $ 15.000,00 |
| % M/C | 40% | 40% | 57,5% | 66,8% | 57,5% | 8,1% | 33,3% |

**2. Proporcionalidade do custo de conversão**

Esse critério é utilizado quando há componentes adquiridos já prontos de terceiros que tenham participação relevante no custo estimado para uma encomenda. Por conta deles, a empresa, ao formar o preço de venda da encomenda, considera dois percentuais de margem de lucro: um para esses componentes e outro para os custos de conversão (ou transformação). Vamos supor, por exemplo, que na encomenda de uma caldeira seja utilizado um motor adquirido de um fabricante externo, cujo custo representa 40% do custo estimado do produto a ser fabricado. Para esse componente, a empresa considera uma margem menor, digamos, 10%, a título de manuseio e armazenagem, e aplica 40% de margem nos custos de conversão. Assim, podemos ter:

| | | |
|---|---|---|
| | Custo do motor | $ 20.000,00 |
| (+) | Custo de conversão | $ 30.000,00 |
| (=) | Custo total estimado | $ 50.000,00 |

Composição do preço de venda:

| | | |
|---|---|---|
| | Motor ($ 20.000,00 × 1,10) | $ 22.000,00 |
| (+) | Custo de conversão ($ 30.000 × 1,40) | $ 42.000,00 |
| (=) | Preço total | $ 64.000,00 |

Dessa maneira, a contabilidade de custos acumula separadamente os custos dos componentes adquiridos prontos e os custos de conversão, bem como as receitas correspondentes até o término da encomenda, conforme o modelo de acompanhamento utilizado anteriormente.

## 2.5.2 Sistema de acumulação de custos por processo

Os produtos fabricados em série são padronizados, o que significa que eles recebem quantidades equivalentes dos elementos de custos correspondentes à matéria-prima, à mão de obra e aos custos indiretos de fabricação.

Nas empresas que trabalham por processo, a produção obedece a uma sequência de operações, cada qual realizada por um departamento. É como se tivéssemos várias "fábricas" dentro da mesma empresa. Nesse caso, cada departamento produtivo seria uma "fábrica", a qual consome matéria-prima, que é transformada em um produto, que nesse estágio é semiacabado. Na "fábrica" seguinte, o produto passa a ser a matéria-prima que, juntamente com outras, dará continuidade à transformação do produto, e assim sucessivamente, até que o produto final fique pronto. Cada uma dessas "fábricas" também consome mão de obra e custos indiretos de fabricação. Veja a seguir, na Figura 2.8, uma representação esquemática dessa sequência.

O sistema de acumulação de custos obedece a essa sequência de fabricação: os custos das unidades prontas em um departamento são transferidos para o departamento seguinte, até que os produtos sejam concluídos, quando, então, são transferidos para o estoque de produtos acabados. Assim, quando um departamento transfere produtos ao departamento seguinte, os custos acumulados até então passam a constituir matéria-prima nesse próximo departamento.

Figura 2.8

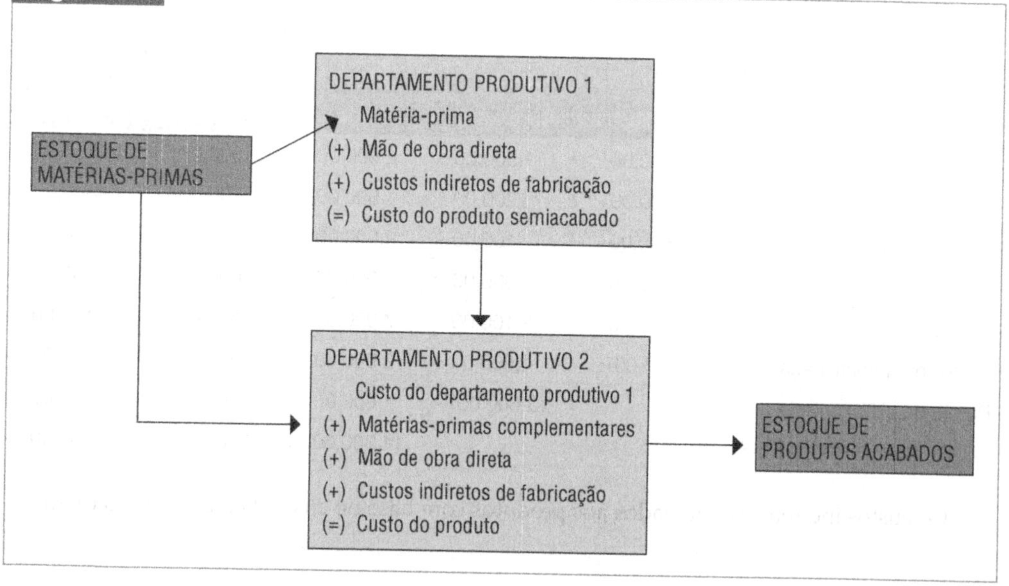

Vejamos um exemplo: a empresa R. Catequese fabrica portas e janelas de alumínio, e seus principais clientes são as lojas de varejo de materiais para construção. Chapas e perfis de alumínio compõem a matéria-prima principal desses dois produtos, sendo requisitadas do estoque pelo departamento de corte. Materiais de acabamento como fechaduras, dobradiças, roldanas, trincos, puxadores e outros acessórios complementam as matérias-primas do produto acabado, sendo requisitadas do estoque pelo departamento de montagem.

No mês de abril, não havia nenhuma unidade na produção em andamento. Neste mês foram fabricadas 500 portas e 700 janelas, e toda produção foi acabada no próprio mês.

Os custos do mês foram:

**a) Custos Diretos**

1. Matérias-primas

| Produtos | Chapas e perfis | Materiais de acabamento |
|---|---|---|
| Portas | $ 35.000,00 | $ 8.500,00 |
| Janelas | $ 42.000,00 | $ 15.000,00 |
| TOTAL | $ 77.000,00 | $ 23.500,00 |

2. Mão de obra direta

| Produtos | Departamento de corte | Departamento de montagem |
|---|---|---|
| Portas | $ 4.500,00 | $ 5.500,00 |
| Janelas | $ 5.300,00 | $ 7.400,00 |
| TOTAL | $ 9.800,00 | $ 12.900,00 |

**b) Custos Indiretos de Fabricação**

| | Depart. Auxiliares | | Depart. Produtivos | | TOTAL |
|---|---|---|---|---|---|
| | Adm. Fábrica | Almoxarif. | Corte | Montagem | |
| Mão de obra indireta | 5.000,00 | 1.500,00 | 2.500,00 | 2.500,00 | 11.500,00 |
| Energia elétrica | 400,00 | 200,00 | 1.500,00 | 1.200,00 | 3.300,00 |
| Depreciação | 500,00 | 100,00 | 2.000,00 | 1.800,00 | 4.400,00 |
| Outros | 600,00 | 300,00 | 1.000,00 | 1.000,00 | 2.900,00 |
| TOTAL CIF | 6.500,00 | 2.100,00 | 7.000,00 | 6.500,00 | 22.100,00 |
| Rateio da administração | (6.500,00) | 1.500,00 | 2.500,00 | 2.500,00 | 0,00 |
| Rateio do almoxarifado | | (3.600,00) | 1.800,00 | 1.800,00 | 0,00 |
| TOTAL DEP. PRODUTIVOS | | | 11.300,00 | 10.800,00 | 22.100,00 |

Os custos indiretos são rateados aos produtos com base no custo da mão de obra direta.

| | Corte | Montagem | TOTAL |
|---|---|---|---|
| Portas | 5.188,78 | 4.604,65 | 9.793,43 |
| Janelas | 6.111,22 | 6.195,35 | 12.306,57 |
| TOTAL | 11.300,00 | 10.800,00 | 22.100,00 |

c) **Custos Totais**

1. Departamento de Corte

| Produtos | Matéria-prima | Mão de obra direta | Custos indiretos | CUSTO TOTAL | Custo unitário |
|---|---|---|---|---|---|
| Portas | 35.000,00 | 4.500,00 | 5.188,78 | 44.688,78 | 89,38 |
| Janelas | 42.000,00 | 5.300,00 | 6.111,22 | 53.411,22 | 76,30 |
| TOTAL | 77.000,00 | 9.800,00 | 11.300,00 | 98.100,00 | |

2. Departamento de Montagem

| Produtos | Custo do depart. de corte | Materiais de acabam. | Mão de obra direta | Custos indiretos | CUSTO TOTAL | Custo unitário |
|---|---|---|---|---|---|---|
| Portas | 44.688,78 | 8.500,00 | 5.500,00 | 4.604,65 | 63.293,43 | 126,58 |
| Janelas | 53.411,22 | 15.000,00 | 7.400,00 | 6.195,35 | 82.006,57 | 117,15 |
| TOTAL | 98.100,00 | 23.500,00 | 12.900,00 | 10.800,00 | 145.300,00 | |

Nesse exemplo, toda a produção do mês foi acabada. Entretanto, é comum nem todas as unidades iniciadas em um período, em qualquer departamento, serem concluídas, permanecendo na produção em andamento para serem finalizadas no período seguinte. A atribuição de custos a essas unidades se dá por meio de um artifício chamado *produção equivalente*.

## Produção equivalente

Antes de descrever o que é produção equivalente, vamos refletir sobre os custos da produção em andamento de cada departamento. Certamente, uma unidade não finalizada não pode receber o mesmo custo de uma que já foi concluída. Se lhes atribuíssemos o mesmo custo, o produto ficaria superavaliado e ocorreria uma subavaliação da produção acabada. Sem dúvida, as unidades não acabadas devem ser valorizadas. Mas que custos devemos atribuir a elas, se eles são identificados em primeiro lugar com os departamentos, e não com os produtos?

Para resolver esse problema, converte-se a produção em andamento em unidades equivalentes de produção acabada. Vamos supor, por exemplo, que um serralheiro esteja fabricando, simultaneamente, dois portões iguais para clientes diferentes. Ele conclui o lado esquerdo do portão do cliente A e o lado direito do portão do cliente B. Ter dois portões até a metade equivale a ter um portão pronto. Por isso, nesse momento, sua produção é equivalente a um portão. Para efeito de apropriação de custos, cada portão recebe 50% do custo de um portão acabado.

Entretanto, em uma empresa que fabrica grandes quantidades de um mesmo produto, a situação é mais complexa. As unidades não concluídas em cada departamento ao final do mês estarão nos mais diversos estágios de acabamento. Haverá produtos com 10%, 20%, 50%, 75%, 90% etc. de acabamento. Então, que custos devem ser atribuídos a essa produção em andamento e de que modo?

A resposta a essa questão é semelhante à dada para o caso dos portões. Em primeiro lugar, é preciso definir o estágio de acabamento dessa produção, o que servirá para determinar a quantidade da produção equivalente.

Vamos supor que, ao final de março/X7, 200 unidades do produto X tenham ficado na produção em andamento do departamento de montagem. Verificou-se que essas unidades estão, em média, em um estágio de acabamento de 40%. Nesse caso, a produção equivalente será: 200 u × 40% = 80 unidades. Para efeito de apropriação de custos, essa produção em andamento receberá o mesmo custo que 80 unidades acabadas do produto X.

Vejamos dois exemplos em que a apropriação dos custos aos produtos utiliza o artifício da produção equivalente: sem a departamentalização no primeiro exemplo e com a departamentalização no segundo exemplo.

**1º exemplo: sem departamentalização**

No mês de de abril/x9, a empresa Bangu Ltda., fabricante do produto X, incorreu nos seguintes custos:

| | |
|---|---|
| Matéria-prima | $ 30.000,00 |
| Mão de obra direta | $ 15.000,00 |
| Custos indiretos de fabricação | $ 21.000,00 |
| Custo total | $ 66.000,00 |

Não havia saldo inicial da produção em andamento. Nesse mês, iniciou-se a fabricação de 500 unidades, das quais foram concluídas 400. As unidades não concluídas estão com diferentes estágios de acabamento, ou seja, algumas delas com 10% de acabamento, outras com 20%, 30%, 40% etc. O gerente de fábrica informa que, em média, essas unidades estão com um estágio de acabamento correspondente a 40%. A matéria-prima é continuamente introduzida na produção, de modo que seu consumo pelas unidades não acabadas corresponde ao estágio em que estas se encontram.

Assim, temos que a produção deste mês é equivalente a 440 unidades:

- 400 unidades iniciadas e acabadas no mês;
- 40 unidades equivalentes a unidades acabadas (são 100 u iniciadas e não acabadas no mesmo mês que estão com estágio de acabamento médio de 40%, portanto, consumiram 40% dos recursos necessários).

O procedimento para apropriar os custos aos produtos é semelhante àquele usado para valorizar os estoques de materiais, com o emprego dos métodos PEPS ou custo médio. Neste mês de abril, em virtude da inexistência de estoque inicial na produção em andamento, os custos apropriados, a produção acabada e a produção em andamento serão os mesmos por um método ou outro.

Desse modo, o custo do mês apropriado aos produtos acabados e a produção em andamento será:

**a)** cálculo do custo unitário:

$$\frac{\$\,66.000,00}{440} = \$\,150,00$$

**b)** custo dos produtos acabados:

400 u x $ 150,00 = $ 60.000,00

**c)** custo da produção em andamento:

40 u x $ 150,00 = $ 6.000,00

No mês de maio/x9, as 100 unidades não concluídas no mês anterior foram finalizadas e outras 400 unidades foram iniciadas, as quais foram totalmente acabadas no mês.

Os custos de maio/x9 foram:

| | |
|---|---|
| Matéria-prima | $ 33.000,00 |
| Mão de obra direta | $ 16.000,00 |
| Custos indiretos de fabricação | $ 22.300,00 |
| Custo total | $ 71.300,00 |

A produção deste mês é equivalente a 460 unidades:

- 60 unidades equivalentes a unidades acabadas (são aquelas 100 u remanescentes do mês anterior que ainda necessitavam de 60% de recursos para serem concluídas);
- 400 unidades iniciadas e acabadas no mês.

Inicialmente, vamos utilizar o método PEPS para apropriação dos custos e, posteriormente, o custo médio.

**1. Resolução pelo PEPS**

- cálculo do custo unitário:

$$\frac{\$\,71.300{,}00}{460} = \$\ 155{,}00$$

- custo dos produtos acabados:
  - das unidades que estavam com a produção em andamento

| | |
|---|---|
| Custo do mês anterior | 40 u × $ 150,00 = $ 6.000,00 |
| Custo deste mês | 60 u × $ 155,00 = $ 9.300,00 |
| Custo das 100 u | $ 15.300,00 |

- custo dos produtos iniciados e acabados no mês:

400 u × $ 155,00 = $ 62.000,00

- custo das 500 unidades concluídas no mês:

($ 15.300,00 + $ 62.000,00) = $ 77.300,00

**2. Resolução pelo custo médio**

- cálculo do custo unitário:

$$\frac{\$\,6.000{,}00 + \$\,71.300{,}00}{100\text{ u} + 400\text{ u}} = \$\ 154{,}60$$

- custo dos produtos acabados:

500 u x $ 154,60 = $ 77.300,00

Com o artifício da produção equivalente, o custo da produção em andamento é proporcional ao estágio de fabricação em que o produto se encontra, correspondendo ao consumo dos elementos de custos (matéria-prima, mão de obra direta e custos indiretos de fabricação). É preciso considerar, contudo, que, no processo de fabricação, talvez esses elementos de custos não sejam consumidos pelos produtos de maneira uniforme como apresentado no exemplo. Assim:

- A matéria-prima pode ser introduzida na fabricação em diferentes momentos, isto é, no início do processo ou ao longo dele.

- A mão de obra direta pode ser empregada uniformemente durante a fabricação.
- Os custos indiretos podem ser rateados por uma base que não seja a mão de obra direta.

Desse modo, para cada elemento de custos poderá haver uma produção equivalente específica.

**2º exemplo: com departamentalização**

A empresa Madureira Ltda. fabricante do produto Y tem dois departamentos produtivos: montagem e pintura. Os dados da produção e de custos dos meses de janeiro/X9 e fevereiro/X9 são:

**a)** Em janeiro, o departamento de montagem iniciou a fabricação de 800 unidades. Concluiu 600 delas, ficando com 200 unidades na produção em andamento, em estágio de acabamento de 50%.

**b)** Os custos de matéria-prima, mão de obra direta e custos indiretos totalizaram, em janeiro, $ 150.500,00 no departamento de montagem e $ 100.000,00 no departamento de pintura.

**c)** Em fevereiro, o departamento de montagem concluiu as 200 unidades não acabadas em janeiro. Iniciou, então, a fabricação de outras 1.000 unidades, concluindo 700 delas, ficando com 300 unidades na produção em andamento, em estágio de acabamento de 40%.

**d)** Os custos de matéria-prima, mão de obra direta e custos indiretos totalizaram, em fevereiro, $ 202.400,00 no departamento de montagem e $ 150.000,00 no departamento de pintura.

Considerações:

- No início do mês de janeiro não havia produção em andamento em nenhum dos departamentos.
- Com a montagem concluída, os produtos são transferidos para a pintura e desta para o estoque de produtos acabados.
- No departamento de pintura não ficam produtos em fabricação de um mês para outro.
- A matéria-prima é continuamente introduzida na produção nos dois departamentos.
- O estágio médio de acabamento das unidades que permanecem na produção em andamento, para efeito de apuração de custos, aplica-se à matéria-prima, à mão de obra direta e aos custos indiretos de fabricação, no departamento de montagem.

A seguir, temos um quadro-resumo dos dados.

| | MONTAGEM | | PINTURA | |
|---|---|---|---|---|
| | Janeiro | Fevereiro | Janeiro | Fevereiro |
| Saldo inicial da produção em andamento | 0 | 200 | 0 | 0 |
| Quantidade iniciada no mês | 800 | 1.000 | 600 | 900 |
| Quantidade concluída no mês | 600 | 900 | 600 | 900 |
| Saldo final da produção em andamento | 200 | 300 | 0 | 0 |
| Estágio médio de acabamento da produção em andamento | 50% | 40% | – | – |
| **Custos** | | | | |
| Matéria-prima | $ 40.500,00 | $ 54.000,00 | $ 20.000,00 | $ 35.000,00 |
| Mão de obra direta | $ 60.000,00 | $ 79.000,00 | $ 40.000,00 | $ 57.500,00 |
| Custos indiretos de fabricação | $ 50.000,00 | $ 69.400,00 | $ 40.000,00 | $ 57.500,00 |
| Custo total | $ 150.500,00 | $ 202.400,00 | $ 100.000,00 | $ 150.000,00 |

Inicialmente vamos utilizar o PEPS para apropriar os custos aos produtos e, posteriormente, o custo médio.

### 1. Resolução pelo PEPS

| DEPARTAMENTO DE MONTAGEM | | DEPARTAMENTO DE PINTURA | |
|---|---|---|---|
| **MÊS DE JANEIRO** | | **MÊS DE JANEIRO** | |
| Saldo inicial da produção em andamento | 0 | Saldo inicial da produção em andamento | 0 |
| Quantidade iniciada no mês | 800 | Quantidade recebida da montagem | 600 |
| Quantidade concluída no mês e transferida para pintura | 600 | Quantidade concluída no mês e transferida para o estoque de produtos acabados | 600 |
| Saldo final da produção em andamento | 200 | Saldo final da produção em andamento | 0 |
| **Cálculo da produção equivalente** | | **Cálculo da produção equivalente** | |
| Produção acabada no mês | 600 | Produção acabada no mês | 600 |
| Produção em andamento (200 u × 50%) | 100 | Produção em andamento | 0 |
| Quantidade equivalente a unidades acabadas do mês | 700 | Quantidade equivalente a unidades acabadas do mês | 600 |
| **Cálculo dos custos** | | **Cálculo dos custos** | |
| 1. Custo unitário<br>$ 150.500,00 ÷ 700 u | $ 215,00 | 1. Custo unitário<br>($ 100.000,00 + $ 129.000,00) ÷ 600 u | $ 381,66... |
| 2. Custo da produção acabada<br>600 u × $ 215,00/u | $ 129.000,00 | 2. Custo da produção acabada<br>600 u × $ 381,66.../u | $ 229.000,00 |
| 3. Custo da produção em andamento<br>200 u × 50% × $ 215,00/u | $ 21.500,00 | | |
| **MÊS DE FEVEREIRO** | | **MÊS DE FEVEREIRO** | |
| Saldo inicial da produção em andamento | 200 | Saldo inicial da produção em andamento | 0 |
| Quantidade iniciada no mês | 1.000 | Quantidade recebida da montagem | 900 |
| Quantidade concluída e transferida para pintura:<br>a. primeiro o saldo inicial da produção em andamento<br>b. em seguida, a quantidade iniciada no próprio mês | <br><br>200<br><br>700 | Quantidade concluída no mês e transferida para o estoque de produtos acabados | 900 |
| Saldo final da produção em andamento | 300 | Saldo final da produção em andamento | 0 |
| **Cálculo da produção equivalente** | | **Cálculo da produção equivalente** | |
| Conclusão do saldo inicial da produção em andamento<br>200 u × 50% dos serviços restantes | 100 | | |
| Produção iniciada e acabada no mês | 700 | Produção acabada no mês | 900 |
| Produção em andamento (300 u × 40%) | 120 | Produção em andamento | 0 |
| Quantidade equivalente a unidades acabadas do mês | 920 | Quantidade equivalente a unidades acabadas do mês | 900 |
| **Cálculo dos custos** | | **Cálculo dos custos** | |
| 1. Custo unitário<br>$ 202.400,00 ÷ 920 u | $ 220,00 | 1. Custo unitário<br>($ 150.000 + $ 197.500,00) ÷ 900 u | $ 386,11... |
| 2. Custo da produção acabada<br>a. primeiro o saldo inicial da produção em andamento:<br>custo do mês anterior<br>custo do mês 200 u × 50% × $ 220,00<br>b. iniciada e concluída no mês<br>700 u × $ 220,00<br>c = (a + b) Custo das 900 unidades | <br><br><br>$ 21.500,00<br>$ 22.000,00<br><br>$ 154.000,00<br>$ 197.500,00 | 2. Custo da produção acabada<br>900 u × $ 386,11/u | $ 347.500,00 |
| 3. Custo da produção em andamento<br>300 u × 40% × $ 220,00/u | $ 26.400,00 | | |

## 2. Resolução pelo custo médio

Para o mês de janeiro, os custos da produção acabada e em andamento serão os mesmos, quer se utilize o PEPS, quer se utilize o custo médio, em virtude da inexistência de saldo inicial.

Para fevereiro, temos:

| DEPARTAMENTO DE MONTAGEM | | DEPARTAMENTO DE PINTURA | |
|---|---|---|---|
| **MÊS DE FEVEREIRO** | | **MÊS DE FEVEREIRO** | |
| Saldo inicial da produção em andamento | 200 | Saldo inicial da produção em andamento | 0 |
| Quantidade iniciada no mês | 1.000 | Quantidade recebida da montagem | 900 |
| Quantidade concluída no mês e transferida para a pintura | 900 | Quantidade concluída no mês e transferida para o estoque de produtos acabados | 900 |
| Saldo final da produção em andamento | 300 | Saldo final da produção em andamento | 0 |
| **Cálculo da produção equivalente** | | **Cálculo da produção equivalente** | |
| Produção acabada no mês | 900 | Produção acabada no mês | 900 |
| Produção em andamento 300 u × 40% | 120 | Produção em andamento | 0 |

| DEPARTAMENTO DE MONTAGEM | | DEPARTAMENTO DE PINTURA | |
|---|---|---|---|
| **MÊS DE FEVEREIRO** | | **MÊS DE FEVEREIRO** | |
| Quantidade equivalente a unidades acabadas do mês | 1.020 | Quantidade equivalente a unidades acabadas do mês | 900 |
| **Cálculo dos custos** | | **Cálculo dos custos** | |
| 1. Custo unitário ($ 202.400,00 + $ 21.500,00) ÷ 1.020 u | $ 219,50... | 1. Custo unitário ($ 150.000,00 + $ 197.559,00) ÷ 900 u | $ 386,17... |
| 2. Custo da produção acabada 900 u × $ 219,50.../u | $ 197.559,00 | 2. Custo da produção acabada 900 u × $ 386,17.../u | $ 347.559,00 |
| 3. Custo da produção em andamento 300 u × 40% × $ 219,50/u | $ 26.341,00 | | |

Os custos da produção acabada e em andamento ficaram em:

| | JANEIRO | | FEVEREIRO | |
|---|---|---|---|---|
| | MONTAGEM | PINTURA | MONTAGEM | PINTURA |
| Produção em andamento | | | | |
| ■ Pelo PEPS | $ 21.500,00 | $ 0,00 | $ 26.400,00 | $ 0,00 |
| ■ Pelo custo médio | $ 21.500,00 | $ 0,00 | $ 26.341,00 | $ 0,00 |
| Produção acabada | | | | |
| ■ Pelo PEPS | $ 129.000,00 | $ 229.000,00 | $ 197.500,00 | $ 347.500,00 |
| ■ Pelo custo médio | $ 129.000,00 | $ 229.000,00 | $197.559,00 | $ 347.559,00 |

## Questões e exercícios propostos

### 2.2 Matéria-prima

1. Qual a condição básica para que se possa caracterizar um material como matéria-prima?
2. Pode-se apropriar aos produtos o custo da matéria-prima por meio de rateios?
3. Em que condição os impostos (ICMS e IPI) não são considerados custos nem receita para uma empresa? Por quê?
4. Existe alguma situação em que esses impostos constituem custos para as empresas?
5. Explique por que o método UEPS não é aceito pelo fisco no Brasil.
6. Por que as perdas normais de matéria-prima ocorridas na produção são consideradas custos de produção?
7. Por que o frete e o seguro, quando pagos pelo comprador, incorporam o custo do material debitado no estoque?
8. Os departamentos de almoxarifado e compras podem ter seus custos incorporados aos custos dos materiais requisitados do estoque? Por quê?
9. Qual a finalidade da requisição de material?
10. Incorre-se em custo quando se compra ou se consome matéria-prima?
11. Considere uma economia em processo de deflação, em que o custo da compra subsequente é inferior ao da compra anterior. O custo do saldo de estoque final do material é maior pelo PEPS, pelo UEPS ou pelo custo médio ponderado móvel?
12. Caso ocorram perdas anormais de matéria-prima, qual tratamento deve ser dado a elas?
13. Uma empresa, ao adquirir 5 toneladas de chapas de aço ao preço de $ 5.000,00 a tonelada, incorre ainda nos seguintes gastos:
    - Frete = $ 2.000,00.
    - Seguro = $ 800,00.

    Calcule o custo a ser debitado no estoque, considerando que há isenção de IPI e que a alíquota de ICMS é zero.
14. Uma empresa apresentou o seguinte movimento do estoque de sua matéria-prima X no mês de março:

    Estoque inicial = 0
    - Dia 5 – Aquisição de 10 u a $ 120,00 cada.
    - Dia 15 – Aquisição de 12 u a $ 130,00 cada.
    - Dia 25 – Aquisição de 15 u a $ 150,00 cada.
    - Dia 30 – Aquisição de 5 u a $ 170,00 cada.
    - Dia 7 – Requisição de 8 unidades.
    - Dia 20 – Requisição de 11 unidades.
    - Dia 28 – Requisição de 17 unidades.

    Calcule o custo das requisições de materiais e o custo do saldo de estoque pelos métodos de avaliação: PEPS, UEPS e custo médio ponderado móvel.

**15.** A empresa J. D. Flores Ltda. iniciou suas atividades em 1/3/20X6. Em 2/3/X6 efetuou a compra de 10 unidades da matéria-prima Y. Em 3/3/X6 requisitou do estoque 6 unidades dessa matéria-prima, cuja requisição foi valorizada em $ 80.400,00.

Calcule o valor pago ao fornecedor, considerando que houve incidência de ICMS (18%) e IPI (8%) sobre o valor da compra e que esses impostos são recuperáveis. Considere, ainda, que o seguro e o frete foram contratados pela J. D. Flores, importando em gasto adicional de $ 11.000,00.

**16.** A empresa J. P. Pinho Ltda. iniciou suas atividades fabris em março/X5. Por estar ciente da dificuldade quanto à obtenção de certa matéria-prima, começou a adquiri-la um mês antes. Em fevereiro e março foram adquiridas de diversos fornecedores:

| Data | Quantidade (em u) | Valor unitário pago ao fornecedor ($) |
|---|---|---|
| 20/2 | 1.000 | 444,00 |
| 25/2 | 600 | 499,50 |
| 28/2 | 1.200 | 555,00 |
| 05/3 | 1.500 | 555,00 |
| 10/3 | 800 | 610,50 |
| 20/3 | 300 | 666,00 |
| 25/3 | 1.200 | 721,50 |
| 30/3 | 2.000 | 777,00 |

Nestes valores estão incluídos apenas os seguintes impostos: 11% de IPI e 18% de ICMS. O frete e o seguro foram contratados pela J. P. Pinho, representando um gasto adicional correspondente a 0,5% do valor pago pela matéria-prima sem impostos.
As requisições emitidas em março foram:

| Dia | Quantidade | Aplicação |
|---|---|---|
| 7/3 | 3.000 u | produto A |
| 12/3 | 1.500 u | produto B |
| 22/3 | 400 u | produto B |
| 28/3 | 1.500 u | produto A |

Calcule, pelo UEPS, o custo da matéria-prima apropriada aos produtos, considerando que 2% representa perdas normais de processamento.

**17.** A empresa J. D. Glória Ltda. fabrica o produto X, que consome as matérias-primas P e Q. Essa empresa utiliza o custo médio ponderado móvel para valorizar seus estoques. Em maio/X2 os custos unitários das requisições foram: P = $ 100,00/kg e Q = $ 230,00/kg. Durante o processo de fabricação, é normal ocorrerem perdas de 12,5% na quantidade requisitada de cada matéria-prima. Cada unidade acabada de X pesa 1,05 kg, correspondente à aplicação líquida de 0,70 kg de P e de 0,35 kg de Q. Calcule o custo da matéria-prima para cada unidade do produto X.

**18.** A empresa J. D. Mayo Ltda. adquiriu, em maio/X6, 500 kg de chapas de aço, pagando ao fornecedor $ 29.920,00. Nesse valor estão incluídos 18% de ICMS e 10% de IPI. Incorreu ainda em gasto com frete e seguro no valor de $ 3.200,00. Qual foi o custo debitado no estoque, considerando-se que esses impostos são recuperáveis?

**19.** A Casa de Ferragens Ferrão Ltda., que comercializa diversos produtos, constatou que no início de março/X3 seu estoque de dobradiças estava zerado.

Nesse mês realizou as seguintes compras:

| Dia | Fornecedor | Quantidade | Valor da compra |
|---|---|---|---|
| 4 | Dobradiças Rey Ltda. | 500 u | $ 5.000,00 |
| 12 | Metalúrgica Jaguaré Ltda. | 600 u | $ 6.300,00 |
| 20 | Cia. Abre e Fecha Ltda. | 200 u | $ 2.400,00 |

Foram requisitadas as seguintes quantidades do estoque para vendas:

| Dia | Documento | Quantidade |
|---|---|---|
| 6 | Requisição nº 195 | 400 u |
| 15 | Requisição nº 217 | 650 u |
| 25 | Requisição nº 301 | 50 u |

Considerando o PEPS, qual foi o saldo físico e monetário verificado ao final de março?

**20.** Considere que na fabricação do produto J é consumida a matéria-prima X. Em determinado mês, o estoque inicial de X era zero. Nesse mês foram adquiridos 500 kg dessa matéria-prima, ao preço de $ 100,00 o quilo, estando incluído nesse valor 18% de ICMS. Foram utilizados 4/5 dessa quantidade na fabricação de 20 unidades do produto J. O custo da mão de obra direta e os custos indiretos de fabricação totalizaram $ 37.200,00 no mês. Foram vendidas 15 unidades desse produto ao preço unitário de $ 5.000,00, estando incluído nesse valor 18% de ICMS.

Determine:

**a)** O custo de produção das 20 unidades de J.

**b)** O lucro bruto do mês.

**c)** O valor do ICMS a recolher.

**21.** Considere que a Companhia Giba S.A. fabricou 50 unidades do produto N, requisitando para essa produção dez toneladas de certa matéria-prima. A perda normal de matéria-prima durante a fabricação é de 10%. O custo da requisição da matéria-prima foi de $ 20.000,00, tendo a empresa, ainda, custo de mão de obra e custos indiretos, importando em $ 30.000,00. Determine o custo unitário de N.

**22.** Em 20x6 o estoque inicial de certa matéria-prima totalizava $ 55.000,00. Durante o ano foram adquiridos $ 1.843.000,00 dessa matéria-prima. No final do ano o estoque era de $ 103.000,00. Qual é o custo da matéria-prima consumida?

23. A empresa Ginga Ltda. fabrica os produtos Samba e Valsa, que consomem a matéria-prima P. No mês de maio/X4, o estoque inicial dessa matéria-prima era zero. A empresa adquiriu, nesse mês, uma tonelada de matéria-prima, pagando ao fornecedor $ 30.000,00. Nesse valor estava incluído 18% de ICMS (recuperável). No final desse mês, o estoque de matéria-prima era de $ 2.460,00. No mês, foram consumidos 300 kg na fabricação de Valsa. O restante da requisição foi utilizado na produção de Samba. Determine o custo da matéria-prima consumida na produção de Samba e de Valsa.

24. A empresa Ômega S.A. fabrica os produtos Alfa e Beta, que consomem a mesma matéria-prima. Em março, o estoque inicial dessa matéria-prima era zero. No dia 5 foram adquiridos 520 kg do fornecedor J. D. Lopes Ltda., pelos quais a empresa pagou $ 149.800,00 à vista. Nesse valor estão incluídos 7% de IPI e 18% de ICMS, recuperáveis. O frete e o seguro foram pagos pela Ômega, importando em $ 15.200,00. No dia 10 foram requisitados 200 kg para aplicar na fabricação de Alfa, e no dia 17, 180 kg para a fabricação de Beta. Calcule o custo da matéria-prima a ser apropriado a cada produto neste mês, elaborando, para isso, uma ficha de estoque.

## 2.3 Mão de obra direta

25. Como distinguir a mão de obra direta da mão de obra indireta?

26. Caso um funcionário classificado como mão de obra direta venha a executar um serviço na casa de campo do dono da empresa em que trabalha, o custo correspondente ao período de execução desse serviço será classificado como direto? Justifique.

27. Podemos dizer que o custo dos funcionários classificados como mão de obra direta é sempre direto?

28. Como é composto o custo da mão de obra?

29. Qual a diferença básica entre custo da mão de obra e folha de pagamento?

30. O tempo improdutivo é considerado custo de mão de obra direta?

31. Cite cinco encargos sociais e trabalhistas obrigatórios.

32. Cite três encargos sociais e trabalhistas conquistados em negociações com sindicatos de classe ou com a empresa.

33. Por que se excluem os domingos e feriados do cálculo de dias trabalhados para obtenção dos encargos sociais e trabalhistas dos funcionários horistas, mas o mesmo não é feito para o cálculo dos mensalistas?

34. Qual a diferença entre o cálculo dos encargos sociais e trabalhistas dos funcionários horistas e o dos mensalistas?

35. Todas as empresas têm exatamente o mesmo percentual final de encargos sociais e trabalhistas? Por quê?

36. Qual a diferença entre as horas registradas no cartão ou livro de ponto e as horas registradas nos boletins de apontamento de produção?

37. Qual a finalidade de se apontar horas improdutivas?

38. Como apropriar aos produtos o custo das horas improdutivas?

**39.** Considere duas empresas. Uma costuma abonar até cinco faltas anuais de seus funcionários, além das legais. A outra não abona nenhuma além das legais. Em qual delas o percentual de encargos sociais e trabalhistas será mais elevado? Explique.

**40.** Um funcionário é contratado com salário de $ 4,00 a hora. Nessa empresa, os encargos sociais e trabalhistas representam 113,5% dos salários. Determine o custo-hora.

**41.** O custo-hora de um funcionário é de $ 18,48. O salário-hora é de $ 8,40. Determine o percentual de encargos sociais e trabalhistas.

**42.** Na Marcenaria J. Piratininga S.A. foram montadas 1.300 mesas e 5.070 cadeiras no mês de março/X7. Cada mesa consome 15 minutos, e cada cadeira, 6 minutos. Na montagem, há três funcionários com salários de $ 7,50 por hora e dois funcionários com salários de $ 8,00 por hora. Os encargos sociais e trabalhistas correspondem a 112,5% dos salários. Em março, mês de 31 dias, houve cinco domingos e quatro sábados (nessa empresa não se trabalha aos sábados). A jornada semanal de trabalho é de quarenta horas. Durante o mês, seis faltas foram justificadas e abonadas, quatro delas referentes a funcionários que ganham $ 7,50 por hora.

Determine:

**a)** o custo da mão de obra direta das mesas e das cadeiras.

**b)** o custo das horas improdutivas.

**43.** Considere que no departamento Alfa haja apenas um funcionário classificado como mão de obra direta. Seu salário é de $ 10,00 a hora. O percentual de encargos sociais e trabalhistas corresponde a 100% dos salários. Em certo mês de 30 dias houve quatro domingos e um feriado, que caiu em uma segunda-feira. A jornada de trabalho é de 44 horas semanais, sem compensar os sábados. 80% do tempo disponível desse funcionário foi apontado como produtivo e o restante, como improdutivo. Calcule o custo do tempo produtivo e o do tempo improdutivo.

**44.** A J. D. Campos S.A. fabrica três modelos de carrinhos infantis: Luxo, Padrão e Popular. Seus departamentos produtivos são montagem e acabamento.

Em maio, as quantidades fabricadas e os tempos unitários apontados foram:

| Modelo | Quantidade | Montagem | Acabamento |
|---|---|---|---|
| Luxo | 40 u | 3 h | 2 h |
| Padrão | 60 u | 2 h | 2 h |
| Popular | 120 u | 1,5 h | 1 h |

Os salários pagos pela empresa são os seguintes: no departamento de montagem, $ 6,00/h para cada um dos três funcionários diretos; no acabamento, $ 8,00/h para cada um dos dois funcionários diretos. Em maio, houve quatro sábados, quatro domingos e um feriado, que caiu em uma quarta-feira. A jornada de trabalho é de 40 horas semanais, e não se trabalha aos sábados. Considerando que os encargos sociais e trabalhistas representam 120% dos salários, calcule:

**a)** o custo da mão de obra direta apropriada à produção de cada tipo de carrinho.

**b)** o custo das horas improdutivas de cada departamento.

**45.** O salário-hora no departamento de costura da confecção J. Oriental S.A. é de $ 6,48. Os encargos sociais e trabalhistas representam 125% dos salários. Nesse departamento há seis funcionários classificados como mão de obra direta. A jornada de trabalho é de 40 horas semanais, não se trabalhando aos sábados. Em certo mês houve 20 dias úteis, e nenhum funcionário faltou. Considerando que nesse mês foram fabricadas 3.500 calças masculinas e que o tempo de costura de cada peça é de 15 minutos, pergunta-se:

**a)** Qual é o tempo total apontado como produtivo e qual é seu custo?

**b)** Qual é o tempo total apontado como improdutivo e qual é seu custo?

**46.** Considere que em um departamento da empresa J. Jaraguá Ltda. os salários dos funcionários diretos sejam de $ 5,00 por hora. Os encargos sociais e trabalhistas representam 107%. O quadro a seguir mostra os produtos fabricados por esse departamento no mês de outubro/X3, indicando a quantidade de peças fabricadas e o total das horas apontadas. Calcule o custo da mão de obra direta de cada unidade de X, de Y e de Z.

| Produtos | Quantidade de peças | Total de horas apontadas |
|---|---|---|
| X | 234 | 136 |
| Y | 875 | 237 |
| Z | 392 | 176 |

**47.** Considere que no departamento de costura da Confecções J. Bela Vista haja cinco funcionários diretos. No mês de abril, de 30 dias, houve cinco domingos e quatro sábados (nenhum feriado). Nesse mês, ocorreram três faltas que foram abonadas. A jornada de trabalho é de 44 horas semanais, não se trabalhando aos sábados. Supondo que ocorreram 77 horas improdutivas nesse mês, determine o número de horas produtivas.

**48.** O funcionário Pedro Pedreira é o único soldador da empresa Soldatudo S. A. Em abril/X6 seu cartão de ponto acusou o seguinte:

| 1ª quinzena | | |
|---|---|---|
| Dia | Horário de entrada | Horário de saída |
| 1 | 8:00 | 17:00 |
| 2 | 8:00 | 17:00 |
| 3 | 8:00 | 17:00 |
| 4 | 8:00 | 17:00 |
| 5 | feriado | |
| 6 | sábado | |
| 7 | domingo | |
| 8 | 8:00 | 17:00 |
| 9 | 8:00 | 17:00 |
| 10 | 8:00 | 17:00 |
| 11 | 8:00 | 17:00 |
| 12 | 8:00 | 17:00 |
| 13 | sábado | |
| 14 | domingo | |
| 15 | 8:00 | 17:00 |

| 2ª quinzena | | |
|---|---|---|
| Dia | Horário de entrada | Horário de saída |
| 16 | 8:00 | 17:00 |
| 17 | 8:00 | 17:00 |
| 18 | 8:00 | 17:00 |
| 19 | 8:00 | 17:00 |
| 20 | sábado | |
| 21 | domingo | |
| 22 | 8:00 | 17:00 |
| 23 | 8:00 | 17:00 |
| 24 | 8:00 | 17:00 |
| 25 | 8:00 | 17:00 |
| 26 | 8:00 | 17:00 |
| 27 | sábado | |
| 28 | domingo | |
| 29 | 8:00 | 17:00 |
| 30 | 8:00 | 17:00 |

Os boletins de apontamento de produção emitidos diariamente pelo sr. Pedro Pedreira geraram o seguinte relatório para o mês:

| Tempo produtivo e improdutivo | Quantidade de horas |
|---|---|
| Produto Alfa | 35 |
| Produto Beta | 62 |
| Produto Gama | 50 |
| Tempo parado por falta de energia elétrica | 8 |
| Tempo parado por máquina quebrada | 7 |
| Tempo parado por falta de material | 6 |
| **Total de horas** | **168** |

O salário do sr. Pedro é de $ 4,50 por hora. Os encargos sociais e trabalhistas representam 108% dos salários. Considerando que haja uma hora de intervalo na jornada diária:

**a)** determine o valor do salário do sr. Pedro constante da folha de pagamentos da empresa.

**b)** calcule o custo-hora do departamento de solda.

**c)** calcule o custo da mão de obra direta apropriada aos produtos.

**d)** calcule o custo das horas improdutivas.

**49.** A Fundição Açomole Ltda. fabrica três tipos de picareta: pequena, média e grande, em três departamentos produtivos: fundição, montagem e acabamento.

Considere os dados a seguir:

- Na fundição há três funcionários diretos que recebem, cada um, salário de $ 12,50 por hora.
- Na montagem há quatro funcionários diretos que recebem, cada um, $ 8,50 por hora.
- No acabamento há dez funcionários diretos que recebem, cada um, $ 18,00 por hora.
- No mês de novembro/X2, de 30 dias, houve quatro domingos, quatro sábados e dois feriados (um deles caiu em uma segunda-feira e o outro, em uma terça-feira).
- No departamento de acabamento houve três faltas justificadas e abonadas.
- A jornada semanal de trabalho é de 40 horas, compensando-se os sábados.
- O apontamento das horas produtivas resultou em: quatrocentas horas na fundição, quinhentas horas na montagem e 1.400 horas no acabamento.

Calcule:

**a)** O custo do tempo produtivo de cada departamento.

**b)** O custo do tempo improdutivo de cada departamento.

Observação: os encargos sociais e trabalhistas representam 112,5% dos salários.

**50.** A Cia. Pan Kada Ltda. fabrica dois tipos de para-choque: o convencional, que é galvanizado, e o especial, pintado de preto fosco. No mês de junho/X1, a produção e os tempos unitários (HH) de fabricação foram os seguintes:

| Produto | Quantidade | Estamparia | Galvanização | Pintura |
|---|---|---|---|---|
| Convencional | 2.800 u | 30 minutos | 15 minutos | – |
| Especial | 2.100 u | 30 minutos | – | 18 minutos |

O total de horas produtivas representou, por departamento, os seguintes percentuais das horas disponíveis:

- Estamparia = 70%.
- Galvanização = 80%.
- Pintura = 60%.

Nesse mês, de 30 dias, houve quatro domingos e um feriado, que caiu em uma quarta-feira. A jornada de trabalho é de 42 horas semanais, sem compensar os sábados. Nenhum funcionário faltou durante o mês. O número de funcionários e os salários pagos pela empresa são os seguintes:

- Estamparia: 20 funcionários; 3/5 deles são de nível I e ganham $ 3,00 por hora; os demais são de nível II e recebem $ 3,50 por hora.
- Galvanização: 5 funcionários; 40% são de nível I e ganham $ 5,00 por hora; os demais são de nível II e recebem $ 4,50 por hora.
- Pintura: 6 funcionários; 50% são de nível I e ganham $ 5,50 por hora; os demais são de nível II e recebem $ 6,00 por hora.

Calcule o custo da mão de obra direta apropriada aos respectivos produtos, considerando que os encargos sociais e trabalhistas representam 120% dos salários.

**51.** A fábrica de amortecedores QG Ltda. possui dois departamentos produtivos: usinagem e montagem. Na usinagem, o apontamento de horas é feito por hora-máquina (HM) e na montagem, por hora-homem (HH). Na usinagem há cinco máquinas; cada uma é operada por um torneiro e um ajudante, que recebem, respectivamente, salários de $ 3,00 e $ 1,80 por hora. Na montagem há quatro operários que ganham $ 2,00 por hora. No mês de agosto/X2 houve quatro domingos e um feriado, que caiu em uma quarta-feira. A jornada de trabalho é de 44 horas semanais, não se compensando os sábados.

Das horas disponíveis na usinagem, 40% foram apontadas na produção dos amortecedores de automóveis, 40% na produção dos amortecedores de caminhão e o restante como horas improdutivas, por diversos motivos. Na montagem, 25% das horas disponíveis foram apontadas na produção dos amortecedores de automóveis, 50% na produção dos amortecedores de caminhão e o restante como horas improdutivas. Calcule o custo da mão de obra direta de cada produto e o custo das horas improdutivas, considerando que os encargos sociais e trabalhistas representam 125% dos salários e que não houve faltas durante o mês.

**52.** A empresa J. Continental S.A. possui dois departamentos produtivos: DP1 e DP2. A produção e os respectivos tempos unitários de certo mês foram os seguintes:

| Produtos | Quantidade | DP1 | DP2 |
|---|---|---|---|
| P1 | 200 u | 3,0 h | 5,0 h |
| P2 | 180 u | 4,0 h | 3,0 h |
| P3 | 250 u | 2,5 h | 4,5 h |

A jornada de trabalho é de 40 horas semanais, e não se trabalha aos sábados. O primeiro dia desse mês, de 30 dias, caiu em uma sexta-feira; houve um feriado, que caiu em uma quinta-feira, e não houve expediente na sexta-feira subsequente. Nenhum funcionário faltou durante o mês.

O número de funcionários e os salários, por departamento, são os seguintes:

- DP1 = 15 funcionários com salários de 10,00/h cada um.
- DP2 = 18 funcionários com salários de 13,00/h cada um.

O tempo improdutivo do DP1 totalizou 150 horas, e o do DP2, 256 horas. A empresa mantém uma política de treinamento constante de mão de obra; desse modo, quando há necessidade, qualquer funcionário do DP1 pode trabalhar no DP2, e vice-versa. Considerando que os encargos sociais e trabalhistas representam 130% dos salários, calcule o custo da mão de obra apropriada aos produtos.

**53.** Considere os dados a seguir e apure o custo da mão de obra do departamento de mistura da Cia. de Alimentos Papaya S.A., calculando o custo das horas produtivas e das horas improdutivas.

- O número de funcionários e os salários pagos são:
  - cinco operadores de nível I com salário de $ 5,00 por hora;
  - três operadores de nível II com salário de $ 5,50 por hora;
  - dois operadores de nível III com salário de $ 7,00 por hora.
- O regime de trabalho é de 44 horas semanais, e não se trabalha aos sábados. Os encargos sociais e trabalhistas representam 113,5% dos salários.
- Em outubro/X5, mês de 31 dias, houve dois feriados: um caiu em uma segunda-feira e o outro, em uma quinta-feira. Na sexta-feira subsequente ao segundo feriado não houve expediente. Nesse mês houve quatro sábados e quatro domingos.
- Ocorreram duas faltas de operadores de nível I, que foram justificadas e abonadas.
- Nesse mês, 5% das horas disponíveis no departamento foram apontadas como improdutivas.

**54.** No departamento de pintura de uma empresa há dois funcionários diretos. O sr. João recebe salário de $ 5,00 por hora e o sr. Pedro, de $ 6,00 por hora. O primeiro dia útil de um certo mês de 31 dias caiu em uma sexta-feira. Houve um feriado que caiu em uma terça-feira (a segunda-feira dessa semana não foi compensada). O sr. Pedro faltou dois dias, que foram justificados e abonados. A jornada de trabalho é de 40 horas semanais e não se trabalha aos sábados. Os encargos sociais e trabalhistas representam 118,5% dos salários.

Nesse mês foram fabricadas 200 unidades do produto Alfa, cada qual consumindo 3/4 de hora, e 200 unidades do produto Beta, cada qual consumindo 42 minutos. Determine o custo da mão de obra direta de Alfa e de Beta e o custo das horas improdutivas.

## 2.4 Custos indiretos de fabricação

### 2.4.1 a 2.4.3 Composição dos custos indiretos de fabricação. Dificuldades para estabelecer as bases de rateio. Algumas bases de rateio mais comuns.

**55.** Explique o que você entende por custo indireto de fabricação.

**56.** Podemos tratar algumas matérias-primas e alguns casos de mão de obra direta como custos indiretos para fins de apropriação aos produtos? Em quais circunstâncias isso ocorre?

**57.** É aconselhável mudar uma base de rateio que não se mostre adequada a determinada conta de custos indiretos, mesmo que ela já venha sendo adotada há muito tempo? Ou é melhor mantê-la? Justifique.

**58.** Que fatores são levados em consideração na determinação das bases de rateio dos custos indiretos de fabricação?

**59.** Se uma conta de custos indiretos de fabricação tiver um custo insignificante, como poderemos tratá-la no mapa de custos indiretos de fabricação?

**60.** A energia elétrica normalmente é tratada como custo indireto. Podemos tratá-la como custo direto em alguma situação?

**61.** Calcule o custo dos produtos X, Y e Z considerando quatro bases de rateio dos custos indiretos. Para isso, reproduza o quadro a seguir quatro vezes, uma para cada base de rateio. Não se esqueça de indicar em cada quadro a base que você utilizou.

| Contas | Produto X | Produto Y | Produto Z | Total |
|---|---|---|---|---|
| Custo da mão de obra direta | $ 750.000,00 | $ 125.000,00 | $ 1.800,000,00 | $ 2.675.000,00 |
| Custo da matéria-prima | $ 890.000,00 | $ 300.000,00 | $ 5.000.000,00 | $ 6.190.000,00 |
| Total do custo direto | | | | |
| Custos indiretos de fabricação | | | | $ 720.000,00 |
| Custo total | | | | |
| Tempo de fabricação | 200 h | 40 h | 500 h | 740 h |

**62.** Rateie as contas de custos indiretos mostradas a seguir aos produtos, com a base que julgar mais adequada a cada uma.

| | Produto A | Produto B | Produto C | Total |
|---|---|---|---|---|
| Quantidade fabricada | 100 u | 120 u | 80 u | |
| Bases para rateio | | | | |
| a. Tempo de fabricação | 5 h/u | 3 h/u | 7 h/u | |
| b. Peso do produto | 8 kg/u | 12 kg/u | 10 kg/u | |
| Contas | | | | |
| c. Energia elétrica | | | | $ 750.000,00 |
| d. Mão de obra indireta | | | | $ 70.000,00 |
| e. Depreciação das máquinas | | | | $ 50.000,00 |
| f. Manutenção das máquinas | | | | $ 30.000,00 |
| g. Materiais de pintura (tinta, solvente etc.) | | | | $ 25.000,00 |

**63.** O departamento de colocação de tampas em garrafas da fábrica de refrigerantes Água Doce Ltda. teve os seguintes custos no ano de 20X7:

| Contas | Custos |
|---|---|
| Mão de obra indireta | $ 3.200.000,00 |
| Lubrificantes | $ 700.000,00 |
| Energia elétrica | $ 950.000,00 |
| Depreciação | $ 500.000,00 |
| Outros custos indiretos | $ 1.200.000,00 |

Nesse período, a produção foi de:

| Produtos | Quantidade |
|---|---|
| Garrafa de 0,5 L | 7.000 dúzias |
| Garrafa de 1,0 L | 8.000 dúzias |
| Garrafa de 1,5 L | 5.000 dúzias |

Efetue o rateio dos custos indiretos aos produtos.

**64.** Os custos da empresa ABS Ltda. no mês de março foram os seguintes:

| | |
|---|---|
| Mão de obra direta | $ 380.000,00 |
| Mão de obra indireta | $ 250.000,00 |
| Matéria-prima | $ 500.00,00 |
| Materiais auxiliares de produção | $ 190.000,00 |
| Depreciação | $ 75.000,00 |
| Energia elétrica | $ 120.000,00 |
| Aluguel | $ 205.000,00 |
| Manutenção | $ 95.000,00 |
| Telefone | $ 45.000,00 |
| Água | $ 15.000,00 |
| Seguros | $ 10.000,00 |

A produção desse mês, com os respectivos tempos e pesos unitários, foi de:

| Produto | Quantidade | Tempos (h) | Pesos (kg) |
|---|---|---|---|
| A | 2.000 u | 4,0 | 8,75 |
| B | 7.000 u | 2,5 | 2,50 |
| S | 3.500 u | 7,0 | 10,00 |

**a)** Efetue o rateio dos custos indiretos aos produtos com base nos tempos totais.

**b)** Efetue o rateio dos custos indiretos aos produtos com base nos pesos totais.

**65.** Os custos indiretos de fabricação da empresa de velas Chama Quente S.A. totalizaram $ 12.500,00 no mês de junho/X7. Com base nessa informação, efetue o rateio aos produtos conforme o custo direto.

| Produto | Custos diretos |
|---|---|
| Vela de metro | $ 14.200,00 |
| Vela colorida | $ 6.250,00 |
| Vela perfumada | $ 10.800,00 |

### 2.4.4 Apropriação dos custos indiretos

**66.** O que é departamentalização?

**67.** Em sua opinião, que melhoria a departamentalização pode trazer para a apropriação dos custos indiretos aos produtos?

**68.** Como podemos agrupar os departamentos da divisão de fábrica?

**69.** Explique o que é departamento auxiliar.

**70.** Explique o que é departamento produtivo.

**71.** Como se prepara a estrutura do mapa de custos indiretos de fabricação (departamentos e contas)?

**72.** O almoxarifado e a expedição são departamentos auxiliares ou produtivos? Explique.

**73.** Descreva quatro contas de custos indiretos que sejam apropriadas aos departamentos por meio de rateio.

**74.** Descreva quatro contas de custos indiretos que sejam apropriadas aos departamentos sem que haja necessidade de rateio.

**75.** Explique o que é centro de custos.

**76.** Suponha que em um departamento haja três grupos de máquinas: pequenas, médias e grandes. Esses grupos têm custos diferentes e realizam atividades em produtos distintos. Em sua opinião, deve ser criado um centro de custos para cada grupo de máquinas? Justifique.

**77.** Explique qual a necessidade de departamentalizar uma empresa que fabrica um único tipo de produto.

**78.** Os custos indiretos de fabricação apropriados aos departamentos da empresa J. D. Oriente Ltda. resultaram nos seguintes valores:

- Administração geral da fábrica = $ 1.720.000,00.
- Almoxarifado = $ 580.000,00.
- Mistura = $ 3.230.000,00.
- Ensacamento = $ 2.520.000,00.

A administração geral da fábrica é rateada da seguinte maneira: 10% ao almoxarifado e o restante é igualmente distribuído entre o departamento de mistura e o de ensacamento. O almoxarifado tem seus custos rateados da seguinte maneira: 35% ao departamento de mistura e o restante ao departamento de ensacamento. A mistura tem seus custos rateados aos produtos pelo peso processado; já o ensacamento tem seus custos rateados aos produtos pelo tempo gasto. Gasta-se o mesmo tempo para embalar um saco do produto B ou quatro sacos do produto A.

No mês foram fabricados 5.000 sacos do produto A, cada um com 24 kg, e 6.000 sacos do produto B, cada qual com 30 kg. Calcule o custo indireto apropriado ao produto A e ao produto B.

**79.** A empresa G. Viana Ltda. fabrica os produtos Alfa, Beta e Gama. Durante o mês de outubro, sua produção foi a seguinte:

- Produto Alfa = 1.200 u.
- Produto Beta = 800 u.
- Produto Gama = 3.500 u.

Seus departamentos são: administração geral da fábrica, almoxarifado, manutenção, caldeiraria, tratamento térmico e acabamento, e seus custos indiretos de fabricação foram:

| Contas | Custos |
|---|---|
| Mão de obra indireta | $ 1.850.000,00 |
| Energia elétrica | $ 225.000,00 |
| Depreciação | $ 45.000,00 |
| Materiais auxiliares de produção | $ 210.000,00 |
| Óleo combustível (para aquecimento do forno de tratamento térmico) | $ 35.000,00 |
| Aluguel do prédio | $ 165.000,00 |
| Telefone | $ 15.000,00 |
| Água | $ 29.000,00 |

- A mão de obra indireta é apropriada aos departamentos conforme a folha de pagamento: almoxarifado = 5%; manutenção = 5%; administração geral da fábrica = 30%; caldeiraria = 25%; tratamento térmico = 10%; acabamento = 25%.
- A energia elétrica é rateada aos departamentos conforme a potência instalada: almoxarifado = 40 kW; manutenção = 120 kW; administração geral da fábrica = 60 kW; caldeiraria = 300 kW; tratamento térmico = 200 kW; acabamento = 180 kW.
- A depreciação é apropriada aos departamentos conforme os registros de ativo fixo na contabilidade: almoxarifado = 3%; manutenção = 12%; administração geral da fábrica = 10%; caldeiraria = 35%; tratamento térmico = 25%; acabamento = 15%.
- Os materiais auxiliares são apropriados aos departamentos conforme as requisições emitidas ao almoxarifado: manutenção = 10%; caldeiraria = 70%; tratamento térmico = 5%; acabamento = 15%.
- O óleo combustível é apropriado somente ao tratamento térmico.
- O aluguel é rateado aos departamentos conforme a área ocupada: almoxarifado = 25 $m^2$; manutenção = 30 $m^2$; administração geral da fábrica = 100 $m^2$; caldeiraria = 300 $m^2$; tratamento térmico = 120 $m^2$; acabamento = 250 $m^2$.
- A conta de telefone é apropriada somente à administração geral da fábrica.
- A conta de água é apropriada da seguinte maneira: 50% para o tratamento térmico e o restante na administração geral da fábrica.
- Os departamentos auxiliares têm seus custos rateados da seguinte maneira:

  Administração geral da fábrica: pelo número de funcionários da fábrica. Almoxarifado = 4; manutenção = 6; administração geral da fábrica = 14; caldeiraria = 38; tratamento térmico = 8; acabamento = 24.

  Almoxarifado: pelo número de requisições atendidas. Manutenção = 40; caldeiraria = 115; tratamento térmico = 20; acabamento = 75.

Manutenção: rateada pelo número de chamadas atendidas. Caldeiraria = 32; tratamento térmico = 16; acabamento = 16.

- Os departamentos produtivos têm seus custos rateados aos produtos da seguinte maneira:

  Caldeiraria = pelo tempo total apontado.

  Tratamento térmico = pelo peso total tratado.

  Acabamento = pelo tempo total apontado.

Os pesos e tempos apontados são:

| Produto | Peso unitário | Tempo unitário da caldeiraria | Tempo unitário do acabamento |
|---|---|---|---|
| Alfa | 7,75 kg | 3,5 h | 3,0 h |
| Beta | 6,50 kg | 1,0 h | 13,0 h |
| Gama | 11,00 kg | – | 5,0 h |

Determine os custos indiretos apropriados a cada produto.

**80.** A metalúrgica Caldeirinha Ltda. fabrica equipamentos de uso siderúrgico. Sua linha de produtos é composta de panelas, tambores e caçambas. Seus departamentos fabris são: pintura, montagem, usinagem, caldeiraria, administração geral da fábrica, almoxarifado, manutenção e controle de qualidade. No mês de agosto, a produção e os tempos apontados foram:

| Produto | Quantidade | Tempo unitário (horas) | | | |
|---|---|---|---|---|---|
| | | Caldeiraria | Usinagem | Montagem | Pintura |
| Panela | 12 u | 35 | 17,5 | 15 | – |
| Tambor | 8 u | 60 | 30 | 20 | – |
| Caçamba | 25 u | 28 | 6 | 14,8 | 10 |

Os custos indiretos de fabricação, bem como os débitos e os rateios, estão discriminados na tabela a seguir:

| | Pint. | Mont. | Usin. | Cald. | Adm. | Alm. | Man. | CQ | Total |
|---|---|---|---|---|---|---|---|---|---|
| 1. Nº de funcionários | 22 | 23 | 12 | 25 | 8 | 3 | 5 | 6 | 104 |
| 2. Área ocupada (m²) | 70 | 150 | 90 | 100 | 75 | 60 | 30 | 25 | 600 |
| 3. Nº de requisições | 212 | 382 | 295 | 320 | 5 | 2 | 18 | 23 | 1.257 |

(*continua*)

*(continuação)*

| | Pint. | Mont. | Usin. | Cald. | Adm. | Alm. | Man. | CQ | Total |
|---|---|---|---|---|---|---|---|---|---|
| 4. Potência em kW | 400 | 500 | 1.300 | 850 | 70 | 50 | 120 | 30 | 3.320 |
| 5. Horas de manutenção | 50 | 130 | 200 | 150 | 12 | 8 | | 20 | 570 |
| 6. Horas do contr. qual. | 100 | 230 | 180 | 210 | | | | | 720 |
| 7. Mão de obra indireta | 10% | 15% | 20% | 22% | 10% | 5% | 8% | 10% | $ 250.000,00 |
| 8. Depreciação | 7% | 15% | 40% | 15% | 5% | 5% | 8% | 5% | $ 12.000,00 |
| 9. Material auxiliar | 10% | 25% | 40% | 15% | 2% | 1% | 4% | 3% | $ 63.000,00 |
| 10. Combust./lubrificantes | 10% | 20% | 20% | 20% | 10% | | 20% | | $ 8.000,00 |
| 11. Telefone | | | | | 100% | | | | $ 2.000,00 |
| 12. Água | | | | | 100% | | | | $ 500,00 |
| 13. Aluguel | | | | | | | | | $ 120.000,00 |
| 14. Energia elétrica | | | | | | | | | $ 149.400,00 |
| 15. Seguros | | | | | | | | | $ 23.000,00 |
| 16. Outros custos | | | | | | | | | $ 52.000,00 |

Considere as seguintes afirmações:

- O aluguel é rateado aos departamentos conforme a área ocupada.
- A energia elétrica é rateada aos departamentos conforme a potência instalada.
- O seguro é rateado aos departamentos conforme o custo da depreciação.
- Os outros custos são rateados aos departamentos conforme o custo da mão de obra indireta.
- A administração geral da fábrica é rateada aos demais departamentos pelo número de funcionários.
- O almoxarifado é rateado aos demais departamentos conforme o número de requisições de materiais atendidas.
- A manutenção e o controle de qualidade são rateados conforme as horas apontadas.
- Os departamentos produtivos são rateados aos produtos conforme os tempos apontados.

Com base nesses dados, determine o custo indireto de fabricação apropriado a cada produto.

**81.** A Cia. Pink and Blue Ltda. tem dois departamentos auxiliares e dois departamentos produtivos, respectivamente: DAAZUL, DAVERMELHO, DPPRETO e DPBRANCO. No mês de março, os custos indiretos de fabricação apropriados a cada departamento foram:

| Departamento | Custo |
|---|---|
| DAAZUL | $ 400.000,00 |
| DAVERMELHO | $ 500.000,00 |
| DPPRETO | $ 900.000,00 |
| DPBRANCO | $ 1.200.000,00 |

Conforme estudos efetuados, as atividades que cada um dos departamentos auxiliares desenvolveram para os demais departamentos podem ser expressas nos seguintes percentuais de trabalho:

- De DAVERMELHO para DAAZUL = 20%.
- De DAVERMELHO para DPPRETO = 30%.
- De DAVERMELHO para DPBRANCO = 50%.
- De DAAZUL para DAVERMELHO = 10%.
- De DAAZUL para DPPRETO = 63%.
- De DAAZUL para DPBRANCO = 27%.

A produção do mês, com os respectivos tempos unitários de fabricação, foi a seguinte:

| Produto | Quantidade | Tempo unitário | |
|---|---|---|---|
| | | DPPRETO | DPBRANCO |
| Pink | 3.000 u | 3,0 h | 4,0 h |
| Blue | 5.000 u | 4,2 h | 2,6 h |

Determine os custos indiretos apropriados a cada produto.

**82.** Os departamentos produtivos da empresa J. P. Pinho S.A. são os seguintes: corte, em que são trabalhados os produtos Alfa e Gama; montagem, em que são trabalhados os produtos Alfa, Beta e Gama; pintura, em que são trabalhados os produtos Beta e Gama.

No mês de novembro, os custos indiretos de fabricação foram:

- Mão de obra indireta = $ 850.000,00, apropriados aos departamentos conforme a folha de pagamento: corte = 20%; montagem = 50%; pintura = 30%.
- Energia elétrica = $ 300.000,00, rateados aos departamentos pela potência instalada: corte = 300 kW; montagem = 200 kW; pintura = 100 kW.
- Aluguel = $ 300.000,00, rateados aos departamentos pela área ocupada: corte = 300 m$^2$; montagem = 400 m$^2$; pintura = 500 m$^2$.
- Depreciação = $ 150.000,00, apropriados aos departamentos conforme os registros de ativo imobilizado na contabilidade: corte = 40%; montagem = 40%; pintura = 20%.

Os custos indiretos dos departamentos são rateados aos produtos por eles trabalhados conforme as horas apontadas. Nesse mês, os tempos unitários foram:

| Produto | Corte | Montagem | Pintura |
|---|---|---|---|
| Alfa | 2,0 h | 10,0 h | – |
| Beta | – | 15,0 h | 8,0 h |
| Gama | 5,0 h | 10,0 h | 12,0 h |

Determine os custos apropriados aos produtos considerando a seguinte produção:

Alfa = 5.000 u, Beta = 2.800 u e Gama = 800 u.

**83.** A empresa Ômega Ltda. apresentou os seguintes custos indiretos no mês de março/X8:

- Leasing dos equipamentos = $ 10.000,00.
- Energia elétrica = $ 12.000,00.
- Mão de obra indireta = $ 20.000,00.
- Outros custos = $ 8.000,00.

O rateio dos custos indiretos aos departamentos é feito da seguinte maneira:

- Leasing: 60% para o departamento de corte e 40% para o departamento de montagem.
- Energia elétrica: conforme a potência instalada.
- Mão de obra indireta: pelo número de funcionários.
- Outros custos: apropriado somente ao departamento de administração geral da fábrica.

A tabela a seguir mostra as bases de rateio utilizadas.

| Departamento | Potência instalada (kW) | Número de funcionários (diretos + indiretos) |
|---|---|---|
| Administração geral da fábrica | 40 | 11 |
| Corte | 300 | 13 |
| Montagem | 200 | 6 |
| Pintura | 60 | 2 |

Considere que os custos do departamento de administração geral da fábrica têm a seguinte distribuição: departamento de corte = 40%; departamento de montagem = 40%; departamento de pintura = 20%. Os departamentos de corte, montagem e pintura são rateados aos produtos conforme as horas apontadas:

| Produto | Departamento de corte | Departamento de montagem | Departamento de pintura |
|---|---|---|---|
| Alfa | – | 105 h | 20 h |
| Beta | 120 h | 300 h | – |
| Gama | 380 h | – | 65 h |
| Teta | – | 125 h | 40 h |

Calcule o custo por produto via departamentalização.

## 2.4.5 a 2.4.8 Sazonalidade dos custos indiretos e de produção. Taxa de aplicação de custos indiretos. Variação de custos indiretos. Análise da variação de custos indiretos.

**84.** Explique por que os custos e a produção de uma empresa podem não ocorrer homogeneamente ao longo do ano.

**85.** Explique a utilidade da taxa de aplicação de custos indiretos.

**86.** Como ocorre a variação de volume? Explique.

**87.** Como ocorre a variação de custos? Explique.

**88.** Suponha que uma empresa realize a manutenção de seus equipamentos em janeiro. O custo dessa manutenção deve ser apropriado somente à produção desse mês?

**89.** Se o volume de produção efetiva igualar-se à produção estimada, qual o valor de custos indiretos terá sido apropriado a ela por meio da taxa de aplicação de custos indiretos?

**90.** Que dados são necessários para calcular a taxa de aplicação de custos indiretos?

**91.** Se a taxa de aplicação de custos indiretos não fosse utilizada, como se comportariam os custos de um produto ao longo de um ano?

**92.** Suponha uma empresa que trabalhe com a taxa de aplicação de custos indiretos. Ao se encerrar o exercício, verifica-se que há uma variação entre os custos indiretos reais e os aplicados. O que deve ser feito com essa variação?

**93.** Suponha duas empresas exatamente iguais que fabriquem os mesmos produtos e tenham iniciado um exercício com todos os estoques zerados. Nesse exercício, elas tiveram a mesma produção e os mesmos custos. Uma trabalha com a taxa de aplicação de custos indiretos, e a outra, não. Em que situação, ao final desse exercício, as duas terão exatamente os mesmos resultados (lucro ou prejuízo)?

**94.** A Cia. Barueri Ltda. trabalha com a taxa de aplicação de custos indiretos em razão da sazonalidade de custos e de produção.

Para o ano de 20X7 foram estimados os seguintes números:

- Produção = 6.000 kg.
- Custos indiretos variáveis = $ 150,00/kg.
- Custos indiretos fixos = $ 750.000,00 para o ano.

Encerrado o ano, constatou-se que a produção foi de 7.000 kg e que os custos indiretos reais totalizaram $ 1.925.000,00.

Determine o CIFA e a variação total de CIF.

**95.** A fábrica Pica-Pau Ltda. estima os seguintes números para o exercício de 20X2:

- Produção = 5.000 mesas de sala e 8.000 mesas de cozinha.
- CIFs fixos = $ 19.125,00.
- CIFs variáveis = $ 1,30 por hora.

Os tempos de fabricação são: para mesa de sala, 3,5 h/u; para mesa de cozinha, 1,0 h/u. Encerrado o exercício, constatou-se que a produção foi de 4.600 mesas de sala e 8.500 mesas de cozinha. O CIF efetivo do ano foi de $ 53.500,00.

Assim, pede-se:

a) A taxa de aplicação de CIF.

b) A variação de volume.

c) A variação de custos.

**96.** A empresa J.H. Maria calculou a taxa de aplicação de custos indiretos para o exercício de 20X3 com os seguintes dados:

- Produção estimada = 7.000 unidades do produto K.
- CIFs fixos estimados = $ 350.000,00/ano.
- CIFs variáveis estimados = $ 100,00/u.

Pede-se:

a) A taxa de aplicação de custos indiretos.

b) O CIFA, considerando que a produção efetiva do ano foi de 6.800 unidades.

c) A variação total de CIF, considerando que o CIFE foi de $ 1.200.000,00 no ano.

d) A variação de volume.

e) A variação de custos.

f) Caso a empresa tivesse estimado a produção de 6.800 unidades para o ano de 20X3, qual teria sido o CIFA?

**97.** A empresa J. D. Abril S.A., após avaliar o provável comportamento do mercado em que atua, estimou vender 15 mil unidades de seu produto X no exercício de 20X3. Além disso, decidiu reduzir o nível de estoques. No início de 20X3 havia 500 unidades de produtos acabados, e a empresa esperava contar com 250 unidades no final do exercício. A estimativa dos custos indiretos foi:

- Fixos = $ 30.975,00/ano.
- Variáveis = $ 0,68/h.

O tempo de fabricação de X é de 5 horas por unidade.

Encerrado o exercício de 20X3, a empresa verificou que sua produção real foi de 75.000 horas, e que os custos indiretos reais totalizaram $ 85.125,00. Verificou ainda que, das horas apontadas, 5% permanecem na produção em andamento, 85% correspondem a produtos já vendidos e o restante permanece no estoque de produtos acabados.

Determine os custos indiretos de fabricação após o ajuste da variação do CIF nas contas (saldo da produção em andamento, saldo do estoque de produtos acabados e custo dos produtos vendidos).

**98.** A Cia. G&C Ltda., no início de suas atividades, estimou vender 5.000 unidades do produto G e 6.000 unidades do produto C no ano de 20X4.

O estoque de produtos acabados de cada produto foi estimado em 5% do volume vendido. Não se estimou saldo na produção em andamento.

Os tempos unitários de fabricação foram os seguintes:

- Produto G = 4,0 h.
- Produto C = 3,0 h.

Os custos indiretos de fabricação foram estimados em:

- Fixos = $ 997.500,00/ano.
- Variáveis = $ 69,00/h.

Encerrado o ano, a contabilidade apurou um CIFE de $ 3.798.870,00. Durante o ano foram vendidas 4.800 unidades de G e 6.300 unidades de C. O estoque final de produtos acabados foi de 400 unidades de G e 500 unidades de C. Ficaram na produção em andamento produtos semiacabados que correspondem a 500 horas de trabalho.

Determine os custos indiretos de fabricação, após o ajuste da variação do CIF nas contas (saldo da produção em andamento, saldo do estoque de produtos acabados e custo dos produtos vendidos).

**99.** No ano de 20X7, a empresa J. D. Jandaya Ltda. teve a produção e os custos indiretos apresentados a seguir (suponha que não tenha havido custos de matéria-prima e de mão de obra direta):

| Mês | Produção (kg) | Custos indiretos de fabricação ($) | | | |
|---|---|---|---|---|---|
| | | Fixo | Variável | Total | Unitário |
| Janeiro | 1.000 | $ 50.000,00 | $ 60.000,00 | $ 110.000,00 | $ 110,00 |
| Fevereiro | 800 | $ 50.000,00 | $ 48.000,00 | $ 98.000,00 | $ 122,50 |
| Março | 1.200 | $ 50.000,00 | $ 72.000,00 | $ 122.000,00 | $ 101,67 |
| Abril | 1.150 | $ 50.000,00 | $ 69.000,00 | $ 119.000,00 | $ 103,48 |
| Maio | 1.050 | $ 50.000,00 | $ 63.000,00 | $ 113.000,00 | $ 107,62 |
| Junho | 1.300 | $ 50.000,00 | $ 78.000,00 | $128.000,00 | $ 98,46 |
| Julho | 1.000 | $ 50.000,00 | $ 60.000,00 | $ 110.000,00 | $ 110,00 |
| Agosto | 750 | $ 50.000,00 | $ 85.000,00 | $ 135.000,00 | $ 180,00 |
| Setembro | 1.300 | $ 50.000,00 | $ 78.000,00 | $ 128.000,00 | $ 98,46 |
| Outubro | 1.250 | $ 50.000,00 | $ 75.000,00 | $ 125.000,00 | $ 100,00 |
| Novembro | 1.100 | $ 50.000,00 | $ 66.000,00 | $ 116.000,00 | $ 105,45 |
| Dezembro | 900 | $ 50.000,00 | $ 54.000,00 | $ 104.000,00 | $ 115,56 |
| Total | 12.800 | $ 600.000,00 | $ 808.000,00 | $ 1.408.000,00 | $ 110,00 |

Observação: em agosto a empresa realizou manutenção geral, importando em $ 40.000,00 (esse valor já está incorporado ao custo variável do mês).

Agora, faça o que se pede.

**a)** Considerando que toda a produção seja vendida no mesmo mês e que o preço de venda seja de $ 120,00/kg, determine:

- o lucro de cada mês;
- o lucro do ano da empresa;
- o percentual de lucro mensal (lucro ÷ receita);
- a análise comparativa do lucro mensal.

**b)** Considere que a empresa venha a utilizar a taxa de aplicação de custos indiretos e, para isso, faça a seguinte estimativa no início do ano:

Produção do ano = 12.800 kg.

Custo fixo = $ 600.000/ano.

Custo variável = $ 60,00/kg.

Custo de manutenção = $ 40.000/ano.

Determine:

- o lucro de cada mês;
- o lucro do ano da empresa;
- o percentual de lucro mensal (lucro ÷ receita);
- a análise comparativa do lucro mensal.

**c)** Compare o lucro do ano indicado no item b com aquele indicado no item a. Que conclusão se pode tirar?

**d)** Para efeito de análise e tomada de decisão, qual procedimento oferece mais tranquilidade ao gestor da empresa?

## 2.5 Empresas e seus produtos: sistemas de acumulação de custos

**100.** O que significa produção contínua? Explique.

**101.** O que significa produção sob encomenda? Explique.

**102.** Suponha um produto fabricado em série que alcance certo estágio de fabricação e seja concluído após a empresa receber um pedido do cliente contendo detalhes de acabamento, o que o caracterizaria como um produto feito sob encomenda. Essa situação é possível? Explique.

### 2.5.1 Sistema de acumulação de custos por ordem de serviço

**103.** De que maneira opera um sistema de acumulação de custos para empresas que trabalham sob encomenda?

**104.** O que significa cotação de preços?

**105.** Como se elabora a estimativa de custos de um produto a ser fabricado sob encomenda?

**106.** Onde são coletados os custos utilizados para realizar a estimativa de custos de um produto a ser fabricado sob encomenda?

**107.** Como se adicionam as despesas administrativas e de vendas à estimativa de custos de um produto para subsidiar a formação do preço de venda?

**108.** Qual a importância de identificar corretamente as alíquotas de IPI e de ICMS para a formação do preço de venda do produto?

**109.** Por meio de qual documento interno é possível acionar todos os departamentos da empresa que fabrica sob encomenda, informando um novo pedido em carteira?

**110.** Que providências o departamento de custos toma ao ser comunicado sobre uma nova encomenda em carteira?

**111.** Como se determinam os custos de uma encomenda quando de seu encerramento?

**112.** Qual o procedimento adotado para classificar uma encomenda como sendo de curto ou de longo prazo de fabricação? Explique.

**113.** Como se apropriam as receitas em cada exercício de encomenda de longo prazo de fabricação?

**114.** Considere que seja utilizado o critério da proporcionalidade do custo total para determinar a receita de cada exercício para uma encomenda de longo prazo. Caso o cliente antecipe um valor superior à receita que será atribuída a um exercício, qual deve ser o procedimento contábil com relação à diferença?

**115.** Uma empresa fechou um contrato de fornecimento de um equipamento para ser entregue dali a três anos. O custo estimado foi de $ 4.800.000,00, e o preço de venda do contrato foi de $ 6.000.000,00. Na assinatura do contrato, a empresa recebeu um adiantamento de $ 2.000.000,00. Ao término do primeiro exercício social, a contabilidade havia acumulado $ 2.000.000,00 de custos nessa encomenda. Não houve revisão dos custos estimados nem do preço de venda contratual.

No segundo exercício social, a contabilidade acumulou $ 2.500.000,00 de custos nessa encomenda. Os custos estimados foram revisados, passando a $ 6.000.000,00, e o preço de venda contratual foi corrigido em 20%. O faturamento dessa encomenda, ao término da produção, foi de $ 11.000.000,00, e os custos acumulados desde o início da fabricação totalizam $ 8.000.000,00. Calcule o valor da receita para cada exercício social pelo critério da proporcionalidade do custo total.

**116.** A empresa ABC S.A. fabrica equipamentos sob encomenda. Em janeiro/X0 assinou o contrato de fornecimento de uma caldeira para ser entregue em dezembro/X2. Na época da assinatura do contrato, o custo estimado dessa caldeira foi de $ 2.500.000,00, e o preço de venda contratual, de $ 3.800.000,00. Encerrado o ano de 20X0, a contabilidade acumulou os custos lançados nessa encomenda, totalizando $ 750.000,00. Nesse ano não houve revisão dos custos estimados nem do preço contratual.

No ano de 20X1 os custos estimados foram revisados, passando a $ 4.000.000,00, e o preço de venda foi reajustado em 40%. A contabilidade lançou, no ano, $ 1.750.000,00 de custos nessa encomenda. Ao concluir a encomenda, a contabilidade verificou que os custos acumulados desde o início da fabricação foram de $ 5.000.000,00, e o preço de venda reajustado contratualmente foi de $ 6.000.000,00. Determine o lucro de cada exercício social, considerando o cálculo da receita pelo critério da proporcionalidade do custo total.

**117.** Admitindo que a inflação seja zero e que os custos incorridos nos três anos de fabricação de uma encomenda sejam exatamente os custos estimados, determine a receita de cada ano, sabendo que:

**a)** Custo estimado = $ 500.000,00.

**b)** Preço de venda = $ 1.000.000,00, tendo recebido 30% a título de adiantamento por ocasião da assinatura do contrato.

**c)** Custos acumulados conforme registros da contabilidade: 1º ano = $ 185.000,00; 2º ano = $ 208.000,00.

**118.** A empresa Cobra S.A. venceu uma concorrência para fabricar uma turbina para uma hidrelétrica, com prazo de entrega de 4 anos. A estimativa de custos dessa turbina totalizou $ 2.300.000,00, e o preço contratual foi de $ 2.810.000,00. No ato da assinatura do contrato, a empresa recebeu, a título de adiantamento, 20% desse valor. Outros 30% serão recebidos ao final do segundo exercício, e o restante será recebido no ato da entrega do equipamento. Dois componentes principais dessa turbina serão fabricados por empresas subcontratadas: a Delta S.A. fornecerá a carcaça da turbina e a Rover Ltda. fornecerá o rotor.

Para formular o preço de venda, a Cobra considera uma margem de 10% sobre o custo dos componentes adquiridos prontos de terceiros, a título de manuseio. Os demais materiais a serem aplicados na turbina são integrantes da política de estoques da Cobra. A montagem da turbina será executada pela própria empresa. Ao término do primeiro exercício social, os custos apropriados na encomenda foram os seguintes: custos da carcaça = $ 500.000,00; custos de montagem e de materiais da política de estoque = $ 200.000,00.

No segundo exercício, os custos apropriados foram: custos do rotor = $ 400.000,00; custos de montagem e de materiais da política de estoque = $ 300.000,00.

No terceiro exercício, os custos apropriados foram: custos de montagem e de materiais da política de estoque = $ 500.000,00.

Ao concluir a encomenda no quarto exercício, a contabilidade de custos da Cobra havia acumulado $ 2.500.000,00 de custos para a encomenda toda. A turbina foi faturada por $ 3.000.000,00. Determine o valor da receita de cada exercício social, considerando que não houve revisão nos custos estimados nos três primeiros exercícios.

**119.** A empresa Salete S.A. recebeu uma encomenda com prazo de entrega superior a 12 meses. No custo estimado, há uma peça a ser adquirida pronta de terceiros. Para formulação do preço de venda, a empresa costuma aplicar 10% de margem sobre o custo da peça. Determine o percentual de margem aplicado sobre os custos de conversão, com base nos seguintes dados:

- Custo total estimado = $ 100.000,00.
- Custo da peça adquirida pronta = $ 60.000,00 (já incluídos no custo total estimado).
- Preço de venda = $ 120.000,00.

**120.** Calcule a receita a ser considerada em cada exercício social, supondo a situação a seguir. Para isso, utilize o critério da proporcionalidade do custo de conversão.

A empresa J. Alvorada Ltda., que trabalha sob encomenda, ganhou uma concorrência para o fornecimento de um equipamento a ser entregue em dois anos. Não houve adiantamento contratual.

**a)** O preço de venda contratual foi de $ 81.250,00, fixo e não reajustável.

**b)** O custo estimado foi de $ 65.000,00, e 50% desse valor corresponde a componentes adquiridos prontos de um fabricante subcontratado.

**c)** A J. Alvorada, ao formar o preço de venda, aplica sobre os componentes adquiridos prontos de terceiros 10% de margem, a título de manuseio e segurança.

**d)** No primeiro exercício social, os custos acumulados foram de $ 45.000,00, tendo sido utilizados 100% dos componentes adquiridos prontos de terceiros.

**e)** A contabilidade de custos acumulou $ 72.300,00 de custos desde o início da fabricação até a finalização do produto.

Observação: os custos dos componentes adquiridos prontos de terceiros foram iguais aos estimados.

**121.** A Cia. B. B. Very Ltda. recebeu uma encomenda com prazo de entrega de três anos. O produto foi vendido por $ 300.000,00 e o custo estimado totalizou $ 200.000,00. Ao encerrar o primeiro exercício social, a contabilidade havia acumulado $ 50.000,00 de custos, não havendo revisão do custo estimado nem do preço de venda.

No segundo exercício, os custos acumulados foram de $ 80.000,00. Nesse exercício, o preço de venda da encomenda foi revisado, passando a $ 368.000,00, e os custos estimados também foram atualizados, passando a $ 230.000,00. No terceiro ano a encomenda foi faturada por $ 370.000,00, e os custos acumulados desde o início da fabricação até a finalização do produto foram de $ 250.000,00.

Determine o valor da receita para cada exercício, considerando o critério mais apropriado.

**122.** A empresa J. M. King, que trabalha sob encomenda, recebeu um pedido cujo prazo de entrega é de dois anos. A estimativa de custos totalizou $ 500.000,00, e estavam incluídos nesse valor $ 200.000,00 referentes a peças e componentes adquiridos prontos de terceiros. O preço de venda foi de $ 800.000,00. A empresa costuma acrescer 12% de margem sobre as peças e os componentes adquiridos prontos de terceiros.

No primeiro exercício social, a contabilidade acumulou $ 120.000,00 de custos referentes a peças e componentes adquiridos prontos de terceiros e $ 300.000,00 referentes ao custo de conversão. A contabilidade acumulou, do início da fabricação até sua conclusão, custos de $ 720.000,00, e o valor do faturamento foi de $ 1.300.000,00. Determine o valor da receita para cada exercício, considerando o critério mais apropriado.

**123.** A empresa T. da Serra Ltda. fabrica equipamentos sob encomenda. Em janeiro/X5 essa empresa recebeu uma encomenda cujo prazo de entrega é de quatro anos. O custo estimado foi de $ 4.000.000,00, e o preço de venda contratual foi de $ 6.000.000,00.

Ao término do primeiro exercício social, a contabilidade acumulou $ 800.000,00 de custos. Não houve revisão na estimativa de custos nem no preço de venda.

Durante o segundo exercício, a contabilidade acumulou $ 1.100.000,00 de custos. A estimativa de custos foi revisada para $ 4.400.000,00. O preço de venda contratual também foi revisado, passando a $ 6.600.000,00.

Durante o terceiro exercício, a contabilidade acumulou $ 2.500.000,00 de custos. A estimativa de custos foi novamente revisada, passando a $ 5.000.000,00, e o preço também foi revisado, passando a $ 7.000.000,00.

Terminada a encomenda, a contabilidade havia acumulado os custos em $ 5.350.000,00. O preço de venda atualizado foi de $ 7.500.000,00.

Determine o valor da receita para cada exercício.

### 2.5.2 Sistema de acumulação de custos por processo

**124.** Nas empresas que trabalham com produção em série, como funciona o sistema de acumulação de custos? O que é produção em série?

**125.** O que significa estágio médio de acabamento das unidades que permanecem na produção em andamento ao final do mês?

**126.** Como se apura o custo da produção em andamento das empresas que trabalham com produção em série?

**127.** O que é produção equivalente?

**128.** Como se determina o custo unitário de um produto fabricado em série?

**129.** Calcule a produção equivalente.

- Mês de outubro:
  Saldo da produção em andamento = 300 u.
  Índice médio de aplicação de matéria-prima = 70%.
  Índice médio de aplicação da mão de obra e custos indiretos = 40%.
- Mês de novembro:
  Produção acabada e expedida para o estoque = 1.800 u.
  Saldo da produção em andamento = 280 u.
  Índice médio de aplicação de matéria-prima = 60%.
  Índice médio de aplicação da mão de obra e custos indiretos = 25%.

**130.** No início de julho havia 50 unidades na produção em andamento, as quais estavam em estágio médio de acabamento de 30%. Nesse mês, 410 unidades foram transferidas para o estoque de produtos acabados, restando na produção em andamento 40 unidades, em estágio médio de acabamento de 50%.

Determine a produção equivalente do mês.

**131.** Suponha que na produção em andamento haja 2 unidades, uma com 90% dos trabalhos já executados e outra com 10%. Qual a produção equivalente? Qual o estágio médio de acabamento dessa produção em andamento?

**132.** Calcule a produção equivalente pelo PEPS:

- Uma empresa possui dois departamentos produtivos: o PD1 e PD2. Os produtos concluídos no PD1 são transferidos para o PD2, e deste para o estoque de produtos acabados.
- Ao final de março, não havia estoques da produção em andamento no PD1 e no PD2.
- No mês de abril, o PD1 transferiu 80 unidades para o PD2 e ficou com 20 unidades na produção em andamento. O PD2 concluiu e transferiu 50 unidades para o estoque de produtos acabados.
- Em maio, o PD1 transferiu 100 unidades para o PD2 e ficou com 30 unidades na produção em andamento. O PD2 concluiu e transferiu 100 unidades para o estoque de produtos acabados.
- No PD1, a matéria-prima é requisitada durante a fabricação, tendo, portanto, para as unidades não acabadas, o mesmo índice de aplicação que a mão de obra direta e o custo indireto de fabricação. O estágio médio de acabamento da produção em andamento desse departamento foi: abril = 40% e maio = 60%.
- No PD2, a matéria-prima agregada é requisitada antes do início da execução dos serviços. O estágio médio de acabamento da produção em andamento desse departamento foi: abril = 60% e maio = 50%.

**133.** Uma empresa fabrica arquivos de aço de um único modelo. Ao final do mês de janeiro ficaram na produção em andamento 300 unidades em estágio médio de acabamento de 30%. Nesse mês, o custo unitário de fabricação foi de $ 2.500,00.

No mês de fevereiro foram acabadas 2.100 unidades, permanecendo na produção em andamento 500 unidades em estágio médio de acabamento de 50%. O custo desse mês foi de $ 5.763.000,00.

Calcule o custo da produção acabada do mês de fevereiro e da produção em andamento de janeiro e fevereiro, pelos critérios PEPS e custo médio, considerando que a matéria-prima tem o mesmo índice de aplicação que a mão de obra direta e os custos indiretos de fabricação.

**134.** A Bom Caminho Ltda. fabrica somente um modelo de carroçaria para caminhão. Ao final de março ficaram na produção em andamento 8 unidades em estágio médio de acabamento de 50%. Os custos da matéria-prima, da mão de obra direta e os custos indiretos de fabricação ocorreram uniformemente. Nesse mês, os custos unitários foram os seguintes:

- Mão de obra direta = $ 1.000,00.
- Custos indiretos de fabricação = $ 800,00.
- Matéria-prima = $ 5.000,00.

No mês de abril foram concluídas 30 unidades, restando na produção em andamento 10 unidades em estágio médio de acabamento de 30%. Os custos incorridos no mês foram:

- Mão de obra direta = $ 31.900,00.
- Custos indiretos de fabricação = $ 25.520,00.
- Matéria-prima = $ 159.500,00.

Em maio foram concluídas 40 unidades, não permanecendo nenhuma na produção em andamento. Os custos incorridos nesse mês foram:

- Mão de obra direta = $ 44.400,00.
- Custos indiretos de fabricação = $ 35.520,00.
- Matéria-prima = $ 222.000,00.

Calcule o custo da produção em andamento e da produção acabada para os meses anteriormente citados, utilizando o PEPS.

**135.** A empresa Boa Tacada Ltda. fabrica mesas de bilhar. No início do mês de abril havia seis mesas na produção em andamento, em estágio médio de acabamento de 50%. Em março, o custo unitário havia sido de $ 300,00 por mesa, e a matéria-prima representou 50% desse valor.

Em abril, foram concluídas as 6 unidades do mês anterior e mais 12 iniciadas no próprio mês de abril, restando outras 3 na produção em andamento, em estágio médio de acabamento correspondente a 2/3 dos serviços necessários. Os custos do mês de abril foram:

- Matéria-prima = $ 2.550,00.
- Mão de obra direta e custos indiretos = $ 2.720,00.

Considere que a matéria-prima é totalmente requisitada do estoque antes de se iniciar a fabricação. Utilizando o PEPS, determine o custo da produção em andamento ao final do mês de abril e o custo da produção acabada.

**136.** A empresa V. G. Paulista iniciou suas atividades no mês de março, incorrendo nos seguintes custos:

- Matéria-prima = $ 50.000,00.
- Mão de obra direta = $ 60.000,00.
- Custos indiretos de fabricação = $ 40.000,00.

Nesse mês, foram concluídas 100 unidades de seu produto X, ficando 40 unidades na produção em andamento, para serem concluídas no mês seguinte. Considere que essas 40 unidades estejam em estágio médio de acabamento de 50%.

No mês de abril foram concluídas as 40 unidades do mês anterior. Além disso, nesse mês foram iniciadas outras 180 unidades, das quais 30 permaneceram na produção em andamento, em estágio médio de acabamento correspondente a 2/3 dos serviços necessários.

Os custos incorridos nesse mês foram:

- Matéria-prima = $ 92.600,00.
- Mão de obra direta = $ 114.700,00.
- Custos indiretos de fabricação = $ 53.000,00.

Determine o custo da produção acabada e da produção em andamento de março e abril pelo PEPS, considerando que os três elementos de custos são consumidos uniformemente.

**137.** Uma empresa que fabrica carteiras escolares iniciou suas atividades em junho. Nesse mês foram acabadas 280 unidades e 30 ficaram na produção em andamento, em estágio médio de acabamento de 30%. Os custos foram:

- Matéria-prima = $ 49.600,00.
- Mão de obra direta = $ 20.000,00.
- Custos indiretos de fabricação = $ 14.680,00.

A matéria-prima é totalmente requisitada do almoxarifado antes de se iniciar a fabricação. Determine o custo da produção acabada e da produção em andamento.

**138.** No início de junho havia no departamento de montagem da empresa Delta Ltda., na produção em andamento, 295 unidades do produto X, faltando completar, em média, 60% dos serviços. A matéria-prima é requisitada antes de se iniciar a fabricação.

No mês de maio, os custos unitários foram os seguintes:

- Matéria-prima = $ 200,00.
- Mão de obra direta = $ 220,00.
- Custos indiretos de fabricação = $ 130,00.

Em junho foram expedidas 758 unidades ao estoque de produtos acabados, permanecendo na produção em andamento 125 unidades em estágio médio de acabamento de 40%. Nesse mês, os custos unitários foram:

- Matéria-prima = $ 250,00.
- Mão de obra direta = $ 250,00.
- Custos indiretos de fabricação = $ 140,00.

Determine para o mês de junho o custo da produção acabada e em andamento pelo PEPS.

**139.** Uma empresa iniciou suas atividades no mês de janeiro/X8 fabricando somente o produto X.

Considere as afirmativas a seguir:

- Nesse primeiro mês concluiu 500 unidades, e 100 delas permaneceram na produção em andamento.
- Em fevereiro iniciou a fabricação de 600 unidades, tendo concluído e expedido nesse mês 650 unidades ao estoque de produtos acabados.
- Em março iniciou a fabricação de 400 unidades, não restando nenhuma na produção em andamento ao final do mês.
- A matéria-prima é requisitada durante a fabricação, tendo o mesmo índice de aplicação que a mão de obra direta e os custos indiretos de fabricação.
- Os custos incorridos em cada mês foram: janeiro = $ 343.750,00, fevereiro = $ 398.160,00, março = $ 268.800,00.
- Em janeiro, a produção em andamento estava em estágio médio de acabamento de 50%. Em fevereiro, estava em estágio médio de acabamento correspondente a 3/5 dos serviços necessários.

Determine, para cada mês, os custos da produção acabada e em andamento pelo PEPS e pelo custo médio, utilizando para isso as respectivas produções equivalentes.

**140.** Utilizando o PEPS, calcule o custo da produção acabada para os meses de junho e julho e da produção em andamento para os meses de maio, junho e julho de cada departamento da empresa apresentada a seguir.

- A empresa Aurélio S.A. possui três departamentos produtivos: Alfa, Beta e Gama.
- No departamento Alfa inicia-se a fabricação de cadeiras modelo 1, e no departamento Beta, a fabricação de cadeiras modelo 2. As cadeiras modelo 1, ao saírem de Alfa, e as cadeiras modelo 2, ao saírem de Beta, são transferidas para Gama, que realiza o acabamento.
- No departamento Gama não se agrega nenhuma matéria-prima, nem na cadeira modelo 1 nem na cadeira modelo 2. Essas cadeiras, após passarem por Gama, são transferidas para o estoque de produtos acabados.
- Em Alfa e Beta, a matéria-prima é requisitada antes de se iniciar a fabricação, e a mão de obra e os custos indiretos ocorrem uniformemente.
- Ao final de maio, o saldo da produção em andamento se encontrava da seguinte maneira:

  Alfa = 250 u em estágio médio de acabamento de 70%.

  Beta = 180 u em estágio médio de acabamento de 50%.

  Gama = 400 u, sendo 70% de cadeiras modelo 1 e o restante de cadeiras modelo 2. O estágio médio de acabamento era de 80%.
- Em junho, os apontamentos de produção indicaram a seguinte movimentação por departamento:

  Alfa = 1.250 u concluídas e 270 u mantidas na produção em andamento, em estágio médio de acabamento de 60%.

  Beta = 970 u concluídas e 120 u mantidas na produção em andamento, em estágio médio de acabamento de 80%.

Gama = 2.300 u concluídas, sendo 1.300 u do modelo 1 e 1.000 u do modelo 2. As unidades não concluídas estão em estágio médio de acabamento de 70%.

- Em julho, os apontamentos de produção indicaram a seguinte movimentação por departamento:

  Alfa = 2.300 u concluídas e 120 u mantidas na produção em andamento, em estágio médio de acabamento de 85%.

  Beta = 1.600 u concluídas e 170 u mantidas na produção em andamento, em estágio médio de acabamento de 40%.

  Gama = 4.100 u concluídas, sendo 2.500 u do modelo 1 e 1.600 u do modelo 2. As unidades não concluídas estão em estágio médio de acabamento de 50%.

- Os custos apurados foram:

| Mês | Departamento | Matéria-prima | MOD/CIF |
|---|---|---|---|
| Maio | Alfa | $ 16,50/u | $ 22,50/u |
| | Beta | $ 22,00/u | $ 34,00/u |
| | Gama | – | $ 8,30/u |
| Junho | Alfa | $ 21.590,00/mês | $ 30.925,00/mês |
| | Beta | $ 20.930,00/mês | $ 35.136,00/mês |
| | Gama | | $ 19.836,00/mês |
| Julho | Alfa | $ 38.700,00/mês | $ 56.000,00/mês |
| | Beta | $ 41.250,00/mês | $ 58.950,00/mês |
| | Gama | | $ 41.328,00/mês |

**141.** A empresa Salvador Ltda. fabrica o produto Alfa em dois departamentos produtivos: DPA e DPB. Os produtos acabados no DPA são transferidos para o DPB, e deste ao estoque de produtos acabados.

Em março, não havia estoques iniciais na produção em andamento. Nesse mês ocorreu:

- No DPA: 800 unidades foram acabadas e transferidas para o DPB; 200 unidades permaneceram em fabricação, com um índice médio de aplicação de 40% para mão de obra direta e custos indiretos de fabricação. A matéria-prima nesse departamento é requisitada antes de se iniciar a fabricação. Não houve perdas.
- No DPB: 600 unidades foram acabadas e transferidas para o estoque de produtos acabados. As unidades não acabadas estão com um índice médio de aplicação de 40% para mão de obra direta e custos indiretos de fabricação e de 60% para a matéria-prima agregada nesse departamento.

No mês de abril ocorreu:

- No DPA: 800 unidades foram acabadas e transferidas para o DPB; 180 unidades permaneceram em fabricação, com um índice médio de aplicação de 80% para mão de obra direta e custos indiretos de fabricação.
- No DPB: 800 unidades foram acabadas e transferidas para o estoque de produtos acabados. As unidades não acabadas estão com um índice médio de aplicação de 70% para mão de obra direta e custos indiretos de fabricação e 90% para a matéria-prima agregada nesse departamento.

Os custos desses departamentos foram:

| | | DPA | DPB |
|---|---|---|---|
| Mão de obra direta e custos indiretos de fabricação | março | $ 1.056.000,00 | $ 340.000,00 |
| | abril | $ 1.166.400,00 | $ 516.000,00 |
| Matéria-prima | março | $ 1.296.000,00 | $ 216.000,00 |
| | abril | $ 1.096.290,00 | $ 240.800,00 |

Calcule o custo da produção em andamento e da produção acabada, por departamento, pelo PEPS.

**Exercícios sobre os três elementos de custos: matéria-prima, mão de obra direta e custos indiretos de fabricação**

**142.** Calcule o custo debitado no estoque de matéria-prima e o custo unitário de produção, considerando os seguintes dados:

**a)** Os valores referentes aos estoques são:

| | Estoque inicial | Estoque final |
|---|---|---|
| Matéria-prima | $ 180.000,00 | $ 150.000,00 |
| Produção em andamento | $ 0,00 | $ 0,00 |
| Produtos acabados | $ 80.000,00 | $ 600.000,00 |

**b)** O custo dos produtos vendidos foi de $ 160.000,00.

**c)** Os custos de mão de obra direta foram de $ 200.000,00.

**d)** Os custos indiretos de fabricação foram de $ 180.000,00.

**e)** A produção do mês foi de 16 unidades.

**143.** A empresa XPTO S.A. vendeu 40 unidades de seu produto Z em maio/X2 ao preço total de $ 1.750,00.

O estoque inicial de matéria-prima era de $ 40,00, e o de produtos acabados, de $ 210,00, correspondendo a 15 unidades. O estoque inicial da produção em andamento era nulo.

Os gastos incorridos no mês de maio foram:

- Compra de matéria-prima = $ 190,00 (sem impostos).
- Mão de obra direta = $ 240,00.
- Custos indiretos de fabricação = $ 135,00.
- Despesas de vendas = $ 400,00.
- Despesas administrativas = $ 130,00.

Os estoques finais foram:

- Matéria-prima = $ 80,00.
- Produção em andamento = 0 unidade.
- Produtos acabados = 10 unidades.

Calcule o custo unitário de produção, o lucro bruto e o lucro operacional, considerando o custo médio para valorização dos estoques e que não há incidência de impostos nas vendas.

**144.** A empresa Capri & Córnio Ltda. fabrica os produtos A, B e C. No mês de abril/X2 os custos foram:

- Matéria-prima = $ 1.150,00.
- Mão de obra direta = $ 700,00.
- Custos indiretos de fabricação = $ 840,00.

Os custos apropriados aos produtos fabricados resultaram na seguinte distribuição percentual:

| Contas | Produto A | Produto B | Produto C | Produto D |
|---|---|---|---|---|
| Matéria-prima | 30% | 40% | 30% | 100% |
| Mão de obra direta | 35% | 40% | 25% | 100% |
| Custos indiretos de fabricação | 25% | 40% | 35% | 100% |

Calcule o custo do estoque final de produtos acabados e o lucro bruto considerando que:

**a)** não havia estoques iniciais;

**b)** não houve estoque final da produção em andamento;

**c)** os produtos A e C não foram vendidos;

**d)** a produção de B foi vendida por $ 2.175,00.

**145.** Com base nos dados a seguir, calcule o custo dos estoques finais de matéria-prima, a produção em andamento e os produtos acabados, considerando que a matéria-prima, a mão de obra direta e os custos indiretos de fabricação ocorreram uniformemente.

**a)** Estoques iniciais

| Estoque | Quantidade | Custo |
|---|---|---|
| Produtos acabados | 5 u | $ 45.600,00 |
| Produtos em andamento | 0 u | – |
| Matéria-prima | – | $ 35.000,00 |

**b)** Custo da compra de matéria-prima no mês = $ 120.000,00.

**c)** Custos do mês:

Mão de obra direta = $ 120.000,00.

Custos indiretos de fabricação = $ 113.000,00.

Matéria-prima consumida = $ 110.000,00.

**d)** Estoques finais:

Produção em andamento = 20 unidades.

Produtos acabados = 30 unidades.

**e)** Quantidade vendida = 4 unidades.

**f)** Os produtos não acabados no mês estão em estágio médio de acabamento de 30%.

**g)** Os estoques são avaliados pelo custo médio.

**h)** Não há incidência de impostos (ICMS e IPI).

**146.** A empresa Coroinha Ltda. encerrou o ano de 20X4 sem saldo no estoque de produtos acabados. Em 20X5 foram fabricadas e vendidas as seguintes quantidades:

| Produtos | Coroa dentata | Coroa lisa |
|---|---|---|
| Quantidade fabricada | 800 u | 700 u |
| Quantidade vendida | 700 u | 400 u |

No ano de 20X5, os gastos dessa empresa foram:

| | |
|---|---|
| Salários e encargos do pessoal de vendas | $ 10.000,00 |
| Salários e encargos do pessoal de administração | $ 15.000,00 |
| Mão de obra direta | $ 20.585,00 |
| Mão de obra indireta | $ 7.000,00 |
| Consumo de materiais de escritório na administração | $ 1.000,00 |
| Consumo de materiais de escritório na divisão de vendas | $ 800,00 |
| Consumo de materiais de escritórios da divisão da fábrica | $ 620,00 |
| Consumo de matéria-prima | $ 30.260,00 |
| Consumo de materiais diversos na produção | $ 13.000,00 |
| Energia elétrica da administração | $ 2.000,00 |
| Energia elétrica da divisão de vendas | $ 1.000,00 |
| Energia elétrica da divisão de fábrica | $ 8.000,00 |
| Depreciação dos equipamentos da administração | $ 500,00 |
| Depreciação dos equipamentos da divisão de vendas | $ 400,00 |
| Depreciação dos equipamentos da divisão de fábrica | $ 3.000,00 |
| Despesas diversas na administração | $ 4.000,00 |
| Despesas diversas na divisão de vendas | $ 6.000,00 |
| Outros custos da divisão de fábrica | $ 20.000,00 |

Os custos diretos são apropriados aos produtos da seguinte maneira:

**a)** Matéria-prima: de acordo com a quantidade consumida por produto. A matéria-prima é a mesma para os dois produtos. Cada unidade de coroa dentada consome 5 kg, e cada unidade de coroa lisa consome 7 kg.

**b)** Mão de obra direta: de acordo com as horas apontadas nos produtos. Cada unidade de coroa dentada consome ½ hora, e cada unidade de coroa lisa, ¼ de hora.

Os custos indiretos de fabricação são rateados aos produtos conforme o peso total da matéria-prima aplicada nos produtos. Os preços de venda praticados são: coroa dentada = $ 115,02/u; coroa lisa = 132,03/u.

Determine o lucro operacional da empresa.

**147.** Calcule o custo total e o custo unitário dos produtos Alfa, Beta e Gama da empresa Ômega Ltda., que iniciou suas atividades em janeiro/X6 fabricando as seguintes quantidades:

| Produto | Quantidade |
|---|---|
| Alfa | 200 u |
| Beta | 300 u |
| Gama | 500 u |

Nesse mês, tivemos:

**a)** Matéria-prima:

**Custos**

| Matéria-prima | Custo |
|---|---|
| MP1 | $ 20,00/kg |
| MP2 | $ 15,00/kg |

**Consumo**

| Produto | MP1 | MP2 |
|---|---|---|
| Alfa | 2 kg/u | 1 kg/u |
| Beta | – | 2 kg/u |
| Gama | 3 kg/u | – |

**b)** Mão de obra direta:

Custo = $ 10,00/h

Tempos apontados:

| Produtos | Tempo |
|---|---|
| Alfa | 5 h/u |
| Beta | 7 h/u |
| Gama | 10 h/u |

c) Custos indiretos de fabricação:

| Mão de obra indireta | |
|---|---|
| Supervisores | $ 10.000,00 |
| Apontadores | $ 2.000,00 |
| Almoxarifes | $ 3.000,00 |
| Mecânicos | $ 2.500,00 |
| Faxineiros | $ 700,00 |
| Escriturários | $ 1.000,00 |
| Depreciação das máquinas | $ 5.000,00 |
| Energia elétrica | $ 7.000,00 |
| Água | $ 500,00 |
| Telefone | $ 175,00 |
| Seguro contra incêndio | $ 1.200,00 |
| Materiais de manutenção | $ 300,00 |
| Materiais de expediente | $ 100,00 |
| Ferramentas de consumo | $ 2.000,00 |
| Materiais diversos (lixas, estopas etc.) | $ 3.000,00 |
| TOTAL | $ 38.475,00 |

Esses custos indiretos de fabricação são rateados aos produtos conforme o tempo total de mão de obra direta.

**148.** Observe estes dados de uma confecção de roupas:

- Empresa: Cia. Fabricadora de Roupas Ltda.
- Início das atividades: janeiro de 20X8.
- Produtos: camisas e calças.
- Estrutura funcional:

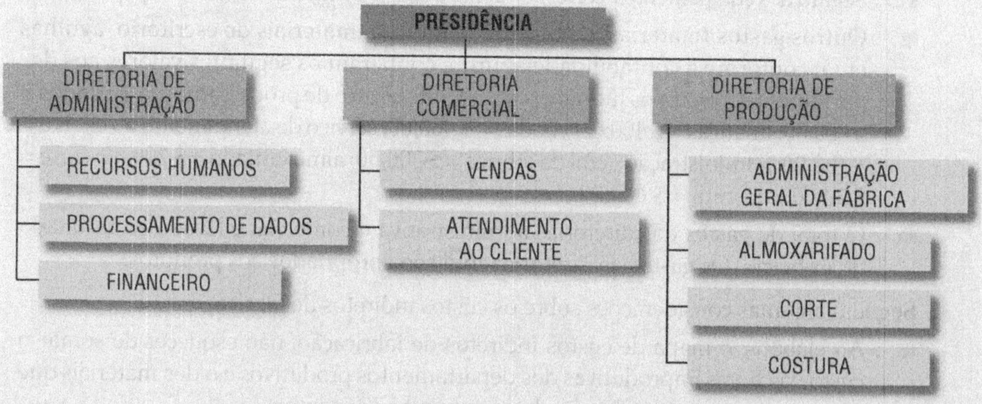

- Características dos departamentos:

| | DIVISÃO DE ADMINISTRAÇÃO | | | DIVISÃO DE VENDAS | | DIVISÃO DE FÁBRICA | | | |
|---|---|---|---|---|---|---|---|---|---|
| | RH | CPD | FIN. | VEND. | SAC. | A.G.FAB. | ALM. | CORT. | COST. |
| Área (m²) | 50 | 50 | 80 | 80 | 30 | 80 | 60 | 100 | 120 |
| Pot. instalada (kW) | 400 | 800 | 400 | 300 | 200 | 500 | 300 | 1.100 | 2.000 |
| Custo dos equipamentos ($) | 15.000 | 40.000 | 30.000 | 20.000 | 5.000 | 15.000 | 10.000 | 30.000 | 50.000 |
| Nº de funcionários | 4 | 4 | 3 | 4 | 2 | 3 | 2 | 3 | 7 |
| Nº de requisições | | | | | | | | 40 | 360 |

- No mês de janeiro/X8 foram fabricadas 5.000 camisas e 8.000 calças, das quais foram vendidas 4.600 camisas e 6.000 calças.

Os gastos incorridos no mês foram:

- Aluguel: $ 5.200,00 (rateado aos departamentos conforme a área ocupada).
- Energia elétrica: $ 6.000,00 (rateada aos departamentos conforme a potência instalada).
- Telefone: linha instalada no departamento de recursos humanos = $ 100,00; linha instalada em finanças = $ 200,00; linha instalada em vendas = $ 500,00; linha instalada no serviço de atendimento ao cliente = $ 400,00; linha instalada na administração geral da fábrica = $ 120,00.
- Salários (exceto da mão de obra direta): conforme a folha de pagamento, os salários dos mensalistas foram: recursos humanos = $ 3.200,00; centro de processamento de dados = $ 4.000,00; finanças = $ 2.800,00; vendas = $ 3.000,00; serviço de atendimento ao cliente = $ 1.000,00; administração geral da fábrica = $ 2.500,00; almoxarifado = $ 800,00; corte = $ 1.000,00; costura = $ 1.000,00.
- Encargos sociais e trabalhistas dos mensalistas: correspondentes a 90% dos salários.
- Depreciação: é efetuada conforme a vida útil dos equipamentos. Os equipamentos dos departamentos produtivos têm vida útil estimada de cinco anos, e os demais, de dez anos.
- Seguro dos equipamentos: correspondente a 0,25% ao mês do custo dos equipamentos.
- Outros gastos (materiais de higiene e limpeza, materiais de escritório, agulhas etc.): conforme a contabilidade apurou, couberam os seguintes valores aos departamentos: recursos humanos = $ 300,00; centro de processamento de dados = $ 600,00; finanças = $ 400,00; vendas = $ 400,00; serviço de atendimento ao cliente = $ 100,00; administração geral da fábrica = $ 300,00; almoxarifado = $ 200,00; corte = $ 500,00; costura = $ 600,00.
- O total de gastos das diretorias administrativa e comercial é levado ao resultado do exercício. Os gastos da diretoria fabril são apropriados aos produtos.

Seguem algumas considerações sobre os custos indiretos de fabricação:

- Ao elaborar o mapa de custos indiretos de fabricação, não esquecer de somar o custo das horas improdutivas dos departamentos produtivos e o dos materiais que não permitem a quantificação do consumo nos produtos.

- Os departamentos auxiliares são rateados aos departamentos produtivos da seguinte maneira: administração geral da fábrica = conforme o número de funcionários dos demais departamentos; almoxarifado = conforme o número de requisições atendidas.
- Os departamentos produtivos são rateados assim: corte, conforme quantidade de tecidos cortados; costura, conforme horas produtivas de mão de obra direta.

Seguem algumas considerações sobre a matéria-prima:

- Cada camisa consome 1,4 m de tecido, e cada calça, 1,2 m.
- Nesse mês foram adquiridos:
  - **a)** 8.500 metros de tecidos para camisa, pelos quais se pagou ao fornecedor $ 6,00 o metro.
  - **b)** 12.500 metros de tecido para calça, pelos quais se pagou ao fornecedor $ 5,00 o metro.
- Além dos tecidos, foram consumidos:
  - **a)** 700 carretéis de linhas (a mesma linha é usada para costurar camisas e calças). Cada carretel foi adquirido por $ 0,40.
  - **b)** uma etiqueta por calça e uma etiqueta por camisa, adquiridas ao custo de $ 0,03 cada.
  - **c)** 8 botões por camisa, ao custo de $ 0,02 cada, e 3 botões por calça, ao custo de $ 0,03 cada.
  - **d)** 1 zíper por calça, ao custo de $ 0,13 cada.
- Considere que somente nos tecidos há incidência de 18% de ICMS, que é recuperável.

Seguem algumas considerações sobre a mão de obra direta:

- Salários dos horistas: no departamento de corte há dois funcionários que recebem $ 6,00 por hora, e no departamento de costura há 6 funcionários com salários de $ 5,00 por hora.
- Os encargos sociais e trabalhistas dos horistas correspondem a 113% dos salários.
- Cada camisa consome 0,025 h de mão de obra direta de corte e 0,08 h de costura. Cada calça consome 0,02 h de mão de obra direta de corte e 0,06 h de costura.
- Nesse mês, de 31 dias, houve um feriado, que caiu em uma quarta-feira, cinco sábados e cinco domingos. A jornada de trabalho é de 40 horas semanais, não se trabalhando aos sábados.
- Houve uma falta abonada no departamento de corte e três faltas abonadas no departamento de costura.

Pede-se:

**a)** Determine o custo das camisas e calças. Para isso, elabore um mapa de custos de produção.

**b)** Determine o lucro operacional de janeiro, considerando os seguintes preços de venda unitários: camisas = $ 20,15 e calças = $ 15,80. Nesses preços está incluído 18% de ICMS.

## Exercícios adicionais

1. Com o emprego do custeio por absorção, todos os custos incorridos em um período, quer sejam fixos, quer sejam variáveis, são apropriados aos produtos fabricados. Tal procedimento é aderente aos princípios contábeis, sendo utilizado pelas empresas para elaboração de seus demonstrativos contábeis. O custo unitário dos produtos fabricados tende a diminuir à medida que a produção aumenta em decorrência da absorção dos custos fixos. Comente sobre o uso desse método de custeio para fins de tomada de decisões, como fixar preço de vendas e oferecer descontos aos clientes.
2. O custo de aquisição de matéria-prima contempla todos os gastos com a compra deduzidos dos impostos passíveis de recuperação. Seria correto afirmar que é mais vantajoso para uma empresa adquirir do fornecedor A, na modalidade FOB, se seu preço de venda for inferior ao do fornecedor B, na modalidade CIF? Justifique.
3. Encargos correspondem aos gastos das empresas para com os funcionários além dos salários contratuais. Explique por que as faltas justificadas, por motivos legais ou aquelas que a empresa decida pagar, integram os encargos sociais e trabalhistas.
4. Cada empresa deve calcular o quanto representam seus encargos sociais e trabalhistas em relação ao montante pago de salário aos funcionários. Considere duas empresas instaladas no mesmo município, porém, em uma delas a jornada semanal de trabalho é menor que a outra. Podemos dizer que, mantidas todas as demais variáveis constantes, o percentual de encargos que essas duas empresas aplicam sobre os salários é o mesmo? Justifique.
5. Muitas empresas realizam investimentos importantes no processo de produção. Com isso, há um crescimento do montante de custos indiretos e uma redução do custo com a mão de obra direta. Em geral, os custos indiretos são rateados aos produtos com base nas horas da mão de obra direta. Esse rateio pode causar distorções no custo dos produtos?
6. Considere estas situações:
   **a)** Nem todos os custos indiretos ocorrem de forma homogênea durante o ano.
   **b)** Alguns custos indiretos podem ocorrer apenas uma vez por ano ou em alguns meses do ano, ao passo que outros se repetem todos os meses.
   **c)** O volume de produção é dependente da demanda e do número de dias úteis em cada um dos meses do ano, bem como pode sofrer influência do número de funcionários que se ausentam por férias ou outros motivos.

   Explique qual a vantagem de utilizar a taxa de aplicação de custos indiretos em cada uma dessas situações.
7. Explique se há diferenças ou similaridades nos fluxos de custos nas empresas que trabalham em produção seriada e produção sob encomenda.
8. A Cia. Sol Brilhante fabrica cera pastosa para pisos de madeira. Em sua fórmula utilizam-se as seguintes matérias-primas: parafina, cera de carnaúba, querosene e corante. São duas as etapas de fabricação: mistura e embalagem.

Na etapa de mistura, há evaporação dos seguintes itens:

parafina = 2%;

cera = 4%;

querosene = 5%;

corante = 1%.

Na etapa de embalagem, há perdas normais de 5% da pasta proveniente da mistura.

Em maio, foram adquiridos e consumidos na produção: 100 kg de parafina a $ 2,00 o quilo; 20 kg de cera de carnaúba a $ 5,00 o quilo; 600 litros de querosene a $ 1,50 o litro e, 10 litros de corante a $ 3,00 o litro.

O departamento de mistura transferiu 700 kg de pasta para o departamento de embalagem durante o mês. O peso da cera colocada em cada embalagem é 0,5 kg, e cada frasco de embalagem custa $ 0,20. O custo da mão de obra direta e os custos indiretos da mistura foram de $ 3.000,00 no mês e na embalagem, e de $ 2.000,00 no mês.

Pede-se:

**a)** Determine o custo total da matéria-prima consumida na produção.

**b)** Determine o custo de cada frasco de cera embalada.

**9.** Cada unidade acabada do produto Alfa pesa 2,8 kg, sendo 1,60 kg da matéria-prima A e 1,20 kg da matéria-prima B. Durante o processo de fabricação existe perda de 20% da matéria-prima A e 25% da matéria-prima B. O custo por quilo da matéria-prima A é de $ 276,00 e da matéria-prima B, $ 632,00. Calcule o custo da matéria-prima do produto Alfa.

**10.** A empresa V. Gomes estava com seu estoque da matéria prima X zerado no início de agosto. Durante esse mês, ela realizou as seguintes operações de aquisição:

Dia 5, 1.500 unidades ao custo de $ 11,00 cada;

Dia 12, 1.800 unidades ao custo de $ 12,00 cada;

Dia 19, 600 unidades ao custo de $ 13,00 cada.

Nesse mês, foram retiradas as seguintes quantidades do estoque:

Dia 9, 800 unidades;

Dia 16, 1.300 unidades;

Dia 23, 200 unidades.

Considerando o método PEPS, pede-se:

**a)** O custo de cada uma das requisições.

**b)** O saldo de estoque ao final do mês.

**11.** O departamento de montagem da Cia. Torino possui dois funcionários, um com salário de $ 10,00 por hora e outro com salário de $ 12,00 por hora. Em certo mês, de 25 dias úteis, o funcionário com salário de $ 12,00 por hora teve duas faltas que foram abonadas. A jornada diária de trabalho é de 7,33 horas. Os encargos sociais desta empresa correspondem a 130% dos salários. Determine o custo por hora da mão de obra deste departamento.

**12.** A empresa Vaga Lume fabrica móveis sob encomenda. No final de março, estavam em fabricação as seguintes ordens de serviço com os seguintes custos:

| Ordem de serviço | Custo da matéria-prima | Custo da mão de obra direta | Custos indiretos | Custo total |
|---|---|---|---|---|
| OS 281 | 8.000,00 | 10.000,00 | 6.000,00 | 24.000,00 |
| OS 282 | 5.000,00 | 7.000,00 | 4.000,00 | 16.000,00 |
| OS 283 | 12.000,00 | 15.000,00 | 10.000,00 | 37.000,00 |

Em abril iniciou-se a fabricação da OS 284. Os custos diretos deste mês apropriados às ordens de serviço foram:

| Ordem de serviço | Custo da matéria-prima | Custo da mão de obra direta |
|---|---|---|
| OS 281 | 2.000,00 | 1.500,00 |
| OS 282 | 4.000,00 | 1.800,00 |
| OS 283 | 6.000,00 | 2.500,00 |
| OS 284 | 3.000,00 | 1.400,00 |

Os custos indiretos de fabricação de abril totalizaram $ 12.000,00, os quais são rateados às ordens de serviço com base nos custos da mão de obra direta. Determine o custo acumulado em cada uma das ordens até o mês de abril.

**13.** A Cia. Abelhuda fabrica adoçante granulado e adoçante líquido. No mês de abril, a produção foi de 3.000 kg de adoçante granulado e 5.000 litros de adoçante líquido. Os custos desse mês foram:

| Custos diretos | Adoçante granulado | Adoçante líquido |
|---|---|---|
| Matéria-prima | $ 12.000,00 | $ 18.000,00 |
| Mão de obra direta | $ 6.000,00 | $ 8.000,00 |

Custos indiretos:

Mão de obra indireta: $ 4.000,00

Depreciação: $ 3.800,00

Seguro: $ 1.500,00

Energia elétrica: $ 2.500,00

Os custos indiretos são apropriados aos produtos conforme o tempo de fabricação. São necessários 8 minutos para produzir 1 kg de adoçante granulados e 6 minutos para produzir 1 litro de adoçante líquido.

Determine o custo total e unitário de cada adoçante.

**14.** A Cia.Verona fabrica os produtos X,Y e Z. No mês de setembro, apresentou os seguintes dados:

Custos diretos (matéria-prima e mão de obra direta):

Produto X = $ 20.000,00;

Produto Y = $ 15.000,00;

Produto Z = $ 18.000,00.

Custos indiretos: $ 40.000,00, sendo $ 12.000,00 do Departamento de Corte; $ 20.000,00 do Departamento de Montagem; e $ 8.000,00 do Departamento de Pintura. Estes custos são rateados aos produtos conforme as horas apontadas.

| Horas Apontadas | | | | |
|---|---|---|---|---|
| **Produto** | **Corte** | **Montagem** | **Pintura** | **TOTAL** |
| X | 120,00 | 80,00 | 40,00 | 240,00 |
| Y | 80,00 | 0,00 | 0,00 | 80,00 |
| Z | 0,00 | 90,00 | 160,00 | 250,00 |
| TOTAL | 200,00 | 170,00 | 200,00 | 570,00 |

Calcule:

**a)** o custo de cada produto sem departamentalizar os custos indiretos.

**b)** o custo de cada produto com a departamentalização dos custos indiretos.

**15.** A Doçaria Mel produziu em maio 2.000 kg de bolo de chocolate e 1.200 kg de bolo de coco. Os departamentos da área de produção são: Administração Geral, Manutenção, Confeitaria e Embalagem.

Os custos diretos dessa produção foram:

| Bolo | Matéria-prima | Mão de obra direta | Material de embalagem |
|---|---|---|---|
| Chocolate | $ 4.000,00 | $ 5.000,00 | $ 700,00 |
| Coco | $ 3.000,00 | $ 2.500,00 | $ 500,00 |

Os custos indiretos deste mês foram:

- Aluguel: $ 2.500,00 (rateado aos departamentos com base na área ocupada).
- Materiais diversos: $ 1.800,00 (10% requisitado para a Administração Geral, 70% para a Confeitaria, 20% para a Embalagem).
- Energia elétrica: $ 2.000,00 (rateado aos departamentos com base na potência instalada).
- Depreciação: $ 1.200,00 (5% para a Administração Geral, 20% para a Manutenção, 50% para a Confeitaria, 25% para a Embalagem).
- Outros: $ 800,00 (rateado aos departamentos com base no número de funcionários).

Outros dados coletados no período:

| | Administração geral | Manutenção | Confeitaria | Embalagem |
|---|---|---|---|---|
| Área ($m^2$) | 40 | 30 | 100 | 60 |
| Potência instalada (kWh) | 120 | 80 | 300 | 250 |
| Número de funcionários | 2 | 2 | 6 | 4 |
| Horas de manutenção | – | – | 120 | 80 |

As horas de mão de obra foram

- Bolo de chocolate: Confeitaria = 550 horas; Embalagem 450 horas.
- Bolo de coco: Confeitaria = 350 horas; Embalagem = 150 horas.

A Administração Geral é rateada aos demais departamentos com base no número de funcionários. A Manutenção é rateada com base no número de horas apontadas. Os custos indiretos da Confeitaria e da Embalagem são rateados conforme as horas de mão de obra.

Calcule:

**a)** o custo de cada produto sem departamentalizar os custos indiretos.

**b)** o custo de cada produto com a departamentalização dos custos indiretos.

**16.** A Cia. Amazonas fabrica dois produtos, Azul e Vermelho. Os custos diretos referentes a esses produtos em maio foram:

- Azul = $ 20.000,00.
- Vermelho = $ 30.000,00.

Os custos indiretos deste mês foram:

- Aluguel = $ 10.000,00.
- Energia elétrica = $ 5.000,00.
- Outros custos indiretos = $ 20.000,00.

Em relação aos custos indiretos, as seguintes informações estão disponíveis:

- O aluguel é distribuído aos departamentos conforme a área ocupada.
- A empresa possui medidores de consumo de energia elétrica por departamento.
- Os outros custos indiretos são rateados aos departamentos com base no número de funcionários.
- O Almoxarifado e a Montagem recebem, cada um, 20% dos custos da Gerência da produção, e os 60% restantes dos custos da Gerência da produção são apropriados ao Acabamento.
- Os custos do Almoxarifado são rateados com base no número de requisições atendidas no mês (Montagem = 120 requisições; Acabamento = 80 requisições).
- Os departamentos produtivos são rateados aos produtos com base nas horas de produção (horas de mão de obra).

Os dados relativos à produção são:

| Produtos | Quantidade produzida | Horas de mão de obra na montagem (por unidade) | Horas de mão de obra no acabamento (por unidade) |
|---|---|---|---|
| Azul | 1.200 | 0,50 | 0,20 |
| Vermelho | 1.800 | 0,70 | 0,40 |

Demais dados para rateio:

| Departamento | Área ($m^2$) | kWh | Número de funcionários |
|---|---|---|---|
| Gerência da Produção | 200 | 100 | 4 |
| Almoxarifado | 100 | 400 | 2 |
| Montagem | 300 | 5.500 | 10 |
| Acabamento | 400 | 4.000 | 9 |

Calcule:

**a)** o custo de cada produto sem departamentalizar os custos indiretos.

**b)** o custo de cada produto com a departamentalização dos custos indiretos.

**17.** A empresa S. Adélia Ltda. apresentou os seguintes custos indiretos no mês de outubro:

Depreciação dos equipamentos: $ 30.000,00.

Energia elétrica: $ 45.000,00.

Mão de obra indireta: $ 60.000,00.

Outros custos: $ 15.000,00.

- Conforme dados da contabilidade, 10% da depreciação pertence à Gerência da Produção, 25% ao Departamento de Corte, 35% ao Departamento de Montagem e 30% ao Departamento de Pintura.
- Conforme a folha de pagamentos, 40% da mão de obra indireta pertence à Gerência da Produção, 25% ao Departamento de Corte; 25% ao Departamento de Montagem e 10% ao Departamento de Pintura.
- A energia elétrica é rateada aos departamentos conforme potência instalada: Gerência da Produção, 60 kWh; Corte, 250 kWh; Montagem, 320 kWh e Pintura, 140 kWh.
- Os outros custos são rateados com base no custo da mão de obra indireta.

O número de funcionários dos departamentos é: Gerência da Produção = 6; Corte = 14; Montagem = 20; Pintura = 5. O Departamento de Gerência da Produção é rateado com base no número de funcionários. Os departamentos de Corte, Montagem e Pintura são rateados aos produtos conforme as horas apontadas. No mês foram apontadas, por unidade:

| Produtos | Quantidade (unidades) | Departamento de Corte | Departamento de Montagem | Departamento de Pintura |
|---|---|---|---|---|
| A | 120 | 1,5 h | 3,0 h | – |
| B | 80 | – | 2,5 h | 2,5 h |
| C | 220 | 2,0 h | – | 3,5 h |
| D | 75 | 0,5 h | 3,5 h | – |

Os custos diretos referentes aos produtos foram: A = $ 20.000,00; B = $ 15.000,00; C = $ 30.000,00; D = $ 25.000,00.

Calcule:

**a)** o custo de cada produto sem departamentalizar os custos indiretos.

**b)** o custo de cada produto com a departamentalização dos custos indiretos.

capítulo 3

# Custeio variável

## OBJETIVO

O objetivo deste capítulo é descrever o método de custeio variável, por meio do qual se obtém a margem de contribuição, informação relevante para o processo decisório. Além disso, são discutidos:

- margem de contribuição e fatores limitantes;
- ponto de equilíbrio;
- margem de segurança operacional;
- alavancagem operacional.

## 3.1 Introdução

No Capítulo 2 abordamos a apuração de custos dos produtos empregando o método de custeio por absorção, por meio do qual os produtos absorvem os custos totais de um período de maneira direta ou indireta, independentemente de esses custos terem comportamento fixo ou variável em relação ao volume fabricado.

Neste capítulo veremos que muitas vezes, para fins gerenciais, os custos obtidos por meio do custeio por absorção não são eficientes para a tomada de decisão em virtude do tratamento dado aos custos fixos, ou seja, à sua absorção pela produção.

De acordo com o custeio variável, os custos fixos não são apropriados aos produtos e vários motivos contribuem para isso, entre eles o fato de os custos fixos serem custos correspondentes aos recursos necessários para manter a estrutura da produção e não custos decorrentes dos recursos consumidos pelos produtos em fabricação. Um exemplo simples que ilustra o que estamos dizendo é o aluguel das instalações da fábrica. Tanto fará se a empresa fabricar 100 ou 120 unidades do produto X: o custo do aluguel será o mesmo, pois não está relacionado à produção, e sim à manutenção da estrutura física na qual está localizado o ambiente de produção. Ainda que a empresa resolva diversificar sua linha de produtos e passe a fabricar Y e Z no mesmo local, essa situação não se altera.

Com os custos variáveis o processo é diferente, pois eles são decorrentes da produção. Assim, se a empresa fabricar 100 unidades do produto X, incorrerá no custo referente ao consumo de matérias-primas para essa quantidade; se fabricar mais unidades, incorrerá em mais custos. Se passar a fabricar Y e Z, outras matérias-primas, além das consumidas em X, poderão ser consumidas. Esse raciocínio é válido para os demais custos variáveis.

Por esse método de custeio, os produtos receberão somente os custos decorrentes da produção, isto é, os custos variáveis. Os custos fixos, por não serem absorvidos pela produção, são tratados como custos do período, indo diretamente para o resultado do exercício.

## 3.2 Alguns problemas relacionados aos custos fixos

A absorção dos custos fixos à produção pode dificultar o conhecimento dos custos dos produtos e, consequentemente, seu uso na tomada de decisões. Isso ocorre principalmente por causa da maneira como esses custos são apropriados aos produtos. Por serem classificados como indiretos, essa apropriação ocorre por rateio, cujas bases são sempre fonte de controvérsia por envolver aspectos subjetivos e arbitrários.

Vamos ilustrar, por meio de duas situações, como a inclusão dos custos fixos nos custos dos produtos dificulta o conhecimento destes.

### 1ª Situação: considerando que a demanda se modifica de um período para outro

Admitamos que uma empresa fabrique um produto que tenha demanda instável, oscilando entre 8 mil e 12 mil quilos mensais.

Custo fixo ............................................................................ $ 80.000,00/mês
Custo variável ...................................................................... $ 12,00/kg

Assim, para três volumes diferentes de produção, teríamos:

| Produção | Custo total | | | Custo unitário (por quilo) | | |
|---|---|---|---|---|---|---|
| | Fixo | Variável | Total | Fixo | Variável | Total |
| 8.000 kg | $ 80.000,00 | $ 96.000,00 | $ 176.000,00 | $ 10,00 | $ 12,00 | $ 22,00 |
| 10.000 kg | $ 80.000,00 | $ 120.000,00 | $ 200.000,00 | $ 8,00 | $ 12,00 | $ 20,00 |
| 12.000 kg | $ 80.000,00 | $ 144.000,00 | $ 224.000,00 | $ 6,67 | $ 12,00 | $ 18,67 |

Comparando os resultados obtidos nos três volumes de produção, podemos observar:

**a)** Custo total: somente a parcela variável se modificou, pois é consequência do volume fabricado, ao passo que o custo fixo permaneceu o mesmo.

**b)** Custo fixo unitário: modificou-se, pois é consequência da divisão de um valor fixo (parcela fixa do custo total) pelo volume produzido; quanto maior a produção, menor será o custo fixo unitário, e vice-versa.

**c)** Custo variável unitário: não se modificou, pois cada unidade fabricada recebeu o mesmo montante desse custo.

**d)** Custo total unitário: é a soma das parcelas de custo fixo e variável unitários; quanto maior a produção, menor o total unitário.

Para efeito de tomada de decisões pelo gestor — por exemplo, estabelecer o preço de venda de um produto, há um complicador relativo ao custo a ser utilizado. Para cada volume de produção, existe um custo diferente, em razão da inclusão dos custos fixos, que, como dissemos, podem ser entendidos como encargos necessários à operação de uma empresa, e não encargos gerados pela produção.

### 2ª Situação: Considerando que o mix de produção se altera de um período para outro

Admitimos que uma empresa fabrique dois produtos: Alfa e Beta. Em maio fabricou 200 unidades de Alfa e 300 unidades de Beta. Os custos fixos totalizam $ 30.000 e são rateados com base no tempo de fabricação. Os custos variáveis foram calculados em $ 80,00 para o produto Alfa e $ 50,00 para o produto Beta.

| Produtos | Quantidade | Tempo de fabricação | | Custos | | | |
|---|---|---|---|---|---|---|---|
| | | Unitário (h) | Total | Fixos | Variáveis | Total | Unitário |
| Alfa | 200 | 0,5 | 100 | 7.500 | 16.000 | 23.500 | 117,50 |
| Beta | 300 | 1,0 | 300 | 22.500 | 15.000 | 37.500 | 125,00 |
| TOTAL | | | 400 | 30.000 | 31.000 | 61.000 | |

Consideremos que a demanda pelo produto Beta aumente para 360 unidades e a empresa decida atendê-la, uma vez que tem capacidade instalada para isso. A produção de Alfa permanece em 200 unidades. Assim, teríamos os seguintes custos:

| Produtos | Quantidade | Tempo de fabricação | | Custos | | | |
|---|---|---|---|---|---|---|---|
| | | Unitário (h) | Total | Fixos | Variáveis | Total | Unitário |
| Alfa | 200 | 0,5 | 100 | 6.522 | 16.000 | 22.522 | 112,61 |
| Beta | 360 | 1,0 | 360 | 23.478 | 18.000 | 41.478 | 115,22 |
| TOTAL | | | 460 | 30.000 | 34.000 | 64.000 | |

Observe que a decisão de aumentar a produção de Beta reduziu seu custo unitário de $ 125,00 para $ 115,22. Essa decisão afetou o custo unitário de Alfa, que passou de $ 117,50 para $ 112,61. Neste caso, a decisão de alterar a quantidade do produto Beta provocou mudanças não só em seu custo, mas também no custo do produto Alfa.

Para fins de avaliação de estoques, a absorção dos custos fixos pela produção, como nas duas situações apresentadas, obedece aos princípios de contabilidade. Porém, para a tomada de decisões, a inclusão desses custos no custo dos produtos pode prejudicar a informação. Basta uma mudança no volume de produção para modificar os custos dos produtos, o que pode torná-los mais ou menos lucrativos. Além disso, as contas que compõem o grupo de custos fixos são classificadas como custos indiretos e, portanto, rateadas aos produtos. O rateio, por ser arbitrário, pode afetar o custo de maneira indevida.

## 3.3 Separação dos custos semivariáveis em parcelas de custos fixos e variáveis

Para utilizar o custeio variável, discriminam-se os custos de uma empresa em fixos e variáveis, pois recebem tratamentos diferentes. No entanto, essa tarefa nem sempre é fácil, pois algumas contas apresentam parcelas de ambos os custos. São os *custos semivariáveis*.

Vamos considerar o seguinte exemplo de custo semivariável e sua separação nas parcelas fixa e variável.

Em uma empresa há um forno de tratamento térmico que utiliza óleo combustível. Mesmo com a fábrica parada, ele precisa ser mantido a uma temperatura constante — para que certos componentes não se danifiquem — e, desse modo, consome óleo. Quando a produção tem início, o consumo de óleo aumenta ou diminui, conforme o volume de produção. Para identificar a parcela do custo fixo e a do custo variável desse elemento de custo, precisamos recorrer a modelos estatísticos ou fazer projeções com base em dados históricos.

Embora existam alguns métodos que permitam fazer a separação dos custos, neste livro abordaremos apenas um, denominado *método dos pontos máximos e mínimos* ou *pontos altos e baixos*. Esse método é bastante simples: consiste em observar o comportamento tanto da produção de determinado período de tempo como dos custos semivariáveis correspondentes. Assim, como a parcela dos custos fixos é constante, a diferença de custo de um período para outro será o custo variável da diferença da quantidade.

Tomando-se um período de tempo, identificamos os extremos de custos e produção, ou seja, os mais altos e os mais baixos, que corresponderão, respectivamente, aos pontos máximos e mínimos. Então, calcula-se a diferença dos custos e a diferença da produção. A diferença do custo é o custo variável da diferença de produção. Dividindo-se a diferença dos custos pela diferença da produção, obtém-se a taxa do custo variável unitário. Para determinar o custo variável, multiplica-se a taxa encontrada pela produção de cada mês. A diferença para o custo total corresponde à parcela de custo fixo.

Retomando o exemplo do forno de tratamento térmico, vamos supor que a produção e os custos do óleo combustível no segundo semestre de 20X8 tenham sido os seguintes:

| Meses | Produção | Custo | |
|---|---|---|---|
| Julho | 120.000 kg | $ 250.000,00 | |
| Agosto | 130.000 kg | $ 262.500,00 | |
| Setembro | 110.000 kg | $ 237.500,00 | |
| Outubro | 150.000 kg | $ 287.500,00 | ⇒ pontos máximos |
| Novembro | 140.000 kg | $ 275.000,00 | |
| Dezembro | 100.000 kg | $ 225.000,00 | ⇒ pontos mínimos |

Nesse período, a produção e o custo do mês de outubro corresponderão aos pontos máximos, e os do mês de dezembro, aos pontos mínimos.

| Meses | Produção | Custo |
|---|---|---|
| Outubro | 150.000 kg | $ 287.500,00 |
| Dezembro | 100.000 kg | $ 225.000,00 |
| Variação | 50.000 kg | $ 62.500,00 |

A diferença de custos, de $ 62.500,00, corresponde à diferença de 50.000 kg de produção. Esse valor é o custo variável. Portanto, o custo variável unitário será de:

$$\frac{\$\ 62.500,00}{50.000\ \text{kg}} = \$\ 1,25\,/\,\text{kg}$$

Multiplicando-se esse custo variável unitário pela produção, em quilos, de qualquer mês desse semestre, obtém-se o custo variável. A diferença para o custo total será a parcela do custo fixo.

## 3.4 O que é o custeio variável?

É o método de custeio que consiste em apropriar aos produtos somente os custos variáveis, sejam diretos ou indiretos. A diferença entre esse método e o custeio por absorção reside no tratamento dado aos custos fixos.

Enquanto no custeio por absorção os custos fixos são rateados aos produtos, no custeio variável eles são tratados como custos do período, indo diretamente para o resultado do exercício. O modo de apropriação dos custos variáveis de matéria-prima, mão de obra direta e custos indiretos variáveis obedece aos critérios descritos no Capítulo 2.

O custeio por absorção é estruturado para atender às disposições legais quanto à apuração de resultados e à avaliação patrimonial, ao passo que o custeio variável é estruturado para atender à administração da empresa. Pelo método de custeio variável, obtém-se a margem de contribuição de cada produto, linha de produtos, clientes etc., o que possibilita aos gestores utilizá-la como ferramenta auxiliar no processo decisório, que inclui ações como:

- identificar os produtos que mais contribuem para a lucratividade da empresa;
- determinar os produtos que podem ter suas vendas incentivadas ou reduzidas e aqueles que podem ser excluídos da linha de produção;
- identificar os produtos que proporcionam maior rentabilidade quando existem fatores que limitam a produção (gargalos), permitindo o uso mais racional desses fatores;
- definir o preço dos produtos em condições especiais, por exemplo, para ocupar eventual capacidade ociosa;
- decidir entre comprar e fabricar;
- determinar o nível mínimo de atividades para que o negócio passe a ser rentável;
- definir, em uma negociação com o cliente, o limite de desconto permitido.

## 3.5 Margem de contribuição

Os produtos, ao serem fabricados, geram custos variáveis. Depois, ao serem comercializados, geram certas despesas, também variáveis, como comissões, fretes, seguros etc. Assim, há custos e despesas que ocorrem em virtude da produção e da venda: são os custos e as despesas variáveis.

Enquanto no custeio por absorção podemos falar em lucro por produto, ou seja, da obtenção de lucro após a dedução dos custos de produção do preço de venda, no custeio variável isso não ocorre. Nele, os produtos geram uma margem denominada *margem de contribuição*.

A margem de contribuição é o montante que resta do preço de venda de um produto depois da dedução de seus custos e despesas variáveis. Representa a parcela excedente dos custos e das despesas gerados pelos produtos. Caso o preço de venda de um produto seja inferior a seus custos e despesas variáveis, temos uma situação de margem de contribuição negativa, que deve ser revista ou, por condições comerciais, suportada, ou, mesmo por razões estratégicas, a empresa poderá manter produtos com essa situação. A empresa só começa a ter lucro quando a margem de contribuição dos produtos vendidos supera os custos e as despesas fixos do exercício. Assim, essa margem pode ser entendida como a contribuição dos produtos à cobertura dos custos e despesas fixos e ao lucro.

A margem de contribuição resulta do seguinte cálculo:

$$MC = PV - (CV + DV)$$

onde:

MC = margem de contribuição

PV = preço de venda

CV = custos variáveis

DV = despesas variáveis

Vejamos um exemplo: uma empresa fabrica os produtos X, Y e Z. Em outubro de 20X2 esses produtos foram fabricados e vendidos com os preços e custos da tabela a seguir:

| Produtos | Quantidade | Preços de venda unitários | Custos variáveis unitários |
|---|---|---|---|
| X | 1.000 u | $ 238,00 | $ 183,00 |
| Y | 800 u | $ 404,00 | $ 367,00 |
| Z | 1.500 u | $ 382,00 | $ 350,00 |

As despesas variáveis de vendas (comissões) representam 5% do preço. Os custos e despesas fixos totalizam $ 55.000,00 no mês.

O resultado dessa empresa seria obtido da seguinte maneira:

1. Cálculo da margem de contribuição de cada produto:

| Produtos | Preços de venda unitários | Custos variáveis unitários | Despesas variáveis (de vendas) unitárias | Custos (+) despesas variáveis unitários | Margens de contribuição unitárias |
|---|---|---|---|---|---|
| | a | b | c = a × 5% | d = b + c | e = a – d |
| X | $ 238,00 | $ 183,00 | $ 11,90 | $ 194,90 | $ 43,10 |
| Y | $ 404,00 | $ 367,00 | $ 20,20 | $ 387,20 | $ 16,80 |
| Z | $ 382,00 | $ 350,00 | $ 19,10 | $ 369,10 | $ 12,90 |

2. Cálculo da margem de contribuição total:

| Produtos | Quantidade vendida | Margens de contribuição unitárias | Margem de contribuição total |
|---|---|---|---|
| X | 1.000 u | $ 43,10 | $ 43.100,00 |
| Y | 800 u | $ 16,80 | $ 13.440,00 |
| Z | 1.500 u | $ 12,90 | $ 19.350,00 |
| **Total** | | | $ 75.890,00 |

3. Cálculo do resultado:

| | |
|---|---|
| Margem de contribuição total | $ 75.890,00 |
| (–) Custos e despesas fixos | $ 55.000,00 |
| (=) Lucro operacional | $ 20.890,00 |

Outra maneira de demonstrar o resultado seria:

| | | Produto X | Produto Y | Produto Z | Total |
|---|---|---|---|---|---|
| 1 | Quantidade vendida | 1.000 u | 800 u | 1.500 u | |
| 2 | Preços de venda unitários | $ 238,00 | $ 404,00 | $ 382,00 | |
| 3 | Receita de vendas (1 × 2) | $ 238.000,00 | $ 323.200,00 | $ 573.000,00 | $ 1.134.200,00 |
| 4 | Custos variáveis unitários | $ 183,00 | $ 367,00 | $ 350,00 | |
| 5 | Custo variável total (1 × 4) | $ 183.000,00 | $ 293.600,00 | $ 525.000,00 | $ 1.001.600,00 |
| 6 | Despesas variáveis (3 × 5%) | $ 11.900,00 | $ 16.160,00 | $ 28.650,00 | $ 56.710,00 |
| 7 | Total variável (5 + 6) | $ 194.900,00 | $ 309.760,00 | $ 553.650,00 | $ 1.058.310,00 |
| 8 | Margem de contribuição (3 – 7) | $ 43.100,00 | $ 13.440,00 | $ 19.350,00 | $ 75.890,00 |
| 9 | Custos e despesas fixos | | | | $ 55.000,00 |
| 10 | Lucro operacional (8 – 9) | | | | $ 20.890,00 |

### 3.5.1 Margem de contribuição, custos fixos identificados e despesas fixas identificadas

Em algumas situações, um produto, uma linha de produtos, um segmento da empresa etc. podem exigir custos fixos próprios para produção ou despesas fixas próprias para comercialização. São os custos fixos identificados e as despesas fixas identificadas. Vamos supor, por exemplo, que a fabricação de determinado produto demande uma máquina específica. Nesse caso, a depreciação dessa máquina deve ser identificada apenas com esse produto.

Nessas circunstâncias, tanto os custos como as despesas fixas devem ser deduzidos com os custos e despesas variáveis das receitas do produto, da linha de produto etc., que suportam tais custos e despesas, para obtenção de sua rentabilidade. Desse modo, haveria diferentes níveis de margem de contribuição, como apresentado na tabela a seguir:

| Produtos | A | B | C | D | E | Total |
|---|---|---|---|---|---|---|
| Receita de vendas | X,XX | X,XX | X,XX | X,XX | X,XX | X,XX |
| (–) Custos variáveis dos produtos vendidos | X,XX | X,XX | X,XX | X,XX | X,XX | X,XX |
| (–) Despesas variáveis de vendas | X,XX | X,XX | X,XX | X,XX | X,XX | X,XX |
| **(=) Margem de contribuição dos produtos** | X,XX | X,XX | X,XX | X,XX | X,XX | X,XX |
| **AGRUPAMENTO DE MARGENS DE CONTRIBUIÇÃO** | X,XX | | X,XX | | | X,XX |
| (–) Custos fixos identificados | X,XX | | X,XX | | | X,XX |
| (–) Despesas fixas identificadas | X,XX | | X,XX | | | X,XX |
| **(=) Margem de contribuição das linhas de produtos** | X,XX | | X,XX | | | X,XX |
| (–) Custos fixos não identificados | | | | | | X,XX |
| (–) Despesas fixas não identificadas | | | | | | X,XX |
| **(=) Lucro** | | | | | | X,XX |

## 3.6 Margem de contribuição e fatores limitantes de produção

Uma empresa pode operar no limite de sua capacidade instalada ou abaixo dela, bem como trabalhar com outros fatores que limitem sua produção, chamados de *gargalos*, como quotas de aquisição de matéria-prima impostas pelo fornecedor, baixos níveis temporários de estoque de determinada matéria-prima e horas de trabalho reduzidas em virtude da quebra de equipamento. Em cada caso, deve-se conhecer a margem de contribuição pelo fator que representa o gargalo da produção, objetivando otimizar o recurso escasso e, assim, maximizar o resultado da empresa.

### 3.6.1 Quando a empresa opera abaixo do limite da capacidade instalada ou não existem fatores limitantes da produção

Sempre que possível, a empresa buscará incentivar as vendas dos produtos que proporcionarem as melhores margens de contribuição, pois, assim, absorverá mais rapidamente os custos e despesas fixos e, consequentemente, passará a gerar lucro. Vejamos como isso ocorre, retomando o exemplo anterior.

| Produtos | Preços de venda unitários | Custos + despesas variáveis unitários | Margens de contribuição unitárias |
|---|---|---|---|
| X | $ 238,00 | $ 194,90 | $ 43,10 |
| Y | $ 404,00 | $ 387,20 | $ 16,80 |
| Z | $ 382,00 | $ 369,10 | $ 12,90 |

Na sequência, os produtos que proporcionam as melhores margens de contribuição são:

- 1º lugar: produto X.
- 2º lugar: produto Y.
- 3º lugar: produto Z.

Cada unidade de X proporciona $ 43,10 de margem de contribuição, ao passo que Y proporciona $ 16,80. Nesse caso, seriam necessárias mais de 2 unidades de Y para obter a mesma margem de contribuição de uma unidade de X. Se comparado com Z, seriam necessárias mais de 3 unidades.

Não havendo fatores que limitem a produção ou as vendas, a sequência anterior costuma ser obedecida para otimizar o resultado da empresa.

### 3.6.2 Quando a empresa opera no limite da capacidade instalada ou existem fatores limitantes da produção

Como dissemos, quando não existirem fatores limitantes da produção, a empresa buscará fabricar e vender os produtos que proporcionarem as melhores margens de contribuição. No entanto, se houver fatores que limitem a produção (os gargalos de produção, como a disponibilidade de horas de cada um dos equipamentos e de mão de obra, e a disponibilidade de matéria-prima), haverá necessidade de fazer um estudo da margem de contribuição pelo fator limitante para a tomada de decisão correta.

Vamos admitir que os produtos X, Y e Z do exercício anterior utilizem a mesma matéria-prima e que, por imposição do fornecedor, sejam entregues apenas 90 toneladas mensais. Supondo que o mercado esteja disposto a consumir as quantidades da tabela a seguir, serão necessárias 95,8 toneladas dessa matéria-prima.

| Produtos | Demanda mensal | Consumo de matéria-prima | Quantidade de matéria-prima necessária |
|---|---|---|---|
| X | 1.300 u | 50 kg/u | 65 t |
| Y | 900 u | 12 kg/u | 10,8 t |
| Z | 2.000 u | 10 kg/u | 20 t |
| **Total** | | | **95,8 t** |

Caso a empresa venha a tomar decisões com base nas margens de contribuição dos produtos, como vimos na Seção 3.6.1, buscará priorizar a produção e a venda dos produtos que apresentem as margens mais elevadas. Assim, limitados à demanda e ao fornecimento mensal de 90 toneladas de matéria-prima, seu mix de produtos seria:

| Produtos | Produção e vendas | Pesos unitários | Quantidade de matéria-prima |
|---|---|---|---|
| X | 1.300 u | 50 kg | 65 t |
| Y | 900 u | 12 kg | 10,8 t |
| Z | 1.420 u | 10 kg | 14,2 t |
| **Total** | | | **90 t** |

Observação: o mix de produção e vendas foi obtido da seguinte maneira: prioridade ao produto X, por possuir a maior margem de contribuição. Como sua demanda é de 1.300 u mensais, consumiria 65 t de matéria-prima. Ainda há um saldo de 25 t de matéria-prima, que permite fabricar Y ou Z. Como Y tem melhor margem de contribuição que Z, procura-se atender à sua demanda, exigindo 10,8 t de matéria-prima. Para o produto Z, sobram 14,2 t de matéria-prima, que permitem uma produção de 1.420 unidades.

Com esse mix, o resultado alcançado seria:

| | | Produto X | Produto Y | Produto Z | Total |
|---|---|---|---|---|---|
| 1 | Quantidade vendida | 1.300 u | 900 u | 1.420 u | |
| 2 | Preços de venda unitários | $ 238,00 | $ 404,00 | $ 382,00 | |
| 3 | Receita de vendas (1 × 2) | $ 309.400,00 | $ 363.600,00 | $ 542.440,00 | $ 1.215.440,00 |
| 4 | Custos variáveis unitários | $ 183,00 | $ 367,00 | $ 350,00 | |
| 5 | Custo variável total (1 × 4) | $ 237.900,00 | $ 330.300,00 | $ 497.000,00 | $ 1.065.200,00 |
| 6 | Despesas variáveis (3 × 5%) | $ 15.470,00 | $ 18.180,00 | $ 27.122,00 | $ 60.772,00 |
| 7 | Total variável (5 + 6) | $ 253.370,00 | $ 348.480,00 | $ 524.122,00 | $ 1.125.972,00 |
| 8 | Margem de contribuição (3 – 7) | $ 56.030,00 | $ 15.120,00 | $ 18.318,00 | $ 89.468,00 |
| 9 | Custos e despesas fixos | | | | $ 55.000,00 |
| 10 | Lucro operacional (8 – 9) | | | | $ 34.468,00 |

Esse lucro operacional de $ 34.468,00 foi obtido a partir do mix de produtos calculado com base em suas margens de contribuição. No entanto, esse desempenho poderia ser melhorado se fosse considerada a margem de contribuição calculada pelo fator limitante — nesse caso, a quantidade de matéria-prima —, respeitando a quantidade demandada de cada produto.

Veja a seguir o cálculo da margem de contribuição por quilo de matéria-prima:

| Produtos | Margens de contribuição unitárias | Consumo de matéria-prima por unidade fabricada | Margens de contribuição por quilo de matéria-prima consumida |
|---|---|---|---|
| X | $ 43,10 | 50 kg | $ 0,862/kg |
| Y | $ 16,80 | 12 kg | $ 1,40/kg |
| Z | $ 12,90 | 10 kg | $ 1,29/kg |

Sem considerar a existência de fator limitante, o produto X é o que proporciona a melhor margem de contribuição. No entanto, como há restrições no fornecimento de matéria-prima, para otimizar o uso desse recurso e, assim, maximizar o resultado, a empresa deve buscar um mix de produtos a partir da margem de contribuição calculada pelo fator limitante.

Assim, cada quilo de matéria-prima utilizada proporciona as seguintes margens de contribuição:

- em X: $ 0,862;
- em Y: $ 1,40;
- em Z: $ 1,29.

Observa-se uma alteração na ordem dos produtos mais rentáveis. Respeitando o limite imposto pela quantidade de matéria-prima disponibilizada para a produção, o produto Y proporciona a melhor margem de contribuição, seguido dos produtos Z e X.

Vamos fazer uma comparação. Se a empresa deixasse de fabricar uma unidade de X, que consome 50 kg de matéria-prima, seria possível fabricar 4,167 unidades de Y ou 5 unidades de Z. Assim, com a mesma quantidade de matéria-prima, seriam obtidas as seguintes margens de contribuição:

- Produto X: 50 kg × $ 0,862/kg = $ 43,10 (ou 1 u × $ 43,10 = $ 43,10).
- Produto Y: 50 kg × $ 1,40/kg = $ 70,00 (ou 4,167 u × $ 16,80 = $ 70,00).
- Produto Z: 50 kg × $ 1,29/kg = $ 64,50 (ou 5 u × $ 12,90 = $ 64,50).

Isso demonstra que, com a mesma quantidade de matéria-prima (50 kg), pode-se obter uma margem de contribuição de $ 43,10, se aplicada em X; $ 70,00, se aplicada em Y; ou $ 64,50, se aplicada em Z. Dessa maneira, com as 90 toneladas de matéria-prima, respeitando a demanda, poderia ser obtido o seguinte mix de produção e vendas, que maximizaria o resultado da empresa:

| Produtos | Produção e vendas | Pesos unitários | Quantidade de matéria-prima |
|---|---|---|---|
| X | 1.184 u | 50 kg | 59,2 t |
| Y | 900 u | 12 kg | 10,8 t |
| Z | 2.000 u | 10 kg | 20 t |
| Total | | | 90 t |

Com esse mix, o resultado alcançado seria:

| | | Produto X | Produto Y | Produto Z | Total |
|---|---|---|---|---|---|
| 1 | Quantidade vendida | 1.184 u | 900 u | 2.000 u | |
| 2 | Preços de venda unitários | $ 238,00 | $ 404,00 | $ 382,00 | |
| 3 | Receita de vendas (1 × 2) | $ 281.792,00 | $ 363.600,00 | $ 764.000,00 | $ 1.409.392,00 |
| 4 | Custos variáveis unitários | $ 183,00 | $ 367,00 | $ 350,00 | |
| 5 | Custo variável total (1 × 4) | $ 216.672,00 | $ 330.300,00 | $ 700.000,00 | $ 1.246.972,00 |
| 6 | Despesas variáveis (3 × 5%) | $ 14.089,60 | $ 18.180,00 | $ 38.200,00 | $ 70.469,60 |
| 7 | Total variável (5 + 6) | $ 230.761,60 | $ 348.480,00 | $ 738.200,00 | $ 1.317.441,60 |
| 8 | Margem de contribuição (3 – 7) | $ 51.030,40 | $ 15.120,00 | $ 25.800,00 | $ 91.950,40 |
| 9 | Custos e despesas fixos | | | | $ 55.000,00 |
| 10 | Lucro operacional (8 – 9) | | | | $ 36.950,40 |

Dessa maneira, o lucro operacional passa de $ 34.468,00 para $ 36.950,40 quando se considera a margem de contribuição pelo fator limitante — nesse caso, a disponibilidade de matéria-prima.

Observação: caso a empresa consiga obter quantidades adicionais de matéria-prima de modo que possa produzir quantidades suficientes de produtos para atender à demanda, o gargalo desloca-se para outro recurso da empresa, como a disponibilidade de horas de máquinas, por exemplo. Nesse caso, deve-se analisar a margem de contribuição pelo novo fator restritivo.

## 3.7 Comparação entre o método de custeio por absorção e o método de custeio variável

Tanto o método de custeio por absorção como o método de custeio variável utilizam os mesmos dados referentes à produção e aos custos. Eles se diferenciam apenas no tratamento dado aos custos fixos.

Como dissemos anteriormente, o custeio por absorção apropria os custos fixos aos produtos, ao passo que o custeio variável considera-os como sendo do período. Também deve ter ficado claro ao leitor que, além dos custos variáveis envolvidos na fabricação, os produtos, ao serem comercializados, geram despesas variáveis, como comissão, fretes e seguros.

Esses tratamentos dados aos custos fixos podem levar a resultados diferentes em um exercício social, como observado a seguir no exemplo comparativo entre os dois métodos de custeio.

Uma empresa que iniciou suas atividades em 1/1/20X2 teve a seguinte movimentação durante esse exercício:

| | |
|---|---|
| Compra de matérias-primas | $ 30.000,00 |
| Mão de obra direta | $ 10.000,00 |
| Custos indiretos de fabricação fixos | $ 30.000,00 |
| Custos indiretos de fabricação variáveis | $ 5.000,00 |
| Despesas administrativas e de vendas fixas | $ 19.000,00 |
| Despesas administrativas e de vendas variáveis | $ 6.000,00 |
| Receita de vendas | $ 120.000,00 |

Os estoques finais foram:

| | |
|---|---|
| Matérias-primas | $ 1.000,00 |
| Produção em andamento | $ 0,00 |
| Produtos acabados | $ 0,00 |

**1.** Movimento do estoque de matéria-prima:

**Custeio por absorção**

| | |
|---|---|
| Estoque inicial | $ 0,00 |
| Entradas | $ 30.000,00 |
| Consumo | $ 29.000,00 |
| Estoque final | $ 1.000,00 |

Estoque de matéria-prima

| | |
|---|---|
| $ 0,00 | |
| $ 30.000,00 | $ 29.000,00 |
| $ 1.000,00 | |

**Custeio variável**

| | |
|---|---|
| Estoque inicial | $ 0,00 |
| Entradas | $ 30.000,00 |
| Consumo | $ 29.000,00 |
| Estoque final | $ 1.000,00 |

Estoque de matéria-prima

| | |
|---|---|
| $ 0,00 | |
| $ 30.000,00 | $ 29.000,00 |
| $ 1.000,00 | |

**2.** Movimento da produção em andamento:

**Custeio por absorção**

| | |
|---|---|
| Matéria-prima | $ 29.000,00 |
| Mão de obra direta | $ 10.000,00 |
| CIFs fixos | $ 30.000,00 |
| CIFs variáveis | $ 5.000,00 |
| Total | $ 74.000,00 |

Produção em andamento

| | |
|---|---|
| $ 0,00 | |
| $ 74.000,00 | $ 74.000,00 |
| $ 0,00 | |

**Custeio variável**

| | |
|---|---|
| Matéria-prima | $ 29.000,00 |
| Mão de obra direta | $ 10.000,00 |
| CIFs variáveis | $ 5.000,00 |
| Total | $ 44.000,00 |

Produção em andamento

| | |
|---|---|
| $ 0,00 | |
| $ 44.000,00 | $ 44.000,00 |
| $ 0,00 | |

**3.** Movimento do estoque de produtos acabados:

**Custeio por absorção**

| | |
|---|---|
| Estoque inicial | $ 0,00 |
| Produção acabada | $ 74.000,00 |
| Custo dos produtos vendidos | $ 74.000,00 |
| Estoque final | $ 0,00 |

Estoque de produtos acabados

| | |
|---|---|
| $ 0,00 | |
| $ 74.000,00 | $ 74.000,00 |
| $ 0,00 | |

**Custeio variável**

| | |
|---|---|
| Estoque inicial | $ 0,00 |
| Produção acabada | $ 44.000,00 |
| Custo dos produtos vendidos | $ 44.000,00 |
| Estoque final | $ 0,00 |

Estoque de produtos acabados

| | |
|---|---|
| $ 0,00 | |
| $ 44.000,00 | $ 44.000,00 |
| $ 0,00 | |

**4.** Demonstrativos de resultados:

**Custeio por absorção**

| | | |
|---|---|---|
| Receita de vendas | | $ 120.000,00 |
| (–) Custo dos produtos vendidos | | |
| MP | $ 29.000,00 | |
| MOD | $ 10.000,00 | |
| CIFs fixos | $ 30.000,00 | |
| CIFs variáveis | $ 5.000,00 | $ 74.000,00 |
| (=) Lucro bruto | | $ 46.000,00 |
| (–) Despesas fixas | $ 19.000,00 | |
| (–) Despesas variáveis | $ 6.000,00 | $ 25.000,00 |
| (=) Lucro operacional | | $ 21.000,00 |

**Custeio variável**

| | | | |
|---|---|---|---|
| Receita de vendas | | | $ 120.000,00 |
| (–) Custos e despesas dos produtos vendidos | | | |
| MP | $ 29.000,00 | | |
| MOD | $ 10.000,00 | | |
| CIFs variáveis | $ 5.000,00 | $ 44.000,00 | |
| Despesas variáveis | | $ 6.000,00 | $ 50.000,00 |
| (=) Margem de contribuição | | | $ 70.000,00 |
| (–) Despesas fixas | | $ 19.000,00 | |
| (–) CIFs fixos | | $ 30.000,00 | $ 49.000,00 |
| (=) Lucro operacional | | | $ 21.000,00 |

Os resultados obtidos pelos dois métodos de custeio foram os mesmos, em virtude da inexistência de estoques iniciais ou finais de produtos acabados, bem como de produção em andamento. Observe, agora, como ficam os resultados quando existem estoques finais, na continuação desse exemplo.

No segundo ano ocorrem:

| | |
|---|---|
| Compras de matérias-primas | $ 28.000,00 |
| Mão de obra direta | $ 10.000,00 |
| Custos indiretos de fabricação fixos | $ 30.000,00 |
| Custos indiretos de fabricação variáveis | $ 5.000,00 |
| Despesas administrativas e de vendas fixas | $ 19.000,00 |
| Despesas administrativas e de vendas variáveis | $ 4.800,00 |
| Receita de vendas | $ 96.000,00 |

Os estoques finais foram:

| | |
|---|---|
| Matérias-primas | $ 0,00 |
| Produção em andamento | $ 0,00 |
| Produtos acabados | 20% da produção |

**1.** Movimento do estoque de matéria-prima:

**Custeio por absorção**

| | |
|---|---|
| Estoque inicial | $ 1.000,00 |
| Entradas | $ 28.000,00 |
| Consumo | $ 29.000,00 |
| Estoque final | $ 0,00 |

Estoque de matéria-prima

| | |
|---|---|
| $ 1.000,00 | |
| $ 28.000,00 | $ 29.000,00 |
| $ 0,00 | |

**Custeio variável**

| | |
|---|---|
| Estoque inicial | $ 1.000,00 |
| Entradas | $ 28.000,00 |
| Consumo | $ 29.000,00 |
| Estoque final | $ 0,00 |

Estoque de matéria-prima

| | |
|---|---|
| $ 1.000,00 | |
| $ 28.000,00 | $ 29.000,00 |
| $ 0,00 | |

**2.** Movimento da produção em andamento:

**Custeio por absorção**

| | |
|---|---|
| Matéria-prima | $ 29.000,00 |
| Mão de obra direta | $ 10.000,00 |
| CIFs fixos | $ 30.000,00 |
| CIFs variáveis | $ 5.000,00 |
| Total | $ 74.000,00 |

Produção em andamento

| | |
|---|---|
| $ 0,00 | |
| $ 74.000,00 | $ 74.000,00 |
| $ 0,00 | |

**Custeio variável**

| | |
|---|---|
| Matéria-prima | $ 29.000,00 |
| Mão de obra direta | $ 10.000,00 |
| CIFs variáveis | $ 5.000,00 |
| Total | $ 44.000,00 |

Produção em andamento

| | |
|---|---|
| $ 0,00 | |
| $ 44.000,00 | $ 44.000,00 |
| $ 0,00 | |

**3.** Movimento do estoque de produtos acabados:

**Custeio por absorção**

| | |
|---|---|
| Estoque inicial | $ 0,00 |
| Produção acabada | $ 74.000,00 |
| Custo dos produtos vendidos | $ 59.200,00 |
| Estoque final | $ 14.800,00 |

Estoque de produtos acabados

| | |
|---|---|
| $ 0,00 | |
| $ 74.000,00 | $ 59.200,00 |
| $ 14.800,00 | |

**Custeio variável**

| | |
|---|---|
| Estoque inicial | $ 0,00 |
| Produção acabada | $ 44.000,00 |
| Custo dos produtos vendidos | $ 35.200,00 |
| Estoque final | $ 8.800,00 |

Estoque de produtos acabados

| | |
|---|---|
| $ 0,00 | |
| $ 44.000,00 | $ 35.200,00 |
| $ 8.800,00 | |

**4.** Demonstrativos de resultados:

**Custeio por absorção**

| | | |
|---|---|---|
| Receita de vendas | | $ 96.000,00 |
| (–) Custo dos produtos vendidos | | |
| MP | $ 23.200,00 | |
| MOD | $ 8.000,00 | |
| CIFs fixos | $ 24.000,00 | |
| CIFs variáveis | $ 4.000,00 | $ 59.200,00 |
| (=) Lucro bruto | | $ 36.800,00 |
| (–) Despesas fixas | $ 19.000,00 | |
| (–) Despesas variáveis | $ 4.800,00 | $ 23.800,00 |
| (=) Lucro operacional | | $ 13.000,00 |

**Custeio variável**

| | | | |
|---|---|---|---|
| Receita de vendas | | | $ 96.000,00 |
| (–) Custos e despesas dos produtos vendidos | | | |
| MP | $ 23.200,00 | | |
| MOD | $ 8.000,00 | | |
| CIFs variáveis | $ 4.000,00 | $ 35.200,00 | |
| Despesas variáveis | | $ 4.800,00 | $ 40.000,00 |
| (=) Margem de contribuição | | | $ 56.000,00 |
| (–) Despesas fixas | | $ 19.000,00 | |
| (–) CIFs fixos | | $ 30.000,00 | $ 49.000,00 |
| (=) Lucro operacional | | | $ 7.000,00 |

Observa-se, nesse segundo ano, uma diferença de $ 6.000,00 no lucro operacional. Essa diferença é a mesma encontrada no estoque final de produtos acabados e resulta do tratamento dado aos custos fixos. Enquanto pelo custeio variável ele é levado totalmente ao resultado do exercício, após a margem de contribuição, no custeio por absorção somente a parcela correspondente à quantidade vendida é levada ao resultado (essa parcela está incluída no custo dos produtos vendidos). No ano seguinte, caso a quantidade vendida seja superior à fabricada, utilizando-se para isso o estoque inicial de produtos acabados, o resultado se inverterá.

Assim, no longo prazo, os resultados acumulados tendem a ser iguais pelos dois métodos de custeio. A diferença é observada em um período mais curto, quando há formação de estoques.

Contudo, o emprego do custeio variável como gerencial não se restringe apenas à apuração do resultado, no curto ou longo prazo, mas também é útil para a tomada de decisões, conforme já foi explicado.

### 3.7.1 Vantagens e desvantagens do custeio por absorção e do custeio variável

O custeio por absorção concentra esforços para apropriar todos os custos diretos e indiretos, tanto fixos como variáveis, aos produtos fabricados em determinado período. Sua aplicação visa basicamente a atender aos requisitos legais e societários, estando de acordo com os princípios fundamentais de contabilidade. É nesse ponto que está sua principal vantagem. No entanto, ele apresenta algumas desvantagens, que estão associadas a seu uso para fins gerenciais, principalmente em razão da apropriação dos custos fixos aos produtos. Os principais problemas desse método de custeio estão relacionados:

1. aos rateios desses custos, cujos critérios podem ser considerados subjetivos e arbitrários;
2. aos custos dos produtos, que variam inversamente ao volume de produção, podendo, em consequência:
   - induzir os gestores a aumentar o volume de produção com o objetivo de reduzir os custos unitários dos produtos;
   - levar à formação de estoques;
   - avaliar que o nível de lucratividade dos produtos depende do volume de produção.
3. ao fato de o custo de um produto que tenha seu volume de produção constante seja afetado por decisões de modificar o volume de produção de outros produtos.

O custeio variável elimina as desvantagens do custeio por absorção pelo fato de considerar os custos fixos como custos do período em vez de apropriá-los aos produtos, estabilizando, desse modo, o custo dos produtos, pois estes recebem apenas os custos variáveis. O custeio variável auxilia:

1. na definição do preço de venda baseado em custos, em relação ao valor mínimo a ser praticado;
2. na decisão de como empregar recursos limitados de maneira mais vantajosa;
3. na identificação dos produtos mais rentáveis;
4. na decisão de produzir ou comprar um item.

As principais desvantagens do custeio variável estão relacionadas ao crescimento da proporção dos custos fixos na estrutura de custos das empresas, em decorrência de contínuos investimentos em capacitação tecnológica e produtiva, bem como à correta identificação dos custos variáveis, em especial quando a mesma conta contempla custos fixos e variáveis.

## 3.8 Ponto de equilíbrio

Quando uma empresa inicia suas atividades, em geral passa por um período em que as receitas geradas pelas vendas são insuficientes para cobrir os custos e as despesas. Assim, a empresa opera com prejuízo. Contudo, à medida que a produção aumenta em decorrência do crescimento da demanda e a eficiência melhora, a tendência é haver uma redução do prejuízo até que ele desapareça, e a empresa passe a gerar lucro.

Vemos muitas empresas "quebrarem" por falta de lucro ou mesmo por causa de lucro insuficiente para recuperar os investimentos realizados. Nesses casos, talvez o empreendedor detenha a tecnologia necessária para fabricar determinado produto e o faça com qualidade, mas o volume de vendas se revela insuficiente. Isso pode ser consequência da falta de visão de mercado, incluindo aí fornecedores, concorrência e consumidores.

Ao descobrir que necessitaria de um volume maior de vendas, o empreendedor em geral declara algo como: "Se eu soubesse, não teria iniciado o negócio". A determinação do volume a ser fabricado e vendido teria ajudado esse empreendedor a tomar uma decisão acertada sobre a implantação da empresa ou a busca de alternativas. Essa informação seria o *ponto de equilíbrio.*

Conhecer a técnica de cálculo do ponto de equilíbrio permite simular os efeitos das decisões a serem tomadas sobre a redução ou o aumento de atividades, preços, custos etc.

E o que é o ponto de equilíbrio? Nada mais do que uma situação em que a empresa não apresenta lucro nem prejuízo. Essa situação é obtida quando se atinge um nível de vendas no qual as receitas geradas são suficientes apenas para cobrir os custos e as despesas. O lucro começa a ocorrer com as vendas adicionais, após ter sido atingido o ponto de equilíbrio.

Na Seção 3.5, vimos que a margem de contribuição representa a contribuição dos produtos para cobrir os custos e despesas fixos. Quando o montante de margem de contribuição iguala-se ao montante de custos e despesas fixos, temos o ponto de equilíbrio. Assim, qualquer produto cujo preço de venda seja superior a seus custos e despesas variáveis contribui primeiro para a cobertura dos custos e despesas fixos e, depois, para a obtenção de lucro.

Certamente, em uma empresa existem produtos capazes de proporcionar melhores margens de contribuição que outros. No entanto, o fato de haver margem de contribuição já é uma condição para se chegar ao ponto de equilíbrio. Veja o exemplo a seguir.

Considere uma empresa que fabrica e vende 10 unidades mensais do produto X, com os seguintes dados:

| | |
|---|---|
| Preço de venda unitário | $ 8.000,00 |
| Custos e despesas variáveis unitários | $ 4.000,00 |
| Custos e despesas fixos mensais | $ 20.000,00 |

Seu resultado seria:

| | |
|---|---|
| Receita de vendas | $ 80.000,00 |
| (–) Custos e despesas variáveis | $ 40.000,00 |
| (=) Margem de contribuição | $ 40.000,00 |
| (–) Custos e despesas fixos | $ 20.000,00 |
| (=) Lucro operacional | $ 20.000,00 |

No exemplo, a margem de contribuição de cada unidade é $ 4.000,00. Como são vendidas 10 unidades, temos um total de $ 40.000,00 ($ 4.000,00 × 10 unidades) de margem de contribuição, valor que supera os custos e as despesas fixos em $ 20.000,00. Nesse caso, são necessárias cinco margens de contribuição para cobrir os custos e despesas fixos (5 × $ 4.000,00 = $ 20.000,00), ou seja, para atingir o ponto de equilíbrio. As margens de contribuição das 5 unidades adicionais são o lucro.

### 3.8.1 Fórmulas para o cálculo do ponto de equilíbrio

O ponto de equilíbrio ocorre quando a soma das margens de contribuição dos produtos vendidos se iguala aos custos e despesas fixos do período. Quando se tem um único produto, deve-se determinar quantas margens de contribuição são necessárias para igualar o montante de custos e despesas fixos. É possível determinar a quantidade de produtos (ou de margens de contribuição) capaz de proporcionar essa condição aplicando a seguinte fórmula:

$$PE = \frac{\text{Custos e despesas fixos}}{\text{PV unitário (–) Custos e despesas variáveis unitários}} \Rightarrow \frac{\text{Custos e despesas fixos}}{\text{Margem de contribuição unitária}}$$

Utilizando os dados do exemplo anterior, temos:

$$PE = \frac{\$\,20.000,00}{\$\,8.000,00\ (-)\ \$\,4.000,00} \Rightarrow \frac{\$\,20.000,00}{\$\,4.000,00} \Rightarrow 5\ \text{unidades}$$

O valor do ponto de equilíbrio pode ser calculado mediante a aplicação da seguinte fórmula:

$$PE = \frac{\text{Custos e despesas fixos}}{1 - \left(\frac{\text{Custos e despesas variáveis unitários}}{\text{Preço de venda unitário}}\right)}$$

Com os dados do exemplo anterior, temos:

$$PE = \frac{\$\,20.000,00}{1 - \left(\frac{\$\,4.000,00}{\$\,8.000,00}\right)} \Rightarrow \$\,40.000,00$$

### 3.8.2 Representação gráfica do ponto de equilíbrio

Para facilitar a representação gráfica, construímos, com os dados do exemplo anterior, uma tabela dos custos e das receitas:

| Quantidade | Custos e despesas fixos | Custos variáveis e despesas variáveis | Total de custos e despesas | Receita total | Resultado |
|---|---|---|---|---|---|
| 0 | $ 20.000,00 | $ 0,00 | $ 20.000,00 | $ 0,00 | ($ 20.000,00) |
| 1 | $ 20.000,00 | $ 4.000,00 | $ 24.000,00 | $ 8.000,00 | ($ 16.000,00) |
| 2 | $ 20.000,00 | $ 8.000,00 | $ 28.000,00 | $ 16.000,00 | ($ 12.000,00) |
| 3 | $ 20.000,00 | $ 12.000,00 | $ 32.000,00 | $ 24.000,00 | ($ 8.000,00) |
| 4 | $ 20.000,00 | $ 16.000,00 | $ 36.000,00 | $ 32.000,00 | ($ 4.000,00) |
| 5 | $ 20.000,00 | $ 20.000,00 | $ 40.000,00 | $ 40.000,00 | $ 0,00 |
| 6 | $ 20.000,00 | $ 24.000,00 | $ 44.000,00 | $ 48.000,00 | $ 4.000,00 |
| 7 | $ 20.000,00 | $ 28.000,00 | $ 48.000,00 | $ 56.000,00 | $ 8.000,00 |
| 8 | $ 20.000,00 | $ 32.000,00 | $ 52.000,00 | $ 64.000,00 | $ 12.000,00 |
| 9 | $ 20.000,00 | $ 36.000,00 | $ 56.000,00 | $ 72.000,00 | $ 16.000,00 |
| 10 | $ 20.000,00 | $ 40.000,00 | $ 60.000,00 | $ 80.000,00 | $ 20.000,00 |

Observa-se que em 5 unidades o resultado é nulo, ou seja, tem-se o ponto de equilíbrio.

Para representar graficamente o ponto de equilíbrio, traçamos as retas representativas do total de custos e despesas e da receita total (veja o Gráfico 3.1). Note que exatamente na quantidade de 5 unidades ocorrerá o cruzamento das retas.

**Gráfico 3.1**

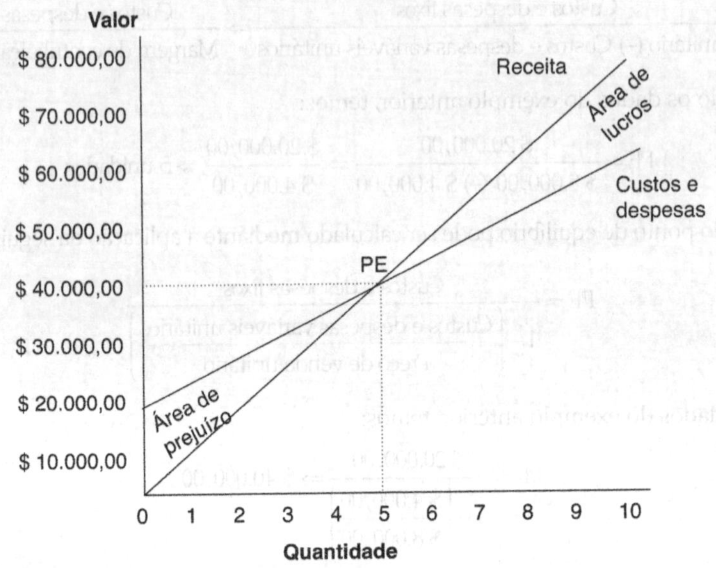


## 3.8.3 Pontos de equilíbrio contábil, econômico e financeiro

Dependendo da análise a ser realizada e das decisões a serem tomadas, podemos determinar pelo menos três situações de equilíbrio, como veremos a seguir.

### Ponto de equilíbrio contábil

É aquele em que a margem de contribuição obtida pelos produtos vendidos é capaz de cobrir todos os custos e as despesas fixos de um período. Não se levam em consideração o custo de oportunidade do capital investido na empresa, os juros pagos por empréstimos efetuados, a amortização do principal de dívidas etc., e nos custos e despesas fixos se inclui a depreciação, que não representa desembolso. Tecnicamente, uma empresa que opera no ponto de equilíbrio contábil apresenta resultado econômico negativo.

### Ponto de equilíbrio econômico

Diferencia-se do ponto de equilíbrio contábil por considerar que, além de suportar os custos e despesas fixos, a margem de contribuição dos produtos vendidos deve cobrir o custo de oportunidade do capital investido na empresa (veja a Seção 7.4).

Basicamente, a ideia é a seguinte: em geral o empreendedor tem à sua disposição mais de uma alternativa de investimento e decide por aquela que promete a melhor remuneração. O custo de oportunidade corresponde à remuneração da alternativa descartada, e esse é o valor mínimo que se espera do investimento realizado; do contrário, essa alternativa não seria escolhida.

### Ponto de equilíbrio financeiro

Para obter esse ponto de equilíbrio, consideram-se custos e despesas somente os gastos que geram desembolso no período, desconsiderando, portanto, a depreciação contida nos custos e nas despesas fixos. Consideram-se também outros desembolsos que não estão necessariamente incluídos nos custos e nas despesas, como a amortização de empréstimos e o pagamento de juros. Assim, a margem de contribuição dos produtos vendidos deverá suportar os custos e despesas fixos sem a depreciação, porém, mais as amortizações de empréstimos e juros.

Veja a seguir um exemplo de aplicação desses pontos de equilíbrio.

Vamos supor que uma empresa fabrique e venda o produto Y. Encontram-se disponíveis os seguintes dados:

| | |
|---|---|
| Preço de venda unitário | $ 927,50 |
| Custos e despesas variáveis unitários | $ 556,50 |
| Custos e despesas fixos anuais | $ 155.820,00 |
| Depreciação inclusa nos custos e despesas fixos | $ 22.260,00 |
| Patrimônio líquido (PL) constante do Balanço Patrimonial | $ 267.120,00 |
| Remuneração esperada pelos proprietários (custo de oportunidade), 10% a.a. do PL $ 267.120,00 × 10% = $ 26.712,00 | |

**1.** Ponto de equilíbrio contábil (PEC):

$$PE = \frac{\text{Custos e despesas fixos}}{\text{PV unitário } (-) \text{ Custos e depesas variáveis unitários}}$$

$$PE = \frac{\$\ 155.820,00}{\$\ 927,50 - \$\ 556,50} \Rightarrow 420 \text{ unidades}$$

**2.** Ponto de equilíbrio econômico (PEE):

$$PE = \frac{\text{Custos e despesas fixos } (+) \text{ Custo de oportunidade}}{\text{PV unitário } (-) \text{ Custos e despesas variáveis unitários}}$$

$$PE = \frac{\$\ 155.820,00\ (+)\ \$\ 26.712,00}{\$\ 927,50 - \$\ 556,50} \Rightarrow 492 \text{ unidades}$$

**3.** Ponto de equilíbrio financeiro (PEF):

$$PE = \frac{\text{Custos e despesas fixos} - \text{Depreciação}}{\text{PV unitário } (-) \text{ Custos e despesas variáveis unitários}}$$

$$PE = \frac{\$\ 155.820,00 - \$\ 22.260,00}{\$\ 927,50 - \$\ 556,50} \Rightarrow 360 \text{ unidades}$$

## 3.8.4 Ponto de equilíbrio: aplicação para múltiplos produtos

A aplicação do ponto de equilíbrio é mais facilmente entendida quando se trata de:

- um único produto;
- mais de um produto, desde que todos tenham a mesma margem de contribuição;

- uma linha de produção em que se possa estabelecer o ponto de equilíbrio por unidade de produção (horas, toneladas, litros etc.).

No entanto, quando se tem produtos com margens de contribuição diferentes, torna-se difícil determinar o mix de produção e vendas no ponto de equilíbrio. Nesse caso, esse ponto de equilíbrio é proporcionado por qualquer combinação que resulte em margem de contribuição igual aos custos e às despesas fixos.

Se a quantidade de um dos produtos que compõem esse mix for aumentada, deve-se reduzir o equivalente em margem de contribuição de outros produtos para manter o ponto de equilíbrio. Observe este exemplo, em que há produtos com margens de contribuição iguais:

| Produtos | Preços de venda unitários | Custos e despesas variáveis unitários | Margens de contribuição unitárias |
|---|---|---|---|
| A | $ 800,00 | $ 400,00 | $ 400,00 |
| B | $ 1.200,00 | $ 800,00 | $ 400,00 |

Supondo que os custos e as despesas fixos mensais sejam de $ 30.000,00, o ponto de equilíbrio ocorrerá em 75 unidades:

$$PE = \frac{\text{Custos e despesas fixos}}{\text{Margem de contribuição unitária}}$$

$$PE = \frac{\$\,30.000,00}{\$\,400,00} = 75 \text{ unidades}$$

Essa quantidade corresponde a 75 margens de contribuição de $ 400,00, o que equivale a 75 unidades do produto A ou do produto B, independentemente das quantidades de cada um.

Quando se tem produtos diferentes com margens de contribuição diferentes, a determinação do ponto de equilíbrio torna-se mais complexa. Considere o seguinte exemplo:

| Produtos | Quantidades vendidas | Preços de venda unitários | Custos e despesas variáveis unitários | Margens de contribuição unitárias |
|---|---|---|---|---|
| A | 50 u | $ 655,00 | $ 495,00 | $ 160,00 |
| B | 30 u | $ 800,00 | $ 550,00 | $ 250,00 |
| C | 120 u | $ 1.100,00 | $ 600,00 | $ 500,00 |

Supondo-se custos e despesas fixos mensais de $ 45.300,00, o ponto de equilíbrio pode ser obtido das seguintes maneiras:

**1.** Mix de produtos.

- Participação nas vendas ou análise vertical da quantidade vendida:

| Produtos | Quantidade | Análise vertical |
|---|---|---|
| A | 50 u | 25% |
| B | 30 u | 15% |
| C | 120 u | 60% |
| Total | 200 u | 100% |

- Margem de contribuição unitária média ponderada:

| Produtos | Margens de contribuição unitárias | | Análise vertical | | Margem de contribuição média ponderada |
|---|---|---|---|---|---|
| A | $ 160,00 | × | 25% | = | $ 40,00 |
| B | $ 250,00 | × | 15% | = | $ 37,50 |
| C | $ 500,00 | × | 60% | = | $ 300,00 |
| Total | | | | | $ 377,50 |

- Ponto de equilíbrio:

$$PE = \frac{\text{Custos e despesas fixos}}{\text{Margem de contribuição média ponderada}}$$

$$PE = \frac{\$\,45.300,00}{\$\,377,50} \Rightarrow 120 \text{ unidades}$$

- Mix de produtos em que ocorre o ponto de equilíbrio:

$$\begin{aligned} &\text{Produto A: } 120\text{ u} \times 25\% = 30\text{ u} \\ &\text{Produto B: } 120\text{ u} \times 15\% = 18\text{ u} \\ &\text{Produto C: } 120\text{ u} \times 60\% = 72\text{ u} \\ &\qquad\qquad\qquad\qquad\quad 120\text{ u} \end{aligned}$$

Além dessa combinação, podem ser obtidas outras por tentativa e erro, que também acabam proporcionando o ponto de equilíbrio.

**2.** Ponto de equilíbrio em valor de receita.

Neste caso, considera-se a relação entre os custos variáveis mais as despesas variáveis de um mix de produtos e as receitas correspondentes.

Tomemos uma demonstração de resultados para exemplificar:

| | $ | AV (%) |
|---|---|---|
| Receita de vendas | 500.000,00 | 100 |
| (–) Custos variáveis dos produtos vendidos | 300.000,00 | 60 |
| (–) Despesas variáveis de vendas | 50.000,00 | 10 |
| (=) Margem de contribuição | 150.000,00 | 30 |
| (–) Custos fixos | 100.000,00 | |
| (–) Despesas fixas | 30.000,00 | |
| (=) Lucro operacional | 20.000,00 | |

Conforme os índices da análise vertical, os custos e despesas variáveis correspondem a 70% da receita. Assim, a cada $ 1,00 de receita correspondem custos e despesas variáveis de $ 0,70, e os $ 0,30 restantes constituem a margem de contribuição. Desse modo, podemos formular a equação do ponto de equilíbrio:

$$PE \Rightarrow \text{Receita (R)} = \text{Custos e despesas variáveis} \ (+) \ \text{Custos e despesas fixos}$$

$$PE \Rightarrow R = 0,70R \ (+) \ \$ \ 130.000,00$$

$$PE \Rightarrow R - 0,70R = \$ \ 130.000,00$$

$$PE \Rightarrow 0,30R = \$ \ 130.000,00$$

$$PE = \frac{\$ \ 130.000,00}{0,30} \Rightarrow \$ \ 433.333,33$$

## 3.8.5 Intervalo de variação relevante

Entender o comportamento dos custos, das despesas e da receita em decorrência de alterações no volume de produção e de vendas permite utilizar o potencial informativo do ponto de equilíbrio de maneira eficaz.

Conforme visto na Seção 1.6.2, os custos classificados como variáveis oscilam de acordo com mudanças no volume, ao passo que os custos fixos permanecem constantes quando os níveis de produção aumentam ou diminuem. O mesmo raciocínio pode ser aplicado na classificação das despesas: ao verificarmos o modo como uma despesa reage às alterações no volume de vendas, concluímos que, se o volume se alterar e a despesa também, ela será variável; do contrário, será fixa.

Esse comportamento dos custos e das despesas, bem como da receita, é apropriado dentro de uma certa capacidade instalada denominada *intervalo de variação relevante*, conforme apresentado no Gráfico 3.2. Nesse intervalo, pode-se admitir um comportamento linear desses elementos, ou seja, os custos variáveis, as despesas variáveis e a receita aumentam ou diminuem proporcionalmente em relação às oscilações nas quantidades produzidas e vendidas, e os custos e despesas fixos permanecem constantes dentro desse intervalo.

Fora desse intervalo, o comportamento dos custos, das despesas e da receita pode se apresentar como exposto a seguir (no Capítulo 1, a Seção 1.6.2 apresenta as definições de custos fixos e variáveis, e no Capítulo 7, a Seção 7.14.1 discute a variabilidade do custo variável em decisões de precificação).

**Gráfico 3.2**

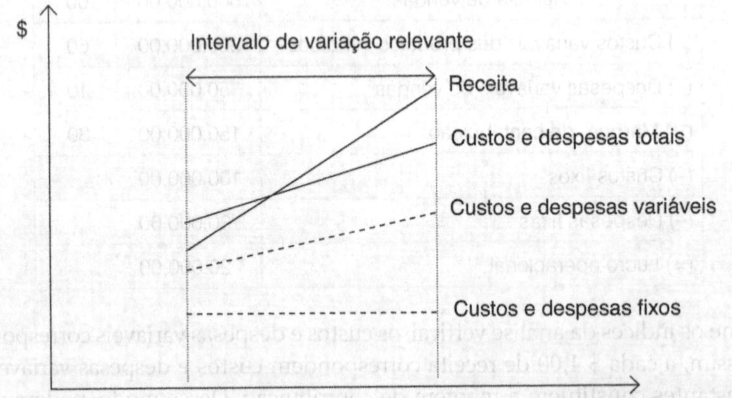

**1.** Comportamento dos custos e despesas fixos.

Como regra, os custos fixos são considerados constantes independentemente da quantidade que venha a ser fabricada dentro do limite da capacidade instalada. O mesmo raciocínio é válido para as despesas fixas em relação ao volume de vendas. No entanto, quando uma empresa decide ultrapassar o limite dessa capacidade, ela precisa contratar mais funcionários ou comprar máquinas e equipamentos — incorrendo em um custo adicional de depreciação —, ampliar a fábrica ou optar pelo aluguel de um novo galpão de fábrica ou escritório de vendas etc. Essa nova estrutura de custos e despesas fixos permanece adequada até que o novo limite seja ultrapassado. (Veja a definição de custos fixos e semifixos no Capítulo 1, Seção 1.6.2.) Situação contrária ocorre se a empresa resolver reduzir a capacidade instalada.

Esse comportamento pode ser representado graficamente em forma de degraus, como mostra o Gráfico 3.3.

**Gráfico 3.3**

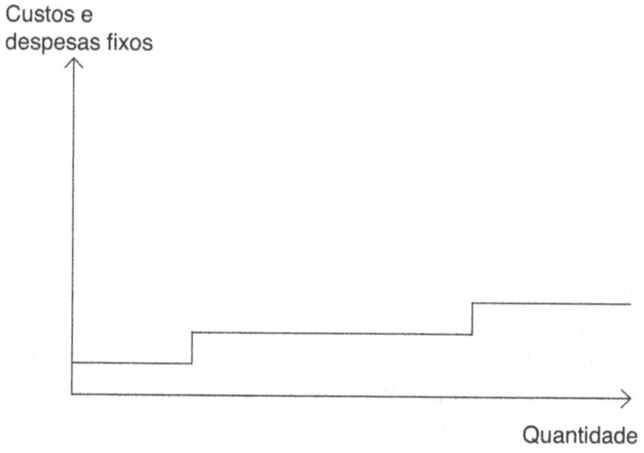


**2.** Comportamento dos custos e despesas variáveis.

As contas assim classificadas oscilam conforme o volume de produção e de vendas. No entanto, essas oscilações podem não ocorrer de maneira proporcional às variações no volume, em decorrência do comportamento dos elementos que integram os custos e despesas variáveis:

- Há elementos que podem ter os custos reduzidos quando o volume de produção aumenta — como é o caso do custo da matéria-prima —, momento em que a empresa pode negociar preços menores com seus fornecedores. Em caso de redução da produção, o menor consumo pode levar os fornecedores a reduzir descontos. Também deve-se considerar que, havendo a necessidade de adquirir matérias-primas de novos fornecedores, estes poderão cobrar mais que os fornecedores habituais.
- Há elementos que podem ter os custos constantes no curto prazo mesmo que haja variação de volume, como é o caso das taxas do custo da mão de obra direta.
- Há elementos que podem ter os custos aumentados quando o volume de produção aumenta, como é o caso de horas extras e adicional noturno da mão de obra.
- Há elementos que podem crescer menos que o aumento da quantidade vendida, como é o caso de despesas com transporte.

Esse comportamento pode ser representado graficamente, como mostra o Gráfico 3.4. Nele podemos observar o custo variável ou a despesa variável com crescimento mais acentuado quando a empresa opera em baixo volume de produção, depois um crescimento proporcional e, por fim, novamente um crescimento mais acentuado quando o volume de produção e vendas atinge uma quantidade maior.

**Gráfico 3.4**

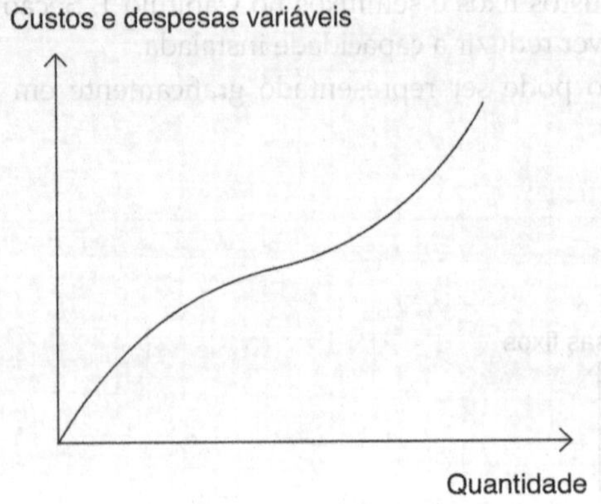


**3.** Comportamento do preço de venda e da receita.

Em níveis baixos de oferta, insuficientes para atender a demanda pelos bens, os preços tendem a ser elevados. Em situação contrária, o excesso de oferta diminui o preço desses bens. No Gráfico 3.5, observa-se que a receita inicialmente apresenta um crescimento mais acentuado quando a empresa oferta baixa quantidade, depois ocorre um crescimento proporcional em certa faixa de vendas e, por fim, um declínio na receita:

**Gráfico 3.5**

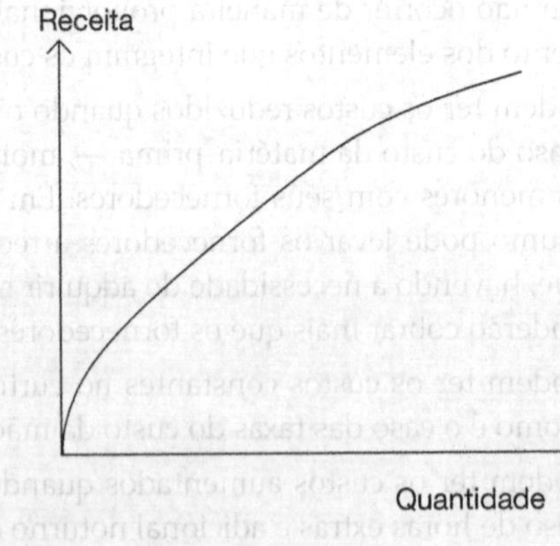

**4.** Representação do ponto de equilíbrio.

Como consequência desses comportamentos, o ponto de equilíbrio poderia assumir a seguinte representação gráfica:

**Gráfico 3.6**

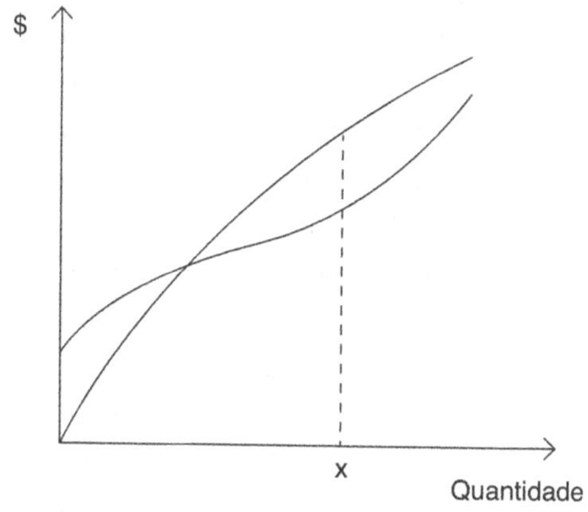


Observe no gráfico *três situações importantes*:

- a ocorrência do ponto de equilíbrio;
- na área de lucro, a quantidade que sinaliza o lucro máximo;
- a tendência de um novo encontro das retas da receita e dos custos e despesas caso a empresa continue aumentando sua produção e suas vendas.

A tabela a seguir ilustra essas três situações. Vamos nos deter na segunda situação. Em uma dada quantidade "X", as duas retas encontram-se mais distantes uma da outra, ou seja, a diferença entre a receita e os custos e despesas atinge seu ponto máximo na área de lucro, o que sinaliza situação de lucro máximo.

Como identificar essa quantidade que maximiza o lucro? Para obter essa resposta, vamos utilizar os conceitos de receita marginal e de custo marginal oriundos da economia.

A receita marginal corresponde à mudança na receita total obtida pela venda de uma unidade adicional do produto. A coluna 3 da tabela a seguir ilustra a receita marginal. Observe que a receita marginal apresenta um comportamento decrescente.

O custo marginal corresponde ao aumento no custo total ao se produzir uma unidade a mais do produto. Na prática, dificilmente se consegue calcular o custo por unidade adicional de produto, mas sim por lotes. Entretanto, consideremos essa possibilidade para efeito de apresentação desse conceito. A coluna 5 da tabela ilustra o custo marginal. Observe que esse custo tem um comportamento decrescente até a 8ª unidade, passando a crescer a partir da 9ª unidade.

Enquanto unidades adicionais de produção e vendas proporcionarem receita marginal superior ao custo marginal, continua havendo crescimento do lucro, como se observa após atingir o ponto de equilíbrio, na 5ª unidade.

Agora, em resposta à questão formulada, pode-se dizer que aquela posição em que as retas da receita e do custo estão mais distantes uma da outra, em que o lucro é maximizado, ocorre quando a receita marginal e o custo marginal forem iguais. A tabela a seguir ilustra esta situação na 12ª unidade. A partir desse ponto, a receita marginal torna-se inferior ao custo marginal, o que provoca redução gradativa do lucro e, na 18ª unidade, a empresa apresenta novamente situação de lucro zero, passando a ter prejuízos a partir da unidade seguinte.

| Quant. (1) | Receita | | Custo | | Lucro Total (6 = 2 – 4) | Lucro Marginal (7 = 3 – 5) |
|---|---|---|---|---|---|---|
| | Total (2) | Marginal (3) | Total (4) | Marginal (5) | | |
| 0 | 0,00 | | 400,00 | | (400,00) | 0,00 |
| 1 | 170,00 | 170,00 | 485,00 | 85,00 | (315,00) | 85,00 |
| 2 | 340,00 | 170,00 | 570,00 | 85,00 | (230,00) | 85,00 |
| 3 | 505,00 | 165,00 | 655,00 | 85,00 | (150,00) | 80,00 |
| 4 | 665,00 | 160,00 | 735,00 | 80,00 | (70,00) | 80,00 |
| 5 | 815,00 | 150,00 | 815,00 | 80,00 | 0,00 | 70,00 |
| 6 | 955,00 | 140,00 | 890,00 | 75,00 | 65,00 | 65,00 |
| 7 | 1.085,00 | 130,00 | 960,00 | 70,00 | 125,00 | 60,00 |
| 8 | 1.205,00 | 120,00 | 1.025,00 | 65,00 | 180,00 | 55,00 |
| 9 | 1.305,00 | 100,00 | 1.092,50 | 67,50 | 212,50 | 32,50 |
| 10 | 1.395,00 | 90,00 | 1.162,50 | 70,00 | 232,50 | 20,00 |
| 11 | 1.480,00 | 85,00 | 1.237,50 | 75,00 | 242,50 | 10,00 |
| 12 | 1.560,00 | 80,00 | 1.317,50 | 80,00 | 242,50 | 0,00 |
| 13 | 1.635,00 | 75,00 | 1.402,50 | 85,00 | 232,50 | (10,00) |
| 14 | 1.705,00 | 70,00 | 1.492,50 | 90,00 | 212,50 | (20,00) |
| 15 | 1.770,00 | 65,00 | 1.587,50 | 95,00 | 182,50 | (30,00) |
| 16 | 1.830,00 | 60,00 | 1.687,50 | 100,00 | 142,50 | (40,00) |
| 17 | 1.885,00 | 55,00 | 1.797,50 | 110,00 | 87,50 | (55,00) |
| 18 | 1.925,00 | 40,00 | 1.925,00 | 127,50 | 0,00 | (87,50) |
| 19 | 1.955,00 | 30,00 | 2.072,50 | 147,50 | (117,50) | (117,50) |
| 20 | 1.975,00 | 20,00 | 2.242,50 | 170,00 | (267,50) | (150,00) |

## 3.8.6 Deficiências e limitações do ponto de equilíbrio

Além das situações apresentadas na seção anterior, outras poderiam ser objeto de reflexão quanto ao ponto de equilíbrio, como:

- Considerar a mão de obra direta custo fixo e não custo variável, pois, independentemente do volume de produção, no curto prazo esse custo pode ter de ser mantido.
- A própria maneira de classificar os custos em fixos e variáveis pode resultar em divergência, pois, em alguns casos, é difícil segregar a parcela fixa da variável de um custo semivariável.
- As despesas que ocorrem em um período, como é o caso dos gastos com propaganda e promoções, pesquisas e desenvolvimento de novos produtos, têm efeitos que serão sentidos em períodos seguintes.
- Com relação às economias e deseconomias de escala, ao aumentarem a produção, as empresas podem conseguir um aumento de volume maior que o custo de produção; por exemplo, aumenta-se a produção em 20% e o custo total de produção cresce 10%. Nessa situação, ocorre economia de escala e o custo médio por unidade decresce. Na situação oposta, ocorrem as deseconomias de escalas, ou seja, o aumento de custos é maior que o aumento de produção, e o custo médio por unidade aumenta.
- A falta de sincronismo entre receitas e despesas etc.

## 3.9 Margem de segurança operacional

A margem de segurança operacional corresponde à quantidade de produtos ou de receitas operadas acima do ponto de equilíbrio. Pode ser representada pela seguinte equação:

MSO = Volume de unidades vendidas (–) Quantidade no ponto de equilíbrio

Quanto maior for a MSO, maiores serão a capacidade de geração de lucro e a segurança de que a empresa não incorrerá em prejuízos. Veja o exemplo a seguir:

| | |
|---|---|
| Quantidade vendida do produto Z ............................................ | 10 unidades por mês |
| Custos e despesas variáveis ................................................... | $ 2.000,00 por unidade |
| Custos e despesas fixos .......................................................... | $ 12.000,00 por mês |
| Preço de venda........................................................................... | $ 4.000,00 por unidade |

$$PE\,(q) = \frac{\$\,12.000{,}00}{\$\,4.000{,}00 - \$\,2.000{,}00} \Rightarrow 6 \text{ unidades}$$

MSO = 10 u (–) 6 u

MSO = 4 unidades

Nesse caso, as vendas poderão ser reduzidas em até 4 unidades, ou em 40%, sem que a empresa fique em área de prejuízo. Em uma situação em que o ponto de equilíbrio fique bem próximo das vendas totais, teremos uma margem de segurança muito frágil, pois qualquer redução das atividades colocará a empresa em situação de lucro nulo ou em área de prejuízo.

## 3.10 Alavancagem operacional

Para descrever o que é alavancagem operacional, vamos recorrer a um demonstrativo de resultados:

Receita de vendas
(–) Custos variáveis
(–) Despesas variáveis
(=) Margem de contribuição
(–) Custos fixos
(–) Despesas fixas
(=) Lucro operacional

Esse lucro é chamado de *operacional* porque resulta das atividades normais de produção e vendas de uma empresa, não sendo afetado por outras receitas e despesas que venham a ocorrer.

O que aconteceria com o lucro operacional de uma empresa se suas vendas passassem, por exemplo, de 200 para 220 unidades, admitindo-se que a estrutura da empresa (geradora de custos e despesas fixos) suportasse tal aumento? A resposta é que o lucro aumentaria mais que proporcionalmente ao aumento dos custos e das despesas — nesse caso, custos e despesas variáveis —, já que os fixos não se modificariam. A redução das vendas causaria o mesmo impacto, só que em sentido contrário. A alavancagem operacional é exatamente isso, ou seja, alavanca-se o lucro com a mesma estrutura de custos e despesas fixos. Observe o exemplo a seguir.

Vamos supor que uma empresa fabrique e venda 200 unidades mensais do produto X, considerando os dados que seguem.

| | |
|---|---|
| Preço de venda | $ 2.700,00 por unidade |
| Custos e despesas variáveis | $ 1.700,00 por unidade |
| Custos e despesas fixos | $ 150.000,00 por mês |

Simulando uma mudança na quantidade de 20 unidades para mais e para menos, teríamos os seguintes resultados:

| | 180 unidades | 200 unidades | 220 unidades |
|---|---|---|---|
| Receita de vendas | $ 486.000,00 | $ 540.000,00 | $ 594.000,00 |
| (–) Custos e despesas variáveis | $ 306.000,00 | $ 340.000,00 | $ 374.000,00 |
| (=) Margem de contribuição | $ 180.000,00 | $ 200.000,00 | $ 220.000,00 |
| (–) Custos e despesas fixos | $ 150.000,00 | $ 150.000,00 | $ 150.000,00 |
| (=) Lucro operacional | $ 30.000,00 | $ 50.000,00 | $ 70.000,00 |
| Variação percentual da quantidade ou receita | (–) 10% | | (+) 10% |
| Variação percentual do lucro | (–) 40% | | (+) 40% |

Note que o aumento ou a redução de 10% nas vendas provoca uma variação de 40% no lucro operacional. Essa diferença é gerada pela presença dos custos e despesas fixos.

### 3.10.1 Grau de alavancagem operacional

O grau de alavancagem operacional (GAO) é a medida dos efeitos provocados nos lucros pelas alterações ocorridas nas vendas. O grau de alavancagem operacional pode ser calculado com a seguinte fórmula:

$$\text{GAO} = \frac{\text{Variação percentual do lucro operacional}}{\text{Variação percentual da receita}}$$

No exemplo anterior, ao passar de 200 para 220 unidades, temos:

$$\text{GAO} = \frac{40\%}{10\%} \Rightarrow 4$$

Nesse caso, o grau de alavancagem operacional é 4, ou seja, o lucro operacional aumentou quatro vezes mais que o aumento na quantidade ou na receita. O mesmo ocorre quando as vendas caem de 200 para 180 unidades. Para cada ponto percentual de variação na receita, tem-se uma variação de quatro vezes mais no lucro operacional.

Também é possível calcular o grau de alavancagem operacional para as 200 unidades com a seguinte fórmula:

$$\text{GAO a um volume de produção} = \frac{\text{Margem de contribuição}}{\text{Lucro operacional}}$$

Assim, para 200 unidades do produto X, temos:

$$GAO_{200\,u} = \frac{\$\,200.000,00}{\$\,50.000,00} = 4$$

Cada ponto percentual de aumento na margem de contribuição reflete um aumento de quatro vezes no lucro operacional.

### 3.10.2 Alavancagem operacional e o risco operacional

A alavancagem operacional é maior em empresas que possuem proporções mais elevadas de custos e despesas fixos em sua estrutura comparativamente a empresas que possuem proporções menores. Isso implica que níveis mais elevados de alavancagem operacional representam maior risco operacional.

O risco operacional está associado à instabilidade no lucro operacional decorrente de variações nas receitas de vendas dada uma estrutura de custos e despesas fixos. A instabilidade, nesse contexto, diz respeito a aumentos ou reduções do lucro operacional. Assim, uma empresa que apresenta estrutura de custos e despesas fixos em proporções maiores com relação à outra, caso as vendas aumentem, terá um maior impacto positivo no lucro. No entanto, a empresa que apresenta estrutura de custos e despesas fixos menor, caso as vendas diminuam, terá um menor impacto no lucro.

É importante salientar que esse é apenas um dos componentes do risco operacional, o qual decorre, ainda, de fatores como o comportamento da concorrência, falhas ou inadequações dos processos internos, fraudes etc.

Vejamos um exemplo: consideremos que as empresas A e B apresentem o mesmo valor de receita das vendas e de lucro operacional. Entretanto, a empresa A possui uma estrutura de custos e despesas fixos maior que a empresa B, situação compensada por menor valor de custos e despesas variáveis. A tabela a seguir apresenta a situação atual das duas empresas e uma simulação de aumento e redução de 10% nas vendas de ambas.

Observe que, quando há um aumento nas vendas, o lucro operacional da empresa A aumenta mais que o lucro operacional da empresa B. Por outro lado, quando há uma redução nas vendas, o lucro operacional da empresa B apresenta uma redução menos acentuada que a empresa A.

| | EMPRESA A | | | EMPRESA B | | |
|---|---|---|---|---|---|---|
| | (–) 10% | ATUAL | (+) 10% | (–) 10% | ATUAL | (+) 10% |
| Receita | 720.000 | 800.000 | 880.000 | 720.000 | 800.000 | 880.000 |
| Custos e despesas variáveis | (225.000) | (250.000) | (275.000) | (378.000) | (420.000) | (462.000) |
| Margem de contribuição | 495.000 | 550.000 | 605.000 | 342.000 | 380.000 | 418.000 |
| Custos e despesas fixos | (420.000) | (420.000) | (420.000) | (250.000) | (250.000) | (250.000) |
| Lucro operacional | 75.000 | 130.000 | 185.000 | 92.000 | 130.000 | 168.000 |

O grau de alavancagem operacional dessas empresas é:

$$GAO_{\text{Empresa A atual}} = \frac{\$\,550.000}{\$\,130.000} = 4,23$$

$$GAO_{\text{Empresa B atual}} = \frac{\$\,380.000}{\$\,130.000} = 2,92$$

Na empresa A, cada ponto percentual de aumento na margem de contribuição alavanca o lucro operacional em 4,23 vezes, ao passo que, na empresa B, alavanca-se o lucro operacional em 2,92 vezes. Esse mesmo efeito é observado no lucro operacional em caso de redução da margem de contribuição. Desse modo, o risco operacional da empresa A é maior que o risco operacional da empresa B, uma vez que seus custos e despesas fixos são mais elevados.

## Questões e exercícios propostos

### 3.2 Alguns problemas relacionados aos custos fixos

1. Por que os custos fixos podem ser considerados custos de estrutura?
2. Por que os custos variáveis podem ser considerados custos de atividades?

### 3.3 Separação dos custos semivariáveis em parcelas de custos fixos e variáveis

3. Qual a finalidade de separar as parcelas fixas e variáveis dos custos semivariáveis?
4. Explique o método dos pontos máximos e mínimos.
5. Os custos semivariáveis e as horas apontadas na produção durante o primeiro semestre de 20X2 foram:

| Mês | Horas apontadas | Custos semivariáveis |
|---|---|---|
| Janeiro | 3.000 | $ 410.000,00 |
| Fevereiro | 2.800 | $ 390.000,00 |
| Março | 2.700 | $ 380.000,00 |
| Abril | 2.900 | $ 400.000,00 |
| Maio | 3.200 | $ 430.000,00 |
| Junho | 3.100 | $ 420.000,00 |

Determine o custo fixo e o custo variável de cada mês.

6. Os custos semivariáveis dos meses de outubro e novembro foram:

| Mês | Quantidade fabricada | Custos semivariáveis |
|---|---|---|
| Outubro | 12 u | $ 360.000,00 |
| Novembro | 15 u | $ 420.000,00 |

**a)** Calcule a parcela de custo fixo e de custo variável de cada mês.

**b)** Caso a produção de dezembro venha a ser de 17 unidades, qual deverá ser o custo total do mês?

**c)** Calcule e compare os custos unitários totais dos meses de outubro, novembro e dezembro, justificando as diferenças.

## 3.4 O que é o custeio variável?

7. Em que consiste o custeio variável?
8. Por que o custeio variável para fins gerenciais pode ser considerado potencialmente melhor que o custeio por absorção?
9. Se uma empresa formou seus preços de venda a partir dos custos obtidos pelo método de custeio por absorção, poderá analisar seus resultados a partir da margem de contribuição dos produtos, obtida pelo método de custeio variável?
10. Uma empresa fabrica os produtos P1, P2 e P3. No mês de março/X2, seus custos diretos foram:

| Produtos | Quantidade | Matéria-prima | Mão de obra direta |
|---|---|---|---|
| P1 | 1.100 u | $ 150,00/u | $ 190,00/u |
| P2 | 3.500 u | $ 70,00/u | $ 120,00/u |
| P3 | 780 u | $ 270,00/u | $ 110,00/u |

Os custos indiretos de fabricação dessa empresa totalizaram $ 600.930,00 nesse mês, e 30% desse valor corresponde a custos fixos. Determine o custo variável dos produtos, considerando que os custos indiretos são rateados com base no custo direto.

11. Os custos dos produtos fabricados em junho/X2 pela empresa J. Salgado S. A., apurados pelo método de custeio por absorção, foram:
    - Produto X = $ 795,00/u.
    - Produto Y = $ 810,00/u.
    - Produto Z = $ 1.230,00/u.

Considerando que os custos indiretos de fabricação representam 20% do custo direto e que 50% deles se referem a custos fixos, determine o custo variável de cada produto.

## 3.5 Margem de contribuição

12. Margem de contribuição tem o mesmo significado de lucro?
13. Por que no cálculo da margem de contribuição não se consideram os custos fixos?
14. Por que no cálculo da margem de contribuição se consideram, além dos custos variáveis, as despesas variáveis de vendas?
15. Uma empresa pode praticar um preço de venda com uma margem de contribuição mínima, digamos de $ 1,00? Explique.
16. A margem de contribuição unitária varia quando o volume de produção ou de vendas se modifica?
17. Se você fosse o gerente de uma loja, procuraria estimular as vendas das mercadorias que têm maior preço unitário ou das que têm maior margem de contribuição unitária? Explique sua decisão.
18. Considere uma venda "casada", em que o cliente compre o produto B juntamente com o produto A. Se o produto A tiver margem de contribuição negativa, deve deixar de ser fornecido?

**19.** Podemos dizer que a margem de contribuição é a diferença entre o preço de venda e os custos diretos de um produto?

**20.** Utilizando o custeio variável:

**a)** Elabore a DRE.

**b)** Calcule a margem de contribuição dos produtos.

| Produtos | Quantidade fabricada | Quantidade vendida | Custo unitário | Preço de venda unitário |
|---|---|---|---|---|
| Alfa | 1.200 u | 1.100 u | $ 21,00 | $ 40,00 |
| Beta | 750 u | 500 u | $ 55,00 | $ 70,00 |
| Gama | 5.200 u | 5.200 u | $ 8,00 | $ 13,00 |

Para tanto, considere que:

- Os custos foram calculados pelo método de custeio por absorção.
- Os custos indiretos de fabricação fixos totalizaram $ 21.610,00 no período e foram rateados aos produtos com base em seus custos variáveis.
- As despesas variáveis de vendas representam 5% dos preços.
- As despesas fixas (administrativas e de vendas) representaram $ 6.300,00 no período.

**21.** Uma empresa fabrica e vende as quantidades da tabela a seguir com os custos e as receitas nele indicados. A partir dos dados dessa tabela, calcule a margem de contribuição unitária dos produtos.

| Produtos | PRODUÇÃO | | | | | VENDAS | |
|---|---|---|---|---|---|---|---|
| | Quantidade | Custos totais | | | | Quantidade | Receita |
| | | MP | MOD | CIF fixo | CIF variável | | Total |
| X | 1.500 u | $ 4.800,00 | $ 3.800,00 | $ 910,00 | $ 1.690,00 | 1.450 u | $ 20.981,50 |
| Y | 700 u | $ 3.200,00 | $ 5.200,00 | $ 1.260,00 | $ 2.240,00 | 690 u | $ 16.566,90 |
| Z | 500 u | $ 2.990,00 | $ 2.510,00 | $ 544,00 | $ 1.055,00 | 450 u | $ 9.535,50 |

**22.** Considere que uma empresa fabrique dois produtos, X e Y. Em certo mês foram fabricadas 800 u de X e 1.100 u de Y. Os custos incorridos no mês foram:

- Fixos = $ 20.000,00.
- Variáveis apropriados a X = $ 200,00/u e a Y = $ 300,00/u.

Os preços de venda praticados foram: X = $ 220,00/u e Y = $ 350,00/u.

Determine a margem de contribuição e o lucro da empresa supondo que toda a produção tenha sido vendida e que as despesas, todas fixas, tenham sido de $ 10.000,00 no mês.

## 3.6 Margem de contribuição e fatores limitantes de produção

**23.** Em quaisquer circunstâncias, o valor da margem de contribuição de um produto pode ser levado em consideração nas tomadas de decisões que envolvem esse produto? Explique.

**24.** Produtos com margens de contribuição reduzidas ou negativas devem ter sua produção e suas vendas interrompidas? Por quê?

**25.** Não havendo fatores limitativos de produção, como você tomaria decisões sobre o incremento de vendas dos diversos produtos que compõem a carteira de uma empresa?

**26.** Havendo fatores limitativos de produção, como você tomaria decisões sobre o incremento de vendas dos diversos produtos que compõem a carteira de uma empresa?

**27.** A Cia. Alfabeto S. A. fabrica os produtos Alfa, Beta e Gama. Em seu primeiro ano de atividades, a produção e os custos, a quantidade vendida e o faturamento foram os seguintes:

| PRODUTO | PRODUÇÃO | | | | VENDAS | |
|---|---|---|---|---|---|---|
| | Quantidade | Custos totais | | | Quantidade | Receita |
| | | MP | MOD | CIF (F+V) | | Total |
| Alfa | 1.300 u | $ 28.000,00 | $ 21.000,00 | $ 15.750,00 | 1.000 | $ 118.750,00 |
| Beta | 2.500 u | $ 72.000,00 | $ 65.000,00 | $ 48.750,00 | 1.870 | $ 260.584,50 |
| Gama | 1.195 u | $ 36.050,00 | $ 52.000,00 | $ 39.000,00 | 1.195 | $ 208.527,50 |

Considere os seguintes dados complementares:

- Os custos fixos representaram 50% dos custos indiretos.
- As despesas variáveis de vendas corresponderam a 4% do faturamento.
- As despesas fixas representaram $ 230.000,00 no ano.

Caso a Cia. Alfabeto S. A. não tenha problemas de limitações na produção, ordene os produtos que proporcionam maior lucratividade para a empresa. Justifique a ordem escolhida.

**28.** O inverno do último ano foi excelente para as lojas que comercializam roupas masculinas de época. Na loja de roupas finas B. R. & Egas Ltda., o gerente decidiu comprar estoques extras de casacos de couro, pelo fato de seu preço de venda unitário ser mais alto que o dos demais artigos. A seguir estão discriminados os principais artigos comercializados por essa loja, seus preços de venda e custos de aquisição.

| Artigos | Preços de venda unitários | Custos de aquisição unitários |
|---|---|---|
| Casaco de couro | $ 290,00 | $ 232,00 |
| Paletó de lã | $ 195,00 | $ 135,00 |
| Jaqueta de brim | $ 96,00 | $ 40,00 |
| Sobretudo | $ 136,00 | $ 77,00 |

Considere que qualquer um desses artigos tenha demanda para unidades adicionais. Efetue os cálculos e responda se o gerente, em sua tentativa de maximizar o lucro da empresa, acertou na escolha do artigo.

**29.** Uma loja vende apenas duas mercadorias: sapatos e bolsas. Seus gastos fixos mensais se resumem ao aluguel, $ 5.000,00, e à mão de obra, $ 6.000,00. Os sapatos são adquiridos por $ 35,00 o par e vendidos por $ 70,00. Cada bolsa é adquirida por $ 60,00 e vendida por $ 90,00.

O gerente tem estimulado as vendas de bolsas pelo fato de terem o preço maior. Em certo mês foram vendidos 180 pares de sapatos e 250 bolsas. Se você fosse o gerente, faria o mesmo?

**30.** A empresa J. R. Pequeno S. A. fabrica dois produtos: Alfa e Beta. Em maio/20X3 fabricou 600 Alfas e 100 Betas. Seus custos nesse mês foram:

- Fixos = $ 52.500,00.
- Variáveis = $ 500,00 por unidade de Alfa e $ 600,00 por unidade de Beta.

Os preços unitários foram: Alfa = $ 782,50 e Beta = $ 1.000,00.

Considere que a J. R. Pequeno não utiliza o custeio variável, e sim o custeio por absorção, e que seus custos fixos são rateados em razão das horas de fabricação. O gerente acha que é melhor conhecer o lucro de cada produto para decidir qual deve ter as vendas incentivadas. O tempo gasto nessa produção foi de 600 horas para fabricar Alfa e 240 horas para fabricar Beta.

Determine o lucro de cada produto e as recomendações que você daria se houvesse condições de aumentar as vendas da empresa.

**31.** Em determinado mês, a empresa Boa Vista Ltda. está com 400 horas ociosas e recebe duas propostas:

- A primeira é para o fornecimento de 110 unidades do produto X. Cada unidade consome três horas de fabricação. O preço ofertado foi de $ 50,00/u. O custo variável desse produto é de $ 25,00/u.
- A segunda é para o fornecimento de 120 unidades do produto Y. Cada unidade consome uma hora de fabricação. O preço ofertado é de $ 200,00/u. O custo variável desse produto é de $ 180,00/u.

Considere que, para o pedido de X, o custo do transporte até o cliente será por conta da Boa Vista, correspondendo a 5% da respectiva receita. Para o pedido de Y, o cliente será responsável pelo frete.

Qual dos dois pedidos a empresa deve aceitar, considerando que o restante das horas ociosas, se houver, não será utilizado?

**32.** A fábrica de vassouras Bruxa Linda Ltda. tem capacidade de produção mensal de 10 mil dúzias da vassoura modelo superluxo. No entanto, dada a retração de mercado de vassouras, está fabricando e vendendo apenas 8 mil dúzias mensais, a $ 100,00 cada.

Seus custos são os seguintes:

| | |
|---|---|
| Matéria-prima | $ 32,00/dúzia |
| Mão de obra direta | $ 24,00/dúzia |
| Custo indireto de fabricação variável | $ 8,00/dúzia |
| Custo indireto de fabricação fixo | $ 80.000,00/mês |

As despesas administrativas e de vendas são:

- Fixas = $ 120.000,00/mês.
- Variáveis = 3% da receita.

A Bruxa Linda recebeu uma proposta da Associação de Bruxas do Sul para o fornecimento de 1.200 dúzias mensais pelos próximos três meses, ao preço de $ 70,00/dúzia.

A empresa deve aceitar a proposta, mesmo que as despesas variáveis de vendas para esse pedido correspondam a 5% da respectiva receita?

**33.** O sr. José, diretor da empresa XPTO Ltda., está diante da seguinte situação: pode vender o produto XT embalado ou sem embalagem.

O custo desse produto sem embalagem é de $ 350,00 por unidade, e cada embalagem custa $ 45,00. O preço de venda unitário do produto embalado é de $ 515,00 e, sem embalagem, de $ 475,00.

A empresa tem maior ganho vendendo o produto embalado ou sem embalagem? Efetue os cálculos e ajude o sr. José.

**34.** A Pinheirinho Ltda. fabrica mesas, estantes e armários. A demanda anual desses produtos é a seguinte: mesas = 5.000 u; estantes = 18.000 u; armários = 7.000 u.

A Pinheirinho está trabalhando no limite de sua capacidade e vendendo toda a sua produção, que foi a seguinte no ano de 20X6:

| Produtos | Quantidade fabricada e vendida | Tempo de fabricação | Custos e despesas variáveis totais | Receita total |
|---|---|---|---|---|
| Mesas | 4.500 u | 5,0 h/u | $ 135.000,00 | $ 180.000,00 |
| Estantes | 14.000 u | 4,0 h/u | $ 189.000,00 | $ 245.000,00 |
| Armários | 5.000 u | 25,0 h/u | $ 535.000,00 | $ 750.000,00 |

Os custos e despesas fixos totalizaram $ 300.000,00 no ano.

**a)** Caso a Pinheirinho decida aumentar sua capacidade produtiva, passando para 220.000 horas-ano, qual mix de produção e vendas proporcionaria melhor resultado, supondo que a demanda não se modificasse?

**b)** Se a empresa não ampliar sua capacidade produtiva e a demanda não se modificar, qual mix de produção e vendas proporcionará melhor resultado? Demonstre.

**c)** Compare o mix encontrado nos itens **a** e **b** e faça um comentário.

**35.** Uma empresa fabrica os produtos Alfa e Beta. As horas de fabricação e o consumo de matéria-prima são:

| Produtos | Horas de fabricação | | Consumo de matéria-prima | |
|---|---|---|---|---|
| | Máquina 1 | Máquina 2 | MP X | MP Y |
| Alfa | 2 h/u | 3 h/u | — | 7 kg/u |
| Beta | — | 6 h/u | 2 kg/u | 4 kg/u |

Estão disponíveis ainda os seguintes dados:

- Mão de obra direta:
  máquina 1 = $ 100,00/h;
  máquina 2 = $ 150,00/h.
- Matéria-prima:
  matéria-prima X = $ 80,00/kg;
  matéria-prima Y = $ 120,00/kg.
- Custos indiretos de fabricação:
  fixos = $ 300.000,00/mês;
  variáveis = $ 70,00/h.
- Despesas:
  administrativas, fixas = $ 400.000,00/mês;
  vendas, fixas = $ 250.000,00/mês;
  vendas, variáveis = 5% do preço de venda.
- Preço de venda:
  produto Alfa = $ 3.000,00/u;
  produto Beta = $ 3.500,00/u.
- Disponibilidade de horas-máquina:
  máquina 1 = 3.000 h/mês;
  máquina 2 = 6.450 h/mês.
- Quantidade fabricada e vendida:
  produto Alfa = 1.400 u/mês;
  produto Beta = 300 u/mês.

Se houvesse capacidade ociosa de máquinas e a empresa resolvesse ocupá-la, qual seria o acréscimo de quantidades dos produtos?

**36.** Um barzinho comercializa mensalmente 4 mil latas e 5 mil garrafas de cerveja. Os valores pagos ao distribuidor são: $ 0,45 a lata, e $ 0,60 a garrafa. As latas são vendidas a $ 1,00 e as garrafas, a $ 1,50. Ambas são acondicionadas na mesma geladeira, e uma garrafa ocupa o espaço de duas latas. O proprietário do bar percebeu a possibilidade de aumentar as vendas; no entanto, está disposto a oferecer quantidades adicionais de apenas uma das duas. O espaço ocioso é suficiente para acomodar o correspondente a 400 latas. Qual das duas possibilidades você escolheria?

**37.** Tem-se observado a expansão de lojas que vendem água em garrafões de 10 e 20 litros. Um empreendedor resolveu montar uma loja dessas. Suas despesas mensais fixas são:

- Aluguel do ponto = $ 2.000,00.
- Honorários do contador = $ 200,00.
- Impostos municipais = $ 350,00.
- Mão de obra = $ 600,00.

São comercializados mensalmente 2.500 garrafões de 10 litros e 3.200 garrafões de 20 litros. Os garrafões de 10 litros são adquiridos a $ 1,30 cada e vendidos a $ 2,00, e os de 20 litros são adquiridos a $ 2,00 cada e vendidos a $ 3,00.

Como as vendas estão crescendo, surgiu a oportunidade de aumentar os estoques. No entanto, o proprietário resolveu adquirir quantidades adicionais de apenas um item, pois a loja apresenta uma limitação que restringe a quantidade em estoque: o espaço físico disponível. Ainda há espaço disponível no estoque para armazenar 150 garrafões de 20 litros.

Um estudo apontou que, no mesmo espaço ocupado por três garrafões de 20 litros, daria para armazenar cinco garrafões de 10 litros. Considere que a oferta atual não seja modificada. Por qual dos garrafões o empreendedor deve optar para aumentar as vendas? Em quanto aumentaria o lucro da loja?

**38.** O departamento de contabilidade da fábrica de doces Bom Bom S. A. montou a seguinte tabela:

| Produtos | Preços de venda unitários | Custos e despesas variáveis unitários |
|---|---|---|
| Paçoca | $ 0,40 | $ 0,25 |
| Pipoca doce | $ 0,30 | $ 0,15 |
| Maria-mole | $ 0,25 | $ 0,20 |
| Pirulito | $ 0,15 | $ 0,10 |

A Bom Bom quer melhorar seus resultados e, por isso, está convidando você para assessorá-la. O chefe de produção informou que os fornecedores de açúcar têm reduzido sistematicamente a entrega desse insumo. O consumo de açúcar é o seguinte, por unidade fabricada:

| Produtos | Consumo (gramas) |
|---|---|
| Paçoca | 20 |
| Pipoca doce | 25 |
| Maria-mole | 5 |
| Pirulito | 10 |

Indique ao presidente da Bom Bom a ordem dos produtos cujas vendas e produção você priorizaria para tornar o lucro o mais alto possível.

**39.** Uma empresa está trabalhando no limite de sua capacidade produtiva instalada, que é de 120.000 h/mês. Dessas horas, em outubro, 50% foram gastas na produção de X, que consome 40 h/u; 30% na produção de Y, que consome 30 h/u; e o restante do tempo na produção de Z, que consome 6 h/u.

Os custos e despesas variáveis com os respectivos preços dos produtos são:

| Produtos | Custos e despesas variáveis | Preços de venda |
|---|---|---|
| X | $ 55,00/u | $ 80,00/u |
| Y | $ 44,00/u | $ 57,80/u |
| Z | $ 8,00/u | $ 14,00/u |

A empresa verificou que a demanda poderia ser de 2.000 u de X, 1.500 u de Y e 5.000 u de Z. Se aumentar sua capacidade de produção para 146.000 h/mês, qual o mix de produção e vendas que você sugeriria para essa empresa, considerando tal expectativa de demanda?

**40.** Uma empresa fabrica e vende os produtos X e Y com os custos e preços apresentados a seguir:

| Produtos | Custos variáveis | Preços de venda |
|---|---|---|
| X | $ 180,00 | $ 250,00 |
| Y | $ 370,00 | $ 440,00 |

Os dois produtos são elaborados na mesma máquina; cada unidade de X utiliza 2 horas, e a de Y, 1,5 hora. Havendo ociosidade de 600 horas nessa máquina, qual produto deveria ser priorizado, quantas unidades poderiam ser fabricadas nessas horas e qual seria a margem de contribuição máxima obtida?

## 3.7 Comparação entre o método de custeio por absorção e o método de custeio variável

**41.** Explique a diferença entre os métodos de custeio por absorção e variável.

**42.** Qual desses métodos de custeio está de acordo com os princípios contábeis?

**43.** Esses dois métodos de custeio se valem dos mesmos dados e informações de produção e custos?

**44.** Qual o efeito no lucro operacional provocado por esses métodos quando:

- a quantidade vendida se iguala à quantidade fabricada em um período?
- a quantidade vendida supera a quantidade fabricada em um período?
- a quantidade vendida é menor que a quantidade fabricada em um período?

**45.** No custeio por absorção, o volume produzido interfere no custo unitário dos produtos?

**46.** No custeio variável, o volume produzido interfere no custo unitário dos produtos?

**47.** Admita estoques iniciais nulos. Caso não haja estoques finais, o lucro operacional apurado pelo custeio variável será igual ao apurado pelo custeio por absorção ou diferente dele? Justifique.

**48.** Admita estoques iniciais nulos. Caso haja estoques finais, o lucro operacional apurado pelo custeio variável será igual ao apurado pelo custeio por absorção ou diferente dele? Justifique.

**49.** Considere que uma empresa tenha iniciado suas atividades no ano de 20X8, no qual tenha fabricado 1.000 unidades de seu único produto, e as vendas tenham sido de 800 unidades. Seu lucro operacional apurado pelo custeio variável seria o mesmo se apurado pelo custeio por absorção?

**50.** Cite e explique as principais vantagens e desvantagens do método de custeio por absorção.

**51.** Cite e explique as principais vantagens e desvantagens do método de custeio variável.

**52.** Uma empresa fabrica e vende o produto X. Nos três últimos anos, sua produção e suas vendas foram:

| Ano | Produção | Vendas |
|---|---|---|
| 20X2 | 50.000 u | 40.000 u |
| 20X3 | 60.000 u | 65.000 u |
| 20X4 | 62.500 u | 65.000 u |

Seus custos foram:

variáveis = $ 50,00/unidade;

fixos = $ 1.500.000,00/ano.

Seu preço de venda foi de $ 250,00/unidade.

Estoque inicial dos produtos acabados = 0.

Método de avaliação de estoque: PEPS.

Apure o lucro bruto e a margem de contribuição de cada ano.

**53.** A empresa Alpha S.A. iniciou suas atividades em 20X7. Nesse ano, fabricou 1.000 unidades do produto X e vendeu 900. Os custos e as despesas foram:

- Custos fixos = $ 100.000,00 no ano.
- Custos variáveis = $ 120,00 por unidade.
- Despesas administrativas fixas = $ 40.000,00 no ano.
- Despesas de vendas fixas = $ 30.000,00 no ano.

O preço de venda foi de $ 400,00 por unidade, e a empresa pagou aos seus representantes comerciais 5% de comissão sobre as vendas. Determine o lucro operacional dessa empresa utilizando os métodos de custeio por absorção e custeio variável. Faça um comentário sobre os resultados obtidos por um e por outro método.

**54.** A Indústria Brasileira de Malas S.A. operou, no ano de 20X7, abaixo de sua capacidade de produção, fabricando 1.200 unidades de malas de luxo e vendendo apenas 900 delas. No início desse ano não havia estoque de malas acabadas. Os custos e as despesas relativos à produção e às vendas desse modelo, bem como os custos e despesas fixos da empresa, são:

- Variáveis:

  Matéria-prima = $ 150,00/u.

  Mão de obra direta = $ 100,00/u.

  Custos indiretos de fabricação = $ 50,00/u.

  Despesas de vendas = $ 10,00/u.

- Fixos:
  Depreciação = $ 50.000,00.
  Mão de obra = $ 60.000,00.
  Outros custos = $ 25.600,00.
  Despesas = $ 30.000,00.

O preço de venda das malas é $ 480,00 por unidade. Determine o lucro operacional dessa empresa pelo custeio por absorção e pelo custeio variável. Faça um comentário sobre os resultados encontrados.

**55.** A Tapetes Pé Sujo Ltda. fabricou 500 unidades de seu único tipo de tapete no mês de abril. Não havia estoque inicial e, no final do mês, restaram 50 unidades não vendidas. Os custos desse mês foram:

- Matéria-prima = $ 25.000,00.
- Mão de obra direta = $ 29.000,00.
- Custos indiretos de fabricação variáveis = $ 12.800,00.
- Custos indiretos de fabricação fixos = $ 15.000,00.

Determine o custo do estoque final pelo custeio por absorção e pelo custeio variável.

**56.** Uma empresa apresentou lucro operacional de $ 4.000,00 no ano de 20X4, considerando os custos apurados pelo custeio variável e os estoques valorizados pelo UEPS.

Nesse ano, o estoque inicial de produtos acabados era de 500 unidades e o estoque final, de 600 unidades. O custo fixo, considerando o custeio por absorção, foi de $ 10,00 por unidade fabricada. Que lucro operacional a empresa apresentaria pelo custeio por absorção?

## 3.8 Ponto de equilíbrio

**57.** Explique o que representa o ponto de equilíbrio e também as diferenças entre os pontos de equilíbrio contábil, econômico e financeiro.

**58.** Qual é a classificação dos custos que necessita ser feita para que se calcule o ponto de equilíbrio?

**59.** Qual o efeito provocado no ponto de equilíbrio se classificarmos um custo fixo como variável:

**a)** quando toda a produção do período for vendida?

**b)** quando somente parte da produção do período for vendida?

**60.** Vamos supor que uma empresa esteja vendendo 10 unidades mensais de seu único produto. Observando o gráfico do ponto de equilíbrio da empresa, vemos que ele ocorre na 9ª unidade. Que análise você faria dessa empresa?

**61.** Caso uma empresa aumente o preço de venda de seu produto e mantenha o mesmo volume vendido, que efeito isso provocaria no ponto de equilíbrio (supondo-se que não haja alterações nos custos e nas despesas)?

**62.** Explique o intervalo de variação relevante.

**63.** Cite e explique algumas deficiências e limitações do uso do ponto de equilíbrio.

**64.** Se o produto X tem margem de contribuição de $ 10,00 por unidade e os custos mais despesas fixos totalizam $ 1.000,00 no período, quantas unidades seriam necessárias para proporcionar um lucro de $ 100,00?

**65.** Considere que uma empresa tenha uma linha diversificada de produtos, os quais tenham margens de contribuição diferentes. Como determinar o ponto de equilíbrio dessa empresa?

**66.** Os dados de uma empresa que está viabilizando a fabricação do produto T são:

- Preço de venda = $ 400,00/u.
- Custos e despesas variáveis = $ 300,00/u.
- Custos e despesas fixos = $ 160.000,00/mês.
- Depreciação (incluída nos custos e despesas fixos) = $ 20.000,00/mês.
- Patrimônio líquido = $ 16.000.000,00.
- Lucro operacional desejado = 6% ao ano do patrimônio líquido.

Determine:

**a)** o PEC;

**b)** o PEE;

**c)** o PEF.

**67.** Um empreendedor está estudando a implantação de uma fábrica de bexigas. Planeja investir $ 30.000,00 no negócio e deseja um lucro operacional correspondente a 5% ao mês desse investimento. Ele estimou os seguintes valores:

- Preço = $ 5,00 a dúzia.
- Custo variável = $ 3,00 a dúzia.
- Despesas variáveis = 10% do preço.
- Custos e despesas fixos = $ 3.000,00 por mês.

Determine o PEE.

**68.** A Indústria Pau Brasil S.A. está interessada em avaliar um novo projeto.

O custo fixo anual foi previsto em $ 1.200.000,00, o custo variável do produto a ser fabricado, em $ 120,00 por unidade, e o preço de venda, em $ 200,00 por unidade. Determine:

**a)** O ponto de equilíbrio em quantidade e em valor do projeto.

**b)** O ponto de equilíbrio, se o produto fosse vendido por $ 215,00 a unidade e o custo variável fosse de $ 140,00 a unidade.

**69.** Uma empresa fabrica e vende o produto XIX. No ano de 20X2 foram vendidas 4.850 u, apresentando o seguinte resultado:

| | |
|---|---|
| Receita de vendas | $ 85.263.000,00 |
| (–) Custos e despesas variáveis dos produtos vendidos | $ 51.157.800,00 |
| (=) Margem de contribuição | $ 34.105.200,00 |
| (–) Custos e despesas fixos | $ 11.363.712,00 |
| (=) Lucro operacional | $ 22.741.488,00 |

**a)** Calcule o PEC da empresa.

**b)** Calcule qual seria o PEE se o lucro operacional fosse de 25% sobre os custos e despesas no ponto de equilíbrio. Demonstre.

**c)** Supondo que se desejasse um lucro operacional de 30% do preço de venda, qual seria o PEE necessário para a empresa operar?

**d)** Considerando que essa empresa tenha uma dívida de $ 12.657.600 para ser paga em seis parcelas fixas anuais, vencendo a primeira neste primeiro ano, e que a depreciação representa 25% dos custos fixos, qual é o seu PEF?

**70.** A Xi & Xi Ltda. fabrica fraldas descartáveis de tamanho único. Seus custos e receitas foram:

- Custo variável = $ 50,00 por caixa de 50 pacotes.
- Custo fixo = $ 120.000,00 por mês.
- Preço de venda = $ 200,00 por caixa de 50 pacotes.

Demonstre em qual dessas situações o PEE seria obtido mais rapidamente:

**a)** Considerando um lucro operacional de 50% sobre o preço de venda.

**b)** Considerando um lucro operacional de 50% sobre seus custos totais.

**71.** Uma empresa está fabricando e vendendo 5 mil unidades mensais de seu produto XPTO. Seus custos e despesas mensais são:

- Fixos = $ 50.000,00.
- Variáveis = $ 125.000,00.

Determine o preço de venda unitário que a empresa deveria praticar, mantendo a mesma quantidade fabricada e vendida, bem como os custos atuais, para obter lucro operacional:

**a)** De $ 25.000,00 mensais.

**b)** De 20% do preço de venda.

**c)** De 30% do custo variável e despesa variável.

**72.** Dados de uma empresa que está analisando a viabilidade de fabricar e comercializar o produto Jota:

- Custos e despesas variáveis = $ 7,50/u.
- Custos e despesas fixos = $ 3.000,00/mês.

A capacidade de produção deverá ser de 1.000 unidades mensais.

**a)** Determine o preço de venda unitário para que o ponto de equilíbrio contábil ocorra em cada uma das quantidades solicitadas a seguir:

- 250 u
- 500 u
- 750 u
- 1.000 u

**b)** Elabore o gráfico do ponto de equilíbrio para cada quantidade.

**73.** A J. N. Osasco S.A. fabrica os produtos P1, P2 e P3. No mês de abril/20X9 obteve os seguintes dados:

| Produtos | Preços | Custos e despesas variáveis |
|---|---|---|
| P1 | $ 300,00/u | $ 200,00/u |
| P2 | $ 500,00/u | $ 300,00/u |
| P3 | $ 700,00/u | $ 400,00/u |

Os custos e despesas fixos foram de $ 30.000,00.

Calcule o ponto de equilíbrio contábil e elabore a DRE:

**a)** quando forem vendidas as mesmas quantidades de cada um dos três produtos;

**b)** quando as quantidades vendidas apresentarem a seguinte proporção: P1 seja 50% de P2, e P2 seja 40% de P3.

**74.** A H. Bela Vista Ltda. fabrica uma linha diversificada de produtos. Sua demonstração de resultados referente ao exercício de 20X3 foi:

| | |
|---|---|
| Receita de vendas | $ 286.000,00 |
| (–) Custos e despesas variáveis | $ 180.180,00 |
| (=) Margem de contribuição | $ 105.820,00 |
| (–) Custos e despesas fixos | $ 43.000,00 |
| (=) Lucro operacional | $ 62.820,00 |

Determine o ponto de equilíbrio.

## 3.9 Margem de segurança operacional

**75.** A margem de segurança operacional representa a quantidade de produtos que geram o lucro operacional da empresa?

**76.** Se uma empresa aumenta ou diminui os preços de venda de seus produtos, mantida a demanda, que impacto essa decisão provoca na MSO?

**77.** Calcule a margem de segurança operacional de uma empresa que fabrica e vende o produto Q. Os seguintes dados estão disponíveis:

- Quantidade vendida = 20 u.
- Custos e despesas variáveis = $ 4.800,00/u.
- Custos e despesas fixos = $ 32.000,00/mês.
- Preço de venda = $ 8.000,00/u.

Em uma decisão do diretor comercial, com base no comportamento de mercado, optou-se por reduzir o preço de venda em 20%. Qual será a nova margem de segurança operacional mantendo-se a mesma quantidade de produtos vendidos?

**78.** A Mundo da Lua S.A. fabrica bijuterias finas para mulheres jovens. Em novembro/20X3, cada peça era vendida por $ 100,00. Seu ponto de equilíbrio contábil foi de 1.100 unidades e a margem de segurança operacional foi de 220 peças, proporcionando um lucro operacional de $ 13.200,00. Qual foi o custo fixo da Mundo da Lua?

**79.** A J. D. Luz Ltda. fabrica e vende o produto R. Os seguintes dados estão disponíveis:

- Quantidade vendida = 20 u.
- Custos e despesas variáveis = $ 4.800,00.
- Custos e despesas fixos = $ 32.000,00/mês.
- Preço de venda = $ 8.000,00/u.

Caso a empresa conceda um aumento salarial a seus funcionários, haverá um acréscimo de 5% nos custos e despesas variáveis, e de 20,25% nos custos e despesas fixos. Em decorrência disso, qual seria a nova margem de segurança operacional? Compare com a MSO anterior e analise o efeito dessa decisão.

## 3.10 Alavancagem operacional

**80.** O que é alavancagem operacional?

**81.** Por que o aumento do lucro operacional é mais que proporcional ao aumento dos custos quando há incremento nas vendas, considerando os preços unitários constantes? (Suponha que o mix de produtos vendidos não se modifique.)

**82.** O que significa o grau de alavancagem operacional?

**83.** Uma empresa que possua custos fixos elevados pode ter grandes lucros ou grandes prejuízos, dependendo da quantidade vendida. Você concorda? Justifique.

**84.** A empresa P. dos Príncipes S.A. apresentou os seguintes dados:

- Quantidade vendida = 100 u.
- Preço de venda = $ 45.000,00/u.
- Custos e despesas variáveis = $ 31.000,00/u.
- Custos e despesas fixos = $ 966.000,00/ano.

Pede-se:

**a)** Calcule o grau de alavancagem operacional dessa empresa, caso consiga aumentar em 20% a quantidade vendida, mantendo o mesmo preço de venda unitário.

**b)** Calcule o grau de alavancagem operacional dessa empresa, caso consiga aumentar em 100% seu lucro operacional, mantendo o mesmo preço de venda unitário.

**c)** Compare com o resultado anterior e faça um comentário.

**85.** Uma empresa está fabricando e vendendo 3.500 u mensais de seu produto W, com os seguintes custos e despesas:

Custos e despesas fixos:

- Aluguel = $ 500.000,00.
- Mão de obra = $ 800.000,00.
- Depreciação = $ 200.000,00.
- Outros = $ 300.000,00.

Custos e despesas variáveis:

- Matéria-prima = $ 400,00/u.
- Mão de obra direta = $ 300,00/u.
- Custos indiretos variáveis = $ 200,00/u.
- Despesas de vendas variáveis = 10% do preço de venda.

O preço de venda praticado é de $ 2.000,00 por unidade.

Caso ocorra um aumento de 500 unidades na margem de segurança operacional, qual será o grau de alavancagem operacional dessa empresa?

**86.** A Cia. P. Lêgo Ltda. fabrica estantes de aço, que são vendidas por $ 7.000,00 cada. Em março/20X1, a produção e as vendas foram de 500 unidades, proporcionando um lucro operacional de 20% sobre a receita total. Nesse mês, os custos e despesas variáveis representaram 50% da receita total.

Calcule o grau de alavancagem operacional caso a margem de segurança operacional aumente em 50 unidades.

**87.** A B. Paschoal Ltda., ao aumentar sua produção e vendas em 30%, passando para 5.200 unidades mensais do produto Alfa, teve o custo total (fixo + variável) aumentado de $ 470.000,00 para $ 560.000,00. Considerando que o preço de venda unitário é de $ 200,00, determine o grau de alavancagem operacional.

**88.** A empresa Beleza Pura Ltda. fabrica creme hidratante para os pés. Atualmente produz e vende, mensalmente, 15.800 potes de 500 g. O preço de venda é de $ 3,50 cada pote, proporcionando um lucro operacional de 15% sobre a receita total.

Sua produção anterior era 20% inferior, também vendida a $ 3,50 o pote, e proporcionava um lucro operacional de 10% sobre a receita total.

Qual foi o grau de alavancagem operacional dessa empresa?

**89.** As empresas Garanhuns Ltda. e Quixadá Ltda. apresentaram o mesmo valor de receita e de lucro operacional no último ano, conforme seus demonstrativos de resultados, mostrados a seguir. Observe no demonstrativo que a empresa Garanhuns apresenta custos e despesas variáveis mais elevadas e custos e despesas fixos menores comparativamente à empresa Quixadá.

| | Garanhuns | Quixadá |
|---|---|---|
| Receita | 600.000,00 | 600.000,00 |
| Custos e despesas variáveis | (320.000,00) | (180.000,00) |
| Margem de contribuição | 280.000,00 | 420.000,00 |
| Custos e despesas fixos | (130.000,00) | (270.000,00) |
| Lucro operacional | 150.000,00 | 150.000,00 |

Pede-se que:

**a)** se calcule o grau de alavancagem de cada empresa.

**b)** se avalie o GAO de cada empresa com relação ao risco operacional.

## Exercícios adicionais

**1.** Guerreiro (1996, p. 65) assim se manifesta sobre a absorção dos custos fixos: "[...] a determinação de valores de estoques com base em alocação de custos e a consequente retenção de custos estruturais fixos nos estoques de produção em andamento e de produtos acabados é totalmente inútil para finalidades gerenciais". Comente essa afirmação tendo como base os conceitos do custeio variável.

**2.** Martins (2003, p. 197-198) diz que "não há, normalmente, grande utilidade para fins gerenciais no uso de um valor em que existam custos fixos apropriados". Isso porque os custos fixos existem independentemente do volume de produção ou da produção deste ou daquele produto. Além disso, esses custos são quase sempre distribuídos aos produtos por intermédio de uma base de rateio, que contém, em maior ou menor grau, arbitrariedade.

Complementa o autor que o valor do custo fixo por unidade depende do volume de produção. Desse modo, qualquer decisão em base de custo deve levar em conta também o volume de produção e, pior que isso, o custo de um produto pode variar em função da variação de quantidade produzida de outro produto. Analise essas colocações do autor.

3. Conforme Horngren (1989, p. 392), o custeio variável tem um impacto diferente sobre os lucros do que o custeio por absorção, porque os custos fixos são interpretados como custos periódicos, os quais são levados diretamente ao resultado, e não como custos do produto. Comente essa descrição do autor.

4. Leone (1987, p. 401) descreve que, pelo custeio variável, os resultados de uma empresa sofrem influência direta do volume de vendas, ao passo que, pelo custeio por absorção, os resultados sofrem influência direta do volume de produção. Comente essa situação descrita pelo autor.

5. Lucas (1997, p. 42) diz: "Se os custos são alocados ao nível de um produto, o custo unitário resultante será uma função do volume de produção. Considere, por exemplo, o custo de realizar a preparação de uma máquina. Ele é independente do número de unidades produzidas. Consequentemente, se a quantidade produzida é diminuída pela metade, o custo unitário de preparação da máquina dobra!". Avalie essa afirmação.

6. Diversos autores discutem as limitações que os custos calculados pelo método de custeio por absorção apresentam quando utilizados para fins de decisão. Entretanto, o método de custeio variável não está imune a críticas, principalmente por causa do crescimento da proporção dos custos fixos na estrutura de custos das empresas e da dificuldade de uma correta identificação desses custos, notadamente quando existem contas que contemplam custos variável e fixo (são os custos semivariáveis). Avalie essa situação.

7. Considere uma empresa que iniciou suas atividades no ano de 2010. Não havia, portanto, nenhum tipo de estoque inicial (de matéria-prima, produtos acabados etc.). Nesse ano, a empresa fabricou 1.800 unidades do Produto A, tendo vendido 1.600 unidades. Essa empresa utilizou o custeio por absorção para custear a produção. Caso tivesse utilizado o custeio variável, ela teria obtido o mesmo lucro operacional que foi gerado pelo uso do método de custeio por absorção? Explique.

8. Aconteceu no mês de maio de 20X0: uma conta de valor elevado que deveria ser classificada como custo variável foi classificada indevidamente como custo fixo. Nesse mês a empresa produziu 200 unidades do produto A e vendeu 180 unidades. Explique se o valor do lucro do mês é o mesmo com o uso do método de custeio por absorção ou com o uso do método de custeio variável.

9. A margem de contribuição permite avaliar a rentabilidade dos produtos e é obtida pela seguinte equação:

   Preço de venda (-) Custos e despesas variáveis

   Entretanto, caso a fabricação de um produto necessite de uma máquina exclusiva (lembrando que sua depreciação é um custo fixo) e tenha um canal exclusivo de vendas (geradora de despesas fixas), como se deve avaliar a rentabilidade deste produto?

10. Muitas empresas pagam comissões a seus vendedores tendo o valor da receita dos produtos vendidos como base de cálculo. Analise uma eventual mudança na base de cálculo da comissão passando da receita para a margem de contribuição dos produtos vendidos.

11. O conhecimento da margem de contribuição permite decidir sobre como utilizar um determinado grupo de recursos limitados de maneira mais lucrativa. Avalie essa afirmação.

12. Para o gerente da área comercial, a informação do valor da margem de contribuição pode auxiliar a decidir sobre quais produtos devem merecer maior ou menor esforço de vendas. Comente essa afirmação.

13. Um gerente de vendas, ao aceitar pedidos de clientes que apresentam margem de contribuição positiva sem levar em consideração os custos fixos e despesas fixas da empresa, corre o risco de que a margem de contribuição total não seja suficiente para cobrir os custos fixos e as despesas fixas, bem como o lucro necessário à manutenção do negócio. Comente.

14. Considere que sua empresa esteja operando com uma capacidade ociosa de 30%. Seu custo por hora de trabalho foi calculado em $ 30,00, com base no custeio por absorção. Um cliente faz uma proposta para compra de um serviço extraordinário dispondo-se a pagar $ 20,00 por hora. A empresa deve ou não aceitar a proposta?

15. Tecnicamente, uma empresa que opera no ponto de equilíbrio contábil apresenta resultado econômico negativo. Por que isso acontece?

16. O lucro de uma empresa é maximizado quando a receita marginal e o custo marginal forem iguais. Analise esta afirmação.

17. Duas empresas de mesmo porte que atuam no mesmo segmento de negócios apresentam os seguintes graus de alavancagem operacional:

- empresa A = 2,7;
- empresa B = 3,9.

Explique por que o grau de alavancagem da empresa B é superior ao da empresa A.

18. Os seguintes dados referem-se ao mês de agosto da Cia. São José:

- Estoque inicial de matérias-primas: $ 5.000,00.
- Estoque final de matérias-primas: $ 6.500,00.
- Compras de matérias-primas do mês: $ 22.000,00.
- Custo da mão de obra direta: $ 30.000,00.
- Custos indiretos variáveis: $ 5.000,00.
- Custos indiretos fixos: $ 20.000,00.
- Despesas administrativas: $ 12.000,00.
- Despesas comerciais fixas: $ 8.000,00.
- Despesas comerciais variáveis: 5% da receita.
- Receita de vendas: $ 120.000,00.

A produção do mês foi de 15.000 unidades do produto J. Considerando que toda a produção tenha sido vendida, determine:

a) O valor da margem de contribuição unitária deste produto.

b) O lucro operacional do mês.

19. A Cia. Jaboatão fabrica apenas o produto Beta. Sua capacidade de produção é de 8.000 unidades mensais. Os seguintes dados referem-se ao mês de junho:

- Produção: 5.000 unidades.
- Matéria-prima: $ 40,00 por unidade.
- Mão de obra direta: $ 32,00 por unidade.
- Custos indiretos variáveis: $ 12,00 por unidade.
- Custos indiretos fixos: $ 50.000,00.
- Despesas administrativas: $ 80.000,00.
- Despesas comerciais fixas: $ 40.000,00.

Toda produção foi vendida ao preço de $ 140,00 por unidade. Sobre a receita incidem comissões de 10%. O gerente de vendas recebeu um pedido extra de um revendedor localizado no extremo sul do país, para o fornecimento de 2.000 unidades ao preço de $ 95,00 cada. Sobre esse pedido a comissão será de 5%.

Pede-se:

**a)** O pedido deve ser aceito? Apresente os cálculos.

**b)** Qual a variação no lucro da empresa que este pedido proporciona?

**20.** A Cia. Boa Viagem, fabricante de malas, tem conseguido produzir e vender 650 unidades mensais. Cada mala é vendida por $ 90,00 e os custos e despesas variáveis totalizam $ 55,00 por unidade. Com esse volume de produção e vendas, a empresa tem operado no ponto de equilíbrio, apenas. Algumas medidas foram tomadas com o propósito de melhorar a situação.

O comprador da empresa conseguiu negociar com os fornecedores um desconto no preço das matérias-primas, o que garante uma redução de $ 15,00 no custo de cada mala. O gerente de vendas anunciou que, se reduzir o preço de venda em $ 10,00 por mala, consegue vender 1.000 unidades por mês. Determine o lucro operacional que seria obtido.

**21.** A Cia. Sá Pato produz botas masculinas e femininas. Por causa da dificuldade de contratar mão de obra qualificada para operar as máquinas, a mão de obra é o fator limitante de produção. Cada par de botas feminina consome 25% mais tempo para ser fabricada em relação às botas masculinas. Se toda a produção da empresa fosse concentrada em botas femininas, a disponibilidade de horas de mão de obra permite a produção de 600 pares mensais. A demanda mensal é de 400 pares de botas masculinas e 350 pares de botas femininas. Os seguintes dados do mês de julho estão disponíveis:

- Matéria-prima: botas masculinas = $ 115,00 o par; botas femininas = $ 140,00 o par.
- Mão de obra direta: botas masculinas = $ 38,00 o par; botas femininas = $ 50,00 o par.
- Custos indiretos variáveis: $ 20,00 o par (para botas masculinas e femininas).
- Custos indiretos fixos = $ 40.000,00.
- Despesas variáveis de vendas = 10% do preço.
- Despesas fixas de vendas = $ 15.000,00.
- Despesas administrativas = $ 25.000,00.
- Preço de venda: botas masculinas = $ 350,00 o par; botas femininas = $ 420,00 o par.

Pede-se:

**a)** Determine a quantidade máxima de produção de cada tipo de bota a ser fabricada e vendida para maximizar o lucro operacional da empresa.

**b)** Qual o lucro operacional da empresa?

**22.** A Cia. P. Alves fabrica móveis rústicos sob encomenda. Seus principais produtos são mesas de sala e estantes. Conforme a contabilidade de custos, os custos fixos da empresa totalizam $ 80,00 por dia e as despesas fixas (de vendas e administrativas) totalizam $ 40,00 por dia. Os custos e as despesas variáveis por unidade fabricada são:

| Produtos | Matéria-prima | Mão de obra direta |
|---|---|---|
| Mesas de sala | $ 230,00 | $ 50,00 |
| Estantes | $ 350,00 | $ 30,00 |

No início do mês de setembro não havia nenhum pedido sendo atendido, e a fábrica estava totalmente parada. Nessa oportunidade, o gerente comercial recebeu duas propostas, no entanto, pode aceitar apenas uma delas.

A primeira proposta é de uma loja localizada no centro da cidade que deseja adquirir 20 mesas de sala ao preço de $ 510,00 a unidade. A produção desse lote consome três semanas de trabalhos da fábrica. A segunda proposta é de uma loja da cidade vizinha que deseja 30 estantes, oferecendo $ 600,00 a unidade. A produção desse lote consome o mês inteiro de trabalho.

**a)** Qual pedido deve aceitar? Apresente os cálculos.

**b)** Justifique sua escolha.

**23.** A Cia. Perdizes fabrica os produtos M, N e P. Os seguintes dados estão disponíveis:

| Produtos | Preço por unidade ($) | Mão de obra direta (hs por unidade) | Matéria--prima (kg por unidade) | Custos indiretos variáveis ($ por unidade) |
|---|---|---|---|---|
| M | 75,00 | 2,0 | 1,0 | 4,00 |
| N | 140,00 | 3,0 | 2,5 | 8,00 |
| P | 180,00 | 4,5 | 3,0 | 12,00 |

O custo da mão de obra direta é de $ 10,00 por hora e da matéria-prima, R$ 12,00 por quilo. Os custos indiretos fixos mais as despesas comerciais fixas e despesas administrativas totalizam $ 35.000,00 por mês. Em consequência da dificuldade de contratar funcionários qualificados, as horas de mão de obra direta estão limitadas a 1.620 h para a produção no mês de setembro.

O mercado deverá consumir, em setembro, 240 unidades do produto M, 200 unidades de N e 160 unidades do produto P.

Pede-se:

**a)** Qual a quantidade de cada produto que a empresa deve fabricar nesse mês para que possa maximizar seu lucro operacional?

**b)** Quanto representa esse lucro operacional?

**24.** A Cia. Hertz fabrica os produtos A, B, C e D. Os preços de venda de cada um deles e os custos e despesas variáveis são:

| Produtos | Preços de venda (unitários) | Custos e despesas variáveis (unitários) | Margem de contribuição |
|---|---|---|---|
| A | $ 130,00 | $ 120,00 | $ 10,00 |
| B | $ 120,00 | $ 108,00 | $ 12,00 |
| C | $ 140,00 | $ 125,00 | $ 15,00 |
| D | $ 115,00 | $ 107,00 | $ 8,00 |

A matéria-prima M5 é utilizada nos três produtos e a Cia. Hertz tem encontrado dificuldades para adquiri-la. A produção atual está limitada à disponibilidade desta matéria-prima. Cada unidade produzida consome: A = 18 kg; B, 20 kg; C, 28 kg; D, 14 kg.

Dada a restrição da disponibilidade da matéria-prima M5, a direção da empresa decidiu priorizar a fabricação dos produtos que têm a maior margem de contribuição. Desse modo são produzidas quantidades dos produtos A, B e C que atendem à demanda. O produto D, que tem a menor margem de contribuição, tem sua produção inferior à demanda. A produção e as vendas bem como a demanda mensal desses produtos são de:

| Produtos | Demanda | Produção e Vendas |
|---|---|---|
| A | 2.000 u | 2.000 u |
| B | 1.800 u | 1.800 u |
| C | 1.200 u | 1.200 u |
| D | 2.500 u | 1.400 u |

Pede-se:

**a)** Calcule a margem de contribuição atual da empresa.

**b)** Esta margem de contribuição poderia ser otimizada? Justifique sua resposta; para isso, apresente os cálculos.

**25.** A empresa B. Santana iniciou suas atividades no mês de agosto fabricando apenas o produto S.

Os dados da produção e vendas do mês são:

- Produção: 5.000 unidades.
- Vendas: 4.000 unidades.
- Custo variável: $ 50,00 por unidade.
- Custos fixos: $ 40.000,00.
- Despesas variáveis de vendas: $ 5,00 por unidade.
- Despesas fixas de vendas: $ 15.000,00.
- Despesas administrativas: $ 12.000,00.
- Preço de venda: $ 150,00 por unidade.

Pede-se:

a) Determine o lucro desta empresa pelo custeio por absorção.

b) Determine o lucro desta empresa pelo custeio variável.

c) Determine o saldo de estoque de produtos acabados pelo custeio por absorção.

d) Determine o saldo de estoque de produtos acabados pelo custeio variável.

e) Analise as divergências no lucro e no saldo de estoque decorrentes da aplicação de um e outro método de custeio.

**26.** A Cia. Xangai fabrica apenas jaquetas de couro masculina. No início de novembro não havia estoque de produtos acabados nessa empresa. Nesse mês, foram fabricadas 600 jaquetas, das quais 500 foram vendidas ao preço de $ 350,00 cada. Os seguintes dados estão disponíveis:

- Custo variável: $ 120,00 por unidade.
- Custos fixos: $ 45.000,00.
- Despesas variáveis de vendas: $ 20,00 por unidade.
- Despesas fixas de vendas: $ 12.000,00.
- Despesas administrativas: $ 25.000,00.

Pede-se:

a) Determine o lucro desta empresa pelo custeio por absorção.

b) Determine o lucro desta empresa pelo custeio variável.

c) Determine o saldo de estoque de produtos acabados pelo custeio por absorção.

d) Determine o saldo de estoque de produtos acabados pelo custeio variável.

e) Analise as divergências no lucro e no saldo de estoque decorrentes da aplicação de um método e outro método de custeio.

**27.** A Cia. Olinda fabrica barracas de camping de luxo. No início de maio havia 500 barracas no estoque de produtos acabados. O custo desse estoque, calculado pelo custeio por absorção, era de $ 165,00 por unidade e, pelo custeio variável, $ 125,00 por unidade.

Em maio foram fabricadas 4.000 barracas e vendidas 4.500. Os seguintes dados relativos a maio são:

- Custo da matéria-prima: $ 80,00 por unidade.
- Custo da mão de obra direta: $ 40,00 por unidade.
- Custos indiretos variáveis: $ 25,00 por unidade.
- Custos indiretos fixos: $ 130.000,00.
- Despesas administrativas: $ 60.000,00.
- Despesas fixas de vendas: $ 35.000,00.
- Despesas variáveis de vendas: $ 12,00 por unidade.
- Preço de venda: $ 240,00 por unidade.

Considerando que a empresa utiliza o PEPS para valorizar os estoques, pede-se:

a) Determine o lucro de maio pelo custeio por absorção.

b) Determine o lucro de maio pelo custeio variável.

c) Analise as divergências no lucro decorrentes da aplicação de um e outro método de custeio.

**28.** Considere que a Cia. Omega tenha capacidade de produção correspondente a 2.500 unidades mensais de seu único produto Z. Em determinado mês, apresentou os seguintes dados:

- Custos fixos: $ 292.500,00.
- Despesas fixas (administrativas e de vendas): $ 185.000,00.
- Custos variáveis: $ 250,00 por unidade.
- Despesas variáveis (comissões de vendedores): $ 20,00 por unidade.
- Preço de venda: $ 600,00 por unidade.
- Quantidade produzida e vendida: 2.000 unidades.
- Não havia estoque inicial de produtos acabados.

A empresa recebeu uma proposta de um potencial cliente para lhe fornecer 250 unidades de Z ao preço de $ 340,00 (para esse pedido não há despesas com comissões).

Pede-se:

**a)** Utilizando o custeio por absorção, demonstre o cálculo do lucro atual da empresa e do lucro que teria se aceitasse esse pedido.

**b)** O pedido deveria ser aceito utilizando o custeio por absorção? Explique.

**c)** Utilizando o custeio variável, demonstre o cálculo do lucro atual da empresa e do lucro que teria se aceitasse esse pedido.

**d)** O pedido deveria ser aceito utilizando o custeio variável? Explique.

**29.** A produção e vendas da Cia. Caucaia do Alto totaliza 6.000 unidades mensais de seu produto V, com os seguintes custos:

- custos variáveis = $ 25,00 por unidade;
- custos fixos = $ 11,00 por unidade.

As despesas, todas fixas, totalizam $ 30.000,00 por mês, e o preço de venda é de $ 50,00 por unidade. No início do mês de abril a empresa recebeu a consulta de um cliente do exterior desejando adquirir 1.000 unidades deste produto. No entanto, sua capacidade ociosa é de apenas 600 unidades. Para atender esse pedido, teria de reduzir temporariamente as vendas no mercado interno para 5.600 unidades. O preço que esse cliente do exterior se propõe a pagar é de $ 29,00 por unidade.

Pede-se:

**a)** Caso a empresa aceite o pedido, qual o lucro ou prejuízo adicional, sabendo que para essa exportação a empresa incorre em um custo adicional correspondente a 10% sobre a receita de vendas?

**b)** Qual o método de custeio adequado para suportar este tipo de situação: custeio por absorção ou custeio variável?

**30.** A Cia. Madureira fabrica os produtos X e Y. No mês de março, os custos e despesas fixos totalizaram $ 130.000,00. Os custos e despesas variáveis foram:

| | Produto X | Produto Y |
|---|---|---|
| Matéria-prima | $ 50.000,00 | $ 70.000,00 |
| Mão de obra direta | $ 25.000,00 | $ 21.000,00 |
| Embalagem | $ 12.000,00 | $ 15.000,00 |
| Frete de entrega dos produtos vendidos | $ 2.500,00 | $ 5.000,00 |

Nesse mês, a produção e vendas foi:

- produto X = 4.000 unidades;
- produto Y = 6.000 unidades.

Os preços de venda são:

- produto X = $ 45,00 por unidade;
- produto Y = $ 32,00 por unidade.

Pede-se:

**a)** Determine o valor da margem de contribuição de cada produto.

**b)** Determine o lucro da empresa.

**c)** Determine o valor da receita no ponto de equilíbrio contábil.

**31.** A empresa Vale da Lua apresentou o seguinte demonstrativo de resultados relativo ao último exercício:

| | |
|---|---|
| Receita de vendas | $ 480.000,00 |
| Custos variáveis dos produtos vendidos | ($ 120.000,00) |
| Despesas variáveis de vendas | ($ 180.000,00) |
| Margem de contribuição | $ 180.000,00 |
| Custos fixos | ($ 80.000,00) |
| Despesas administrativas | ($ 20.000,00) |
| Despesas de vendas | ($ 20.000,00) |
| Lucro operacional | $ 60.000,00 |

Pede-se:

**a)** O ponto de equilíbrio da empresa.

**b)** A margem de segurança operacional.

**32.** A Cia. Agreste apresentou a seguinte demonstração de resultados referente ao ano de 20X0.

| | |
|---|---|
| Receita de vendas | $ 350.000,00 |
| Custos e despesas variáveis | ($ 210.000,00) |
| Custos e despesas fixos | ($ 80.000,00) |
| Lucro operacional | $ 60.000,00 |

Projeta-se, para o ano seguinte, um crescimento da demanda em 40%. Para atender a essa nova demanda, a empresa deve realizar investimentos, o que elevará os custos fixos em $ 56.000,00. Os preços de venda e os custos e despesas variáveis dos produtos que compõem a carteira de pedidos da empresa não serão modificados. A direção considera que o custo de oportunidade da empresa é de 10% do montante de custos e despesas fixos.

Pede-se:

**a)** Determine o ponto de equilíbrio contábil e econômico atual.

**b)** Determine o ponto de equilíbrio contábil e econômico após a realização do investimento.

**33.** A empresa B. Vista fabrica os produtos R e S, que são vendidos por $ 180,00 e $ 160,00, respectivamente. Sobre a receita das vendas, a empresa paga 5% de comissão aos vendedores. No mês de abril, os custos e despesas fixos da empresa totalizam $ 40.000,00.

Os custos variáveis foram:

| Custos | Produto R | Produto S |
|---|---|---|
| Matéria-prima | Consumo: 8 kg por unidade<br>$ 10,00 por quilo | Consumo: 5 kg por unidade<br>$ 12,00 por quilo |
| Mão de obra direta | Tempo: 2 h por unidade<br>$ 25,00 por hora | Tempo: 1,5 h por unidade<br>$ 25,00 por hora |
| Custos indiretos variáveis | $ 8,00 por hora de mão de obra direta | $ 8,00 por hora de mão de obra direta |

A produção e vendas de abril foi: Produto R = 300 unidades; Produto S = 500 unidades.

Pede-se:

**a)** Determine o valor da margem de contribuição de cada unidade de R e de S.

**b)** Determine o lucro operacional do mês.

**c)** Determine o valor da receita no ponto de equilíbrio contábil.

**d)** Determine a margem de segurança operacional.

**34.** Um empreendedor está avaliando investir em um restaurante. A estrutura de custos, despesas e receita planejados é a seguinte:

**a)** preço de cada refeição: $ 30,00;

**b)** despesas variáveis: 10% do preço cobrado;

**c)** custo variável por refeição: $ 15,00;

**d)** custos fixos anuais: $ 48.000;

**e)** despesas fixas anuais: $ 60.000.

Calcule:

**a)** O ponto de equilíbrio contábil em número de refeições.

**b)** O ponto de equilíbrio econômico em número de refeições, considerando-se uma margem de lucro de 30% da receita.

**c)** O ponto de equilíbrio financeiro em número de refeições, considerando que 10% dos custos e despesas fixos referem-se à depreciação.

**35.** A fábrica de bijuterias Doce Ilusão produz apenas brincos e anéis. A produção e vendas mensais de brincos é de 10.000 unidades e de anéis, 4.000 unidades. Os preços de venda são, em média, $ 20,00 pelo par de brincos e, $ 50,00 por anel.

Os custos variáveis são:

| Custos | Brincos | Anéis |
|---|---|---|
| Matéria-prima | $ 12,00 o par | $ 15,00 por unidade |
| Mão de obra direta | $ 8,00 o par | $ 10,00 por unidade |
| Custos indiretos variáveis | $ 4,00 o par | $ 5,00 por unidade |

Os custos e as despesas fixas da empresa totalizam $ 40.000,00 por mês.

Pede-se:

**a)** Determine o valor da receita no ponto de equilíbrio contábil da empresa.

**b)** Determine a margem de segurança operacional da empresa.

**c)** Avalie o ponto de equilíbrio e a margem de segurança operacional. Você tem sugestões para melhorar o desempenho da empresa?

**36.** As empresas Lisboa e Madri são concorrentes, fabricando apenas uma linha de produto cada. Os seguintes dados referem-se ao mês de maio:

| Empresa | Custo fixo | Preço de venda unitário | Custos e despesas variáveis unitários |
|---|---|---|---|
| Lisboa | $ 20.000,00 | $ 100,00 | $ 50,00 |
| Madri | $ 30.000,00 | $ 100,00 | $ 25,00 |

Pede-se:

**a)** Determine o ponto de equilíbrio de cada empresa.

**b)** Analise a rentabilidade de cada empresa, acima e abaixo do ponto de equilíbrio, com base nos conceitos da alavancagem operacional.

**37.** A margem de contribuição e o lucro operacional das empresas Roma e Paris constam da tabela abaixo.

| | Roma | Paris |
|---|---|---|
| Margem de contribuição | $ 120.000,00 | $ 160.000,00 |
| Lucro operacional | $ 58.000,00 | $ 58.000,00 |

Pede-se:

**a)** Determine o GAO de cada empresa.

**b)** Avalie o GAO de cada empresa em relação ao risco operacional.

**38.** A empresa Granizo fabrica palhetas para automóveis. Sua capacidade instalada permite uma produção que oscila entre 4.000 e 6.000 pares de palhetas mensais. Os custos fixos da empresa totalizam $ 15.000,00 mensais. Em média, os preços de venda das palhetas são $ 10,00 o par e os custos variáveis, $ 6,00 o par.

Pede-se:

**a)** Calcule o lucro operacional da empresa para 4.000 pares, 5.000 pares e 6.000 pares de palhetas.

**b)** Calcule o grau de alavancagem operacional da empresa.

**39.** A empresa J. Galvão fabrica bancos de praça. Cada banco é vendido por $ 800,00 e tem custos e despesas variáveis de $ 350,00. Os custos e despesas fixos da empresa totalizam $ 20.000,00 por mês. A produção e vendas é de 50 bancos por mês. Determine o GAO dessa empresa.

capítulo 4

# Custeio ABC (*activity-based costing*)

## OBJETIVO

O objetivo deste capítulo é apresentar o custeio ABC (custeio baseado em atividades), abordagem contemporânea para a apropriação dos custos indiretos. Nele você encontrará mais detalhes sobre:

- as etapas do custeio ABC;
- a estrutura do custeio ABC;
- as vantagens e as desvantagens do custeio ABC em relação aos métodos tradicionais.

## 4.1 Introdução

Desde a década de 1980, as empresas, de modo geral, vêm modificando sua estrutura operacional para se adequar a um mundo cada vez mais competitivo. Para que isso fosse possível, foram desenvolvidas novas tecnologias de produção e novas filosofias de gestão. Até aquela década, os principais elementos de custos das empresas compreendiam a matéria-prima e a mão de obra direta. Esses custos, considerados diretos de acordo com os controles exercidos, são apropriados diretamente aos produtos. Por serem os mais representativos e objetivamente identificados com os produtos, seu controle efetivo permitia que os gestores detivessem informações suficientes para a tomada de decisões relativas a custos.

Isso era válido, uma vez que os custos dos produtos não eram significativamente afetados pelos custos indiretos a eles rateados, tendo em vista que estes eram menos representativos em relação aos custos diretos.

No entanto, com a utilização cada vez mais intensa de novas tecnologias e com a maior diversificação das técnicas de produção, houve um aumento significativo dos custos indiretos e uma redução expressiva do custo da mão de obra direta, tanto em relação ao custo total de uma empresa como em relação ao custo dos produtos. Desse modo, os custos indiretos, que antes tinham uma participação reduzida nos custos totais, passaram a ter a mesma relevância que a mão de obra direta. Em ambientes nos quais a tecnologia é estável e os custos com matéria-prima e mão de obra direta predominam, os sistemas de custeio tradicionais têm atendido às necessidades informacionais relativas a custos. Maher (2001) descreve que o custo da mão de obra direta caiu de 20 a 40% nos custos dos produtos, em sistemas tradicionais de manufatura, para menos de 5%, em sistemas de produção amplamente automatizados.

A Figura 4.1 ilustra a representatividade dos custos nos ambientes tradicionais de manufatura e no cenário atual.

**Figura 4.1**

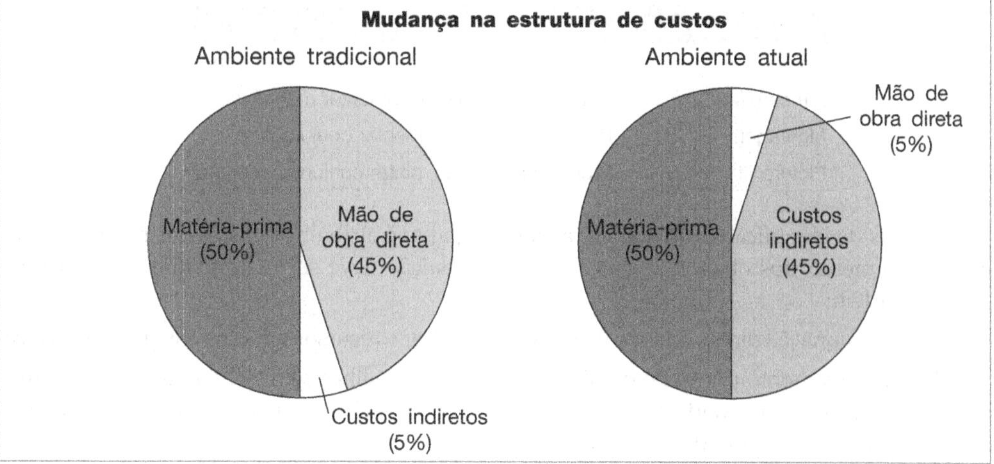


Fonte: adaptado de Souza e Diehl (2009, p. 146).

Essa inversão de representatividade entre os custos indiretos e a mão de obra direta tem impacto significativo nos custos dos produtos, quando se considera que os custos indiretos são apropriados por meio de rateio — em geral efetuado em uma base volumétrica de produção, como peso, horas-homem ou horas-máquina.

Como consequência, os métodos de custeio adequados aos ambientes de manufatura tradicional já não satisfazem às necessidades informacionais dos gestores. Por isso, buscando atender à demanda desses gestores, pesquisadores e estudiosos desenvolveram novas técnicas para a gestão de custos.

Uma dessas técnicas é o custeio ABC (*activity-based costing*), cujo arcabouço conceitual permite a apuração do custo dos produtos, serviços ou outros objetos de custeio partindo da seguinte "filosofia": os recursos de uma empresa são consumidos pelas atividades executadas, e os produtos, serviços ou outros objetos de custeio resultam das atividades que requerem esses recursos. Assim, os custos indiretos são apropriados, inicialmente, às atividades e, em uma etapa seguinte, aos produtos, serviços ou outros objetos de custeio que demandaram tais atividades.

## 4.2 Etapas do custeio ABC

A proposta do custeio ABC é apropriar os custos indiretos às atividades, pois, conforme a filosofia por ele apregoada, são elas as geradoras de custos. Assim, cada um dos custos indiretos deve ser relacionado às suas respectivas atividades por meio de direcionadores de recursos que melhor representam as formas de consumo desses recursos e, em seguida, apropriado aos produtos, serviços ou outros objetos de custeio, conforme os direcionadores de atividades mais adequados.

A primeira etapa do custeio ABC é identificar as atividades executadas em cada departamento. Sugere-se identificar as consideradas mais relevantes, para o que se podem utilizar diversas técnicas, tais como entrevistas com os gestores, aplicação de questionários aos gestores e observação direta.

As atividades podem ser representadas por ações ou trabalhos específicos realizados com o objetivo de converter recursos em produtos ou serviços. Resultam do emprego combinado de recursos tecnológicos e financeiros, além de pessoas e materiais.

Veja alguns exemplos de atividades:

| Departamentos | Atividades |
|---|---|
| Compras | Comprar materiais; desenvolver fornecedores |
| Almoxarifado | Receber materiais; movimentar materiais |
| Montagem | Preparar máquinas; montar conjuntos |
| Pintura | Preparar máquinas; pintar conjuntos montados |

Depois de identificar as atividades, a etapa seguinte é atribuir os custos dos recursos a elas e, posteriormente, aos objetos de custeio. Essa atribuição deve ser realizada de acordo com a seguinte ordem:

1. Apropriação direta, quando é possível identificar o recurso com uma atividade específica.
2. Rastreamento por meio de direcionadores que melhor representam a relação entre o recurso e a atividade. São exemplos de relação o número de funcionários, a área ocupada, o consumo de energia etc.
3. Rateio, quando não houver condições de apropriação direta nem por rastreamento. Efetua-se o rateio considerando uma base que seja adequada.

## 4.3 Estrutura do custeio ABC

O custeio ABC pode ser estruturado em dois ou mais estágios, dependendo do nível de detalhamento em que a empresa deseja operar o sistema de custos. No sistema de dois estágios, no primeiro os custos dos recursos são apropriados às atividades, utilizando para isso os direcionadores de recursos. No segundo estágio, apropriam-se os custos das atividades aos produtos, utilizando para isso os direcionadores de atividades.

- Direcionadores de recursos: são aqueles que identificam como as atividades consomem recursos, considerando a relação entre eles e as atividades e permitindo custeá-las.
- Direcionadores de atividades: são aqueles que identificam como os objetos de custeio consomem as atividades, permitindo custeá-los.

Veja alguns exemplos de direcionadores:

| Departamentos | Atividades | Direcionadores |
|---|---|---|
| Compras | Comprar materiais | Número de pedidos |
| | Desenvolver fornecedores | Número de fornecedores |
| Almoxarifado | Receber materiais | Número de recebimentos |
| | Movimentar materiais | Número de requisições |
| Montagem | Preparar máquinas | Tempo de preparação |
| | Montar conjuntos | Tempo de montagem |
| Pintura | Preparar máquinas | Tempo de preparação |
| | Pintar conjuntos montados | Tempo de pintura |

A Figura 4.2 apresenta um modelo de custeio ABC de dois estágios para determinação do custo dos produtos.

Figura 4.2

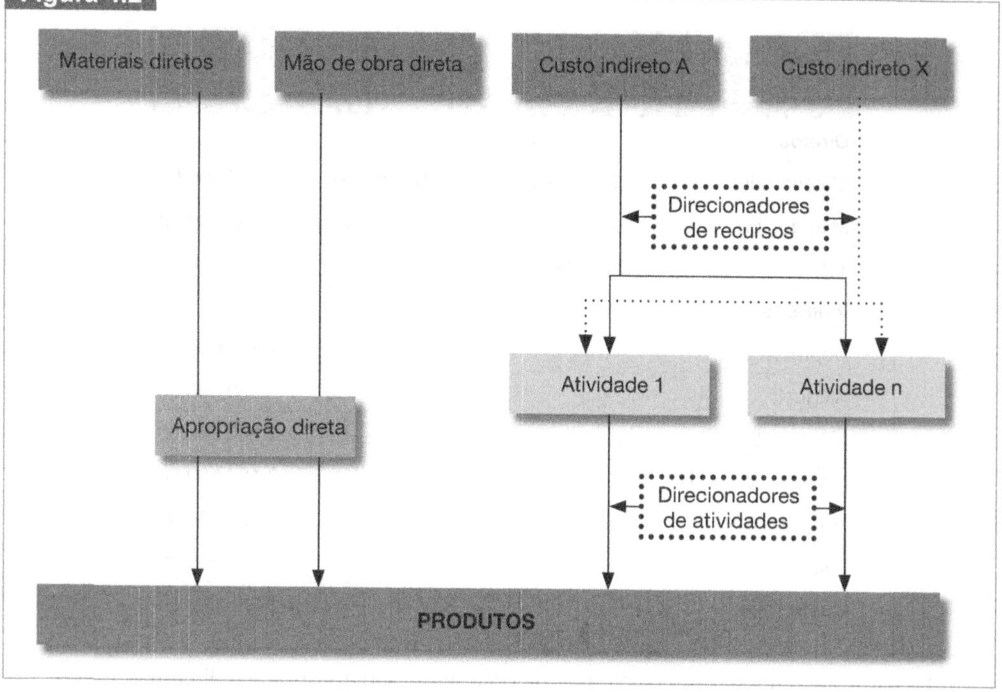


## 4.4 Vantagens e desvantagens do custeio ABC em relação aos métodos tradicionais

Para mapear as atividades executadas pelos departamentos de uma empresa, pode-se agrupá-las em três categorias básicas:

1. Atividades que agregam valor e são consideradas necessárias ao processo, e que os clientes valorizam, como a pintura do produto e a compra de materiais, por exemplo.
2. Atividades que não agregam valor ao processo, mas são necessárias ou obrigatórias para os negócios da empresa, como os registros contábeis e o *backup* de arquivos.
3. Atividades que não agregam valor ao processo e que são desnecessárias, como esperas, retrabalhos e controles supérfluos.

Depois de identificadas as atividades, os gestores podem enfocar aquelas que geram valor para o cliente e eliminar as que apenas aumentam o custo dos produtos, serviços ou outros objetos de custeio sem lhes agregar valor, possibilitando, dessa maneira, reduzir custos. Nesse ponto reside uma das principais vantagens do custeio ABC. Por outro lado, pelo fato de não segregar os custos fixos e apropriá-los aos objetos de custeio, o custeio ABC acaba se assemelhando ao custeio por absorção em termos de desvantagens.

## 4.5 Exemplo de aplicação do custeio ABC

A empresa Alfa fabrica apenas dois produtos, X e Y. Os custos do mês de abril foram:

| CUSTOS | PRODUTOS | | TOTAL |
|---|---|---|---|
| | X | Y | |
| **Diretos** | | | |
| Matéria-prima | $ 80.000,00 | $ 100.000,00 | $ 180.000,00 |
| Mão de obra | $ 15.000,00 | $ 20.000,00 | $ 35.000,00 |
| Total | $ 95.000,00 | $ 120.000,00 | $ 215.000,00 |
| **Indiretos** | | | |
| Depreciação | | | $ 150.000,00 |
| Aluguel | | | $ 90.000,00 |
| Mão de obra | | | $ 200.000,00 |
| Materiais diversos | | | $ 120.000,00 |
| Manutenção | | | $ 80.000,00 |
| Total | | | $ 640.000,00 |
| **Custo total** | | | $ 855.000,00 |

Os custos da matéria-prima e da mão de obra direta são apropriados diretamente aos produtos X e Y, como ocorre nos métodos de custeio por absorção ou variável.

Inicialmente, os custos indiretos são apropriados aos departamentos. Em seguida, a apropriação ocorre em dois estágios: primeiro às atividades e, depois, aos produtos. Os procedimentos para apropriação dos custos indiretos aos departamentos discutidos no Capítulo 2, na Seção 2.4.4, aplicam-se ao custeio baseado em atividades.

Para fins de desenvolvimento desse exemplo, consideraremos que os custos indiretos apropriados aos departamentos são os seguintes:

| | Compras | Almoxarifado | Montagem | Pintura | Total |
|---|---|---|---|---|---|
| Depreciação | $ 20.000,00 | $ 15.000,00 | $ 85.000,00 | $ 30.000,00 | $ 150.000,00 |
| Aluguel | $ 5.000,00 | $ 10.000,00 | $ 50.000,00 | $ 25.000,00 | $ 90.000,00 |
| Mão de obra | $ 40.000,00 | $ 25.000,00 | $ 105.000,00 | $ 30.000,00 | $ 200.000,00 |
| Materiais diversos | $ 5.000,00 | $ 5.000,00 | $ 70.000,00 | $ 40.000,00 | $ 120.000,00 |
| Manutenção | $ 0,00 | $ 0,00 | $ 40.000,00 | $ 40.000,00 | $ 80.000,00 |
| **Total** | $ 70.000,00 | $ 55.000,00 | $ 350.000,00 | $ 165.000,00 | $ 640.000,00 |

Em entrevistas realizadas com os gestores dos departamentos, foram identificadas as seguintes atividades relevantes:

| Departamentos | Atividades |
|---|---|
| Compras | Comprar materiais; desenvolver fornecedores |
| Almoxarifado | Receber materiais; movimentar materiais |
| Montagem | Preparar máquinas; montar conjuntos |
| Pintura | Preparar máquinas; pintar conjuntos montados |

Depois de identificar as atividades, o passo seguinte foi atribuir os custos de cada departamento às respectivas atividades (primeiro estágio), por apropriação direta, rastreamento por meio de direcionadores ou rateio. Então, identificaram-se as seguintes proporções de consumo dos recursos para as atividades:

| | COMPRAS | | ALMOXARIFADO | | MONTAGEM | | PINTURA | |
|---|---|---|---|---|---|---|---|---|
| Recursos | Comprar materiais | Desenvolver fornecedores | Receber materiais | Movimentar materiais | Preparar máquinas | Montar conjuntos | Preparar máquinas | Pintar conjuntos |
| Depreciação | 0,9 | 0,1 | 0,3 | 0,7 | 0,1 | 0,9 | 0,1 | 0,9 |
| Aluguel | 0,5 | 0,5 | 0,8 | 0,2 | — | 1,0 | — | 1,0 |
| Mão de obra | 0,7 | 0,3 | 0,4 | 0,6 | 0,5 | 0,5 | 0,5 | 0,5 |
| Mat. diversos | 0,6 | 0,4 | 0,5 | 0,5 | 0,2 | 0,8 | 0,3 | 0,7 |
| Manutenção | — | — | — | — | 0,2 | 0,8 | 0,2 | 0,8 |

Com base no consumo, os custos dos recursos de cada departamento são apropriados às suas atividades (primeiro estágio). Nesse caso, 90% do custo da depreciação apropriada ao departamento de compras coube à atividade *comprar materiais*, e 10%, a *desenvolver fornecedores*. O mesmo procedimento foi aplicado ao custo da depreciação dos outros departamentos, bem como aos demais recursos. Assim, temos o custo das atividades que foram identificadas:

| | COMPRAS | | ALMOXARIFADO | | MONTAGEM | | PINTURA | |
|---|---|---|---|---|---|---|---|---|
| Atividades Recursos/ | Comprar materiais | Desenvolver fornecedores | Receber materiais | Movimentar materiais | Preparar máquinas | Montar conjuntos | Preparar máquinas | Pintar conjuntos |
| Depreciação | $ 18.000 | $ 2.000 | $ 4.500 | $ 10.500 | $ 8.500 | $ 76.500 | $ 3.000 | $ 27.000 |
| Aluguel | $ 2.500 | $ 2.500 | $ 8.000 | $ 2.000 | $ 0 | $ 50.000 | $ 0 | $ 25.000 |
| Mão de obra | $ 28.000 | $ 12.000 | $ 10.000 | $ 15.000 | $ 52.500 | $ 52.500 | $ 15.000 | $ 15.000 |
| Mat. diversos | $ 3.000 | $ 2.000 | $ 2.500 | $ 2.500 | $ 14.000 | $ 56.000 | $ 12.000 | $ 28.000 |
| Manutenção | $ 0 | $ 0 | $ 0 | $ 0 | $ 8.000 | $ 32.000 | $ 8.000 | $ 32.000 |
| **Total** | $ 51.500 | $ 18.500 | $ 25.000 | $ 30.000 | $ 83.000 | $ 267.000 | $ 38.000 | $ 127.000 |

Após apropriar os custos dos recursos às atividades, o próximo passo foi atribuí-los aos produtos conforme o consumo de atividades requerido por eles (segundo estágio). De acordo com os direcionadores, o consumo de atividades foi o seguinte:

| Direcionadores | Produto X | Produto Y | Total |
|---|---|---|---|
| Número de pedidos de compras | 130 | 70 | 200 |
| Número de fornecedores | 4 | 6 | 10 |
| Número de recebimentos de materiais | 50 | 30 | 80 |
| Número de requisições de materiais | 30 | 18 | 48 |
| Tempo de preparação para montagem (em horas) | 15 | 10 | 25 |
| Tempo de montagem (em horas) | 420 | 330 | 750 |
| Tempo de preparação para pintura (em horas) | 9 | 7 | 16 |
| Tempo de pintura (em horas) | 160 | 94 | 254 |

Os custos apropriados aos produtos foram:

| Atividades | Produto X | Produto Y | Total |
|---|---|---|---|
| Comprar materiais | $ 33.475,00 | $ 18.025,00 | $ 51.500,00 |
| Desenvolver fornecedores | $ 7.400,00 | $ 11.100,00 | $ 18.500,00 |
| Receber materiais | $ 15.625,00 | $ 9.375,00 | $ 25.000,00 |
| Movimentar materiais | $ 18.750,00 | $ 11.250,00 | $ 30.000,00 |
| Preparar máquinas para montagem | $ 49.800,00 | $ 33.200,00 | $ 83.000,00 |
| Montar conjuntos | $ 149.520,00 | $ 117.480,00 | $ 267.000,00 |
| Preparar máquinas para pintura | $ 21.375,00 | $ 16.625,00 | $ 38.000,00 |
| Pintar conjuntos | $ 80.000,00 | $ 47.000,00 | $ 127.000,00 |
| **Total** | $ 375.945,00 | $ 264.055,00 | $ 640.000,00 |

Somando os custos diretos e indiretos, temos:

| Custos | Produto X | Produto Y | Total |
|---|---|---|---|
| Diretos | $ 95.000,00 | $ 120.000,00 | $ 215.000,00 |
| Indiretos | $ 375.945,00 | $ 264.055,00 | $ 640.000,00 |
| **Total** | $ 470.945,00 | $ 384.055,00 | $ 855.000,00 |

## 4.6 Exemplo de custeio ABC comparado com o custeio por absorção

A empresa S. André Ltda. fabrica os produtos P1 e P2. No mês de julho/X9 foram fabricadas 200 unidades de P1 e 300 unidades de P2. Desconsideremos a existência de estoques da produção em andamento (inicial e final). Os custos indiretos do mês de julho/X9 apropriados aos departamentos foram:

| | Adm. geral da fábrica | Almoxar. | Usinagem | Montagem | TOTAL |
|---|---|---|---|---|---|
| Mão de obra indireta | $ 20.000 | $ 5.000 | $ 15.000 | $ 15.000 | $ 55.000 |
| Materiais diversos | $ 1.200 | $ 500 | $ 8.000 | $ 6.000 | $ 15.700 |
| Energia elétrica | $ 800 | $ 600 | $ 4.000 | $ 2.000 | $ 7.400 |
| Depreciação | $ 600 | $ 200 | $ 3.000 | $ 2.000 | $ 5.800 |
| Aluguel | $ 1.500 | $ 800 | $ 5.000 | $ 5.000 | $ 12.300 |
| TOTAL | $ 24.100 | $ 7.100 | $ 35.000 | $ 30.000 | $ 96.200 |

## 4.6.1 Custeio por absorção

Os departamentos auxiliares são rateados da seguinte maneira:

- Administração geral da fábrica: pelo número de funcionários.
- Almoxarifado: pelo número de requisições de materiais.
- Usinagem: pelo número de horas-máquina.
- Montagem: pelo número de horas-homem.

Na tabela a seguir, apresentam-se os custos indiretos dos departamentos auxiliares já rateados aos departamentos produtivos, bem como as taxas de rateio dos departamentos produtivos.

| | Dep. auxiliares | | Dep. produtivos | | TOTAL |
|---|---|---|---|---|---|
| | Adm. geral da fábrica | Almoxarifado | Usinagem | Montagem | |
| | | | | | |
| Nº de funcionários | 4 | 2 | 8 | 10 | 24 |
| Nº de requisições | 6 | 0 | 30 | 20 | 56 |
| Horas-máquina | | | 450 | | |
| Horas-homem | | | | 340 | |
| | | | | | |
| Mão de obra indireta | $ 20.000 | $ 5.000 | $ 15.000 | $ 15.000 | $ 55.000 |
| Materiais diversos | $ 1.200 | $ 500 | $ 8.000 | $ 6.000 | $ 15.700 |
| Energia elétrica | $ 800 | $ 600 | $ 4.000 | $ 2.000 | $ 7.400 |
| Depreciação | $ 600 | $ 200 | $ 3.000 | $ 2.000 | $ 5.800 |
| Aluguel | $ 1.500 | $ 800 | $ 5.000 | $ 5.000 | $ 12.300 |
| TOTAL CIF DOS DEPTOS. | $ 24.100 | $ 7.100 | $ 35.000 | $ 30.000 | $ 96.200 |
| Rateio da ad. g. fábrica | ($ 24.100) | $ 2.410 | $ 9.640 | $ 12.050 | $ 0 |
| Rateio do almoxarifado | | ($ 9.510) | $ 5.706 | $ 3.804 | $ 0 |
| TOTAL CIF DOS DEPTOS PRODUTIVOS | | | $ 50.346 | $ 45.854 | $ 96.200 |
| Bases de rateio | | | 450 HM | 340 HH | |
| Taxas de rateio | | | 111,88000 | 134,86471 | |

Os custos indiretos rateados aos produtos P1 e P2 constam da tabela a seguir.

| Prod. | Quant. | Usinagem – Tempo unitário (HM) | Usinagem – Tempo total | Usinagem – Custo | Montagem – Tempo unitário (HH) | Montagem – Tempo total | Montagem – Custo | Custo – Total | Custo – Unitário |
|---|---|---|---|---|---|---|---|---|---|
| P1 | 200 | 0,75 | 150 | $ 16.782 | 0,5 | 100 | $ 13.486 | $ 30.268 | 151,34 |
| P2 | 300 | 1,00 | 300 | $ 33.564 | 0,8 | 240 | $ 32.368 | $ 65.932 | 219,77 |
| TOTAL | | | 450 | $ 50.346 | | 340 | $ 45.854 | $ 96.200 | |

## 4.6.2 Custeio baseado em atividades

Em entrevistas realizadas com os gestores de cada um dos departamentos, foram identificadas as seguintes atividades:

- Administração geral da fábrica: gerir a produção; programar produção.
- Almoxarifado: receber materiais; atender às requisições.
- Usinagem: preparar máquinas; usinar.
- Montagem: montar os produtos; fazer inspeção final nos produtos.

Os custos de cada um dos departamentos atribuídos às atividades por eles realizadas foram:

| | Adm. geral da fábrica – Gerir | Adm. geral da fábrica – Programar | Almoxarifado – Receber | Almoxarifado – Atender | Usinagem – Preparar | Usinagem – Usinar | Montagem – Montar | Montagem – Inspecionar | Total |
|---|---|---|---|---|---|---|---|---|---|
| M.O.I. | $ 8.000 | $ 12.000 | $ 3.500 | $ 1.500 | $ 4.000 | $ 11.000 | $ 12.000 | $ 3.000 | $ 55.000 |
| Mat. div. | $ 200 | $ 1.000 | $ 100 | $ 400 | $ 1.000 | $ 7.000 | $ 4.000 | $ 2.000 | $ 15.700 |
| Energia elétr. | $ 200 | $ 600 | $ 300 | $ 300 | $ 500 | $ 3.500 | $ 1.500 | $ 500 | $ 7.400 |
| Depr. | $ 300 | $ 300 | $ 100 | $ 100 | $ 0 | $ 3.000 | $ 1.000 | $ 1.000 | $ 5.800 |
| Aluguel | $ 500 | $ 1.000 | $ 300 | $ 500 | $ 0 | $ 5.000 | $ 3.000 | $ 2.000 | $ 12.300 |
| TOTAL | $ 9.200 | $ 14.900 | $ 4.300 | $ 2.800 | $ 5.500 | $ 29.500 | $ 21.500 | $ 8.500 | $ 96.200 |

Os custos das atividades foram apropriados aos produtos conforme os seguintes direcionadores:

| Direcionadores | P1 | P2 | TOTAL |
|---|---|---|---|
| Gestão da produção (projetos, produtos etc.) | 30% | 70% | 100% |
| Programação da produção | 60% | 40% | 100% |
| Quantidade de recebimentos (em lotes) | 20 | 10 | 30 |
| Quantidade de requisições atendidas | 50 | 40 | 90 |
| Tempo de preparação de máquinas de usinagem (em h) | 10 | 15 | 25 |
| Horas-máquina de usinagem | 150 | 300 | 450 |
| Tempo de montagem (em h) | 100 | 240 | 340 |
| Inspeção (em lotes) | 20 | 5 | 25 |

Os custos indiretos apropriados aos produtos P1 e P2 constam da tabela a seguir.

| Atividades | P1 | P2 | Total |
|---|---|---|---|
| Gestão da produção | $ 2.760 | $ 6.440 | $ 9.200 |
| Programação da produção | $ 8.940 | $ 5.960 | $ 14.900 |
| Recebimento de materiais | $ 2.867 | $ 1.433 | $ 4.300 |
| Atendimento das requisições | $ 1.556 | $ 1.244 | $ 2.800 |
| Preparação de máquinas | $ 2.200 | $ 3.300 | $ 5.500 |
| Usinagem | $ 9.833 | $ 19.667 | $ 29.500 |
| Montagem dos produtos | $ 6.324 | $ 15.176 | $ 21.500 |
| Inspeção | $ 6.800 | $ 1.700 | $ 8.500 |
| Custo total | $ 41.280 | $ 54.920 | $ 96.200 |
| Custo unitário | $ 206,40 | $ 183,07 | |

Com base no custeio por absorção, os custos indiretos da produção de P1 totalizam $ 30.268, o que representa $ 151,34 por unidade e, com base no custeio ABC, $ 41.280, o que representa $ 206,40 por unidade. A diferença observada é de 36,4%.

Situação contrária ocorre com o produto P2. Com base no custeio por absorção, os custos indiretos desse produto totalizam $ 65.932, o que representa, $ 219,77 por unidade e, no custeio ABC, $ 54.920, o que representa $ 183,07 por unidade. No caso desse produto, pelo custeio ABC há uma redução de 16,7% do custo indireto.

A estrutura conceitual de cada um desses métodos justifica a diferença dos custos desses produtos. No custeio por absorção, todos os custos indiretos são apropriados aos departamentos produtivos, quando, então, é feito o rateio, por uma base que melhor representa o consumo dos custos desses departamentos pelos produtos.

Diferentemente, no custeio ABC, os custos indiretos de cada um dos departamentos são, inicialmente, identificados com as atividades por eles realizadas e, na etapa posterior, aos produtos que consumiram tais atividades. No exemplo apresentado, embora simplista, verificam-se diferenças significativas nos custos dos produtos apurados pelo custeio por absorção e pelo custeio ABC. Isso implica que poderá haver produtos lucrativos com o uso do custeio por absorção que se tornam deficitários com o emprego do custeio ABC, e vice-versa.

## Questões e exercícios propostos

1. Como descrito no texto deste capítulo, a partir da década de 1980 as empresas incorporaram novas filosofias de gestão e novas tecnologias. Os custos indiretos, nesse novo ambiente, passaram a ter maior representatividade em relação aos custos totais. Situação oposta ocorreu com o custo da mão de obra direta. Com isso, o custeio por absorção deixou de responder satisfatoriamente às necessidades informacionais dos gestores. Por que isso ocorreu?
2. Segundo a filosofia do custeio ABC, as atividades executadas por uma empresa são as geradoras de custos. Isso quer dizer que o custo dos produtos compreende os custos das atividades por eles consumidas? Explique.

3. O que é atividade?
4. Descreva a ordem de atribuição de custos dos recursos às atividades.
5. Explique o que é direcionador de recursos e de atividades.
6. Em quantos estágios o custeio ABC pode ser estruturado?
7. Cite e explique as vantagens e as desvantagens do custeio ABC.
8. A empresa J. Oriental Ltda. fabrica três produtos, A, B e C, em um único departamento. No mês de abril/X0, a produção foi de 300 unidades de A, 250 unidades de B e 400 unidades de C. Os custos desse mês foram:

**Custos diretos**

Matéria-prima: A = $ 30.000,00; B = $ 25.000,00; C = $ 50.000,00.

Mão de obra direta: A = $ 8.000,00; B = $ 5.000,00; C = $ 12.000,00.

**Custos indiretos**

Energia elétrica = $ 30.000,00; depreciação = $ 50.000,00; materiais diversos = $ 20.000,00; mão de obra indireta = $ 60.000,00; aluguel = $ 15.000,00.

**a)** Apure os custos (total e unitário) dos produtos A, B e C, considerando que os custos indiretos são rateados com base nas horas-máquina. O tempo de fabricação (horas-máquina) é de: A = 1,5 hora por unidade; B = 2,0 horas por unidade; C = 0,75 hora por unidade.

**b)** Apure os custos (total e unitário) dos produtos A, B e C pelo custeio ABC.

As seguintes atividades foram identificadas:

- Requisitar materiais.
- Preparar equipamentos.
- Horas de uso de equipamentos.
- Retrabalhos.
- Transporte interno.

O consumo de recursos para essas atividades obedece à seguinte proporção:

| Recursos | Requisição de materiais | Preparação de equip. | Horas de uso dos equip. | Retrabalhos | Transporte interno |
|---|---|---|---|---|---|
| Energia elétrica | — | 0,05 | 0,70 | 0,20 | 0,05 |
| Depreciação | 0,05 | — | 0,80 | 0,10 | 0,05 |
| Materiais diversos | 0,10 | 0,10 | 0,60 | 0,20 | — |
| Mão de obra indireta | 0,10 | 0,15 | 0,50 | 0,15 | 0,10 |
| Aluguel | 0,10 | 0,05 | 0,50 | 0,10 | 0,25 |

Para apropriar os custos das atividades aos produtos são utilizados os seguintes direcionadores de atividades:

| Atividades | Produto A | Produto B | Produto C |
|---|---|---|---|
| Requisição de materiais | 28 | 19 | 49 |
| Preparação de equipamentos | 5 | 6 | 14 |
| Horas de uso dos equipamentos | 450 | 500 | 300 |
| Retrabalhos | 20 | 10 | 18 |
| Transporte interno | 25 | 8 | 22 |

**9.** A empresa J. do Carmo Ltda. fabrica dois produtos, X e Y. No mês de maio/X2, a produção foi de 500 unidades de X e de 300 unidades de Y.

O custo da matéria-prima é de $ 50,00 por quilo, e o custo da mão de obra direta é de $ 13,00 por hora.

O consumo de matéria-prima e de horas de mão de obra foi:

| Produto | Matéria-prima | Mão de obra |
|---|---|---|
| X | 3 kg/u | 4 h/u |
| Y | 5 kg/u | 2 h/u |

Os custos indiretos de fabricação totalizaram, nesse mês, $ 212.500,00, e são referentes às seguintes atividades:

- Manusear materiais = $ 40.000,00.
- Programar a produção = $ 75.000,00.
- Inspecionar produtos = $ 30.000,00.
- Expedir produtos aos clientes = $ 67.500,00.

Para apropriar os custos das atividades aos produtos são utilizados os seguintes direcionadores de atividades:

| Atividade | Direcionador |
|---|---|
| Manusear materiais | Peso da matéria-prima |
| Programar a produção | Horas de programação (produto X = 32 h; Y = 64 h) |
| Inspecionar | Lotes inspecionados (produto X = 6 lotes; Y = 10 lotes) |
| Expedir | Número de expedições (produto X = 12 expedições; Y = 15 expedições) |

**a)** Calcule o custo total e o custo unitário de cada produto empregando o custeio por absorção. Para isso, rateie os custos indiretos com base no tempo de mão de obra.

**b)** Calcule o custo total e o custo unitário de cada produto pelo custeio ABC.

## Exercícios adicionais

1. Os métodos de custeio por absorção e ABC apropriam aos produtos os custos diretos com os mesmos procedimentos. Explique qual a diferença básica entre esses métodos de custeio.
2. O custeio ABC concentra-se na gestão dos custos das empresas, notadamente a identificação das atividades que agregam valor e atividades que não agregam valor. Avalie essa afirmação.
3. A complexidade para a implementação e operacionalização do custeio ABC implica gastos elevados para as empresas, de modo que a relação *custo-benefício* na sua implantação nem sempre é positivo. Comente.
4. Inúmeras pesquisas apontam que as empresas têm no custeio por absorção o principal método utilizado para gerar informações para fins gerenciais, em detrimento de métodos de custeio considerados mais apropriados, entre os quais, os métodos de custeio variável e ABC. Quais motivos poderiam ser apontados para essa preferência pelos gestores dessas empresas?
5. A empresa Metalúrgica Rio Branco fabrica churrasqueiras portáteis, balcões de frios para restaurantes e gôndolas para supermercado. A empresa utiliza o método de custeio por absorção para determinar o custo de seus produtos. Entretanto, a diretoria deseja avaliar os custos de seus produtos com base no custeio ABC, para eventual implantação.

   Seus departamentos de fábrica são: administração da fábrica, almoxarifado, corte, montagem e acabamento. No mês de novembro, a produção e os tempos apontados pelos departamentos produtivos foram:

| Produtos | Quantidade | Corte | Montagem | Acabamento |
|---|---|---|---|---|
| Churrasqueiras | 400 u | 120 | 80 | 40 |
| Balcões de frios | 200 u | 60 | 100 | 120 |
| Gôndolas | 300 u | 90 | 300 | 180 |

   Os custos diretos são:

   - Matéria-prima: churrasqueiras = \$ 20,00 por unidade; balcões de frios = \$ 140,00 por unidade; gôndolas = \$ 80,00 por unidade.
   - Mão de obra direta: corte = \$ 20,00 por hora; montagem = \$ 24,00 por hora; acabamento = \$ 28,00 por hora.

Os custos indiretos de fabricação e as bases de rateios são:

| | Admin. | Almox. | Corte | Mont. | Acab. | Total |
|---|---|---|---|---|---|---|
| 1. Nº de funcionários | 4 | 2 | 4 | 8 | 7 | 25 |
| 2. Área ocupada (m²) | 100 | 70 | 200 | 250 | 180 | 800 |
| 3. Nº de requisições | 12 | 0 | 35 | 22 | 18 | 87 |
| 4. Potência em kW | 160 | 100 | 850 | 550 | 340 | 2.000 |
| 5. Mão de obra indireta | 30% | 15% | 20% | 25% | 10% | 25.000 |
| 6. Depreciação | 5% | 5% | 30% | 35% | 25% | 12.000 |
| 7. Material auxiliar | 0% | 0% | 40% | 15% | 45% | 6.000 |
| 8. Telefone | 100% | | | | | 2.000 |
| 9. Água | 100% | | | | | 500 |
| 10. Aluguel | | | | | | 8.000 |
| 11. Energia elétrica | | | | | | 3.000 |
| 12. Seguros | | | | | | 2.000 |
| 13. Outros custos | | | | | | 1.000 |

O aluguel é rateado aos departamentos conforme a área ocupada; a energia elétrica é rateada aos departamentos conforme a potência instalada; e o seguro é rateado conforme o custo da depreciação. Os outros custos são rateados aos departamentos conforme o custo da mão de obra indireta.

A administração da fábrica é rateada aos demais departamentos pelo número de funcionários; o almoxarifado é rateado aos departamentos produtivos conforme o número de requisições de materiais atendidas; e os departamentos produtivos são rateados aos produtos conforme os tempos apontados.

Para realizar o cálculo pelo custeio ABC foram levantadas as seguintes atividades executadas pelos departamentos:

- Administração da fábrica: programar a produção; controlar a produção.
- Almoxarifado: receber materiais; movimentar materiais (atender às requisições).
- Corte: preparar máquinas e cortar peças.
- Montagem: preparar máquinas e montar os produtos.
- Acabamento: finalizar e despachar os produtos.

Os custos indiretos que foram apropriados aos departamentos pelo método de custeio por absorção são atribuídos às atividades conforme estabelecido pelos gerentes dos departamentos por meio de entrevistas realizadas.

| | Administração | | Almoxarifado | | Corte | | Montagem | | Acabam. | |
|---|---|---|---|---|---|---|---|---|---|---|
| | Prog. | Contr. | Rec. | Mov. | Prep. | Cort. | Prep. | Mont. | Final. | Desp. |
| Mão de obra indireta | 0,6 | 0,4 | 0,3 | 0,7 | 0,2 | 0,8 | 0,1 | 0,9 | 0,6 | 0,4 |
| Depreciação | 0,5 | 0,5 | 0,4 | 0,6 | – | 1,0 | – | 1,0 | 0,7 | 0,3 |
| Material auxiliar | – | – | – | – | – | 1,0 | – | 1,0 | 0,6 | 0,4 |
| Telefone | 0,5 | 0,5 | – | – | – | – | – | – | – | – |
| Água | 0,5 | 0,5 | – | – | – | – | – | – | – | – |
| Aluguel | 0,7 | 0,3 | 0,8 | 0,2 | – | 1,0 | – | 1,0 | 0,3 | 0,7 |
| Energia elétrica | 0,6 | 0,4 | 0,7 | 0,3 | 0,2 | 0,8 | 0,1 | 0,9 | 0,7 | 0,3 |
| Seguros | 0,5 | 0,5 | 0,2 | 0,8 | – | 1,0 | – | 1,0 | 0,5 | 0,5 |
| Outros custos | 0,4 | 0,6 | 0,5 | 0,5 | 0,2 | 0,8 | 0,2 | 0,8 | 0,7 | 0,3 |

A ocorrência das atividades durante o mês foi:

| Atividades | Churrasq. | Balcões | Gôndolas | Total |
|---|---|---|---|---|
| Horas de programação da produção | 20 | 40 | 30 | 90 |
| Horas de controle da produção | 10 | 15 | 10 | 35 |
| Número de recebimento de materiais | 25 | 40 | 30 | 95 |
| Número de requisições de materiais | 50 | 80 | 60 | 190 |
| Número de preparação de máquina de corte | 5 | 7 | 8 | 20 |
| Horas de corte de peças | 120 | 60 | 90 | 270 |
| Número de preparação de máquinas de montagem | 6 | 10 | 12 | 28 |
| Horas de montagem | 80 | 100 | 300 | 480 |
| Horas de acabamento (finalizar os produtos) | 40 | 120 | 180 | 340 |
| Número de lotes despachados | 30 | 20 | 20 | 70 |

Pede-se:

**a)** Determine o custo total e o custo unitário de cada produto utilizando o custeio por absorção.

**b)** Determine o custo total e unitário de cada produto utilizando o custeio ABC.

**c)** Analise as divergências entre os custos dos produtos apurados por um método e outro.

**6.** A empresa M. Gerais fabrica os produtos M e G. No mês de outubro, foram feitas 4.200 unidades do produto M e 1.800 unidades do produto G. Os custos diretos apropriados aos produtos são:

| Custos | Produto M | Produto G |
|---|---|---|
| Matéria-prima | \$ 50,00 por kg<br>Consumo: 3 kg por unidade | \$ 40,00 por kg<br>Consumo: 4 kg por unidade |
| Mão de obra direta | \$ 30,00 por hora<br>Tempo: 1,5 h por unidade | \$ 30,00 por hora<br>Tempo: 1,5 h por unidade |

Os custos indiretos do mês totalizaram \$ 480.000,00 e estão apropriados por atividades da seguinte maneira:

- Inspeção de materiais: \$ 80.000,00.
- Guardar materiais nas prateleiras: \$ 40.000,00.
- Retirar materiais para atender a requisições: \$ 50.000,00.
- Montar os produtos: \$ 250.000,00.
- Inspecionar os produtos: \$ 60.000,00.

Os custos das atividades são apropriados aos produtos conforme os direcionadores de atividades:

- Inspeção de materiais: lotes inspecionados (Produto M = 15; Produto G = 20).
- Guardar materiais nas prateleiras: lotes inspecionados.
- Retirar materiais para atender a requisições: quantidade de requisições (Produto M = 20; Produto G = 60).
- Montar os produtos: horas de mão de obra direta.
- Inspecionar os produtos: número de inspeções (Produto M = 5; Produto G = 20).

Pede-se:

**a)** Determine o custo total e custo unitário de cada produto utilizando o custeio por absorção. Para isso, rateie os custos indiretos com base nas horas de mão de obra direta.

**b)** Determine o custo total e custo unitário de cada produto utilizando o custeio por absorção. Para isso, rateie os custos indiretos com base no peso da matéria-prima consumida na produção.

**c)** Determine o custo total e unitário de cada produto utilizando o custeio ABC.

**d)** Compare e analise os três resultados encontrados.

**7.** A Belo Bril fabrica os seguintes produtos de limpeza e higiene: detergente, sabão líquido e sabão em pasta.

Os custos diretos apropriados a esses produtos no mês de abril foram:

| Custos | Detergente | Sabão líquido | Sabão em pasta |
|---|---|---|---|
| Matéria-prima | \$ 0,80 por unidade | \$ 0,50 por unidade | \$ 0,40 por unidade |
| Mão de obra direta | \$ 0,20 por unidade | \$ 0,15 por unidade | \$ 0,15 por unidade |
| Embalagem | \$ 0,05 por unidade | \$ 0,05 por unidade | \$ 0,05 por unidade |

Os custos indiretos do mês totalizaram $ 145.000,00 e estão apropriados por atividades da seguinte maneira:

- Inspecionar matéria-prima: $ 10.000,00.
- Movimentar materiais: $ 15.000,00.
- Processar os produtos: $ 60.000,00.
- Embalar os produtos: $ 20.000,00.
- Expedir os produtos: $ 40.000,00.

Os custos das atividades são apropriados aos produtos conforme os seguintes direcionadores de atividades:

| Atividade | Direcionador | Detergente | Sabão líquido | Sabão em pasta |
|---|---|---|---|---|
| Inspecionar materiais | Lotes inspecionados | 25 | 15 | 30 |
| Movimentar materiais | Número de requisições | 45 | 20 | 60 |
| Processar produtos | Tempo de uso das máquinas | 250 | 320 | 350 |
| Embalar produtos | Tempo de uso das máquinas de embalar | 80 | 60 | 100 |
| Expedir produtos | Lotes expedidos | 25 | 15 | 30 |

Os dados relativos a produção e vendas desse mês são:

| | Detergente | Sabão líquido | Sabão em pasta |
|---|---|---|---|
| Quantidade produzida | 35.000 u | 28.000 u | 30.000 u |
| Quantidade vendida | 32.000 u | 28.000 u | 25.000 u |
| Preço de venda | $ 2,80/u | $ 2,20/u | $ 3,00/u |

Pede-se:

**a)** Determine o custo total e o custo unitário de cada produto utilizando o custeio por absorção. Para isso, rateie os custos indiretos com base no tempo de uso das máquinas de processamento.

**b)** Determine o custo total e unitário de cada produto utilizando o custeio ABC.

**c)** Considerando que não havia estoques de produtos acabados no início do mês de abril, determine o lucro bruto de cada linha de produtos inicialmente considerando o método de custeio por absorção e, depois, o método de custeio ABC. Compare os resultados obtidos.

**8.** A Cia. Tudo Conserta realiza manutenções de veículos para transportadoras instaladas em sua região. Sua estrutura operacional é composta de duas divisões: divisão de serviços prestados na própria oficina da Tudo Conserta; divisão de serviços prestados nas instalações dos clientes.

No mês de setembro, os custos indiretos totalizaram $ 145.000,00.

Por meio de entrevistas com os gestores das divisões, verificou-se que esses custos indiretos referem-se às seguintes atividades (não inclui o custo das peças de reposição):

- Realização de manutenção preventiva: $ 40.000,00.
- Realização de manutenção corretiva: $ 60.000,00.
- Serviços de buscar e levar: $ 10.000,00.
- Supervisão dos serviços realizados: $ 20.000,00.
- Inspeção da qualidade dos serviços prestados: $ 15.000,00.

Foi levantado o seguinte número de atividades executadas no mês:

| Atividades | Serviços prestados na oficina da Tudo Conserta | Serviços prestados nas instalações dos clientes |
|---|---|---|
| Manutenção preventiva | 300 horas | 500 horas |
| Manutenção corretiva | 500 horas | 300 horas |
| Buscar e levar | – | 20 vezes |
| Supervisão | 50 horas | 30 horas |
| Inspeção da qualidade | 15 inspeções | 15 inspeções |

Pede-se:

**a)** Determine o custo de cada divisão.

**b)** Determine o custo-hora de manutenção de cada divisão.

**c)** Analise a composição do custo-hora.

**9.** Dados extraídos da empresa S. Bento, relativos ao último exercício:

| Produtos | Preço de venda ($ por unidade) | Produção mensal (unidades) | Quantidade vendida | Custos diretos ($ por unidade) |
|---|---|---|---|---|
| P1 | 430,00 | 400 | 380 | 120,00 |
| P2 | 520,00 | 250 | 220 | 170,00 |
| P3 | 660,00 | 300 | 300 | 240,00 |

Custos indiretos:

- Aluguel = $ 30.000,00 (rateado aos departamentos conforme área ocupada: compras = 80 m$^2$; produção = 300 m$^2$; expedição = 120 m$^2$).
- Mão de obra indireta: compras = $ 40.000,00; produção = $ 30.000,00; expedição = $ 18.000,00.
- Materiais de consumo: compras = $ 4.000,00; produção = $ 50.000,00; expedição = $ 6.000,00.

Atividades desenvolvidas nos departamentos da empresa:

| Departamentos | Atividades |
|---|---|
| Compras | Aquisição de materiais |
| Produção | Montagem de conjuntos<br>Acabamento final |
| Expedição | Preparação de embarque<br>Embarcar |

Os custos indiretos apropriados aos departamentos são atribuídos às atividades conforme estabelecido pelos gerentes dos departamentos, por meio de entrevistas realizadas.

| | Compras | Produção | | Expedição | |
|---|---|---|---|---|---|
| | Aquisição | Montagem | Acabamento | Preparação | Embarcar |
| Aluguel | 100% | 60% | 40% | 30% | 70% |
| Mão de obra | 100% | 50% | 50% | 60% | 40% |
| Materiais | 100% | 20% | 80% | 90% | 10% |

A atribuição dos custos das atividades aos produtos é feita utilizando os seguintes direcionadores:

| Atividade | Direcionadores | Prod. P1 | Prod. P2 | Prod. P3 |
|---|---|---|---|---|
| Aquisição | Número de pedidos de compras | 18 | 14 | 8 |
| Preparação | Tempo de emissão de documentos | 50 h | 40 h | 45 h |
| Embarque | Número de embarques | 18 | 26 | 16 |

Os custos das atividades de montagem e acabamento são atribuídos aos produtos conforme os tempos totais consumidos pela produção:

| Produto | Montagem | Acabamento |
|---|---|---|
| P1 | 2,5 h | 1,5 h |
| P2 | 4,0 h | 1,8 h |
| P3 | 8,0 h | 3,0 h |

Pede-se: utilizando o custeio baseado em atividades, determine o lucro bruto da empresa, segregado por produto.

**10.** O diretor administrativo da Cia. Ubá deseja analisar a ocorrência dos custos no departamento de compras, que no mês de novembro foram:

| | |
|---|---|
| Salários e Encargos | Gerentes: $ 8.000,00 |
| | Secretária: $ 3.000,00 |
| | Auxiliares: $ 4.000,00 |
| | Compradores: $ 20.000,00 |
| | Estagiários: $ 2.000,00 |
| Combustíveis: $ 6.000,00 | |
| Depreciação de veículos: $ 1.500,00 | |
| Telefone: $ 2.500,00 | |
| Viagens: $ 800,00 | |

Por meio de entrevistas e análise dos processos, foram identificadas as atividades mais relevantes e o quanto cada uma delas consome dos custos desse departamento.

| | Desenvolver novos fornecedores | Cotação de preços para novas compras | Emissão dos pedidos de compras | Acompanhamento dos pedidos de compras |
|---|---|---|---|---|
| Gerente | 20% | 40% | 20% | 20% |
| Secretária | 40% | 20% | 30% | 10% |
| Auxiliares | 5% | 10% | 40% | 45% |
| Compradores | 20% | 70% | – | 10% |
| Estagiários | – | – | 20% | 80% |
| Combustíveis | 20% | 70% | – | 10% |
| Depreciação | 100% | – | – | – |
| Telefone | 40% | 40% | – | 20% |
| Viagens | 100% | – | – | – |

Determine o custo de cada atividade.

capítulo 5

# Custo-padrão

## OBJETIVO

O objetivo deste capítulo é descrever o custo-padrão e apresentar ao leitor seus conceitos, suas finalidades, o modo de determiná-lo e a análise das variações entre o custo-padrão e o custo real.

## 5.1 Introdução

*Custo-padrão* é o custo planejado para um produto e, como tal, deve ser calculado antes da produção. Sua utilização é mais adequada em empresas que fabricam produtos padronizados em série do que em empresas que produzem sob encomenda, em razão das especificidades dos itens fabricados, exceto quando, nessas empresas, são fabricados produtos iguais em lotes.

O custo-padrão é diferente do *custo-meta* (veja o Capítulo 7, Seção 7.3), embora esse também seja definido *a priori*. O custo-meta de um produto resulta da diferença entre seu preço de mercado e o lucro desejado pela empresa, consistindo, portanto, no custo máximo permitido. O custo-padrão é o que pode ser alcançado quando um produto entra em processo de fabricação, pois é calculado de acordo com as condições normais de operação da empresa.

## 5.2 Conceitos de custo-padrão

Custo-padrão é aquele que se pode determinar *a priori* e é possível de alcançar, pois leva em consideração eventuais imperfeições nas condições ambientais, empresariais e de mercado. Assim, não deve ser visto nem como custo ideal nem como custo estimado.

O *custo ideal* é o que resulta de uma produção a ser realizada nas melhores condições possíveis. Em seu cálculo seriam considerados, por exemplo, o uso de matéria-prima de qualidade superior e menor custo, de mão de obra qualificada e dos melhores equipamentos. Trata-se de um custo cientificamente calculado, mas de difícil aplicação.

O *custo estimado* é menos elaborado. Em geral, parte da hipótese de que os custos incorridos em períodos anteriores podem ser ajustados para períodos futuros, considerando os volumes de produção estimados.

O custo-padrão deve refletir as condições de eficiência do período em que o produto será fabricado. Assim, em seu cálculo, precisam ser levadas em consideração as metas de eficiência desejadas no que diz respeito ao consumo de materiais, ao emprego de mão de obra, ao uso de equipamentos e da estrutura da empresa.

## 5.3 Finalidades do custo-padrão

A principal finalidade desse custo é estabelecer um padrão de comportamento dos custos, criando condições para seu controle e a avaliação da eficiência do processo produtivo. Por meio dele pode-se estabelecer as medidas ou os padrões físicos e monetários dos recursos que serão utilizados. Confrontando o consumo real dos recursos físicos e monetários com seus respectivos padrões, é possível localizar divergências, o que permite aos gestores manter os custos dentro de limites de variação aceitáveis.

Outras finalidades do custo-padrão são:

- reduzir custos;
- auxiliar na formação do preço de venda.

## 5.4 Determinação do custo-padrão

A determinação do custo-padrão de um produto resulta de um trabalho combinado da engenharia e da contabilidade de custos de uma empresa. Cabe à engenharia a determinação de padrões de consumo físico dos recursos, ao passo que à contabilidade de custos compete atribuir a esses padrões os valores monetários correspondentes.

Os padrões de consumo definidos pela engenharia dizem respeito aos recursos que podem ser quantificados como matéria-prima, tempo de emprego da mão de obra, tempo de uso das máquinas, consumo de energia etc.

Ao calcular os padrões de custos, a contabilidade pode utilizar os mesmos procedimentos apresentados no Capítulo 2 deste livro. Isso vale tanto para os custos de matéria-prima, que devem resultar de condições normais de compra no tocante à qualidade e aos preços, como para a mão de obra direta e para os custos indiretos de fabricação.

Depois de estabelecer o custo-padrão, é conveniente proceder a revisões nos padrões físicos e monetários toda vez que houver alterações nas especificações dos produtos, na qualidade dos materiais, nos preços dos insumos, na substituição de equipamentos etc.

## 5.5 Variação entre o custo real e o custo-padrão

A análise da variação deve ser realizada para os três elementos de custos: matéria-prima, mão de obra direta e custos indiretos de fabricação. Essa análise pode ser considerada favorável — quando o custo real é menor que o padrão — ou desfavorável — quando o custo real é maior que o padrão.

Para ilustrar a variação entre o custo real e o custo-padrão, vamos supor que uma empresa esperasse fabricar 1.000 unidades do produto Alfa e, ao final do período considerado, a produção real tivesse sido de 1.100 unidades. Os cálculos do custo-padrão e do custo real são apresentados na tabela a seguir.

| Elemento de custo | CUSTO-PADRÃO | | | | | CUSTO REAL | | | | | VARIAÇÃO | |
|---|---|---|---|---|---|---|---|---|---|---|---|---|
| | Consumo | | Custo | Custo da produção | | Consumo | | Custo | Custo da produção | | Custo | |
| | Unit. | Total | | Total | Unit. | Unit. | Total | | Total | Unit. | Total | Unit. |
| Matéria-prima | 1,50 kg | 1.500,00 | 13,00/kg | 19.500,00 | 19,500 | 1,60 kg | 1.760,00 | 12,00/kg | 21.120,00 | 19,200 | 1.620,00 | (0,300) |
| M.O. direta | 0,50 h | 500,00 | 10,00/h | 5.000,00 | 5,000 | 0,45 h | 495,00 | 11,00/h | 5.445,00 | 4,950 | 445,00 | (0,050) |
| CIF variável | | | 7,00/h | 3.500,00 | 3,500 | | | 6,50/h | 3.217,50 | 2,925 | (282,50) | (0,575) |
| CIF fixo | | | | 2.700,00 | 2,700 | | | | 3.069,00 | 2,790 | 369,00 | 0,090 |
| **Total** | | | | 30.700,00 | 30,700 | | | | 32.851,50 | 29,865 | 2.151,50 | (0,835) |

De acordo com a tabela, o consumo de matéria-prima para o cálculo do custo-padrão foi de 1,5 kg por unidade de Alfa, com um custo de $ 13,00 por quilo. No entanto, o consumo real foi de 1,6 kg por unidade de Alfa e o custo real, de $ 12,00 por quilo.

Em relação à mão de obra direta, o tempo considerado para o cálculo do custo-padrão foi de 0,50 h por unidade de Alfa, com um custo de $ 10,00 por hora. No entanto, o tempo real foi de 0,45 h, e o custo real foi de $ 11,00 por hora.

Os custos indiretos foram apropriados com base nas horas de mão de obra direta. O custo indireto variável para o cálculo do custo-padrão foi de $ 7,00 por hora, e o custo real foi de $ 6,50 por hora. Já o custo indireto fixo para cálculo do custo-padrão foi de $ 2.700,00 para o período e o custo real, $ 3.069,00.

### 5.5.1 Análise da variação de matéria-prima

A variação de ($ 0,30) no custo da matéria-prima por unidade do produto Alfa pode ser decomposta em:

- Variação de quantidade: consequência da diferença entre a quantidade de matéria-prima estabelecida para aplicação no produto e a quantidade efetivamente consumida.
- Variação de custos: consequência do efeito da diferença entre o preço-padrão de aquisição da matéria-prima e o preço efetivamente pago (custo da matéria-prima para a empresa).
- Variação mista: consequência do efeito da variação de custos sobre a variação da quantidade de matéria-prima.

#### Variação de quantidade

**Variação de quantidade = (Quantidade real – Quantidade-padrão) × Custo-padrão**

Variação de quantidade = (1,60 kg – 1,50 kg) × $ 13,00/kg → $ 1,30/u

Se o consumo real for maior que o padrão, a variação será considerada desfavorável. Graficamente, temos:

Gráfico 5.1

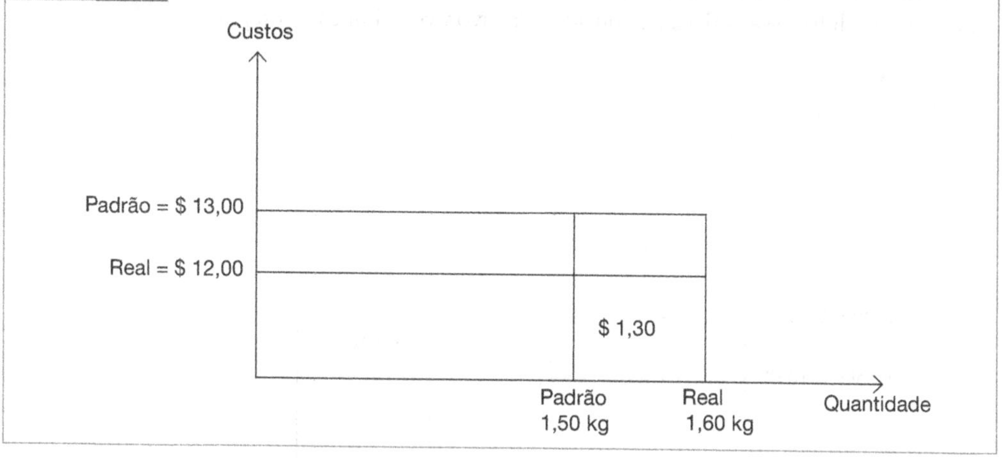


## Variação de custos

**Variação de custos = (Custo real – Custo-padrão) × Quantidade-padrão**

Variação de custos = ($ 12,00/kg – $ 13,00/kg) × 1,50 kg → $ 1,50/u

Se o custo real for menor que o padrão, a variação será considerada favorável. Graficamente, temos:

Gráfico 5.2

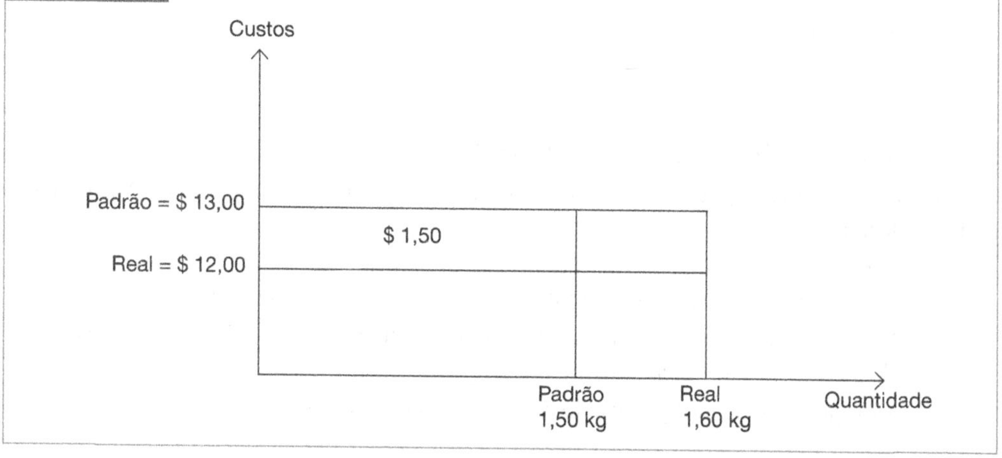


## Variação mista

**Variação mista = (Quantidade real – Quantidade-padrão) × (Custo real – Custo-padrão)**

Variação mista = (1,60 kg – 1,50 kg) × ($ 12,00/kg – $ 13,00/kg) → $ 0,10/u

Como o efeito da variação de custo sobre a variação de quantidade de matéria-prima reduz o custo do produto, essa variação é considerada favorável. Graficamente, temos:

Gráfico 5.3

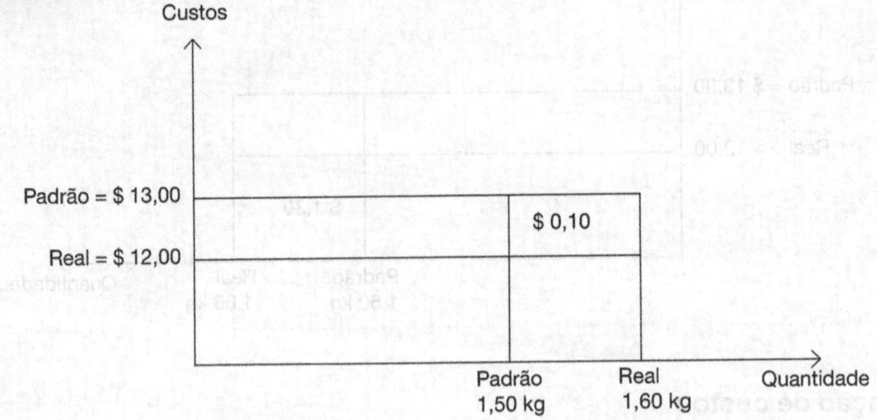


Somando as variações, temos:

| | | | |
|---|---|---|---|
| | Variação de quantidade | 1,30 | (desfavorável) |
| (+) | Variação de custos | 1,50 | (favorável) |
| (+) | Variação mista | 0,10 | (favorável) |
| (=) | Variação da matéria-prima | 0,30 | (favorável) |

## 5.5.2 Análise da variação da mão de obra direta

A variação de ($ 0,05) no custo da mão de obra direta por unidade do produto Alfa também pode ser decomposta em:

- Variação de quantidade: consequência da diferença entre a quantidade de horas estabelecida para aplicação no produto e a quantidade efetivamente gasta.
- Variação de custos: consequência dos efeitos da diferença entre o custo-padrão da mão de obra e os custos efetivamente realizados.
- Variação mista: consequência do efeito da variação de custos sobre a variação de horas.

### Variação de quantidade

**Variação de quantidade = (Quantidade real – Quantidade-padrão) × Custo-padrão**

Variação de quantidade = (0,45 h – 0,50 h) × $ 10,00/h → $ 0,50/u

Se o consumo real for menor que o padrão, a variação será considerada favorável. Graficamente, temos:

Gráfico 5.4

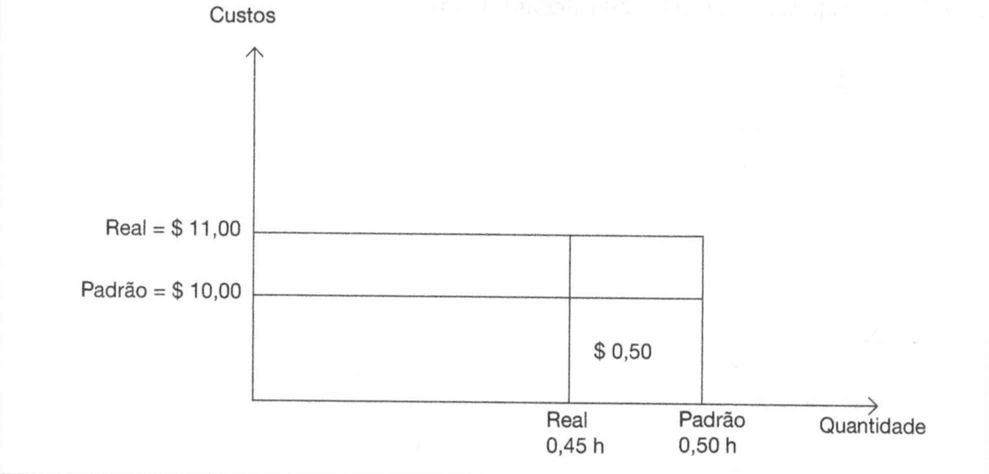


## Variação de custos

**Variação de custos = (Custo real – Custo-padrão) × Quantidade-padrão**

Variação de custos = ($ 11,00/h – $ 10,00/h) × 0,50 h → $ 0,50/u

Se o custo real for maior que o padrão, a variação será considerada desfavorável. Graficamente, temos:

Gráfico 5.5

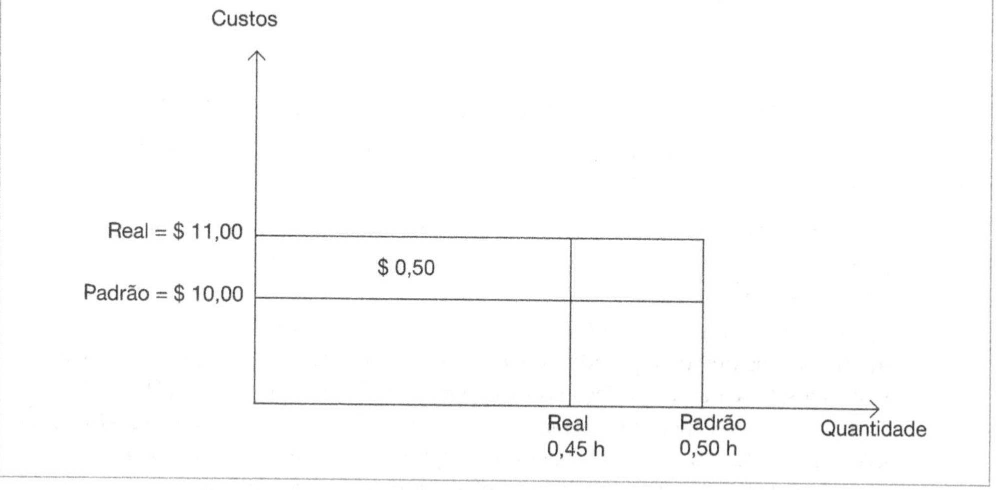


## Variação mista

**Variação mista = (Quantidade real – Quantidade-padrão) × (Custo real – Custo-padrão)**

Variação mista = (0,45 h – 0,50 h) × ($ 11,00/h – $ 10,00/h) → $ 0,05/u

Como o efeito da variação de custo sobre a variação de horas reduz o custo do produto, a variação é considerada favorável. Graficamente, temos:

Gráfico 5.6

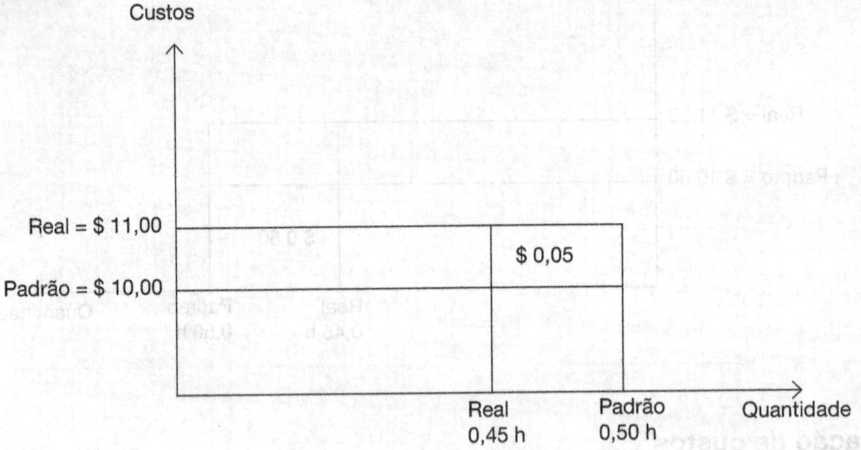


Somando as variações, temos:

| | | | |
|---|---|---|---|
| | Variação de quantidade | 0,50 | (favorável) |
| (+) | Variação de custos | 0,50 | (desfavorável) |
| (+) | Variação mista | 0,05 | (favorável) |
| (=) | Variação da mão de obra direta | 0,05 | (favorável) |

## 5.5.3 Análise da variação dos custos indiretos de fabricação

As variações (de $ 0,575) no custo indireto de fabricação variável e (de $ 0,090) no custo indireto de fabricação fixo por unidade do produto Alfa podem ser decompostas em:

- Variação de volume: consequência da diferença entre a quantidade de produção esperada para o período quando do cálculo do custo-padrão e a quantidade efetivamente realizada.
- Variação de custos: consequência da diferença entre os valores das contas de custos indiretos considerados quando do cálculo do custo-padrão e os valores efetivamente realizados. Esse tipo de variação ocorre, por exemplo, quando, para o cálculo do custo-padrão, o custo esperado de energia elétrica por kW é de $ 0,10, mas o custo real por kW é de $ 0,12; ou quando o custo do aluguel considerado para o cálculo do custo-padrão é de $ 1.000,00 por mês, mas efetivamente é de $ 1.100,00.
- Variação de eficiência (ou ineficiência): consequência das variações ocorridas no uso dos meios de produção, como a diferença entre a produtividade esperada e a produtividade efetiva. No exemplo que está sendo considerado, esperava-se gastar 0,50 h de mão de obra por unidade do produto Alfa, mas efetivamente gastou-se 0,45 h.

Assim, temos:

## Variação de volume

No exemplo, a produção real foi maior que a produção esperada. Assim, a variação de volume compreende a diferença entre o custo indireto calculado para a produção esperada e o custo indireto que seria padrão para a produção real.

- Custo indireto para a produção esperada de 1.000 unidades do produto Alfa:

| | |
|---|---|
| Variável: 0,5 h/u × 1.000 u | 500 h |
| 500 h × $ 7,00/h | $ 3.500,00 → 3,50/u |
| Fixo | $ 2.700,00 → 2,70/u |
| Total | $ 6.200,00 → 6,20/u |

- Custo indireto que seria padrão para a produção real de 1.100 unidades:

| | |
|---|---|
| Variável: 0,5 h/u × 1.100 u | 550 h |
| 550 h × $ 7,00/h | $ 3.850,00 3,500/u |
| Fixo | $ 2.700,00 2,455/u |
| Total | $ 6.550,00 5,955/u |

Verifica-se que a diferença na quantidade não altera o custo variável unitário. Quando se considera uma produção maior, o custo fixo unitário passa de $ 2,70 por unidade do produto Alfa para $ 2,455, reduzindo seu custo unitário. A redução do custo do produto é considerada favorável.

## Variação de custos

- Custo variável

No padrão, os valores das contas do custo variável unitário somam $ 7,00 por hora e, no real, $ 6,50 por hora, resultando em uma variação de custo de $ 0,50 por hora. Como se gastou 0,45 h de mão de obra direta por unidade de Alfa, a variação de custos variáveis por unidade é: 0,45 h × $ 0,50/h = $ 0,225. Se o custo real for menor que o custo-padrão, a variação será considerada favorável.

- Custo fixo

No padrão, os valores das contas do custo fixo somam $ 2.700,00 e, no real, $ 3.069,00, resultando em uma variação de custo de $ 369,00. Como foram gastas 495 horas de mão de obra direta, que foi a base de rateio utilizada, a variação de custos fixos por hora é de $ 0,74545. Por unidade de Alfa, a variação de custos fixos é: 0,45 h × $ 0,74545 = $ 0,335. Se o custo real for maior que o padrão, a variação será considerada desfavorável.

## Variação de eficiência

No exemplo, a eficiência é relacionada ao tempo de mão de obra, afetando somente o custo variável. Como o custo variável esperado é de $ 7,00 por hora e o tempo gasto por unidade do produto Alfa foi menor que o tempo esperado em 0,05 h, o custo por unidade do produto é reduzido em $ 0,35. A redução do custo do produto é considerada favorável.

Em resumo, as variações de custos indiretos são:

| Custo indireto padrão | Custo indireto que seria padrão para a produção real (com o tempo de mão de obra esperado) | Custo indireto que seria padrão para a produção real (com o tempo de mão de obra real) | Custo indireto real |
|---|---|---|---|
| CV = 1.000 u × 0,5 h × $ 7,00/h = $ 3.500,00<br>CF = $ 2.700,00 | CV = 1.100 u × 0,5 h × $ 7,00/h = $ 3.850,00<br>CF = $ 2.700,00 | CV = 1.100 u × 0,45 h × $ 7,00/h = $ 3.465,00<br>CF = $ 2.700,00 | CV = 1.100 u × 0,45 h × $ 6,50/h = $ 3.217,50<br>CF = $ 3.069,00 |
| Total / Unitário<br>CV $ 3.500,00 / $ 3,50<br>CF $ 2.700,00 / $ 2,70<br>Total $ 6.200,00 / $ 6,20 | Total / Unitário<br>CV $ 3.850,00 / $ 3,50<br>CF $ 2.700,00 / $ 2,455<br>Total $ 6.550,00 / $ 5,955 | Total / Unitário<br>CV $ 3.465,00 / $ 3,15<br>CF $ 2.700,00 / $ 2,455<br>Total $ 6.165,00 / $ 5,605 | Total / Unitário<br>CV $ 3.217,50 / $ 2,925<br>CF $ 3.069,00 / $ 2,79<br>Total $ 6.286,50 / $ 5,715 |

| | VARIAÇÃO DE VOLUME | | VARIAÇÃO DE EFICIÊNCIA | | VARIAÇÃO DE CUSTOS | |
|---|---|---|---|---|---|---|
| | TOTAL | UNIT. | TOTAL | UNIT. | TOTAL | UNIT. |
| CV | $ 350,00 | $ 0,00 | ($ 385,00) | ($ 0,35) F | ($ 247,50) | ($ 0,225) F |
| CF | $ 0,00 | ($ 0,245) F* | $ 0,00 | $ 0,00 | $ 369,00 | $ 0,335 D** |
| TOTAL | $ 350,00 | ($ 0,245) F | ($ 385,00) | ($ 0,35) F | $ 121,50 | $ 0,110 D |

| | TOTAL | UNIT. |
|---|---|---|
| CV | ($ 282,50) | ($ 0,575) F |
| CF | $ 369,00 | $ 0,090 D |
| TOTAL | $ 86,50 | ($ 0,485) F |

*F = favorável
**D = desfavorável

## Questões e exercícios propostos

1. O que significa custo-padrão?
2. Custo-padrão e custo-meta têm o mesmo significado?
3. Qual é a diferença entre custo-padrão e custo ideal?
4. Qual é a diferença entre custo-padrão e custo estimado?
5. Qual é a finalidade do custo-padrão?
6. A determinação do custo-padrão resulta de um trabalho conjunto entre a engenharia e a contabilidade. Qual é o papel de cada departamento?
7. A diferença entre o custo real da matéria-prima e seu custo-padrão pode ser explicada pela variação de quantidade, pela variação de custos e pela variação mista. Explique cada uma delas.

8. A diferença entre o custo real da mão de obra direta e seu custo-padrão pode ser explicada pela variação de quantidade, variação de custos e variação mista. Explique cada uma delas.

9. A diferença entre o custo indireto real e seu custo-padrão pode ser explicada pela variação de volume, variação de custos e variação de eficiência. Explique cada uma delas.

10. A empresa D. Pedro II calculou o custo-padrão de seu produto X para o ano de 2XX3 considerando os seguintes aspectos:
    - Produção = 7.000 unidades.
    - Consumo de matéria-prima = 21.000 kg.
    - Horas de mão de obra direta = 10.500 h.
    - Custo da matéria-prima = $ 6,00/kg.
    - Custo da mão de obra direta = $ 15,00/h.
    - Custos indiretos variáveis = $ 4,00/h.
    - Custos indiretos fixos = $ 50.000,00 no ano.

    No final do ano, a empresa constatou que a produção real tinha sido de 7.200 unidades. Foram consumidos 21.600 kg de matéria-prima e gastas 10.800 h de mão de obra direta. Assim, os custos reais foram:
    - Matéria-prima = $ 133.920,00.
    - Mão de obra direta = $ 156.600,00.
    - Custos indiretos variáveis = $ 48.600,00.
    - Custos indiretos fixos = $ 50.000,00.

    Calcule e analise as variações de matéria-prima, de mão de obra e de custos indiretos.

## Exercícios adicionais

1. A Cia. Bata calculou o custo padrão para 40.000 kg de pães:
   - Matéria-prima = $ 2,50 por quilo.
   - Mão de obra direta = $ 2,00 por quilo.
   - Custos indiretos variáveis = $ 1,00 por quilo.
   - Custos indiretos fixos = $ 1,52 por quilo.

   Entretanto, a produção acabou sendo de 38.000 kg de pães no período com os seguintes custos reais:
   - Matéria-prima = $ 121.600,00.
   - Mão de obra direta = $ 76.000,00.
   - Custos indiretos variáveis = $ 38.000,00.
   - Custos indiretos fixos = $ 60.800,00.

   Calcule as variações entre o custo-padrão e o custo real de cada grupo de custos e indique se a variação é favorável ou desfavorável.

2. A fábrica de rapadura Moleza calculou o custo-padrão de matéria-prima e de mão de obra direta por quilo de sua rapadura especial com amendoim:
   - Matéria-prima = $ 2,50 por quilo.
   - Mão de obra direta = $ 5,00 por hora (o tempo padrão por quilo é de 0,25 hora).

   No mês de março, a produção foi de 800 kg, incorrendo nos seguintes custos:
   - Matéria-prima = $ 2,40 por quilo.
   - Mão de obra direta = $ 1.200,00.

   Calcule as variações de custos.

3. A panificadora Tietê planejou fabricar 15.000 panetones de frutas na páscoa de 20X0. Foi calculado o seguinte custo-padrão para esta produção:
   - Custos diretos
     - Matéria-prima: $ 4,00 por panetone.
     - Mão de obra direta: $ 1,50 por panetone.
   - Custos indiretos
     - Aluguel: $ 9.000,00 no mês.
     - Depreciação de equipamentos: $ 4.500,00 no mês.
     - Mão de obra indireta: $ 7.200,00 no mês.
     - Energia elétrica: $ 4.500,00 para a produção de 15.000 panetones.
     - Outros custos indiretos: $ 3.000,00 no mês.

   Em virtude do aquecimento da demanda por panetones, a empresa produziu 18.000 unidades, de modo que pôde adquirir matérias-primas por preços menores, o que resultou em economia de 10%. O custo da mão de obra direta permaneceu em $ 1,50 por panetone. Os custos indiretos reais foram:
     - Aluguel: $ 9.000,00.
     - Depreciação de equipamentos: $ 4.500,00.
     - Mão de obra indireta: $ 7.200,00.
     - Energia elétrica: $ 6.300,00.
     - Outros custos indiretos: $ 3.600,00.

   Calcule:

   **a)** o custo-padrão e o custo real por panetone;

   **b)** as variações entre o custo padrão e o custo real de cada item de custos.

capítulo 6

# Custos em empresas comerciais e prestadoras de serviços

## OBJETIVO

O objetivo deste capítulo é discutir aspectos básicos relacionados à apuração de custos em empresas comerciais e prestadoras de serviços. Nele o leitor verá que, nesses tipos de empresa, pode ser aplicado o mesmo sistema de apuração de custos utilizado nas empresas industriais, apenas sendo necessário, para isso, adequá-lo às novas especificidades. Além disso, o capítulo aborda aspectos como:

- custos e despesas nas empresas comerciais;
- custo do material aplicado nos serviços;
- custo da mão de obra aplicada nos serviços;
- custos indiretos apropriados aos serviços.

## 6.1 Introdução

Em geral, a literatura especializada sobre custos tem como referência as empresas industriais. Provavelmente os autores consideram que o sistema operacional desse tipo de empresa apresenta estrutura e atividades mais complexas do que as das comerciais e prestadoras de serviços.

Entretanto, muitos dos conceitos e procedimentos desenvolvidos para as empresas industriais também se aplicam às comerciais e prestadoras de serviços; alguns deles são, inclusive, de aplicação geral. Para adotá-los, as empresas comerciais e prestadoras de serviços precisam apenas ajustá-los a seus sistemas físicos e operacionais, situação semelhante à verificada em diferentes empresas industriais, como as com produção sob encomenda e produção seriada.

## 6.2 Empresas comerciais

As empresas comerciais se diferenciam das industriais pelo fato de comprarem as mercadorias já prontas de seus fornecedores e revendê-las também prontas, caracterizando-se como *intermediárias*, sem ampliar nem modificar sua utilidade, ao passo que as empresas industriais adquirem matérias-primas e modificam sua utilidade após realizar nelas determinadas operações, caracterizando-se como *transformadoras*.

### 6.2.1 Custos e despesas na empresa comercial

Tanto na empresa comercial como na industrial os gastos podem ser classificados em *custos*, *despesas* e *investimentos* (veja o Capítulo 1, seções 1.4 e 1.5, para definições e aplicações desses termos).

Na empresa comercial, o custo está relacionado às mercadorias revendidas. Sua determinação obedece aos mesmos cálculos utilizados para o custo da matéria-prima na empresa industrial (veja as seções 2.2.2 e 2.2.3 do Capítulo 2), com uma diferença relativa ao IPI, que, destacado na nota fiscal de venda das empresas industriais, é considerado agregado ao valor da mercadoria na empresa comercial, consistindo, portanto, no seu custo.

De modo geral, o custo das mercadorias compreende todos os gastos com a aquisição, deduzidos os tributos passíveis de recuperação, como ICMS, PIS e Cofins (no Capítulo 2, na Seção 2.2.2, são realizadas breves considerações sobre o custo de aquisição de matéria-prima e sobre o tratamento dado aos impostos incidentes na aquisição, considerações válidas também para as empresas comerciais quando da aquisição de mercadorias para revenda). Assim, se considerarmos apenas o ICMS como imposto recuperável, o custo de uma mercadoria pode ser obtido mediante o seguinte cálculo:

| | |
|---|---|
| | Valor pago ao fornecedor |
| (–) | ICMS |
| (+) | Frete |
| (–) | ICMS sobre o frete |
| (+) | Seguro |
| (+) | Armazenagem e outros gastos |
| (=) | Custo da mercadoria (ou custo da compra) |

Esse será o custo ativado no estoque de mercadorias para revenda. O controle do estoque físico e monetário pode ser realizado por um dos seguintes métodos de avaliação: PEPS, UEPS e custo médio (veja o Capítulo 2, Seção 2.2.3), lembrando que o UEPS não é aceito pelo fisco no Brasil. Ao retirar as mercadorias do estoque em razão das vendas realizadas, o custo dessas mercadorias corresponde ao custo das mercadorias vendidas. Para isso, estamos considerando que a empresa realiza o controle do estoque por meio do inventário permanente, isto é, quando o estoque é controlado de maneira contínua, registrando-se as entradas (resultantes de aquisições de mercadorias) e saídas ou baixas (resultantes das vendas de mercadorias).

As despesas na empresa comercial podem ser classificadas em:

- Despesas diretas das mercadorias: são as que podem ser identificadas imediatamente com as mercadorias vendidas, como as comissões dos vendedores.
- Despesas diretas dos departamentos: são as que podem ser identificadas com os respectivos departamentos em que ocorrem (como salários e encargos, depreciação e material de escritório) e são apropriadas de forma direta a eles.
- Despesas indiretas dos departamentos: são as despesas comuns aos departamentos administrativos ou comerciais ou a ambos, como aluguel e energia elétrica. São apropriadas aos departamentos por meio de rateio.

### 6.2.2 Exemplo de custeio em empresa comercial

Consideremos uma empresa que comercializa três linhas de mercadorias em departamentos especializados: alimentos, limpeza e utensílios de cozinha.

Para facilitar a apropriação das despesas, deve-se elaborar um mapa semelhante ao utilizado para apropriação dos custos indiretos na empresa industrial, identificando nele os departamentos que compõem a administração da empresa e os que compõem a divisão de vendas. Nesse mapa, devem ser lançadas todas as contas que constituem as despesas diretas dos departamentos e as despesas indiretas. Os critérios de apropriação das despesas, tanto aos departamentos como às mercadorias, obedecem aos procedimentos vistos no Capítulo 2, Seção 2.4.4.

As despesas dessa empresa em certo mês foram:

| CONTA | VALOR |
|---|---|
| **Despesas diretas** | |
| Mão de obra | $ 46.000,00 |
| Depreciação | $ 8.000,00 |
| Comissões da gerência | $ 4.000,00 |
| Material de escritório | $ 2.500,00 |
| TOTAL | $ 60.500,00 |
| **Despesas indiretas** | |
| Aluguel | $ 7.000,00 |
| Energia elétrica | $ 5.000,00 |
| Propaganda | $ 14.200,00 |
| TOTAL | $ 26.200,00 |

Por simplificação, apresentaremos apenas os departamentos comerciais especializados, com as despesas diretas e indiretas já apropriadas.

| | DEPARTAMENTOS COMERCIAIS | | | |
|---|---|---|---|---|
| | **Alimentos** | **Limpeza** | **Utensílios** | **Total** |
| Despesas diretas | $ 26.000,00 | $ 20.000,00 | $ 14.500,00 | $ 60.500,00 |
| Despesas indiretas | $ 9.000,00 | $ 10.800,00 | $ 6.400,00 | $ 26.200,00 |
| TOTAL | $ 35.000,00 | $ 30.800,00 | $ 20.900,00 | $ 86.700,00 |

Determinadas as despesas dos departamentos especializados, elas podem ser rateadas às mercadorias comercializadas, com base, por exemplo, no valor da receita de cada uma delas. Da receita de vendas de cada departamento são deduzidos o custo das mercadorias vendidas, as despesas diretas com essas mercadorias e as despesas departamentais, conforme ilustrado na tabela a seguir.

| | DEPARTAMENTOS COMERCIAIS | | | |
|---|---|---|---|---|
| | **Alimentos** | **Limpeza** | **Utensílios** | **Total** |
| Receita das vendas | $ 120.000,00 | $ 90.000,00 | $ 70.000,00 | $ 280.000,00 |
| (–) CMV | $ 70.000,00 | $ 46.000,00 | $ 42.000,00 | $ 158.000,00 |
| (–) Despesas diretas das mercadorias | $ 2.400,00 | $ 1.800,00 | $ 1.400,00 | $ 5.600,00 |
| (=) Lucro bruto | $ 47.600,00 | $ 42.200,00 | $ 26.600,00 | $ 116.400,00 |
| (–) Despesas departamentais | $ 35.000,00 | $ 30.800,00 | $ 20.900,00 | $ 86.700,00 |
| (=) Lucro operacional | $ 12.600,00 | $ 11.400,00 | $ 5.700,00 | $ 29.700,00 |

## 6.3 Empresas prestadoras de serviços

No mercado encontramos diferentes tipos de serviços oferecidos: manutenção preventiva e corretiva, vigilância, transporte de pessoas e mercadorias, entretenimento etc. Embora cada tipo apresente suas particularidades, a apuração dos custos nas empresas prestadoras de serviços se assemelha à apuração realizada nas empresas industriais. Há situações em que os serviços necessitam da aplicação de material; em outras, isso não ocorre. Os serviços realizados por essas empresas podem ser classificados em:

- Serviços repetitivos: são os executados continuamente, envolvendo as mesmas operações.
- Serviços específicos: são os executados de acordo com a solicitação dos clientes.

Nessas classificações, verifica-se certa semelhança entre as empresas prestadoras de serviços e as industriais no que se refere à produção seriada e a sob encomenda.

### 6.3.1 Custo do material aplicado nos serviços

Caso a empresa prestadora de serviços seja contribuinte do ICMS, a determinação do custo do material aplicado nos serviços será semelhante à determinação do custo da mercadoria na empresa comercial. Se não for contribuinte, não haverá dedução do ICMS do valor de aquisição do material.

Os controles físico e monetário do estoque podem ser realizados pelos métodos de avaliação PEPS, UEPS (não aceito pelo fisco no Brasil) e custo médio.

### 6.3.2 Custo da mão de obra aplicada nos serviços

Assim como nas empresas industriais, nas empresas prestadoras de serviços a mão de obra pode ser classificada em *direta* e *indireta*.

A mão de obra direta compreende os funcionários que atuam diretamente na execução do serviço, ao passo que a mão de obra indireta, embora esteja envolvida na prestação de serviços, não o executa.

Os critérios de determinação do custo da mão de obra e de apropriação aos serviços assemelham-se aos critérios aplicáveis às empresas industriais (veja o Capítulo 2, Seção 2.3).

### 6.3.3 Custos indiretos apropriados aos serviços

Os custos indiretos compreendem os materiais indiretos, a mão de obra indireta e outros custos indiretos, como aluguel de equipamentos, depreciação de equipamentos e manutenção.

Para apropriar os custos indiretos, as empresas prestadoras de serviços podem dividir seus departamentos em *auxiliares* e *produtivos* e, depois, aplicar os conceitos de apropriação discutidos no Capítulo 2, Seção 2.4.4.

Vejamos o exemplo de um centro automotivo:

O Centro Automotivo Manaíra é especializado em mecânica, funilaria, pintura, eletricidade e regulagem de motores de automóveis nacionais e importados. Sua estrutura organizacional é composta de:

- Divisão administrativa: contempla um setor de administração geral, incluindo recursos humanos e finanças.
- Divisão comercial: contempla os setores de propaganda e marketing, e de relacionamento com os clientes.

- Divisão da oficina: contempla os seguintes setores:
  - Gerência operacional: responsável pela recepção e pelo diagnóstico dos reparos demandados nos veículos, bem como pelos orçamentos, pela aquisição de peças e demais materiais utilizados na oficina, pelos testes, pela entrega dos veículos etc.
  - Almoxarifado: responsável pelos materiais de consumo em geral e das peças de veículos.
  - Mecânica: realiza os procedimentos de regulagens de freio e embreagem, substituição de velas, correias, mangueiras, rolamentos etc.
  - Funilaria: realiza os trabalhos de recuperação de partes amassadas ou a substituição daquelas danificadas.
  - Pintura: realiza pintura e polimento.
  - Eletricidade: realiza atividades relacionadas à parte elétrica.
  - Regulagem de motores: realiza serviços especializados em componentes eletrônicos dos automóveis.

Serviços como borracharia, lava-rápido, tapeçaria, guincho etc., quando necessários, são subcontratados. Os clientes que procuram o centro automotivo são recepcionados pelo gerente da oficina, que efetua o cadastro (do cliente e do automóvel), bem como emite a Ordem de Serviço onde constam os trabalhos a serem realizados. Caso o cliente aprove o orçamento, essa numeração será utilizada para apuração dos custos.

Após inspecionar o automóvel, juntamente com o profissional que executará os serviços, é realizado o orçamento a ser oferecido ao cliente, que contempla:

**a)** horas de trabalho;

**b)** peças, materiais e serviços subcontratados.

As horas de trabalho são valorizadas conforme os cálculos elaborados pelo departamento de custos, ao passo que peças, materiais e serviços subcontratados são cotados em fornecedores cadastrados. Na tabela da página seguinte constam as bases de rateios utilizadas e os custos e despesas do mês de abril.

Notas:

- O aluguel foi rateado aos departamentos com base na área ocupada.
- Água, produtos de higiene e limpeza, entre outros, foram rateados com base no número total de funcionários.
- A energia elétrica foi rateada aos departamentos com base na potência instalada.
- Impostos, taxas e serviços contábeis foram atribuídos somente à divisão administrativa.
- O custo da gerência da oficina foi rateado com base no número total de funcionários.
- O custo do almoxarifado foi rateado com base no número de requisições.

| | Divisão Admin. | Divisão Comerc. | DIVISÃO DA OFICINA | | | | | | | | TOTAL GERAL |
|---|---|---|---|---|---|---|---|---|---|---|---|
| | | | Auxiliares | | Produtivos | | | | | Total | |
| | | | Gerência | Almoxarifado | Mecânica | Funilaria | Pintura | Eletricidade | Regulagem | | |
| Nº de funcionários diretos | | | | | 5 | 4 | 2 | 2 | 2 | 15 | |
| Nº de funcionários auxiliares | | | | | 2 | 1 | 1 | 1 | 1 | 6 | |
| 1. Total de funcionários | 4 | 2 | 2 | 1 | 7 | 5 | 3 | 3 | 3 | 24 | 30 |
| 2. Área ocupada (m²) | 20 | 20 | 30 | 20 | 110 | 80 | 70 | 70 | 80 | 460 | 500 |
| 3. Potência instalada | 70 | 60 | 80 | 40 | 210 | 180 | 160 | 100 | 100 | 870 | 1.000 |
| 4. Nº de requisição de materiais | | | | | 60 | 50 | 50 | 80 | 20 | 260 | 260 |
| | | | | | | | | | | | |
| **Gastos identificados com os departamentos** | | | | | | | | | | | |
| Salários e encargos | 8.000,00 | 5.000,00 | 6.000,00 | 1.000,00 | 12.000,00 | 10.000,00 | 6.000,00 | 6.000,00 | 7.000,00 | 48.000,00 | 61.000,00 |
| Telefone | 400,00 | 600,00 | 300,00 | | | | | | | 300,00 | 1.300,00 |
| Materiais de consumo | | | | | 500,00 | 1.200,00 | 800,00 | 200,00 | 400,00 | 3.100,00 | 3.100,00 |
| Depreciação de equipamentos | 200,00 | 150,00 | 250,00 | 100,00 | 600,00 | 400,00 | 500,00 | 300,00 | 500,00 | 2.650,00 | 3.000,00 |
| Manutenção | 40,00 | 30,00 | 100,00 | 50,00 | 130,00 | 120,00 | 80,00 | 100,00 | 150,00 | 730,00 | 800,00 |
| Material de escritório | 100,00 | 120,00 | 80,00 | 50,00 | | | | | | 130,00 | 350,00 |
| TOTAL (1) | 8.740,00 | 5.900,00 | 6.730,00 | 1.100,00 | 13.230,00 | 11.720,00 | 7.380,00 | 6.600,00 | 8.050,00 | 54.810,00 | 69.450,00 |

(*continua*)

(*continuação*)

| | Divisão Admin. | Divisão Comerc. | DIVISÃO DA OFICINA | | | | | | | | TOTAL GERAL |
|---|---|---|---|---|---|---|---|---|---|---|---|
| | | | Auxiliares | | Produtivos | | | | | Total | |
| | | | Gerência | Almoxarifado | Mecânica | Funilaria | Pintura | Eletricidade | Regulagem | | |
| **Gastos comuns** | | | | | | | | | | | |
| Aluguel | 120,00 | 120,00 | 180,00 | 120,00 | 660,00 | 480,00 | 420,00 | 420,00 | 480,00 | 2.760,00 | 3.000,00 |
| Água | 60,00 | 30,00 | 30,00 | 15,00 | 105,00 | 75,00 | 45,00 | 45,00 | 45,00 | 360,00 | 450,00 |
| Energia elétrica | 210,00 | 180,00 | 240,00 | 120,00 | 630,00 | 540,00 | 480,00 | 300,00 | 300,00 | 2.610,00 | 3.000,00 |
| Impostos e taxas | 600,00 | | | | | | | | | 0,00 | 600,00 |
| Produtos de higiene e limpeza | 20,00 | 10,00 | 10,00 | 5,00 | 35,00 | 25,00 | 15,00 | 15,00 | 15,00 | 120,00 | 150,00 |
| Serviços contábeis | 1.000,00 | | | | | | | | | 0,00 | 1.000,00 |
| Outros | 40,00 | 20,00 | 20,00 | 10,00 | 70,00 | 50,00 | 30,00 | 30,00 | 30,00 | 240,00 | 300,00 |
| TOTAL (2) | 2.050,00 | 360,00 | 480,00 | 270,00 | 1.500,00 | 1.170,00 | 990,00 | 810,00 | 870,00 | 6.090,00 | 8.500,00 |
| | | | | | | | | | | | |
| TOTAL (1+2) | 10.790,00 | 6.260,00 | 7.210,00 | 1.370,00 | 14.730,00 | 12.890,00 | 8.370,00 | 7.410,00 | 8.920,00 | 60.900,00 | 77.950,00 |
| | | | | | | | | | | | |
| Rateio da gerência da oficina | | | (7.210,00) | 327,73 | 2.294,09 | 1.638,64 | 983,18 | 983,18 | 983,18 | 0,00 | |
| Rateio do almoxarifado | | | | (1.697,73) | 391,78 | 326,49 | 326,49 | 522,38 | 130,59 | 0,00 | |
| TOTAL DEP. PRODUTIVOS | | | | | 17.415,87 | 14.855,12 | 9.679,67 | 8.915,56 | 10.033,78 | 60.900,00 | |
| Nº de horas disponíveis da oficina | | | | | 750 | 600 | 300 | 300 | 300 | | |
| Taxa horária | | | | | 23,22117 | 24,75854 | 32,26556 | 29,71853 | 33,44592 | | |

As despesas das divisões administrativa e comercial somaram $ 17.050,00. Isso representa 28% dos custos da divisão de oficina. Nos orçamentos dos serviços realizados, o gerente da oficina acrescenta, sobre os custos das horas estimadas, um valor correspondente a esse percentual. Veja o exemplo do cliente da Ordem de Serviço nº 1.259. No dia 12 de abril, esse cliente levou seu carro à oficina para troca de pastilhas, disco de freio, correia dentada e velas. Para realização desses serviços foram gastas 2,5 horas de trabalho. Assim, o montante de custos e despesas dessa ordem de serviço foi:

| | |
|---|---|
| Custo do setor de Mecânica: 2,5 h x $ 23,22117 | = $ 58,05 |
| Divisão Administrativa e Comercial: $ 58,05 x 28% | = $ 16,25 |
| Total: | = $ 74,30 |

Nota: Nesse valor não foi incluído o custo das peças substituídas.

Outro exemplo, agora do cliente da Ordem de Serviço nº 1.280. No dia 20 de abril, esse cliente levou seu carro à oficina para reparar os amassados da porta do motorista. Para conclusão dos trabalhos, são necessários serviços de pintura e polimento. Para realizar esses serviços foram gastas 4 horas de funilaria e 2 horas de pintura e polimento. Assim, o montante de custos e despesas dessa ordem de serviço foi:

| | |
|---|---|
| Custo do setor de Funilaria: 4 h x $ 24,75854 | = $ 99,03 |
| Custo do setor de Pintura: 2 h x $ 32,26556 | = $ 64,53 |
| Subtotal: | = $ 163,56 |
| Divisão Administrativa e Comercial: $ 163,56 x 28% | = $ 45,80 |
| Total | = $ 209,36 |

Nota: Nesse valor não foi incluído o custo da tinta, do solvente etc.

## Questões e exercícios propostos

1. Qual é a diferença entre o tratamento de custos nas empresas industriais e nas empresas comerciais?
2. Qual é a diferença entre o tratamento de custos nas empresas industriais e nas empresas prestadoras de serviços?

## Exercícios adicionais

1. A Cia. das Reformas é especializada em manutenção e reformas de residências. Sua estrutura organizacional é composta de:
   - Divisão administrativa: realiza a gestão financeira e gestão de pessoas.
   - Divisão comercial: prospecta novos contratos de serviços e efetua o orçamento do serviço a ser realizado.
   - Divisão de serviços, que é subdividida em setores:
     - Supervisão: acompanha a execução dos serviços contratados.

- Alvenaria: realiza serviços de assentamento de tijolos, pisos, contrapisos etc.
- Pintura: realiza os serviços de massa corrida, pintura de paredes, portas e janelas.
- Pisos e azulejos: realiza os serviços de assentamento de pisos e azulejos e rejunte.
- Hidráulica: realiza os serviços de encanamento de água e esgoto.

A empresa fornece apenas a mão de obra, e os clientes são responsáveis pela aquisição e disponibilização dos materiais para execução dos serviços contratados. Os serviços de alvenaria, pintura, pisos e azulejos e hidráulica são realizados por equipes formadas por um profissional e um ajudante.

As bases de rateios utilizadas são:

| | Divisão Administrativa | Div. Com. | Divisão de Serviços | | | | | | TOTAL GERAL |
|---|---|---|---|---|---|---|---|---|---|
| | | | Supervisão | Alvenaria | Pintura | Pisos/ Azulejos | Hidráulica | Total | |
| Nº de funcionários | 3 | 2 | 2 | 12 | 6 | 6 | 4 | 30 | 35 |
| Área ocupada ($m^2$) | 40 | 40 | 40 | | | | | 40 | 120 |
| Potência Kwh | 80 | 60 | 50 | | | | | 50 | 190 |
| Horas disponíveis | | | | 900 | 450 | 450 | 300 | 2.100 | |

Os custos e despesas a seguir referem-se ao mês de agosto/x9. Os salários e encargos do mês foram:

- Divisão administrativa: $ 10.000,00.
- Divisão comercial: $ 6.000,00.
- Supervisão da divisão de serviços: $ 4.000,00.
- Setor de alvenaria: $ 15.000,00.
- Setor de pintura: $ 7.000,00.
- Setor de pisos e azulejos: $ 8.000,00.
- Setor de hidráulica: $ 4.000,00.

Os custos do mês relativos aos funcionários que trabalham nas obras, exceto supervisão, foram:

- Transporte: $ 50,00 mensais por funcionário.
- Alimentação: $ 100,00 mensais por funcionário.

Os custos do mês com os supervisores de obras são:

- Mobilidade (depreciação de veículos, seguros, combustíveis etc.): $ 3.000,00.
- Telefone: $ 1.400,00.
- Alimentação: $ 400,00.

Os custos relativos a equipamentos de proteção individual: cada funcionário que trabalha nas obras recebe o conjunto de EPIs no valor de $ 150,00, cuja durabilidade é, em média, de seis meses.

Amortização das ferramentas de trabalho (por profissional, exceto ajudantes):

- Pedreiro: $ 120,00 por mês.
- Pintores: $ 40,00 por mês.
- Azulejistas: $ 50,00 por mês.
- Encanadores: $ 20,00 por mês.

Despesas do mês da divisão administrativa:

- Telefone: $ 200,00.
- Água: $ 120,00.
- Materiais de escritório: $ 200,00.
- Manutenção de equipamentos de escritório: $ 100,00.
- Serviços de contabilidade: $ 1.500,00.

Despesas do mês da divisão comercial:

- Telefone: $ 450,00.
- Materiais de escritório: $ 80,00.
- Manutenção de equipamentos de escritório: $ 50,00.
- Mobilidade (depreciação de veículos, seguros, combustíveis etc.): $ 1.500,00.

Gastos gerais:

- Aluguel das instalações: $ 2.400,00 (rateado entre as divisões com base na área ocupada).
- Energia elétrica: $ 570,00 (rateada entre as divisões com base na potência instalada).
- Despesas diversas: $ 250,00 (50% para a divisão administrativa; 30% para a divisão comercial; 20% para a supervisão da divisão de serviços).

O custo dos supervisores é rateado aos setores de serviços com base no número de funcionários.

Pede-se: determine o custo por hora de cada setor de serviços.

2. A Loja Maranhão vende móveis de cozinha, sala e quarto. Os gastos realizados no mês de maio foram:

- Salários e encargos dos gerentes: $ 12.000,00.
- Salários e encargos dos vendedores: $ 60.000,00.
- Material de escritório: $ 1.500,00.
- Publicidade: $ 20.000,00.
- Manuseio: $ 4.500,00.
- Transporte de entrega: $ 8.000,00.
- Aluguel do prédio: $ 6.000,00.
- Energia elétrica: $ 3.000,00.
- Telefone: $ 2.400,00.
- Comissões: 5% das receitas.
- Despesas diversas: $ 4.800,00.

As receitas e os custos das mercadorias vendidas no mês foram:

| Mercadorias | Receitas | C.M.V. |
|---|---|---|
| Móveis de cozinha | $ 180.000,00 | $ 40.000,00 |
| Móveis de sala | $ 90.000,00 | $ 30.000,00 |
| Móveis de quarto | $ 120.000,00 | $ 50.000,00 |

Os seguintes dados são utilizados para a distribuição das despesas:

| | Móveis da Cozinha | Móveis da Sala | Móveis do Quarto | TOTAL |
|---|---|---|---|---|
| Quantidade de vendedores | 4 | 3 | 5 | 12 |
| Área ocupada em m² | 80 | 100 | 120 | 300 |
| Publicidade | 40% | 25% | 35% | 100% |
| Número de entregas efetuadas | 100 | 160 | 140 | 400 |

Informações sobre a apuração das despesas aos setores da loja:

- Os vendedores possuem salários iguais.
- Os salários e encargos dos gerentes são distribuídos aos setores com base nos salários dos vendedores.
- O material de escritório é distribuído aos setores de acordo com o número de vendedores.
- O manuseio é distribuído aos setores conforme o número de entregas efetuadas.
- O transporte de entrega é distribuído aos setores em função do número de entregas efetuadas.
- O aluguel do prédio é distribuído aos setores em função da área ocupada.
- A energia elétrica é distribuída aos setores em função da área ocupada.
- O telefone é distribuído aos setores em razão do número de vendedores.
- As despesas diversas são distribuídas aos setores em função do custo das mercadorias vendidas.

Determine:

**a)** as despesas apropriadas a cada setor da loja;

**b)** o lucro de cada setor.

**3.** A Cia. Alfa é uma atacadista de tecidos. Seus clientes estão distribuídos em diferentes regiões, denominadas região norte, sul, leste e oeste. No mês de junho, as receitas realizadas para essas regiões foram:

Norte: $ 100.000,00.

Sul: $ 40.000,00.

Leste: $ 80.000,00.

Oeste: $ 50.000,00.

As despesas variáveis do mês estão agrupadas da seguinte forma:

- Atendimento aos clientes: $ 50.000,00.
- Entregas: $ 34.000,00.

Essas despesas são distribuídas para as regiões da seguinte maneira:

| | Norte | Sul | Leste | Oeste |
|---|---|---|---|---|
| Clientes atendidos | 80 | 120 | 50 | 70 |
| Quantidade de entregas | 40 | 80 | 30 | 20 |

O custo das mercadorias vendidas representa 60% da receita.

As despesas fixas totalizaram $ 10.000,00 no mês.

Pede-se:

**a)** Calcule a margem de contribuição de cada região.

**b)** Calcule o resultado da empresa.

**c)** Analise o desempenho de cada região.

**d)** Se você sugerisse incrementar as vendas, qual região escolheria? Por quê?

**e)** Você recomendaria manter todas as regiões?

capítulo

# 7 Formação do preço de venda

## OBJETIVO

O objetivo deste capítulo é apresentar aspectos relacionados à formação de preços de venda, concentrando-se na abordagem dos custos. Nele também são apresentados conceitos de custo-meta e custo marginal, e algumas reflexões sobre o lucro e os paradigmas de formação de preços, além de itens como:

- *mark-up*;
- preço de venda à vista;
- preço de venda a prazo, com custo financeiro "por dentro";
- preço de venda a prazo, com custo financeiro "por fora";
- preço de venda para pedidos feitos em condições especiais.

## 7.1 Introdução

Tudo o que constitui objeto de transação, produto, mercadoria ou serviço prestado entre uma empresa e seus consumidores necessita de um *preço*. No entanto, determinar esse valor em um mercado no qual ocorrem frequentes mudanças no modelo concorrencial tem-se tornado tarefa cada vez mais difícil.

Embora o gestor possa calcular os custos de um produto com o máximo rigor, utilizando diferentes métodos de custeio (por absorção, variável, ABC etc.), no momento de definir o preço ele se depara com um problema operacional altamente complexo. Além de proporcionar um retorno adequado ao investimento realizado, o preço está sujeito a aspectos que fogem ao controle da empresa, como as regulamentações governamentais, o avanço tecnológico, a obsolescência, a mudança de gosto do consumidor, os preços da concorrência, entre outros. Assim, decidir o preço de um produto envolve muito mais que simplesmente efetuar cálculos.

## 7.2 Paradigmas sobre preços

Tudo na vida das pessoas e das empresas está sujeito a transformações, que ocorrem em um processo contínuo. O ser humano deseja, freneticamente, ajustar-se a um ambiente cada vez mais competitivo e globalizado. Nesse ambiente, o que há pouco tempo era funcional pode deixar de sê-lo nos dias de hoje.

Muitos empreendedores ainda buscam atribuir o preço de venda de um produto ou serviço tendo seu custo como base, e é nesse ponto que começam a surgir os problemas. Um dos problemas se refere à determinação do custo. Ele pode assumir diferentes valores, dependendo do método de custeio utilizado em seu cálculo. Depende também da maneira como os recursos consumidos na obtenção do produto são valorizados: se o preço de aquisição desses recursos é o preço de mercado à vista ou a prazo, com ou sem desconto; se é o valor pago na última aquisição ou se esse valor é corrigido por um índice qualquer etc.

Quaisquer que sejam os conceitos de mensuração utilizados para apuração do custo, o paradigma mais aceitável é de que o preço representa uma equação:

$$P = C + L$$

onde:

P = preço
C = custo
L = lucro

Outro problema é a consequência da ruptura desse paradigma, embora esse modo de determinação de preços continue possível em situações de monopólio, por exemplo. No paradigma atual, o mercado é o grande sinalizador de preços. Os consumidores passaram a ter mais força para influenciar o preço das mercadorias ofertadas. Nesse novo ambiente, a empresa deixa de ter o poder de impor os preços de seus produtos. É o mercado, portanto, que acaba ditando o preço que está disposto a pagar. Às empresas cabe verificar se é viável ofertar determinado produto por um preço tal que permita que o lucro gerado remunere adequadamente os investimentos realizados nas empresas por seus proprietários.

Nesse mecanismo, o custo deixa de ser a base para a formação do preço, passando a representar o valor que a empresa pode despender para fabricar o produto. Para chegar a esse custo, a empresa atende a dois interessados: (1) os clientes ou consumidores — que determinam o preço que estão dispostos a pagar; (2) os proprietários — em que o lucro gerado pelos produtos compõe a remuneração do capital por eles investido na empresa (ver seção 7.4). Assim, agora temos:

$$P - L = C$$

## 7.3 Custo-meta

De acordo com a discussão anterior, no paradigma vigente é o mercado, e não a empresa, que define o preço de venda dos produtos. Assim, a empresa deve calcular o custo de seu produto para se certificar de que ele não ultrapasse o custo resultante da equação P – L = C (preço – lucro = custo).

Vamos supor que uma empresa esteja avaliando fabricar e vender o produto Y. Os proprietários da empresa determinam que o lucro deva corresponder a 20% do preço de venda. O preço de mercado desse produto é $ 100,00. Assim, o custo que esse produto deverá alcançar será de:

| | | |
|---|---|---|
| | Preço de mercado | $ 100,00 |
| (–) | Lucro definido pelos proprietários | $ 20,00 |
| (=) | Custo máximo permitido | $ 80,00 |

O custo de $ 80,00 é o valor máximo em que a empresa pode incorrer, tendo em vista que o preço de $ 100,00 é definido pelo mercado, e o lucro, pelos proprietários. Tal custo passa, portanto, a representar o *custo-meta* ou *custo-alvo* e deve ser definido antes que se comece a fabricar o produto, ainda na fase de desenvolvimento de projeto. Nesse contexto, o custo-meta constitui-se em uma metodologia empregada no planejamento de custos, principalmente para novos produtos

Se o custo estimado desse produto, calculado na fase de projeto, ultrapassar o limite (que é de $ 80,00), a empresa deverá reformular o projeto ou encontrar meios de reduzi-lo até atingir o valor determinado e, para isso, ela pode, por exemplo, reavaliar o processo de fabricação ou negociar o preço dos insumos com seus fornecedores. Esse meio de redução de custos é conhecido como *engenharia de valor* e ocorre na fase de desenvolvimento do projeto.

O esquema representativo do custo-meta é apresentado na Figura 7.1.

**Figura 7.1**

**Esquema representativo do custo-meta**

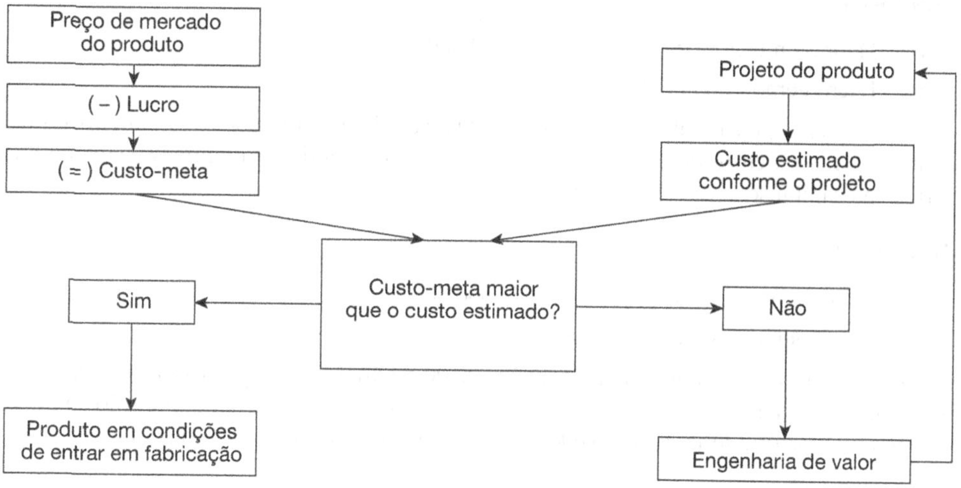


Embora nem sempre seja possível reduzir custos empregando a engenharia de valor, as empresas podem alcançar o custo-meta quando o produto entrar em fabricação, implantando filosofias de melhorias contínuas que motivem a eliminação ou minimização dos desperdícios, à medida que o processo de fabricação vai sendo aprimorado. Esse esforço de redução de custos é chamado de *custeio kaizen*, expressão japonesa que representa o processo de melhorias constantes durante a produção.

## 7.4 Reflexões sobre o lucro

No âmbito das empresas, o sucesso pode ser atribuído ao cumprimento de seus objetivos, que podem ter as mais variadas formas: lucro máximo, valor máximo do capital dos proprietários, maximização das vendas, aumento da participação no mercado etc. Independentemente do objetivo ou do conjunto de objetivos definidos, a medida de eficiência do resultado expressa pelo lucro é um aspecto de grande importância.

Vamos supor, por exemplo, que um empreendedor resolva investir seu capital na constituição de uma empresa, esperando, com isso, aumentar sua riqueza, ou seja, seu capital. Isso será possível se o investimento proporcionar uma remuneração superior ao *custo de oportunidade* desse investimento. O custo de oportunidade é um conceito oriundo da economia segundo o qual o empreendedor, ao decidir aplicar seus recursos na empresa, renuncia à outra aplicação. Nesse caso, o rendimento da aplicação a que o empreendedor renunciou constitui a remuneração mínima exigida em seu novo investimento, isto é, o custo de oportunidade.

Como o empreendedor espera obter ganhos marginais com o investimento escolhido, o custo de oportunidade representa a remuneração mínima necessária para que sua riqueza não diminua. Isso pode ocorrer pelo aumento do valor de mercado de sua empresa, pela geração de lucros ou, então, pela combinação de ambos. Veja o exemplo a seguir.

Consideremos que um empreendedor tenha redirecionado seus investimentos atuais aplicando um capital de $ 500.000,00 na constituição de uma empresa. O custo de oportunidade desse investimento é de 10% ao ano. Nesse caso, para que sua riqueza não seja reduzida, ao final de um ano o valor de mercado da empresa, somado ao lucro gerado, deverá totalizar no mínimo $ 550.000,00.

Vamos supor duas situações após um ano:

### Situação 1

- Valor de mercado da empresa: $ 530.000,00.
- Lucro gerado no ano: $ 30.000,00.

Nessa situação, o capital totalizaria $ 560.000,00 ao final de um ano. Desse modo, o investimento superaria o custo de oportunidade, pois, se o empreendedor mantivesse sua aplicação anterior, seu capital seria de $ 550.000,00.

### Situação 2

- Valor de mercado da empresa: $ 500.000,00.
- Lucro gerado no ano: $ 30.000,00.

Nessa situação, o capital totalizaria $ 530.000,00 ao final de um ano. Desse modo, o investimento na empresa não proporcionaria a remuneração suficiente para a manutenção da riqueza do empreendedor, que seria de $ 550.000,00. Assim, ele teria sua riqueza reduzida.

## 7.5 Abordagens sobre o estabelecimento do preço

Entre as várias abordagens sobre o estabelecimento do preço de venda, as mais conhecidas são as orientadas pela teoria econômica, pelo mercado e pelos custos.

A teoria econômica é consistente com a relação demanda/preços e considera que, em cada nível de preços praticado, tem-se um nível de demanda diferente. Em condições normais, quanto maior o preço, menor a demanda; em uma situação oposta, quanto menor o preço, maior a demanda. Desse modo, o preço flutua em diferentes níveis de demanda e de oferta até atingir um valor que satisfaça tanto a quem oferta quanto a quem procura, constituindo um preço de equilíbrio.

Os preços orientados pelo mercado têm como referência os praticados pelos concorrentes, tornando a empresa uma "seguidora" de preços. Essa abordagem é válida quando se trata de produtos sem grande diferenciação, e nela não se verifica uma relação entre os preços, os custos e a demanda.

Já a abordagem de formação de preços orientada pelos custos considera que o preço deve ser suficiente para cobrir todos os custos e despesas, além de proporcionar um lucro capaz de remunerar adequadamente os investimentos realizados. Essa abordagem não considera a elasticidade da demanda nem os preços de produtos similares praticados no mercado, pressupondo que este aceitará os preços impostos pela empresa.

Cada uma dessas abordagens apresenta limitações para o processo de formação de preços, e o uso isolado de uma delas ou sua combinação deve ser condizente com os objetivos da empresa (veja a Seção 7.4). Independentemente da abordagem utilizada, o conhecimento do custo dos produtos e serviços não pode ser relegado a um plano secundário.

## 7.6 Formação do preço de venda com base nos custos

Neste livro discutimos apenas a formação de preços orientada pelos custos, mas gostaríamos de sugerir ao leitor que consulte outros livros sobre economia e marketing para obter mais informações a respeito da formação de preços apoiada nas teorias econômica e de mercado.

Para definir o preço de venda com base nos custos incorridos para fabricar um produto ou realizar um serviço, agrega-se a esses custos uma margem conhecida como *mark-up* (veja a Seção 7.9).

## 7.7 Lucro e margem de contribuição

Embora *lucro* e *margem de contribuição* sejam conceitos diferentes, muitas vezes são considerados — indevidamente — sinônimos na representação dos ganhos proporcionados pelo produto ou pela linha de produtos de uma empresa. Conceitualmente, temos:

**a)** O lucro é obtido pela diferença entre a receita líquida de vendas e o montante de custos e despesas. Em uma demonstração de resultados do exercício (DRE) são apresentados diferentes níveis de lucro:

- Lucro bruto: constitui a diferença entre a receita líquida de vendas (sem impostos) e o custo.[1] Considerando-se um produto individualmente, o lucro bruto compreende a diferença entre seu preço de venda sem impostos e seu custo de produção.
- Lucro operacional: representa a diferença entre o lucro bruto e as despesas operacionais (despesas de vendas e administrativas).
- Lucro líquido: é o quanto sobra da receita que fica à disposição dos proprietários da empresa.

**b)** A margem de contribuição corresponde à diferença entre a receita líquida de vendas e o montante de custos variáveis somado às despesas variáveis. Tecnicamente, representa a contribuição dos produtos vendidos para a cobertura dos custos fixos mais as despesas fixas da empresa. Após essa cobertura, o que sobrar será a contribuição ao lucro da empresa.

## 7.8 Comparativo entre lucro e margem de contribuição

Para subsidiar o comparativo entre lucro e margem de contribuição, consideraremos a estrutura de custos de uma empresa em dois volumes de produção para um só produto, denominado X.

| Custos | Para 1.000 unidades | | Para 1.250 unidades | |
|---|---|---|---|---|
| | Total | Unitário | Total | Unitário |
| Custo fixo | $ 20.000,00 | $ 20,00 | $ 20.000,00 | $ 16,00 |
| Custo variável | $ 30.000,00 | $ 30,00 | $ 37.500,00 | $ 30,00 |
| **Custo total** | $ 50.000,00 | $ 50,00 | $ 57.500,00 | $ 46,00 |

1 Nas empresas industriais temos o custo dos produtos vendidos (CPV); nas empresas comerciais, o custo das mercadorias vendidas (CMV); e nas empresas prestadoras de serviços, o custo dos serviços prestados (CSP).

Quando a produção é de 1.000 unidades, o custo unitário corresponde a $ 50,00; quando passa a ser de 1.250 unidades, o custo fica menor, correspondendo a $ 46,00. Tal redução é obtida usando a mesma estrutura de produção, cujo custo ($ 20.000,00) é fixo, isto é, não se altera.

Consideremos que o preço de venda líquido (sem impostos) desse produto seja de $ 100,00 por unidade. O lucro bruto e a margem de contribuição para cada volume de produção é apresentado nas tabelas a seguir.

**Cálculo do lucro bruto**

| | 1.000 unidades | 1.250 unidades |
|---|---|---|
| Preço de venda unitário sem impostos | $ 100,00 | $ 100,00 |
| Custo unitário | $ 50,00 | $ 46,00 |
| Lucro bruto | $ 50,00 | $ 54,00 |

**Cálculo da margem de contribuição**

| | 1.000 unidades | 1.250 unidades |
|---|---|---|
| Preço de venda unitário sem impostos | $ 100,00 | $ 100,00 |
| Custo variável unitário | $ 30,00 | $ 30,00 |
| Margem de contribuição | $ 70,00 | $ 70,00 |

O lucro bruto do produto X é diferente para cada volume de produção, pois o custo unitário sofre a influência da absorção dos custos fixos. Por outro lado, a margem de contribuição é a mesma nos dois volumes apresentados, porque o custo variável unitário permanece o mesmo nesses dois volumes de produção.

## 7.9 *Mark-up*

O *mark-up* consiste em uma margem, geralmente expressa na forma de um índice ou percentual, que é adicionada ao custo dos produtos. Esse custo apresentará variações dependendo do método de custeio utilizado (por absorção, variável, pleno etc.). Vale lembrar os seguintes conceitos:

- Custeio por absorção: método que consiste em atribuir aos produtos todos os custos de produção, sejam fixos ou variáveis.
- Custeio variável: método que consiste em atribuir aos produtos apenas os custos variáveis.
- Custeio pleno: método que consiste em atribuir aos produtos todos os custos de produção e todas as despesas.

Definido o custo, o preço de venda pode ser calculado da seguinte maneira:

Preço de venda = Custo ÷ *Mark-up*

ou

Preço de venda = Custo × *Mark-up*

No primeiro caso, tem-se o *mark-up* divisor e, no segundo, o multiplicador.

Uma empresa pode definir quantos *mark-ups* forem necessários e até mesmo ter um *mark-up* específico para cada produto ou para cada linha de produtos.

Na prática, embora se trate de conceitos diferentes, também é comum a confusão entre *mark-up* e lucro. Na verdade, o lucro integra o *mark-up*, como será visto a seguir.

## 7.10 Cálculo do *mark-up* para o preço de venda à vista

### Considerando o custo calculado pelo custeio por absorção

Na composição do *mark-up*, é necessário determinar:

- os percentuais das despesas de vendas e das despesas administrativas que podem ser obtidos, por exemplo, por meio da demonstração de resultados do exercício (DRE) do ano anterior, relacionando-se os valores das despesas com a receita líquida de vendas;
- o percentual de lucro desejado;
- as alíquotas dos impostos para o produto ou serviço que está sendo precificado (ISS, ICMS, IPI), bem como as dos impostos incidentes sobre as receitas da empresa (PIS, Cofins). Como os impostos são definidos por legislação específica, convém que o leitor esteja atento às leis municipais, estaduais e federais no que se refere à alteração de alíquotas, novos impostos, critérios de cálculos etc.

Nos exemplos a seguir, serão utilizadas alíquotas hipotéticas e apenas o ICMS, o PIS e a Cofins como impostos incorporados ao preço de venda. Assim, para o cálculo do *mark-up*, temos:

| | | |
|---|---|---|
| Receita de vendas | 100,00% | |
| ICMS | 18,00% | 23,65% de impostos e taxas sobre vendas |
| PIS | 0,65% | |
| Cofins | 3,00% | |
| Comissões sobre vendas | 2,00% | |
| Despesas de vendas | 5,00% | 32,00% de margem de lucro bruto |
| Despesas administrativas | 7,00% | |
| Lucro antes do imposto de renda | 20,00% | |

Impostos e taxas sobre vendas (+) Margem de lucro bruto = 55,65%

Nesse caso, temos os seguintes *mark-ups*:

- Divisor:

$$(100\% - 55{,}65\%) \div 100\% = 0{,}4435$$

- Multiplicador:

$$(1 \div 0{,}4435) = 2{,}25479$$

## Considerando o custo calculado pelo custeio variável

O custo do produto corresponde apenas a seus custos variáveis: matéria-prima, mão de obra direta e custos indiretos variáveis. Os custos indiretos fixos, agora representados por um percentual (obtido de maneira semelhante às despesas administrativas e de vendas), são somados aos impostos, comissões, despesas administrativas, despesas de vendas e lucro.

Os cálculos feitos para determinar o *mark-up* divisor e o multiplicador seguem os mesmos critérios.

## Considerando o custo calculado pelo custeio pleno

O custo do produto corresponde aos custos de fabricação do produto (matéria-prima, mão de obra direta, custos indiretos fixos e custos indiretos variáveis), acrescidos das despesas de vendas e administrativas.

Os cálculos para determinar o *mark-up* divisor e o multiplicador seguem os mesmos critérios.

# 7.11 Definindo o preço de venda à vista

Consideramos o custo unitário de R$ 50,00 para o produto X, calculado pelo método de custeio por absorção. O preço de venda à vista seria:

- Utilizando o *mark-up* divisor:

PV à vista = Custo ÷ *mark-up*
PV à vista = $ 50,00 ÷ 0,4435
PV à vista = $ 112,74

- Utilizando o *mark-up* multiplicador:

PV à vista = Custo × *mark-up*
PV à vista = $ 50,00 × 2,25479
PV à vista = $ 112,74

Decompondo esse preço, temos:

| | |
|---|---|
| Preço de venda à vista | $ 112,74 |
| (–) ICMS | $ 20,29 (18% de $ 112,74) |
| (–) PIS | $ 0,73 (0,65% de $ 112,74) |
| (–) Cofins | $ 3,38 (3% de $ 112,74) |
| (=) PV sem impostos | $ 88,34 |
| (–) Comissões sobre vendas | $ 2,25 (2% de $ 112,74) |
| (=) PV líquido | $ 86,09 |
| (–) Custo | $ 50,00 |
| (=) Margem de lucro bruto | $ 36,09 |
| (–) Despesas de vendas | $ 5,64 (5% de $ 112,74) |
| (–) Despesas administrativas | $ 7,89 (7% de 112,74) |
| (=) Lucro antes do IR | $ 22,56 → Este valor corresponde a 20% do PV |

## 7.12 Considerações a respeito do ICMS e do IPI

O ICMS (imposto sobre a circulação de mercadorias e serviços), imposto estadual, é calculado "por dentro", ou seja, integra o preço de venda. Já o IPI, imposto da União, é calculado "por fora", ou seja, após obter-se o preço de venda (com o ICMS incluído), calcula-se o IPI; depois acrescenta-se esse valor de IPI para determinar o preço a ser cobrado do cliente. Desse modo, o ICMS está incluído no preço de venda, ao passo que o IPI é destacado na nota fiscal de venda, juntamente com o preço. (Veja o Capítulo 2, seção "O IPI e o ICMS incidentes nas compras".)

Nesse caso, o preço de venda à vista do produto X com IPI será:

$$\text{PV com IPI} = \text{PV com ICMS} \times \left(1 + \frac{\text{IPI\%}}{100\%}\right)$$

Continuando o exemplo anterior e considerando que a alíquota de IPI do produto X é de 10%, temos:

$$\begin{aligned}\text{PV com IPI} &= \$\ 112{,}74 \times (1 + 0{,}10) = \$\ 112{,}74 \times (1{,}10)\\ &= \$\ 124{,}01\end{aligned}$$

## 7.13 Definindo o preço de venda a prazo

Quando a empresa concede ao cliente um prazo para efetuar o pagamento do produto, da mercadoria ou do serviço, acrescenta ao preço de venda à vista um custo financeiro, e essa situação se caracteriza como um financiamento ao cliente pelo prazo concedido.

Em linhas gerais, o custo financeiro deveria representar a remuneração de uma aplicação financeira, se a empresa financiasse o cliente com recursos próprios; a taxa de captação de recursos, em uma situação oposta; ou, então, a taxa cobrada pelo mercado financeiro nas operações de desconto de duplicatas.

### 7.13.1 Preço de venda a prazo com custo financeiro "por fora"

Vamos continuar o exemplo do produto X, cujo preço à vista foi calculado em $ 112,74. Para calcular o preço de venda a prazo, devemos considerar dois aspectos: (1) são concedidos ao cliente 30 dias para que ele efetue o pagamento; e (2) o custo financeiro para essa operação é de 3% ao mês.

Nesse caso, ao incluir o custo financeiro, é preciso recorrer à matemática financeira para proceder ao cálculo do montante, que consiste no valor principal acrescido de juros. Observe a fórmula a seguir:

$$\text{PV a prazo} = \text{PV à vista} \times (1 + i)^n$$

onde:

i = taxa de juros
n = prazo de pagamento

No exemplo, temos:

$$\begin{aligned}\text{PV a prazo} &= \$\ 112{,}74 \times (1 + 0{,}03)^1\\ &= \$\ 116{,}12\end{aligned}$$

Decompondo esse preço, temos:

| | |
|---|---|
| Preço de venda a prazo | $ 116,12 |
| (–) Custo financeiro | $ 3,38 (PV a prazo – PV à vista) |
| (–) ICMS | $ 20,90 (18% de $ 116,12) |
| (–) PIS | $ 0,75 (0,65% de $ 116,12) |
| (–) Cofins | $ 3,48 (3% de $ 116,12) |
| (=) PV sem impostos | $ 87,61 |
| (–) Comissões sobre vendas | $ 2,32 (2% de $ 116,12) |
| (=) PV líquido | $ 85,29 |
| (–) Custo | $ 50,00 |
| (=) Margem de lucro bruto | $ 35,29 |
| (–) Despesas de vendas | $ 5,64 |
| (–) Despesas administrativas | $ 7,89 |
| (=) Lucro antes do IR | $ 21,76 |

Com a adoção desse cálculo, tanto a margem de lucro bruto quanto o lucro foram reduzidos, se comparados ao cálculo do preço de venda à vista: eles passaram, respectivamente, de $ 36,09 para $ 35,29, e de $ 22,56 para $ 21,76. Convém lembrar que, nesse caso, o valor que consta da nota fiscal incorpora o custo financeiro da venda a prazo, sobre o qual também são calculados impostos. Assim, para preservar a margem de lucro bruto de $ 36,09 e o lucro antes do IR de $ 22,56 (veja cálculos do PV à vista), tem-se o cálculo do preço de venda a prazo com o custo financeiro "por dentro".

### 7.13.2 Preço de venda a prazo com o custo financeiro "por dentro" (mantendo-se o valor do lucro do preço de venda à vista)

Considerando os custos do produto X e a mesma margem de lucro bruto do preço de venda à vista, temos:

| | | |
|---|---|---|
| Custo | $ 50,00 | |
| Margem de lucro bruto | $ 36,09* | |
| Receita de vendas | 100,00% | |
| ICMS | 18,00% | 23,65% de impostos e taxas sobre vendas |
| PIS | 0,65% | |
| Cofins | 3,00% | |
| Comissões sobre vendas | 2,00% | |

* A manutenção dos valores das despesas administrativas e de vendas do preço de venda à vista se justifica, uma vez que o montante de gastos de uma empresa relativos a essas despesas não se altera por uma formulação ou outra do cálculo do preço de venda.

Nesse caso, para a composição do *mark-up*, consideramos os impostos e as taxas sobre vendas com a inclusão do custo financeiro pelo prazo de pagamento. No exemplo, a taxa de juros é de 3% ao mês, e o prazo concedido ao cliente é de 30 dias. Recorrendo à matemática financeira, temos o percentual de juros conforme o prazo concedido:

$$j = [(1 + i)^n - 1] \times 100$$
$$j = [(1 + 0{,}03)^1 - 1] \times 100$$
$$j = 3{,}00\%$$

- *Mark-up* divisor:

$$[100\% - (23{,}65\% + 3{,}00\% )] \div 100\% = 0{,}7335$$

- *Mark-up* multiplicador:

$$(1 \div 0{,}7335) = 1{,}36332$$

Utilizando o *mark-up* divisor, temos:

PV a prazo = (Custo + Margem de lucro bruto) ÷ *Mark-up*
PV a prazo = ($ 50,00 + $ 36,09) ÷ 0,7335
PV a prazo = $ 117,37

Utilizando o *mark-up* multiplicador, temos:

PV a prazo = (Custo + Margem de lucro bruto) × *Mark-up*
PV a prazo = ($ 50,00 + 36,09) × 1,36332
PV a prazo = $ 117,37

Decompondo esse preço, chegamos aos seguintes valores:

| | |
|---|---|
| Preço de venda a prazo | $ 117,37 |
| (–) Custo financeiro | $ 3,52 (3% de $ 117,37) |
| (–) ICMS | $ 21,13 (18% de $ 117,37) |
| (–) PIS | $ 0,76 (0,65% de $ 117,37) |
| (–) Cofins | $ 3,52 (3% de $ 117,37) |
| (=) PV sem impostos | $ 88,44 |
| (–) Comissões sobre vendas | $ 2,35 (2% de $ $ 117,37) |
| (=) PV líquido | $ 86,09 |
| (–) Custo | $ 50,00 |
| (=) Margem de lucro bruto | $ 36,09 |
| (–) Despesas de vendas | $ 5,64 |
| (–) Despesas administrativas | $ 7,89 |
| (=) Lucro antes do IR | $ 22,56 |

A formulação do preço de venda com o custo financeiro "por dentro" permite à empresa determinar um preço que lhe preserve o valor monetário do lucro antes do IR calculado para o preço de venda à vista. Desse modo, pode-se determinar o *mark-up* para o preço de venda a prazo calculando um fator que representa a variação entre o preço de venda a prazo e o preço de venda à vista.

Fator de acréscimo de preço = PV a prazo ÷ PV à vista
= $ 117,37 ÷ $ 112,74
= 1,04106

Adicionando esse fator ao *mark-up* do preço de venda à vista, temos:

- *Mark-up* divisor:

0,4435 ÷ 1,04106 = 0,42600

- *Mark-up* multiplicador:

2,25479 × 1,04106 = 2,34737

Assim, partindo do custo do produto X de $ 50,00, seu preço a prazo com a aplicação desses *mark-ups* seria de:

PV a prazo = $ 50,00 ÷ 0,42600 = $ 117,37

ou

PV a prazo = $ 50,00 × 2,34737 = $ 117,37

## 7.14 Preço de venda para pedidos feitos em condições especiais

Em determinadas situações, uma empresa pode aceitar pedidos especiais de clientes por preços inferiores aos normalmente praticados, por exemplo, se estiver operando abaixo da capacidade normal; se aumentar a capacidade para atender a pedidos por meio de horas extras, trabalho em outros turnos, aquisição de um equipamento específico para fabricar um produto conforme especificações do cliente etc.

Mas qual limite de preço pode ser praticado para atender a pedidos especiais? Sem dúvida, esse preço deverá superar em bases satisfatórias os custos de fabricação e de entrega do produto.

Consideremos duas situações: uma em que o cliente determina o preço que está disposto a pagar e outra em que é a empresa que estabelece esse preço. Nesses casos, conhecer o custo é fundamental. Veja o exemplo a seguir.

A empresa Jota, que tem capacidade normal para produzir 2.000 kg por mês de uma mistura especial utilizada na indústria de alimentos, vem apresentando a seguinte produção e os seguintes custos, calculados pela contabilidade de custos, ao longo dos últimos meses:

Produção mensal média ............................ 1.600 kg
Custos fixos .............................................. $ 200.000,00 mensais
Custos variáveis........................................ $ 150,00 por kg

Para efeito de simplificação, desconsideremos as despesas administrativas e de vendas, assim como os impostos. Nessas condições, para aceitar um pedido especial, a empresa deveria analisar:

1. Se o pedido especial pode ser atendido com a capacidade não utilizada de 400 kg.

Se for possível atender ao pedido especial com o uso da capacidade ociosa, a fabricação do pedido especial gerará apenas custos variáveis. Assim, o preço de venda mínimo a ser praticado deverá superar os custos a serem incorridos, ou seja, os custos variáveis.

2. Se para atender ao pedido especial há necessidade de trabalhar em hora extra, período noturno ou mesmo adquirir um equipamento específico.

Nessa situação, a empresa incorreria em custos adicionais para a aquisição da capacidade necessária, ultrapassando os custos variáveis a serem incorridos. Assim, o preço de venda mínimo a ser praticado deveria superar não apenas os custos variáveis, mas todos os custos adicionais.

### 7.14.1 A variabilidade do custo variável

No exemplo anterior, para uma produção de 1.600 kg, o custo variável unitário é um custo médio, ou seja, é obtido pela divisão do custo variável total pelo volume de produção correspondente. No caso, o custo variável total para a produção de 1.600 kg é de $ 240.000,00, o que proporciona um custo variável médio de $ 150,00/kg.

Assume-se, desse modo, que os custos variáveis têm um comportamento linear, variando uniformemente à medida que a produção aumenta ou diminui, situação em que o custo variável unitário apresenta-se com um comportamento de custo fixo, conforme é mostrado pela tabela a seguir:

| Produção (em kg) | Custo variável total | Custo variável unitário médio |
|---|---|---|
| 0 | $ 0,00 | $ 0,00 |
| 200 | $ 30.000,00 | $ 150,00 |
| 400 | $ 60.000,00 | $ 150,00 |
| 600 | $ 90.000,00 | $ 150,00 |
| 800 | $ 120.000,00 | $ 150,00 |
| 1.000 | $ 150.000,00 | $ 150,00 |
| 1.200 | $ 180.000,00 | $ 150,00 |
| 1.400 | $ 210.000,00 | $ 150,00 |
| 1.600 | $ 240.000,00 | $ 150,00 |

### 7.14.2 Custo marginal — uma abordagem econômica[2]

De acordo com o que foi discutido anteriormente, o custo variável unitário é um custo médio. No entanto, é razoável admitir que uma empresa consiga melhorar os padrões de desempenho à medida que aumenta a eficiência de suas equipes — por exemplo, conforme a produção aumenta. Consequentemente, o custo variável total passa a aumentar com menos intensidade, fazendo que os custos variáveis médios por unidade entrem em declínio.

Isso é válido até o momento em que se atinge determinado volume de produção, e é aí que começam a surgir pontos de estrangulamento, o que gera a necessidade de trabalhar em segundo turno ou em horas extras e contratar novos funcionários, que demorarão para atingir o padrão de eficiência dos anteriores; de uso mais intensivo das instalações etc. Tudo isso provoca um maior aumento dos custos variáveis. Em consequência disso, os custos variáveis unitários médios também aumentam.

2 No Capítulo 3, Seção 3.8.5, analisam-se o custo marginal e a receita marginal.

A tabela a seguir apresenta uma situação hipotética para esse comportamento.

| Produção (em kg) | Custo variável total | Custo variável unitário médio |
|---|---|---|
| 0 | $ 0,00 | $ 0,00 |
| 200 | $ 31.000,00 | $ 155,00 |
| 400 | $ 61.400,00 | $ 153,50 |
| 600 | $ 91.400,00 | $ 152,33 |
| 800 | $ 120.400,00 | $ 150,50 |
| 1.000 | $ 149.400,00 | $ 149,40 |
| 1.200 | $ 179.400,00 | $ 149,50 |
| 1.400 | $ 209.600,00 | $ 149,71 |
| 1.600 | $ 240.000,00 | $ 150,00 |

Nesta tabela, o custo variável unitário também é um custo médio, ou seja, o custo variável acumulado em cada volume de produção é dividido pela quantidade respectiva. Quando a produção é de 1.000 kg, o custo variável total corresponde a $ 149.400,00, proporcionando um custo variável unitário médio de $ 149,40/kg. Passando para 1.200 kg, o custo variável total passa a $ 179.400,00, e o custo variável unitário passa para $ 149,50/kg.

Refinando a análise do custo variável, quando se passa de um volume de produção para outro, tem-se um custo variável correspondente a esse incremento de produção. Por exemplo, ao se passar de 1.200 kg para 1.400 kg, o incremento de custo variável é de $ 30.200,00. Assim, nesse intervalo, o custo variável por quilograma é de $ 151,00. Ao se passar de 1.400 kg para 1.600 kg, o incremento de custo variável é de $ 30.400,00, e o custo variável unitário é de $ 152,00. A teoria econômica chama esse acréscimo de custo na passagem de um volume de produção para outro de *custo marginal*.

O custo marginal é definido como o acréscimo do custo total (fixos e variáveis) relacionado ao aumento correspondente de produção. Na tabela a seguir, são apresentados o custo marginal e o custo marginal unitário, representados apenas pelos acréscimos do custo variável resultante dos aumentos da produção.

| Produção (em kg) | Custo variável total | Custo marginal | Custo marginal unitário |
|---|---|---|---|
| 0 | $ 0,00 | $ 0,00 | $ 0,00 |
| 200 | $ 31.000,00 | $ 31.000,00 | $ 155,00 |
| 400 | $ 61.400,00 | $ 30.400,00 | $ 152,00 |
| 600 | $ 91.400,00 | $ 30.000,00 | $ 150,00 |
| 800 | $ 120.400,00 | $ 29.000,00 | $ 145,00 |
| 1.000 | $ 149.400,00 | $ 29.000,00 | $ 145,00 |
| 1.200 | $ 179.400,00 | $ 30.000,00 | $ 150,00 |
| 1.400 | $ 209.600,00 | $ 30.200,00 | $ 151,00 |
| 1.600 | $ 240.000,00 | $ 30.400,00 | $ 152,00 |

### 7.14.3 Qual deve ser o preço de um pedido especial?

Se o preço de venda de um pedido especial deve superar os custos em bases satisfatórias, que custos serão esses?

Consideramos, em exemplo anterior, que a empresa Jota opera com capacidade ociosa de 400 kg mensais e que os custos variáveis são de $ 150,00 por quilo.

Assumimos que o gestor comercial está analisando um pedido para o fornecimento de 200 kg da mistura especial para um cliente potencial, que solicita um preço abaixo do normalmente praticado pela empresa.

Caso esse gestor considere que, para conquistar o cliente, poderia praticar um preço com uma margem de contribuição mínima (digamos, de $ 1,00 por quilo), cobraria $ 151,00 o quilo. No entanto, se conhecesse o custo marginal, seria necessário praticar um preço maior.

O conhecimento do custo marginal é extremamente importante para a tomada de decisões relativas aos preços. No entanto, para obter esse custo marginal, é necessário acompanhar a evolução dos custos correspondentes aos aumentos da produção, situação difícil de ser operacionalizada pela contabilidade de custos. Em razão dessa dificuldade, o custo médio acaba sendo utilizado como uma aproximação do custo marginal. No entanto, o gestor não pode desconsiderar, como subsídio à decisão, o conceito de custo marginal.

### 7.14.4 Riscos da aceitação de um pedido especial

Para as empresas, atender a um pedido especial quando o preço do produto ultrapassa seu custo representa ganhos marginais e a possibilidade de receber novos pedidos no futuro. No entanto, é conveniente que o gestor analise as consequências desse pedido, a fim de se certificar de que os benefícios no curto prazo não acarretarão consequências no longo prazo. Entre essas consequências, podemos citar:

- Os clientes regulares sentem-se no direito de exigir descontos.
- Os concorrentes podem vir a promover uma "guerra" de preços.
- A capacidade de produção para atender aos pedidos considerados "normais" pode ficar comprometida.

## Questões e exercícios propostos

1. Explique o que você entende por preço de venda.
2. Por que a equação tradicional do preço de venda (P = C + L) deve ser repensada nos dias atuais?
3. O que é custo-meta?
4. O que é custeio *kaizen*?
5. O que é engenharia de valor?
6. Ao constituir uma empresa, um empreendedor espera que sua riqueza aumente. Como isso pode ocorrer?
7. O que é custo de oportunidade?
8. Quais as abordagens mais conhecidas para o estabelecimento do preço de venda?

9. Qual a diferença entre lucro e margem de contribuição?

10. O que é *mark-up*?

11. Qual a composição do *mark-up* quando os custos são apurados pelos métodos de custeio por absorção, custeio variável e custeio pleno?

12. Como determinar o preço de venda com IPI?

13. No preço de venda a prazo está incluído o custo financeiro pelo prazo concedido ao cliente para pagamento. Como podemos determinar esse custo?

14. Que cálculo do preço de venda a prazo (com custo financeiro "por dentro" ou "por fora") preserva o lucro obtido com o preço de venda à vista?

15. No caso do atendimento a pedidos de venda em condições especiais, como o preço de venda pode ser determinado?

16. A loja Amarílis, que vende perfumes no atacado, está adquirindo um novo tipo de perfume e deseja calcular seu preço de venda. Os seguintes dados estão disponíveis:
    - Custo da mercadoria = $ 15,00 por unidade.
    - Impostos incidentes sobre o preço de venda = 20%.
    - Lucro antes do IR = 20% do preço de venda.
    - Custo financeiro = 5% ao mês.
    - Despesas administrativas e de vendas = 10% do preço de venda.
    - Comissões = 2,5% do preço de venda.

    Com base nessas informações:

    a) Determine o *mark-up* para o preço de venda à vista.

    b) Determine o preço de venda à vista.

    c) Determine o preço de venda a prazo (para 30, 60 e 90 dias) com o custo financeiro "por fora".

    d) Determine o preço de venda a prazo (para 30, 60 e 90 dias) com o custo financeiro "por dentro", mantendo a margem de lucro bruto do preço de venda à vista.

17. A empresa V. Ayrosa está desenvolvendo o produto Y e precisa estabelecer seu preço de venda. Foram levantados os seguintes dados relativos a esse produto:
    - Produção = 10.000 unidades mensais.
    - Custos fixos = $ 50.000,00.
    - Custos variáveis = $ 80.000,00.

    Para a formação do preço de venda, a empresa considera 15% de lucro antes do IR, bem como os seguintes impostos:
    - IPI = 10%.
    - ICMS = 18%.
    - PIS = 0,65%.
    - Cofins = 3%.

    A última DRE da empresa apresentou os seguintes dados:
    - Receita = $ 2.100.000,00.

- Despesas de vendas = $ 157.500,00.
- Despesas administrativas = $ 252.000,00.

Com base nessas informações:

a) Determine o preço de venda do produto Y à vista.

b) Determine o preço de venda do produto Y para 60 dias, considerando 3% de custo financeiro ao mês, calculado "por fora".

c) Determine o preço de venda à vista para o caso de a produção ser de 12.500 unidades.

## Exercícios adicionais

1. A empresa S. Pedro estimou os seguintes custos para fabricar o produto Beta:
   - matéria-prima: $ 25,00;
   - custos de conversão: $ 18,00.

   Os seguintes dados são utilizados para determinar o preço de venda:
   - ICMS = 18%.
   - PIS = 0,65%.
   - Cofins = 3%.
   - Lucro antes do imposto de renda = 18%.
   - Despesas administrativas = 5% sobre o custo de conversão.
   - Despesas comerciais = 8% sobre o custo de conversão.

   Determine:

   a) o *mark-up* divisor;

   b) o *mark-up* multiplicador;

   c) o preço de venda à vista.

2. A empresa S. Adélia fabrica produtos sob encomenda e está participando de uma concorrência para o fornecimento de um tanque de armazenamento de óleo. Com base nos dados da engenharia foram estimados os seguintes custos:
   - materiais: $ 120.000,00;
   - mão de obra direta: $ 40.000,00;
   - custos indiretos (fixos e variáveis): $ 30.000,00.

   Estudos realizados pelo departamento de custos da empresa apontam que as despesas administrativas e comerciais representam 10% dos custos de conversão.

   Os seguintes dados são base para a formação do preço de venda:
   - IPI = 5%.
   - ICMS = 18%.
   - PIS = 0,65%.
   - Cofins = 3%.

A empresa considera como margem de lucro antes do imposto de renda, 25% sobre o custo de conversão, e sobre o custo dos materiais ela aplica uma margem de 10%.

Determine o preço de venda à vista.

3. A serralheria Marialva, que fabrica portas de aço, portões, grades e todos os serviços do ramo, está sendo consultada para fazer um portão de aço. Foram estimados:
   - perfis de aço = 30 kg;
   - mão de obra = 8 horas.

   Os seguintes dados são utilizados para calcular o custo e formar o preço de venda:
   - Custo do perfil é de $ 3,50 o quilo.
   - Custo de conversão é de $ 18,00 a hora.
   - Impostos incidentes sobre o preço: 20%.
   - Lucro antes do imposto de renda: 20%.
   - Despesas administrativas e comerciais: 8% do preço.

   Qual o preço que deve ser cobrado por este portão?

4. A empresa Serra Verde investiu $ 50.000,00 no desenvolvimento do produto SV. O custo de fabricação estimado para esse produto, com base no custeio por absorção, é de $ 45,00. A empresa planeja vender 4.000 unidades desse produto, quando, então, será retirado do mercado.

   Os seguintes dados são utilizados para a formação do preço de venda:
   - Impostos incidentes sobre o preço de venda = 22%.
   - Lucro antes do imposto de renda = 30% do preço.
   - Despesas administrativas e comerciais = 8% do preço.

   Determine o preço de cada unidade deste produto.

5. A empresa S. Gabriel está iniciando suas atividades fabricando apenas o produto SG. Os investimentos necessários para tornar essa produção viável totalizam $ 400.000,00.

   Os seguintes dados estão disponibilizados:
   - Custo da matéria-prima = $ 12,00 por unidade.
   - Custo da mão de obra direta = $ 6,00 por unidade.
   - Custos indiretos variáveis = $ 4,00 por unidade.
   - Custos indiretos fixos = $ 25.000,00 Por mês.
   - Despesas administrativas = $ 10.000,00 Por mês.
   - Despesas comerciais fixas = $ 8.000,00 Por mês.
   - Custo de oportunidade = 30% ao ano do investimento (antes do imposto de renda).
   - Margem de segurança operacional = 4.000 Unidades mensais.
   - Demanda = 14.000 Unidades mensais.

   Considerando que os impostos incidentes sobre venda representam 22%, determine o preço de venda de cada unidade do produto SG.

capítulo

# 8 Ética

## OBJETIVO

Considerando que os custos para fins de relatórios externos (balanço patrimonial e demonstração de resultados) sejam calculados obedecendo a um conjunto de práticas contábeis — que são os procedimentos, as convenções, as regras e as próprias práticas específicas adotados por uma entidade na elaboração e apresentação de suas demonstrações contábeis (Deliberação CVM n. 506, de 19 de junho de 2006) —, os responsáveis por decisões relacionadas à produção que afetam os custos, aproveitando-se da flexibilidade permitida por essas práticas, têm a possibilidade de escolher, entre alternativas possíveis, as que podem não refletir a melhor apresentação da realidade econômica, financeira e patrimonial de uma empresa.

O objetivo deste capítulo é discutir, nesse contexto, potenciais dilemas éticos relacionados à apuração dos custos.

## 8.1 Introdução

Ética é um tema que vem recebendo bastante atenção no meio acadêmico e empresarial, configurando-se como um dos principais desafios a serem enfrentados no início do século XXI; escândalos e fraudes corporativas provocadas por gestores inescrupulosos têm grande destaque na mídia, o que leva à necessidade de uma reflexão sobre a ética nos negócios. Entretanto, estabelecer uma linha divisória que separe o que é legal ou ético do que é ilegal ou antiético é bastante difícil.

Sem nos aprofundarmos em discussões filosóficas a respeito de ética, para os propósitos deste capítulo discutem-se apenas aspectos relacionados à conduta ética das pessoas, e consideramos que a conduta ética esperada por parte das pessoas que atuam na área contábil diz respeito ao cumprimento das práticas contábeis aplicáveis à empresa, de modo a gerar demonstrativos com dados contábeis que permitam aos usuários obter informações adequadas que os subsidiem em suas decisões.

A conduta ética daqueles que atuam em atividades relacionadas a custeio insere-se nesse contexto. Desse modo, vamos analisar duas situações que envolvem custos, com possibilidade de ocorrência de conflitos éticos e, complementando o capítulo, temos a descrição de algumas situações relacionadas a custos com possibilidade de ocorrência de conflitos éticos.

## 8.2 Aumentar o volume de produção sem que ocorra aumento da demanda

Custeio por absorção é o método subordinado aos princípios fundamentais de contabilidade utilizado na apuração dos custos demonstrados nos relatórios contábeis publicados pelas empresas. Por esse método, todos os custos fixos e variáveis são apropriados à produção. Considerando que os custos fixos não se alteram para dado intervalo de variação relevante (Seção 3.8.5 do Capítulo 3), em diferentes níveis de produção ter-se-á diferentes custos unitários para o mesmo produto. Assim, decisões de aumentar o volume de produção próximo ao limite superior desse intervalo sem que ocorra aumento da demanda podem ser tomadas com o propósito de, no curto prazo, aumentar o lucro da empresa.

Para ilustrar, consideremos que a demanda anual pelo produto Jota da empresa Alfa corresponda a 5.000 unidades. A capacidade de produção atual para esse produto é de 8.000 unidades anuais. Admitamos que a direção da empresa, com o propósito de "melhorar" o lucro do exercício, decida elevar a produção para 7.000 unidades no ano 2. Para simplificar, desconsideremos a existência de estoque inicial de produtos acabados e que os valores utilizados estão em moeda de poder aquisitivo constante. Os custos fixos da empresa totalizam $ 70.000,00 por ano, e os custos variáveis por unidade correspondem a $ 11,00. As despesas administrativas e de vendas, todas fixas, totalizam $ 80.000,00 por ano. As 5.000 unidades vendidas proporcionam $ 240.000,00 de receita.

Na tabela a seguir a seguir, tem-se que o custo unitário para produzir 5.000 unidades é de $ 25,00 e, para 7.000 unidades, o custo unitário foi reduzido para $ 21,00.

| Quantidade | Ano 1 | Ano 2 |
|---|---|---|
| | 5.000 unidades | 7.000 unidades |
| Custos fixos | $ 70.000,00 | $ 70.000,00 |
| Custos variáveis | $ 55.000,00 | $ 77.000,00 |
| Custo total | $ 125.000,00 | $ 147.000,00 |
| Custo unitário | $ 25,00 | $ 21,00 |

A decisão de aumentar a produção para um volume acima da demanda reduziu o custo unitário do produto Jota e, como consequências, tem-se:

- O lucro operacional aumentou de $ 35.000,00 para $ 55.000,00, como demonstra a tabela a seguir.
- O estoque final de produtos acabados, que não apresentaria saldo, passou a ser de $ 42.000,00, correspondente às 2.000 unidades não vendidas (2.000 u × $ 21,00). Como resultado, a empresa passa a ter custos vinculados à manutenção de estoques como custo de armazenagem, custos com seguros, custos relativos a perdas por obsolescência e deterioração, custo de oportunidade do capital investido no estoque etc.
- Diversos indicadores extraídos do balanço patrimonial e da demonstração de resultados ficarão distorcidos.

| | De | Para |
|---|---|---|
| Receita | 240.000,00 | 240.000,00 |
| (–) C.P.V. | 125.000,00 | 105.000,00 |
| Lucro bruto | 115.000,00 | 135.000,00 |
| (–) Despesas administrativas e de vendas | 80.000,00 | 80.000,00 |
| Lucro operacional | 35.000,00 | 55.000,00 |

O lucro do exercício aumentou em $ 20.000,00, valor que corresponde à redução no custo dos produtos vendidos.

Ocorrerão reflexos dessa decisão nos períodos seguintes. A seguir, duas situações possíveis:

**a)** Admitamos que a direção da empresa resolva, no período seguinte, produzir 3.000 unidades do produto Jota com o propósito de manter a mesma situação anterior de estoque de produtos acabados.

Nesse caso, ocorrerá um efeito oposto ao da decisão anterior. O custo da produção de Jota será de $ 103.000,00, conforme a tabela a seguir.

| Quantidades | Ano 1 | Ano 2 | Ano 3 |
|---|---|---|---|
| | 5.000 | 7.000 | 3.000 |
| Custos fixos | $ 70.000,00 | $ 70.000,00 | $ 70.000,00 |
| Custos variáveis | $ 55.000,00 | $ 77.000,00 | $ 33.000,00 |
| Custo total | $ 125.000,00 | $ 147.000,00 | $ 103.000,00 |
| Custo unitário | $ 25,00 | $ 21,00 | $ 34,33 |

O custo dos produtos vendidos, referente às 5.000 unidades, será de $ 145.000,00 ($ 42.000,00 relativos ao estoque existente mais $ 103.000,00 relativos à produção deste ano). O lucro da empresa, nesse ano, será de $ 15.000,00.

| | |
|---|---|
| Receita | $240.000,00 |
| (–) CPV | ($ 145.000,00) |
| Lucro bruto | $ 95.000,00 |
| (–) Despesas administrativas e de vendas | ($ 80.000,00) |
| Lucro operacional | $ 15.000,00 |

**b)** Admitamos que a direção da empresa resolva manter nos anos seguintes o saldo de 2.000 unidades de Jota no estoque de produtos acabados, retomando a produção para 5.000 unidades mensais.

O custo da produção de Jota volta a ser de $ 25,00 por unidade. Caso a empresa utilize o PEPS (primeiro a entrar, primeiro a sair) como método de valorização do estoque de produtos acabados, nesse ano o lucro da empresa será de $ 43.000,00. Nos anos seguintes, o lucro volta a $ 35.000,00, e a empresa passa a contar com estoque de 2.000 unidades no valor de $ 50.000,00.

| | |
|---|---|
| Receita | $ 240.000,00 |
| (–) CPV | |
| 2.000 unidades a $ 21,00 | ($ 42.000,00) |
| 3.000 unidades a $ 25,00 | ($ 75.000,00) |
| Lucro bruto | $ 123.000,00 |
| (–) Despesas administrativas e de vendas | ($ 80.000,00) |
| Lucro operacional | $ 43.000,00 |

Caso a empresa utilize o custo médio ponderado móvel como método de valorização de estoques, a tendência é que ocorra redução gradativa do custo médio do estoque. A seguir, são apresentadas duas tabelas. Observe que, na primeira, a partir do terceiro ano, a produção volta a ser de 5.000 unidades; na segunda, tem-se a ficha de controle de estoques, na qual se observa que o custo médio ponderado do estoque vai aumentando gradativamente. Com isso, o custo dos produtos vendidos, correspondente ao valor das saídas do estoque, também vai aumentando. Como consequência, o lucro da empresa tende a reduzir, aproximando-se da situação original.

| | Ano 1 | Ano 2 | Ano 3 | Ano 4 |
|---|---|---|---|---|
| Quantidades | 5.000 | 7.000 | 5.000 | 5.000 |
| Custos fixos | $ 70.000,00 | $ 70.000,00 | $ 70.000,00 | $ 70.000,00 |
| Custos variáveis | $ 55.000,00 | $ 77.000,00 | $ 55.000,00 | $ 55.000,00 |
| Custo total | $ 125.000,00 | $ 147.000,00 | $ 125.000,00 | $ 125.000,00 |
| Custo unitário | $ 25,00 | $ 21,00 | $ 25,00 | $ 25,00 |

| | Ano 5 | Ano 6 | Ano 7 | Ano 8 |
|---|---|---|---|---|
| Quantidades | 5.000 | 5.000 | 5.000 | 5.000 |
| Custos fixos | $ 70.000,00 | $ 70.000,00 | $ 70.000,00 | $ 70.000,00 |
| Custos variáveis | $ 55.000,00 | $ 55.000,00 | $ 55.000,00 | $ 55.000,00 |
| Custo total | $ 125.000,00 | $ 125.000,00 | $ 125.000,00 | $ 125.000,00 |
| Custo unitário | $ 25,00 | $ 25,00 | $ 25,00 | $ 25,00 |

| | | ENTRADAS | | | SAÍDAS | | | SALDO | | |
|---|---|---|---|---|---|---|---|---|---|---|
| | | Quant. | Custo | Unit. | Quant. | Custo | Unit. | Quant. | Custo | Unit. |
| | Saldo inicial | | | | | | | 0 | 0 | 0 |
| Ano 1 | Entrada | 5.000 | $ 125.000,00 | $ 25,00 | | | | 5.000 | $ 125.000,00 | $ 25,00 |
| | Saída | | | | 5.000 | $ 125.000,00 | $ 25,00 | 0 | $ 0,00 | $ 0,00 |
| Ano 2 | Entrada | 7.000 | $ 147.000,00 | $ 21,00 | | | | 7.000 | $ 147.000,00 | 21,00 |
| | Saída | | | | 5.000 | $ 105.000,00 | $ 21,00 | 2.000 | $ 42.000,00 | 21,00 |
| Ano 3 | Entrada | 5.000 | $ 125.000,00 | $ 25,00 | | | | 7.000 | $ 167.000,00 | $ 23,86 |
| | Saída | | | | 5.000 | $ 119.285,71 | $ 23,86 | 2.000 | $ 47.714,29 | $ 23,86 |
| Ano 4 | Entrada | 5.000 | $ 125.000,00 | $ 25,00 | | | | 7.000 | $ 172.714,29 | $ 24,67 |
| | Saída | | | | 5.000 | $ 123.367,35 | $ 24,67 | 2.000 | $ 49.346,94 | $ 24,67 |
| Ano 5 | Entrada | 5.000 | $ 125.000,00 | $ 25,00 | | | | 7.000 | $ 174.346,94 | $ 24,91 |
| | Saída | | | | 5.000 | $ 124.533,53 | $ 24,91 | 2.000 | $ 49.813,41 | $ 24,91 |
| Ano 6 | Entrada | 5.000 | $ 125.000,00 | $ 25,00 | | | | 7.000 | $ 174.813,41 | $ 24,97 |
| | Saída | | | | 5.000 | $ 124.866,72 | $ 24,97 | 2.000 | $ 49.946,69 | $ 24,97 |
| Ano 7 | Entrada | 5.000 | $ 125.000,00 | $ 25,00 | | | | 7.000 | $ 174.946,69 | $ 24,99 |
| | Saída | | | | 5.000 | $ 124.961,92 | $ 24,99 | 2.000 | $ 49.984,77 | $ 24,99 |
| Ano 8 | Entrada | 5.000 | $ 125.000,00 | $ 25,00 | | | | 7.000 | $ 174.984,77 | $ 25,00 |
| | Saída | | | | 5.000 | $ 124.989,12 | $ 25,00 | 2.000 | $ 49.995,65 | $ 25,00 |

## 8.3 Classificação indevida dos gastos

Os gastos de uma empresa são classificados em custos, despesas e investimentos. Como foi visto no Capítulo 1, a parcela dos gastos relativos à fabricação dos produtos em uma empresa industrial, à aquisição de mercadorias para revenda em uma empresa comercial e à execução de serviços em uma empresa prestadora de serviços é classificada como custo, e os gastos incorridos nas divisões administrativa e comercial são classificados como despesas administrativas e de vendas, respectivamente. Há ainda os gastos não consumidos imediatamente, os quais são classificados como investimentos e, por ocasião do consumo, serão tratados como custos ou despesas.

O modo de classificar os gastos em custos ou despesas deve levar em consideração a origem do consumo. Os gastos incorridos no ambiente fabril em uma empresa industrial, na aquisição de mercadorias para revenda em uma empresa comercial e na execução de serviços em uma empresa prestadora de serviços devem ser classificados como custos. Já os gastos incorridos para administrar a empresa e realizar as vendas devem ser classificados como *despesas administrativas* e *despesas de vendas*, respectivamente.

Para facilitar a classificação e acumulação dos gastos, os departamentos da estrutura organizacional costumam ser tratados como centros de custos (veja o Capítulo 2). Assim, a classificação indevida de um gasto, principalmente de valor elevado, tem o potencial de modificar o valor real dos custos e das despesas e, com isso, impactar o resultado, apresentando lucro maior ou menor, conforme a conveniência dos gestores.

Para ilustrar, consideremos a empresa Beta, fabricante do produto Efe. Até o mês de janeiro a demanda de Efe mantinha-se estável em 4.000 unidades mensais. A partir de fevereiro, a empresa passou a receber propostas de vendas de clientes não habituais, de modo que, para atendê-las, a direção resolveu manter em estoque 1.000 unidades acabadas do produto, passando a produção para 5.000 unidades mensais. Os custos variáveis desse produto representam $ 20,00 por unidade, os custos fixos totalizam $ 40.000,00 mensais, e as despesas administrativas e de vendas totalizam $ 30.000,00 mensalmente. O preço de venda do produto é de $ 50,00 por unidade. Vamos admitir que gastos no valor de $ 10.000,00 fossem classificados indevidamente. Na tabela a seguir, vemos que, em situação normal de classificação, o custo unitário de Efe para uma produção de 5.000 unidades mensais é de $ 28,00, e que:

- Situação A: considerando que esses $ 10.000,00 ocorrem na divisão administrativa, porém foram indevidamente classificados como custos. Nesse caso, o custo unitário de Efe passa para $ 30,00.
- Situação B: considerando que esses $ 10.000,00 ocorrem na divisão fabril, porém foram indevidamente classificados como despesas, o custo unitário deste produto passa para $ 26,00.

| | Situação normal | Situação A | Situação B |
|---|---|---|---|
| Custos variáveis | $ 100.000,00 | $ 100.000,00 | $ 100.000,00 |
| Custos fixos | $ 40.000,00 | $ 50.000,00 | $ 30.000,00 |
| Custo total | $ 140.000,00 | $ 150.000,00 | $ 130.000,00 |
| Custo unitário | $ 28,00 | $ 30,00 | $ 26,00 |

Vamos analisar o efeito no lucro operacional. Considerando que a empresa viesse a atender apenas os clientes habituais, vendendo 4.000 unidades, o lucro operacional seria de $ 18.000,00. Na Situação A, o lucro operacional seria aumentado, passando para $ 20.000,00, e na Situação B, o lucro operacional seria reduzido, passando para $ 16.000,00. Além do impacto no lucro operacional, o estoque de produtos acabados e diversos indicadores extraídos do Balanço Patrimonial e da Demonstração de Resultados ficarão distorcidos.

| | Situação normal | Situação A | Situação B |
|---|---|---|---|
| Receita | 160.000,00 | 160.000,00 | 160.000,00 |
| (–) CPV | –112.000,00 | –120.000,00 | –104.000,00 |
| (=) Lucro bruto | 48.000,00 | 40.000,00 | 56.000,00 |
| (–) Despesas administrativas e de vendas | –30.000,00 | –20.000,00 | –40.000,00 |
| (=) Lucro operacional | 18.000,00 | 20.000,00 | 16.000,00 |

## 8.4 Outras situações com possibilidade de ocorrer conflitos éticos

Além das situações descritas, há outros procedimentos que, se empregados de maneira indevida, afetam os custos e, consequentemente, uma apresentação mais otimista ou pessimista da situação econômica, financeira e patrimonial de uma empresa. Entre as técnicas e procedimentos mais comuns, conforme Salas, Blake e Gutiérrez (1995), têm-se:

**a)** Prazos de amortização do ativo intangível e de depreciação do ativo imobilizado. Alterar o prazo de amortização do ativo intangível e a depreciação do ativo imobilizado implica maior ou menor montante de custos e despesas do período, situação que provoca efeito direto no resultado desse período.

**b)** Reclassificação de ativos: em determinadas situações, é possível que ocorram dificuldades em classificar certos itens. Como exemplo, peças de reposição do ativo imobilizado podem ser classificadas como imobilizado ou como circulante. Em outra situação, tais peças deixam de ser ativadas, sendo consideradas despesas do período.

Para uma discussão mais profunda sobre os prazos de amortização do ativo intangível e de depreciação do ativo imobilizado, sugere-se ao leitor acessar o Pronunciamento Técnico CPC 04 (R1), sobre ativo intangível, e o Pronunciamento Técnico CPC 27, sobre ativo imobilizado, no site do Comitê de Pronunciamentos Contábeis (www.cpc.org.br).

Além dessas, a estrutura de ativos imobilizados também se reflete nos custos. Equipamentos novos e com manutenção adequada permitem maior produtividade, resultando em menores custos de produção.

Outros gastos importantes para muitas empresas são os vinculados à pesquisa e desenvolvimento de produtos (veja o Capítulo 9). O Pronunciamento Técnico CPC 04, sobre os ativos intangíveis, especifica critérios sobre a contabilização dos gastos realizados nas fases de pesquisa e de desenvolvimento. Para isso, estabeleceu regras de classificação desses gastos como despesas e como custos.

O pronunciamento estabelece que nenhum ativo intangível resultante de pesquisa (ou da fase de pesquisa de projeto interno) deve ser reconhecido. Quando incorridos, os gastos com pesquisa devem ser tratados como despesa. Em relação aos gastos realizados na fase de desenvolvimento, serão considerados custos e, então, ativados para posterior amortização, se puder demonstrar os seguintes aspectos:

**a)** A viabilidade técnica para concluir o ativo intangível de modo que seja disponibilizado para uso ou venda.

**b)** A intenção de concluir o ativo intangível e de usá-lo ou vendê-lo.

**c)** A capacidade para usar ou vender o ativo intangível.

**d)** O modo como o ativo intangível deve gerar benefícios econômicos futuros. Entre outros aspectos, a entidade deve demonstrar a existência de mercado para os produtos do ativo intangível ou para o próprio ativo intangível ou, caso este se destine ao uso interno, a sua utilidade.

**e)** Disponibilidade de recursos técnicos, financeiros e outros recursos adequados para concluir seu desenvolvimento e usar ou vender o ativo intangível.

**f)** Capacidade de mensurar com confiabilidade os gastos atribuíveis ao ativo intangível durante seu desenvolvimento.

É importante salientar que, caso a empresa não consiga diferenciar a fase de pesquisa da fase de desenvolvimento de projeto interno de criação de ativo intangível, o Pronunciamento estabelece que o gasto com o projeto deve ser tratado como incorrido apenas na fase de pesquisa.

## Questões e exercícios propostos

1. Descreva uma situação relacionada à apuração de custos em que possa ocorrer infração à ética.
2. Podemos dizer que pelo fato da contabilidade se subordinar aos princípios contábeis, os contadores não cometem infração à ética?
3. É possível que ocorram procedimentos antiéticos na contabilidade de custos? Explique.
4. Você é responsável pela apuração dos custos em uma empresa. Considere que o diretor ao qual está subordinado, que possui poucos conhecimentos de contabilidade de custos, esteja sendo pressionado pelos acionistas para aumentar os lucros da empresa. Você sugeriria a ele alguns dos procedimentos descritos neste capítulo para atingir esse propósito? Explique.
5. Os custos indiretos ao serem apropriados aos produtos por intermédio de rateios se valem de critérios arbitrários e subjetivos. Há possibilidade de conflito ético na definição das bases de rateios? Explique.
6. Analisando a legislação sobre impostos, você encontra uma brecha pela qual é possível uma manobra para reduzir os impostos. Você sugere à diretoria aproveitar-se dela?
7. Há benefícios para o profissional responsável pela apuração dos custos de uma empresa em praticar condutas não éticas no exercício de suas atividades?
8. O responsável pelo departamento de custos de uma empresa cometeu um grave erro e lhe confidenciou. Você conhece um caso semelhante em que o autor disfarçou o erro com uma mentira bastante "convincente". Você sugeriria ao responsável pelo departamento de custos para "resolver" sua situação de forma semelhante? Justifique.
9. A expressão "dumping" é utilizada para descrever uma situação na qual uma empresa vende produtos abaixo de seu custo ou pratica preços abaixo daqueles cobrados no mercado em que atua. Com isto, conquista novos mercados e afasta os concorrentes. Em um ambiente concorrencial marcado pela competitividade e pela agressividade nas disputas comerciais pelas empresas e entre países, essa prática pode ser considerada desleal ou mesmo questionável. Avalie tal prática em relação à conduta ética.
10. Analise a seguinte situação e descreva se há conflitos éticos: A empresa Birigui produz 2.000 unidades mensais de seu produto Alfa, quantidade suficiente para atender à sua fatia de mercado. A capacidade instalada de produção é de 2.500 unidades mensais. A direção da empresa resolveu aumentar a produção em mais 300 unidades mensais. Para não prejudicar as vendas do produto Alfa, fez pequenas alterações no produto e decidiu comercializar estas unidades adicionais com o nome de Beta por preço superior ao custo marginal, porém, inferior ao preço de Alfa, uma vez que os custos fixos são totalmente absorvidos por Alfa.

capítulo 9

# Custos fora do ambiente de produção

## OBJETIVO

Nas abordagens tradicionais sobre apuração dos custos, a preocupação é voltada para os custos que ocorrem no ambiente de produção. Basicamente, a literatura que trata do assunto tem-se dedicado a aplicar os conceitos de custos a esse ambiente. Entretanto, os custos que acontecem fora deste têm-se revelado cada vez mais importantes, e as empresas precisam compreendê-los e gerenciá-los.

Este capítulo se dedica a discutir alguns dos custos que ocorrem fora do ambiente de produção.

## 9.1 Introdução

Os métodos de custeio por absorção, variável e baseado em atividades, descritos nos capítulos 2, 3 e 4, respectivamente, são estruturados para a determinação dos custos dos produtos incorridos durante o processo de fabricação. Dessa forma, não integram os custos dos produtos uma série de gastos que ocorrem fora do ambiente de produção, notadamente os relacionados ao processo de pesquisa e desenvolvimento de produtos, aos gastos para introduzir novos produtos no mercado —, entre os quais criar demanda, conquistar, atender e manter clientes —, à logística necessária para que os produtos cheguem até os consumidores e, também, aqueles relacionados ao descarte e à reciclagem dos produtos ao fim de sua vida útil, entre outros.

Sobre esses custos, Blocher et al. (2007, p. 330) dizem que,

> embora os métodos de administração de custos tenham apresentado tendência para se concentrar apenas nos custos de fabricação, os custos anteriores e posteriores à manufatura podem ser responsáveis por uma parcela significativa dos custos totais durante o ciclo de vida do produto [...].

Blocher et al. (2007, p. 329, 330) ressaltam que "um produto que é desenvolvido rapidamente e sem a devida atenção, com pouco investimento em custos de projeto, poderia apresentar posteriormente custos de marketing e serviços consideravelmente maiores [...]".

Diferentes autores descrevem que as fases pré-operacionais de um produto, contemplando planejamento, projeto e protótipo, são responsáveis por cerca de 80% dos custos de manufatura dos produtos. Ou seja, nessas fases são definidos materiais, mão de obra, tecnologias, processos etc. (Rozenfeld et al., 2006; Davis, Aquilano e Chase, 2001). Ostrenga et al. (1993) dizem que, em muitas empresas, a maior parte da pressão pelo controle de custos se concentra em exigir maior eficiência das operações, as quais influenciam os 20% restantes dos custos.

Salienta-se que a produção é consequência do conjunto de atividades que ocorrem nas fases de pesquisa e desenvolvimento — tanto em termos do produto físico como dos processos que são definidos para que ela se desenvolva. Quando o projeto do produto estiver pronto e o processo de fabricação estiver definido, as consequências em custos já estarão estabelecidas.

Além disso, o produto deve ser projetado e fabricado de modo a atender aos padrões específicos da indústria, a normas ambientais, exigências dos consumidores etc. Freixo e Toledo (2003) salientam que, quando a equipe de desenvolvimento adota determinada solução, ocorrerão impactos negativos ou positivos não apenas no custo de fabricação do produto, mas também nos custos de operação, de manutenção e até mesmo de descarte.

Atualmente, em virtude de uma preocupação cada vez maior com o meio ambiente por parte da sociedade e com legislações ambientais mais rígidas, as empresas estão sendo obrigadas a projetar produtos — e processos de produção — que eliminem os impactos ambientais quando estes chegarem ao fim de seu ciclo de vida. Nesse sentido, Leite (2009a, p. 125) afirma que "O projeto dos produtos é o momento ideal para a consideração de seus impactos e de seus materiais constituintes no meio ambiente..."

Também é importante observar que, ao projetar um novo produto, é necessário considerar fatores como critérios de funcionalidade, economia de energia e de outros recursos quando em uso, sua viabilidade técnica e estética, entre outros. A decisão de compra dos clientes deve contemplar não apenas o custo de compra, mas também os custos que serão assumidos para usar, manter e descartar o bem ao fim de sua vida útil — na literatura, encontram-se as expressões "custo de uso e propriedade" e "*total cost of ownership*" para designar todos os custos associados à aquisição, utilização, manutenção e descarte do bem, os quais são assumidos pelos clientes. Isso implica dizer que nem sempre o menor preço de aquisição significará o menor custo de uso e propriedade.

Pelo fato de a discussão de custos fora do ambiente de produção ser abrangente, o presente capítulo se dedica a descrever a ocorrência de custos nas fases de pesquisa e desenvolvimento de novos produtos, os custos de servir aos clientes e aqueles relacionados ao descarte e à reciclagem dos produtos ao fim de sua vida útil.

## 9.2 Pesquisa e desenvolvimento de produtos

Um novo produto, conforme Abrantes (2004), resulta de três situações principais: fruto de uma nova descoberta científica (normalmente revolucionária); nova utilização de um conhecimento científico já existente; ou decorrente de mudanças e/ou melhorias de um produto existente.

No ambiente atual dos negócios, o desenvolvimento de novos produtos é um processo necessário para a manutenção da competitividade nas organizações. Vários fatores contribuem para isso, entre os quais a concorrência cada vez mais acirrada, consumidores mais exigentes, novas tecnologias que rapidamente tornam os produtos obsoletos etc. Isso implica que o ciclo de vida dos produtos vem sendo reduzido gradativamente. Com o ciclo de vida dos produtos cada vez menor, as empresas necessitam ter certo número de produtos, pois, conforme Harding (1992), "[...] enquanto todo produto mais antigo perde suas vendas, outro novo inicia seu ciclo". O autor destaca, ainda, que isso significa que a pesquisa está sempre pressionando para que novos produtos caiam nesse ciclo.

Jaruzelski e Dehoff (2009) apontam que a intensidade dos gastos com pesquisa e desenvolvimento, em termos mundiais, como porcentagem das vendas, foi de 3,6% nos anos de 2007 e 2008. Os autores analisaram as 20 empresas que mais investem em pesquisa e desenvolvimento, figurando como empresas líderes a Toyota (US$ 9 bilhões investidos), Nokia (US$ 8,7 bilhões), Roche (US$ 8,2 bilhões), Microsoft (US$ 8,2 bilhões) e General Motors (US$ 8,0 bilhões). Somados, os investimentos com pesquisa e desenvolvimento das 20 primeiras empresas do *ranking* foram, em 2008, de US$ 135,9 bilhões.

No Brasil, a Financiadora de Estudos e Projetos (Finep) publicou, em 2006, um painel sobre empresas inovadoras, denominado Brasil Empreendedor (Finep, 2006), no qual descreve o investimento em inovação de produtos e processos de grandes empresas nacionais, entre as quais destacam-se:

- Embraer (aeronáutica): novos produtos e equipamentos consumiram 5,8% do faturamento da empresa, que foi de US$ 3,8 bilhões em 2005.
- Natura (cosméticos): os gastos em pesquisa e desenvolvimento representaram 2,9% do total da receita líquida, o que significa um crescimento de 41,5% em relação a 2004. Em 2005, a receita líquida da empresa alcançou R$ 2.406.349. Em 2005 foram lançados mais de 200 itens (de um portfólio total de 650), entre variantes de linhas já existentes e novas marcas e, no mesmo período, cerca de 200 itens foram abandonados. 70% do faturamento anual da Natura é obtido com itens lançados nos últimos 24 meses. O valor da receita líquida pode ser visto no site da Bovespa (http://www.bmfbovespa.com.br/cias-listadas/empresas-listadas/ResumoDemonstrativosFinanceiros.aspx?codigoCvm=19550&idioma=pt-br).
- Ouro Fino (saúde animal): cerca de 5% do faturamento é aplicado em pesquisa e desenvolvimento, o que resulta em uma média de 15 novos produtos no mercado todos os anos. O faturamento da empresa foi de R$ 110 milhões em 2005.
- Schulz (máquinas e equipamentos): os investimentos em pesquisa e desenvolvimento giram em torno de 2 a 3% do faturamento líquido e, em média, são lançados de 12 a 16 novos produtos por ano. As vendas da empresa somaram R$ 407 milhões em 2005.
- Tigre (plásticos): cerca de 0,5% do faturamento é aplicado em P&D, o que, no exercício de 2005, representou um investimento da ordem de R$ 8,5 milhões.

Quanto ao tratamento contábil dos gastos com pesquisa e desenvolvimento, vimos, no Capítulo 8, que o Pronunciamento Técnico CPC 04, sobre os ativos intangíveis, especifica critérios sobre sua contabilização, estabelecendo regras para isso. Conforme determina o CPC 04, os gastos realizados na fase de pesquisa devem ser tratados como despesas, ao passo que, na fase de desenvolvimento, quando são atendidos determinados requisitos, devem ser tratados como custos; do contrário, são tratados como despesas. É importante salientar que tais tratamentos devem ser observados para fins de elaboração de relatórios externos.

Entretanto, para atendimento das necessidades dos gestores das empresas, cabe ao sistema de informação contábil gerencial a tarefa de tratar os gastos com pesquisa e desenvolvimento como custos, de modo a identificá-los com os respectivos produtos. Nesse sentido, consideramos importante a contribuição de Hansen e Mowen (2003, p. 65) sobre o tema. Os autores argumentam que um princípio fundamental da gestão de custos é "custos diferentes para propósitos diferentes". Assim, a composição dos custos pode ser diferente de acordo com o objetivo que se pretende atender.

Para decisões de apreçamento, Hansen e Mowen (2003) consideram que os custos dos produtos devem contemplar os gastos com pesquisa e desenvolvimento, produção, marketing e serviços ao cliente. Mais abrangente são Horngren, Datar e Foster (2000), ao considerar que os custos dos produtos contemplam os derivados de pesquisa e desenvolvimento, design, produção, marketing, distribuição e serviços de atendimento ao cliente.

Para isso, Rozenfeld et al. (2006, p. 192) consideram que uma forma de calcular o montante gasto é criar uma conta específica para cada projeto. Para Filomena (2004, p. 90), o custo do projeto deve ser amortizado no produto durante seu ciclo de vida, não tendo de ser rateado entre os demais produtos da empresa. Com isso, tem-se a avaliação da real rentabilidade do produto. A esse respeito, Ostrenga et al. (1993, p. 291) dizem que um produto ou serviço não pode ser considerado lucrativo até que tenha coberto seus custos de desenvolvimento.

Embora as discussões dos autores remetam a um tratamento adequado dos gastos com pesquisa e desenvolvimento para fins gerenciais, é preciso considerar o fato de que o número de projetos de novos produtos bem-sucedidos é extremamente reduzido, o que implicaria que um alto volume de recursos despendidos pelas empresas não seria absorvido pela produção, mas sim tratado como despesas.

De acordo com Griffin (1997), questões do desenvolvimento de novos produtos inicialmente foram investigadas pela consultoria Booz, Allen e Hamilton no ano de 1968. O estudo apontou que quase um terço de todos os projetos de desenvolvimento de produtos lançados pelas empresas resultaram em fracasso, independentemente do segmento industrial a que a empresa pertencia.

No ramo farmacêutico, de acordo com Oldcorn e Parker (1998), o índice de fracasso também é bastante elevado, e apenas um entre as centenas de novos produtos acaba sendo lucrativo. Em geral, dizem os autores, "há mais chances de fracassar do que ser bem-sucedido". Ainda em relação ao ramo farmacêutico, Atkinson et al. (2000) descrevem que as chances de um laboratório desenvolver uma droga inovadora são de uma em mil. Os autores apontam que apenas três em cada dez drogas que conseguem ser comercializadas recuperam o investimento.

Conforme Cooper (2000), aproximadamente 46% dos recursos que as empresas investem em concepção, desenvolvimento e lançamento de novos produtos são gastos com itens que ou fracassam comercialmente ou sequer chegam ao mercado. Para o autor, apenas um em quatro projetos de desenvolvimento acaba sendo sucesso comercial, e um terço de todos os lançamentos dos novos produtos falham.

Para Moreira (2008), muitas das novas ideias geradas para produtos são abandonadas ao longo das várias fases de seu desenvolvimento. O autor cita um estudo de David Uman, de 1969, no qual o pesquisador mostra que, em 51 companhias pesquisadas, a maioria das ideias eram rejeitadas, e que apenas uma em cada 60 ideias acabaria se transformando em sucesso comercial.

Koudal e Coleman (2005) consideram que é difícil alcançar inovações rentáveis com novos produtos. Conforme os autores, mais de 85% das ideias de novos produtos não chegam ao mercado e, daquelas que chegam, entre 50% e 70% falham em produzir lucros.

## 9.3 Atendimento aos clientes

A localização de cada cliente, o tipo de embalagem utilizada, o tamanho do lote de embarque, a modalidade de transporte, a frequência de realização dos pedidos, o suporte pré e pós-vendas e a pontualidade no pagamento são apenas algumas variáveis que permitem considerar o custo de atendimento de cada cliente diferente.

Dos gastos para atender aos clientes, alguns deles podem ser imediatamente identificados com os clientes em particular: são as despesas variáveis. Isso remete à aplicação do conceito da margem de contribuição como medida da rentabilidade de cada cliente. Entretanto, essa medida não é completa, tendo em vista que cada um se diferencia pelo nível de serviços demandados, cujos custos não necessariamente são imediatamente identificados com aqueles.

Outro meio de avaliar a rentabilidade dos clientes consiste na atribuição dos gastos relacionados à comercialização e à distribuição, tomando como base a receita de vendas, situação que não necessariamente é representativa da realidade operacional da empresa. É importante destacar que, para fins de relatórios externos, os gastos relativos à comercialização são tratados como sendo do período e, desse modo, são levados para a demonstração de resultados do período a que se referem.

A maioria dos autores pesquisados que analisam os custos relacionados ao atendimento aos clientes aponta o custeio baseado em atividades como o mais indicado para a atribuição desses custos aos clientes. Por essa metodologia, são identificadas as atividades relacionadas ao atendimento de cada cliente, permitindo rastrear os custos correspondentes (veja o Capítulo 4). A Figura 9.1 ilustra o modelo de alocação dos custos de servir aos clientes.

Alguns gastos (por exemplo, embalagens especiais e transporte) são imediatamente identificados com cada cliente, não sendo objeto do modelo de alocação representado pela Figura 9.1.

Christopher (1997) considera que há diferenças significativas de lucratividade entre os clientes de uma empresa. O autor recorre à lei de Pareto e diz que 80% dos lucros de uma empresa são provenientes de 20% de seus clientes, e 80% dos custos para prestar serviços são gerados por 20% dos clientes. Ressalta ainda que, se a proporção não for exatamente 80/20, ela fica próxima disso.

**Figura 9.1**

**Modelo de alocação de custos de servir aos clientes**

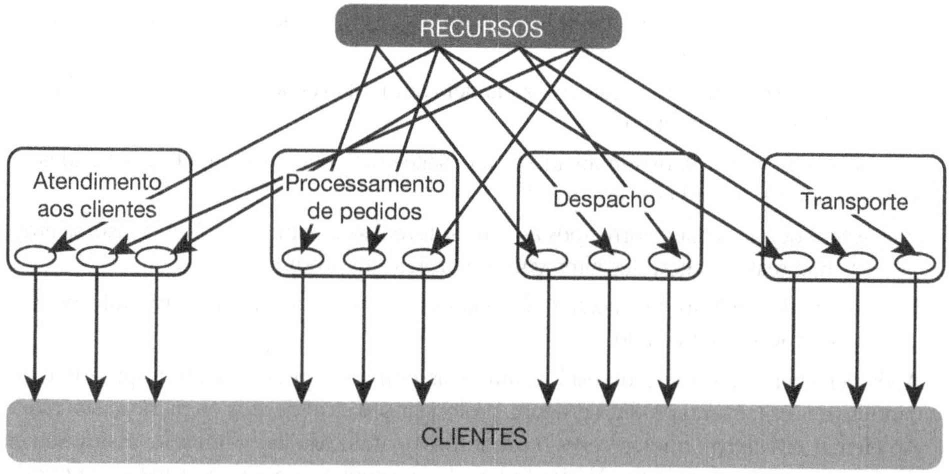


Fonte: adaptada de Kaplan e Cooper (1998, p. 99).

## 9.4 Descarte e reciclagem dos produtos ao final de sua vida útil

A demanda de muitos produtos, talvez a maioria deles, passa por muitas fases. O conjunto dessas fases é denominado ciclo de vida do produto. Alguns autores distinguem cinco fases do ciclo de vida, ao passo que outros reconhecem apenas quatro. Moreira (2008) considera que o ciclo de vida é um modelo útil que permite associar a um dado produto cada uma das fases da demanda e estudar as implicações de cada fase para os esforços de marketing e produção. Entretanto, ele ressalta que, embora útil, ele é impreciso, tendo em vista que não é fácil identificar o início e o término de cada fase. A Figura 9.2 apresenta o ciclo de vida em cinco fases.

**Figura 9.2**

**Ciclo de vida dos produtos**

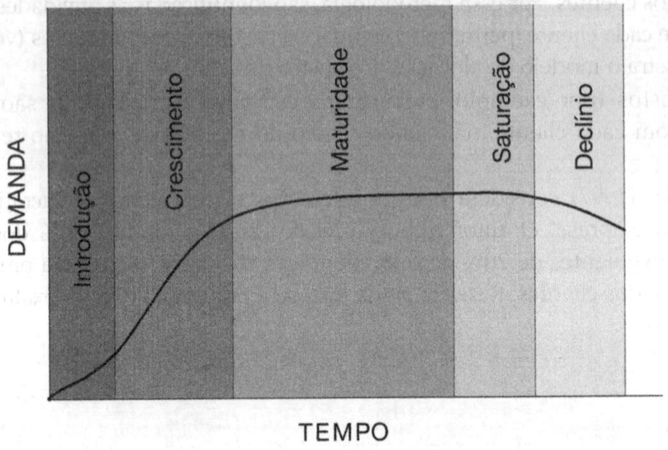


- A introdução compreende a fase inicial do ciclo de vida do produto, com baixo volume de vendas e, consequentemente, de produção. É grande o número de produtos que não passa dessa fase.
- A fase de crescimento é caracterizada pelo aumento da demanda, com o produto passando a ser competitivo.
- A fase de maturidade é marcada pela desaceleração no crescimento das vendas, uma vez que a demanda tornou-se estável.
- A fase de saturação ocorre após as vendas terem se estabilizado. Nessa fase, as empresas não realizam grandes alterações no projeto do produto.
- A fase de declínio é caracterizada pela queda nas vendas, com o produto perdendo participação no mercado.

Após perceber que o mercado está saturado, as empresas podem realizar aprimoramentos com o intuito de revitalizar o produto e, assim, prolongar seu ciclo de vida ou planejar sua retirada.

Ao efetuar o *redesign*, muitas vezes o produto é revitalizado, aumentando, assim, seu ciclo de vida por um tempo mais longo. Várias linhas de automóveis passam por *redesign* periodicamente e, com isso, seu ciclo de vida vai sendo prolongado. A Figura 9.3 ilustra o ciclo de vida prolongado de um produto.

Figura 9.3

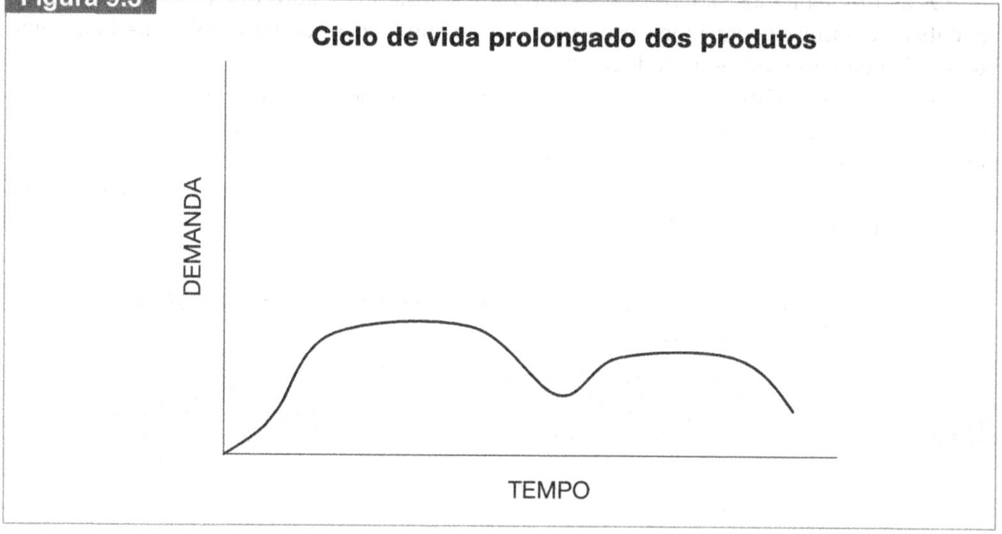


Do ponto de vista do comprador, a perspectiva dos estágios do ciclo de vida de um produto assume outra configuração. Para Ostrenga et al. (1993), são três estágios:

- custo inicial da compra;
- custos de operação e manutenção do produto ou serviço;
- custos de alienação do item ou de descontinuação do serviço.

Na óptica do consumidor, tem-se como referência a vida de uma unidade do produto. Nesse caso, o final do ciclo de vida de um produto ocorre no momento que ele perde utilidade para o consumidor, sendo, portanto, descartado. Essa perda de utilidade pode ser decorrente do fato de o produto tornar-se obsoleto, danificado, saturado em sua função, ou simplesmente não funcionar mais. Fatores como a obsolescência precoce e a troca frequente por versões atualizadas têm aumentado o volume de produtos descartados. Assim, durante o período que compreende o estágio do ciclo de vida na perspectiva de marketing e produção (figuras 9.2 e 9.3), bem como ao final desse período, estarão ocorrendo "n" ciclos de vida, correspondentes a cada unidade do produto, na perspectiva dos clientes. No final de cada um desses "n" ciclos, o produto é descartado.

O volume de descarte de resíduos sólidos (aqueles em estados sólido e semissólido, que resultam de atividades de origem industrial, doméstica, hospitalar, comercial, agrícola, de serviços e de varrição, segundo a Associação Brasileira de Normas Técnicas – ABNT NBR 10004:2004) no Brasil em 2009, conforme a Associação Brasileira de Empresas de Limpeza Pública e Resíduos Especiais (Abrelpe, 2009), foi de mais de 57 milhões de toneladas, um crescimento de 7,7% em relação ao volume do ano anterior.

E qual o destino desses resíduos? Em geral, os destinos dos resíduos costumam ser vazadouros a céu aberto (lixões), aterros controlados e aterros sanitários. Nos vazadouros a céu aberto, também conhecidos como "lixões", são depositados os resíduos sólidos sem nenhum controle ou preocupação ambiental. Como consequência, o ambiente torna-se degradado, o que provoca a contaminação de rios, lagos e lençóis freáticos etc., além de poluição do ar, assoreamento de rios, deslizamentos de encostas e outras. Além disso, insetos, microrganismos e outros seres que vivem nesses ambientes são fatores potenciais de riscos de doenças à população.

Outro destino são os aterros controlados, nos quais os resíduos sólidos são depositados e cobertos com uma camada de terra. Entretanto, permanecem os impactos ambientais, porém menores que os ocasionados pelos lixões.

Os aterros sanitários são locais para depósito de resíduos sólidos que utilizam técnicas de engenharia e normas operacionais específicas, o que minimiza os danos ambientais, bem como busca evitar danos ou riscos à saúde pública.

Dados do IBGE (2010) apontam que a deposição dos resíduos sólidos em vazadouros a céu aberto vem diminuindo nos últimos anos no Brasil. Em 1989, 88,2% dos resíduos eram depositados nesses locais e, em 2009, esse percentual caiu para 50,8. Por outro lado, foi verificado que o destino em aterros controlados subiu de 9,6% para 22,5% nesse período, e a destinação em aterros sanitários passou de 1,1% para 27,7 (Tabela 9.1).

**TABELA 9.1 Destino dos resíduos sólidos, por unidades de destino dos resíduos — Brasil — 1989/2008**

| Ano | Destino final dos resíduos sólidos, por unidades de destino dos resíduos (%) | | |
|---|---|---|---|
| | Vazadouro a céu aberto | Aterro controlado | Aterro sanitário |
| 1989 | 88,2 | 9,6 | 1,1 |
| 2000 | 72,3 | 22,3 | 17,2 |
| 2008 | 50,8 | 22,5 | 27,7 |

Fonte: IBGE. Pesquisa Nacional de Saneamento Básico – 2008, Rio de Janeiro, 2010.

Diante de tal volume de resíduos descartados, surge o seguinte questionamento: quem deve ser o responsável pelo descarte e reciclagem dos produtos? Rogers e Tibben-Lembke (1998) afirmam que a atitude de muitas empresas em relação aos produtos utilizados tem sido ignorá-los. Conforme os autores, nos Estados Unidos, os fabricantes normalmente não são responsáveis pelos produtos após o uso pelos consumidores. Entretanto, legislações mais rigorosas vêm ampliando a responsabilidade das empresas sobre os produtos quando descartados pelos consumidores ao fim de sua vida útil.

No Brasil, a Lei n. 12.305, de 2 de agosto de 2010, instituiu a Política Nacional de Resíduos Sólidos, cuja aplicação exige alterações na conduta empresarial. Em seu artigo 30, a lei institui a responsabilidade compartilhada pelo ciclo de vida dos produtos, abrangendo fabricantes, importadores, distribuidores e comerciantes, os consumidores e os titulares dos serviços públicos de limpeza urbana e de manejo dos resíduos sólidos. São alguns dos objetivos dessa lei promover o aproveitamento de resíduos sólidos, reduzir sua geração e incentivar boas práticas de responsabilidade socioambiental. Vejamos o que diz seu artigo 31 da Lei:

> Art. 31. Sem prejuízo das obrigações estabelecidas no plano de gerenciamento de resíduos sólidos e com vistas a fortalecer a responsabilidade compartilhada e seus objetivos, os fabricantes, importadores, distribuidores e comerciantes têm responsabilidade que abrange:
>
> I – investimento no desenvolvimento, na fabricação e na colocação no mercado de produtos:
>
> a) que sejam aptos, após o uso pelo consumidor, à reutilização, à reciclagem ou a outra forma de destinação ambientalmente adequada;
>
> b) cuja fabricação e uso gerem a menor quantidade de resíduos sólidos possível;
>
> II – divulgação de informações relativas às formas de evitar, reciclar e eliminar os resíduos sólidos associados a seus respectivos produtos;
>
> III – recolhimento dos produtos e dos resíduos remanescentes após o uso, assim como sua subsequente destinação final ambientalmente adequada, no caso de produtos objeto de sistema de logística reversa na forma do art. 33;

Diz o artigo 33:

Art. 33. São obrigados a estruturar e implementar sistemas de logística reversa, mediante retorno dos produtos após o uso pelo consumidor, de forma independente do serviço público de limpeza urbana e de manejo dos resíduos sólidos, os fabricantes, importadores, distribuidores e comerciantes de:

I – agrotóxicos, seus resíduos e embalagens, assim como outros produtos cuja embalagem, após o uso, constitua resíduo perigoso [...];

II – pilhas e baterias;

III – pneus;

IV – óleos lubrificantes, seus resíduos e embalagens;

V – lâmpadas fluorescentes, de vapor de sódio e mercúrio, e de luz mista;

VI – produtos eletroeletrônicos e seus componentes.

Para se adequar ao que a lei dispõe, novas posturas devem ser praticadas pelas empresas com relação ao descarte e à reciclagem. Isso implica que as empresas se deparam com um novo componente de custos a ser mais bem compreendido e gerenciado.

Embora as empresas sejam impactadas pelos custos relacionados ao descarte e reciclagem, elas poderão se beneficiar no futuro. A título de ilustração, consideremos a reflexão de Leite a respeito da transposição de um estágio organizacional corrente para um novo ambiente. Segundo esse autor (2009a, p. 128-129), "[...] parece equivalente à transposição pela introdução das novas ideias de qualidade total, quando ainda dominava no mundo ocidental o conceito de que a qualidade aumentava o custo da empresa".

Nesse sentido, Slomski, Kassai e Slomski (2011) consideram a necessidade de ampliar o espectro da contabilidade de custos para que inclua os custos relacionados com os aspectos ambientais nos custos dos produtos. Ao discutirem a respeito, os autores utilizam como exemplo uma garrafa de água. No passado, a água era envasilhada em garrafas de vidro, as quais, após o consumo, retornavam à indústria. Havia um custo assumido pela indústria relativo à logística reversa. Entretanto, hoje, com a substituição das garrafas de vidro pelas garrafas PET, que não retornam à indústria, eliminou-se o custo da logística reversa. Conforme os autores, nesse caso a indústria incorpora apenas parte dos custos do ciclo de vida do produto, deixando de fora os custos de seu descarte e reciclagem.

Entretanto, a reciclagem pode ser um fator de economia de custos com a aquisição de matérias-primas para muitas empresas. Leite (2009a, p. 28) considera um grupo de custos de difícil mensuração, os intangíveis, ou seja, aqueles relativos aos riscos envolvendo a imagem da marca, imagem corporativa e reputação da empresa na comunidade. Dessa maneira, uma boa gestão relacionada à logística reversa contribui para consolidar uma imagem institucional positiva e ambientalmente responsável da empresa no mercado.

A economia de custos incorporada pode ser tratada sob uma perspectiva ampliada, quando se considera que serão evitadas multas, penalidades e indenizações pagas por danos causados ao meio ambiente. Além disso, também proporciona benefícios à sociedade, pois, com menor descarte, reduz o custo de coleta urbana, poluição ambiental, menor risco à saúde e, com o aumento da vida útil dos aterros sanitários, reduz-se o investimento em novas áreas para esse fim.

Seguem dados sobre reciclagem de alguns produtos, o que dá a dimensão do potencial de que permitem a economia de custos na indústria.

- Reciclagem do alumínio: o alumínio pode ser reciclado tanto a partir de sucatas geradas por produtos de vida útil esgotada, como de sobras do processo produtivo. Utensílios domésticos, latas de bebidas, esquadrias de janelas, componentes automotivos, entre outros, podem ser fundidos e empregados novamente na fabricação de novos produtos. A produção do alumínio secundário, resultante do processo de reciclagem desse metal, economiza, além do minério chamado bauxita, recursos naturais e energia elétrica — no processo, consome-se apenas 5% da energia necessária para a produção do alumínio primário, de acordo com a Associação Brasileira de Alumínio (Abal — http://www.abal.org.br/reciclagem/introducao.asp). Leite (2009a, p. 112) destaca a importância dessa economia, quando se considera que a energia elétrica representa 70% no custo de fabricação do alumínio primário (obtido a partir do processamento da bauxita).

- Reciclagem do vidro: com um quilo de vidro se faz outro quilo de vidro, com perda zero e sem poluição para o meio ambiente. De acordo com a Associação Técnica Brasileira de Indústrias Automáticas de Vidro (Abividro – http://www.abividro.org.br/index.php/25), além da vantagem do reaproveitamento de 100% do caco, a reciclagem permite poupar matérias-primas naturais, como areia, barrilha, calcário etc.
- Reciclagem das embalagens PET (politereftalato de etileno): 55,6% das embalagens pós-consumo foram recicladas em 2009, totalizando 262 mil toneladas. O maior mercado para o PET pós-consumo no Brasil é a produção de fibra de poliéster para indústria têxtil (multifilamento), na qual é utilizada na fabricação de fios de costura, forrações, tapetes e carpetes, mantas de TNT (tela não tecida), entre outras. Outra utilização muito frequente é na fabricação de cordas e cerdas de vassouras e escovas (monofilamento). Outra parte é destinada à produção de filmes e chapas para boxes de banheiro, termoformadores, formadores a vácuo, placas de trânsito e sinalização em geral. Também é crescente o uso das embalagens pós-consumo recicladas na fabricação de novas garrafas para produtos não alimentícios. É possível utilizar os flocos da garrafa na fabricação de resinas alquídicas, usadas na produção de tintas, e também resinas insaturadas para a produção de adesivos e resinas de poliéster. As aplicações mais recentes estão na extrusão de tubos para esgotamento predial, cabos de vassouras e na injeção para a fabricação de torneiras, conforme o Compromisso Empresarial para a Reciclagem (Cempre) – http://www.cempre.org.br/ft_pet.php.
- Reciclagem de papel: o papel está entre os produtos que apresentam maior taxa de reciclagem no Brasil. No total, 46% de todos os papéis que circularam no país em 2009 foram encaminhados à reciclagem pós-consumo, o que, sob o ponto de vista econômico, reduz o custo da produção (Associação Brasileira de Celulose e Papel — Bracelpa — http://www.bracelpa.org.br/bra2/?q=node/172).
- Reciclagem de pneus: os pneus usados podem ser destinados à reforma (recapagem, recauchutagem ou remoldagem) com o intuito de aumentar sua vida útil ou, quando inservíveis, têm diferentes destinos: são aproveitados como combustível alternativo para as indústrias cimenteiras; na fabricação de solados de sapatos, borrachas de vedação, dutos pluviais, pisos para quadras poliesportivas, pisos industriais, tapetes para automóveis, manta asfáltica, asfalto de borracha etc. Com isso, posterga-se a destinação final das carcaças, reduzindo os impactos ambientais. Conforme a Associação Brasileira do Segmento de Reforma de Pneus (ABR), o pneu reformado emprega apenas 25% do material utilizado na produção de um pneu novo, proporcionando a mesma durabilidade original, gerando economia de 57 litros de petróleo por pneu reformado na linha caminhão/ônibus e 17 litros

para a linha automóvel, gerando uma economia total de 500 milhões de litros/ano. Ainda conforme a ABR, dois terços dos pneus de carga são reformados, o que proporciona uma economia ao setor de transportes em torno de 5,6 bilhões de reais/ano (Associação Brasileira do Segmento de Reforma de Pneus — ABR — http://www.abr.org.br/estrutura.html).

- Reciclagem de ferro e aço: depois de utilizados nas residências, empresas, cidades ou campo, os produtos descartados são reciclados, e o aço neles contido pode ser novamente aproveitado. A sucata de ferro e aço proveniente de pós-consumo, também chamada sucata de obsolescência, é um importante insumo para o processo siderúrgico. Junto da sucata gerada internamente nas usinas ou como resíduos em outras indústrias, essa sucata alimentará novamente o processo das usinas siderúrgicas, proporcionando nova produção de aço a partir da reciclagem de materiais já utilizados, evitando o consumo de matérias-primas como minério de ferro e carvão, importantes recursos naturais não renováveis. Em 2008, a produção de aço, a partir da reciclagem, correspondeu a aproximadamente 24% do total do aço produzido no Brasil. Conforme a Açobrasil (2009, p. 10) — http://www.acobrasil.org.br, a produção de aço bruto em 2008 foi de 33,7 milhões de toneladas.

Embora os dados apresentados demonstrem o potencial de economia em custos decorrentes da reciclagem, Leite (2009b) descreve que há ineficiências em certas cadeias reversas em virtude da falta de economia de escala suficiente e que, em muitos casos, a rentabilidade é baixa em um ou mais elos da cadeia, sugerindo a necessidade de subsídios de natureza diferentes. O autor cita o caso das embalagens em geral, com exceção daquelas que possuem materiais de alto valor agregado.

## Questões e exercícios propostos

1. Mudanças tecnológicas frequentes, produtos mais complexos e com ciclo de vida cada vez menor, consumidores mais exigentes e informados, legislações ambientais mais restritivas, concorrência acirrada, aumento da importância da estrutura comercial comparativamente à fase de produção, são alguns dos fatores que determinam a necessidade de novos procedimentos de mensuração e de gestão dos custos. Explique como esses fatores acabam influenciando os custos dos produtos de uma empresa e por isso devem ser mensurados e gerenciados.
2. As informações de custos vêm sendo aprimoradas ao longo do tempo com o desenvolvimento de novos métodos de custeio. Atividades que não agregam valor, em que prescreve o custeio baseado em atividades, devem ser eliminadas. Para otimizar o consumo de recursos e, assim, maximizar o resultado da empresa, deve-se conhecer a margem de contribuição pelo fator que representa o gargalo de produção, conforme o método de custeio variável. Entretanto, ao focalizar o custo de produção no limite, o que se consegue é melhorar aquilo que a empresa vem fazendo, de tal modo que muitas vezes não agrega melhorias em sua posição competitiva. Comente.
3. Comente a argumentação de Hansem e Mowen: "custos diferentes para propósitos diferentes".

4. Damodaran (2007, p. 56) descreve: "Sob o argumento de que os produtos de pesquisa são incertos e difíceis demais de quantificar, os padrões contábeis geralmente requerem que todos os gastos de P&D sejam lançados no período de sua ocorrência". Com base nessa descrição, analise o impacto que esse tratamento pode causar no lucro das empresas.

5. Slomski, Kassai e Slomski (2011) descrevem que a contabilidade de custos deveria ampliar seu espectro para incluir os custos ambientais nos custos dos produtos. Nessa linha de raciocínio, você considera que a contabilidade de custos deveria ser ainda mais abrangente, incluindo os custos relacionados aos clientes, pesquisa e desenvolvimento etc.? Justifique.

6. Comente o que Leite (2009a, p. 128-129) diz a respeito dos benefícios relacionados ao descarte e reciclagem que as empresas poderão obter no futuro: "[...] parece equivalente à transposição pela introdução das novas ideias de qualidade total, quando ainda dominava no mundo ocidental o conceito de que a qualidade aumentava o custo da empresa".

7. Pesquise na internet, em sites acadêmicos, economias realizadas por empresas por meio da logística reversa de seus produtos.

# Respostas

## CAPÍTULO 1

**19.** a. $ 810.000,00; b. $ 10.000,00; c. $ 31.000,00.
**20.** a. $ 56.000,00; b. $ 14.000,00; c. $ 24.000,00.
**21.** Alfa = $ 555.000,00; Beta = $ 1.230.000,00; Gama = $ 815.000,00.
**22.** Alfa = $ 608.000,00; Beta = $ 1.124.000,00; Gama = $ 868.000,00.
**23.** Alfa = $ 579.091,00; Beta = $ 1.181.818,00; Gama = $ 839.091,00.
**52.** a. $ 2.300,00; b. $ 2.210,00.
**53.** $ 1.425,00
**54.** a. Para 80.000 unidades = $ 0,80; para 100.000 unidades = $ 0,70.
**55.** Custo total = $ 400.000,00; custo unitário = $ 266,67.

### EXERCÍCIOS ADICIONAIS

**9.** a. $ 50,00; b. $ 75,00.
**10.** a. $ 510.000,00; b. $ 430.000,00; c. $ 260.000,00.
**11.** a. $ 18.540,00; b. $ 14.289,65; c. $ 4.470,35; d. $ 4.250,35.
**12.** a. $ 34.200,00; b. 24.624,00; c. ($ 5.084,00); d. $ 9.576,00.
**13.** a. $ 70.000,00; b. $ 65.800,00; c. $ 10.700,00; d. $ 28.200,00.
**14.** a. $ 26.000,00; b. $ 24.700,00; c. $ 3.000,00; d. $ 1.300,00.
**15.** a. $ 45.700,00; b. $ 43.100,00; c. $ 24.900,00.
**16.** a. Sal grosso = $ 9.000,00, Sal refinado = $ 14.000,00; b. Sal grosso = 2.000 kg, $ 1.500,00, Sal refinado = 3.000, $ 2.800,00; c. Sal grosso = $ 12.500,00; Sal refinado = $ 6.800,00.

## CAPÍTULO 2

**13.** $ 27.800,00
**14.**

| | PEPS | UEPS | Custo médio |
|---|---|---|---|
| Dia 7 | $ 960,00 | $ 960,00 | $ 960,00 |
| Dia 20 | $ 1.410,00 | $ 1.430,00 | $ 1.414,00 |
| Dia 28 | $ 2.490,00 | $ 2.500,00 | $ 2.489,00 |
| Saldo | $ 1.000,00 | $ 970,00 | $ 996,00 |

**15.** $ 162.000,00
**16.** Produto A = $ 1.965.478,50; produto B = $ 787.015,50.
**17.** $ 172,00
**18.** $ 25.504,00

**19.** 200 unidades = $ 2.400,00.
**20.** a. $ 70.000,00; b. $ 9.000,00; c. $ 4.500,00.
**21.** $ 1.000,00
**22.** $ 1.795.000,00
**23.** Samba = $ 14.760,00; Valsa = $ 7.380,00.
**24.** Alfa = $ 50.000,00; Beta = $ 45.000,00.
**40.** $ 8,54
**41.** 120%
**42.** a. Mesas = $ 5.319,00; cadeiras = $ 8.298,00; b. $ 0,00.
**43.** Horas produtivas = 2.932; horas improdutivas = 733.
**44.** a. Luxo = $ 2.992,00; padrão = $ 3.696,00; popular = $ 4.488,00; b. Montagem = $ 1.425,60; acabamento = $ 563,20.
**45.** a. 875 h = $ 12.757,50; b. 85 h = $ 1.239,30.
**46.** X = $ 6,02; Y = $ 2,80; Z = $ 4,65.
**47.** 820,6 h
**48.** a. $ 756,00; b. $ 9,36; c. Alfa = $ 327,60; Beta = $ 580,32; Gama = $ 468,00; d. $ 196,56.
**49.**

| Departamento | Horas produtivas | Horas improdutivas |
|---|---|---|
| Fundição | $ 10.625,00 | $ 2.125,00 |
| Montagem | $ 9.031,25 | $ 2.528,75 |
| Acabamento | $ 53.550,00 | $ 6.732,00 |

**50.** Convencional = $ 17.094,00; especial = $ 15.361,50.
**51.** Amortecedores de automóvel = $ 4.974,14; amortecedores de caminhão = $ 5.831,75; custo das horas improdutivas = $ 2.915,87.
**52.** P1 = $ 43.262,99; P2 = $ 32.470,01; P3 = $ 47.520,86.
**53.** Horas produtivas = $ 19.633,46; horas improdutivas = $ 1.033,34.
**54.** Alfa = $ 1.794,00; Beta = $ 1.674,40; horas improdutivas = $ 167,44.
**63.** Garrafa 0,5 l = $ 2.292.500,00; 1,0 l = $ 2.620.000,00; 1,5 l = $ 1.637.500,00.
**64.**

| Produto | Base: tempo total | Base: peso total |
|---|---|---|
| A | $ 160.800,00 | $ 251.250,00 |
| B | $ 351.750,00 | $ 251.250,00 |
| S | $ 492.450,00 | $ 502.500,00 |

**65.** Vela de metro = $ 5.680,00; vela colorida = $ 2.500,00; vela perfumada = $ 4.320,00.
**78.** A = $ 2.359.087,00; B = $ 5.690.913,00.
**79.** Alfa = $ 1.217.208,00; Beta = $ 533.287,00; Gama = $ 823.505,00.
**80.** Panela = $ 169.876,00; tambor = $ 183.249,00; caçamba = $ 326.775,00.
**81.** Pink = $ 1.188.000,00; Blue = $ 1.812.000,00.
**82.** Alfa = $ 667.500,00; Beta = $ 609.700,00; Gama = $ 322.800,00.
**83.** Alfa = $ 4.463,60; Beta = $ 16.534,80; Gama = $ 22.964,40; Teta = $ 6.037,20.
**94.** CIFA = $ 1.925.000,00; variação total de CIF = $ 0,00.
**95.** a. $ 2,05; b. $ 675,00; c. $ 2.395,00.
**96.** a. $ 150,00; b. $ 1.020.000,00; c. $ 180.000,00; d. $ 10.000,00; e. $ 170.000,00; f. $ 1.030.000,00.
**97.** Saldo da produção em andamento (+) $ 131,25; saldo do estoque de produtos acabados (+) $ 262,50; custo dos produtos vendidos (+) $ 2.231,25.

**98.** Saldo da produção em andamento = $ 45.550,00; saldo do estoque de produtos acabados = $ 282.410,00; custo dos produtos vendidos = $ 3.470.910,00.

**99.**

| Mês | a1 | a3 | b1 | b3 |
|---|---|---|---|---|
| Janeiro | $ 10.000,00 | 8,33% | $ 10.000,00 | 8,33% |
| Fevereiro | ($ 2.000,00) | (2,08%) | $ 8.000,00 | 8,33% |
| Março | $ 22.000,00 | 15,28% | $ 12.000,00 | 8,33% |
| Abril | $ 19.000,00 | 13,77% | $ 11.500,00 | 8,33% |
| Maio | $ 13.000,00 | 10,32% | $ 10.500,00 | 8,33% |
| Junho | $ 28.000,00 | 17,95% | $ 13.000,00 | 8,33% |
| Julho | $ 10.000,00 | 8,33% | $ 10.000,00 | 8,33% |
| Agosto | ($ 45.000,00) | (50,00%) | $ 7.500,00 | 8,33% |
| Setembro | $ 28.000,00 | 17,95% | $ 13.000,00 | 8,33% |
| Outubro | $ 25.000,00 | 16,67% | $ 12.500,00 | 8,33% |
| Novembro | $ 16.000,00 | 12,12% | $ 11.000,00 | 8,33% |
| Dezembro | $ 4.000,00 | 3,70% | $ 9.000,00 | 8,33% |
| | **a2** | | **b2** | |
| Total | $ 128.000,00 | 8,33% | $ 128.000,00 | 8,33% |

**115.** 1º exercício = $ 2.500.000,00; 2º exercício = $ 2.900.000,00; 3º exercício = $ 5.600.000,00.
**116.** 1º exercício = $ 390.000,00; 2º exercício = $ 435.000,00; 3º exercício = $ 175.000,00.
**117.** 1º exercício = $ 370.000,00; 2º exercício = $ 416.000,00; 3º exercício = $ 214.000,00.
**118.** 1º exercício = $ 810.000,00; 2º exercício = $ 830.000,00; 3º exercício = $ 650.000,00; 4º exercício = $ 710.000,00.
**119.** 35%
**120.** 1º exercício = $ 53.250,00; 2º exercício = $ 28.000,00.
**121.** 1º exercício = $ 75.000,00; 2º exercício = $ 133.000,00; 3º exercício = $ 162.000,00.
**122.** 1º exercício = $ 710.400,00; 2º exercício = $ 589.600,00.
**123.** 1º exercício = $ 1.200.000,00; 2º exercício = $ 1.650.000,00; 3º exercício = $ 3.310.000,00; 4º exercício = $ 1.340.000,00.
**129.**

| Mês | Produção equivalente (MP) | Produção equivalente (MO/CIF) |
|---|---|---|
| Outubro | 210 u | 120 u |
| Novembro | 1.758 u | 1.750 u |

**130.** 415 u
**131.** Produção equivalente = 1 u; estágio médio de acabamento = 50%.
**132.**

| Mês | PD1 | PD2 | |
|---|---|---|---|
| | MP/MOD/CIF | MP | MOD/CIF |
| Abril | 88 u | 80 u | 68 u |
| Maio | 110 u | 100 u | 97 u |

**133.**

| Mês | Método | Produção em andamento | Produção acabada |
|---|---|---|---|
| Janeiro | PEPS | $ 225.000,00 | — |
| Janeiro | Médio | $ 225.000,00 | — |
| Fevereiro | PEPS | $ 637.500,00 | $ 5.350.500,00 |
| Fevereiro | Médio | $ 637.021,00 | $ 5.350.979,00 |

**134.**

| Mês | Produção em andamento | Produção acabada |
|---|---|---|
| Março | $ 27.200,00 | — |
| Abril | $ 22.440,00 | $ 221.680,00 |
| Maio | $ 0,00 | $ 324.360,00 |

**135.** Produção em andamento = $ 830,00; produção acabada = $ 5.790,00.

**136.** Março: produção acabada = $ 125.000,00; produção em andamento = $ 25.000,00; Abril: produção acabada = $ 257.900,00; produção em andamento = $ 27.400,00.

**137.** Produção acabada = $ 78.400,00; produção em andamento = $ 5.880,00.

**138.** Produção acabada = $ 465.650,00; produção em andamento = $ 50.750,00.

**139.**

| | Mês | Produção em andamento | Produção acabada |
|---|---|---|---|
| PEPS | Janeiro | $ 31.250,00 | $ 312.500,00 |
| | Fevereiro | $ 18.960,00 | $ 410.450,00 |
| | Março | $ 0,00 | $ 287.760,00 |

| | Mês | Produção em andamento | Produção acabada |
|---|---|---|---|
| Custo médio | Janeiro | $ 31.250,00 | $ 312.500,00 |
| | Fevereiro | $ 18.945,00 | $ 410.465,00 |
| | Março | $ 0,00 | $ 287.745,00 |

**140.** Custo da produção em andamento

| Mês | Alfa | Beta | Gama |
|---|---|---|---|
| Maio | $ 8.062,50 | $ 7.020,00 | $ 20.296,00 |
| Junho | $ 8.640,00 | $ 6.216,00 | $ 16.849,10 |
| Julho | $ 4.710,00 | $ 6.800,00 | $ 7.519,90 |

Custo da produção acabada

| Mês | Alfa | Beta | Gama |
|---|---|---|---|
| Junho | $ 51.937,50 | $ 56.870,00 | $ 132.090,40 |
| Julho | $ 98.630,00 | $ 99.616,00 | $ 248.903,20 |

**141.**

| | Produção em andamento | | Produção acabada | |
|---|---|---|---|---|
| | DPA | DPB | DPA | DPB |
| Março | $ 355.200,00 | $ 575.200,00 | $ 1.996.800,00 | $ 1.977.600,00 |
| Abril | $ 447.390,00 | $ 677.025,00 | $ 2.170.500,00 | $ 2.825.475,00 |

**142.** Custo unitário = $ 42.500,00; custo debitado no estoque = $ 270.000,00.
**143.** Custo unitário = $ 15,00; lucro bruto = $ 1.162,00; lucro operacional = $ 632,00.
**144.** Custo do estoque final = $ 1.614,00; lucro bruto = $ 1.099,00.
**145.** Matéria-prima = $ 45.000,00; produção em andamento = $ 58.800,00; produtos acabados = $ 291.000,00.
**146.** Lucro operacional = $ 18.556,00.
**147.**

| Produto | Custo total | Custo unitário |
|---|---|---|
| Alfa | $ 25.750,00 | $ 128,75 |
| Beta | $ 39.975,00 | $ 133,25 |
| Gama | $ 103.750,00 | $ 207,50 |

**148.** a. camisa = $ 10,17, calça = $ 7,57; b. lucro operacional = $ 26.328,13.

## EXERCÍCIOS ADICIONAIS

**8.** a. $ 1.230,00; b. $ 4,88.
**9.** $ 1.563,20
**10.** a. dia 9 = $ 8.800,00, dia 16 = $ 14.900,00, dia 23 = $ 2.400,00; b. $ 19.800,00.
**11.** $ 25,20
**12.** OS 281 = $ 30.000,00; OS 282 = $ 24.800,00; OS 283 = $ 49.666,67; OS 284 = $ 6.733,33.
**13.** Granulado = $ 23.244,44, $ 7,75; Líquido = $ 32.555,56, $ 6,51.
**14.** a. X = $ 36.842,11, Y = $ 20.614,04, Z = $ 35.543,86; b. X = $ 38.211,76, Y = $ 19.800,00, Z = $ 34.988,24.
**15.** a. chocolate = $ 15.233,33, coco = $ 8.766,67; b. chocolate = $ 15.190,07, coco = $ 8.809,93;
**16.** a. azul = $ 30.425,53, vermelho = $ 54.574,47; b. azul = $ 29.991,85, vermelho = $ 55.008,15.
**17.** a. A = $ 53.061,22, B = 39.489,80, C = $ 104.081,63, D = $ 43.367,35; b. A = $ 63.955,68, B = $ 37.266,23, C = $ 89.421,74, D = $ 49.356,35.

# CAPÍTULO 3

**5.** Custo fixo de cada mês (de janeiro a junho) = $ 110.000,00.
Custo variável: janeiro = $ 300.000,00; fevereiro = $ 280.000,00; março = $ 270.000,00; abril = $ 290.000,00; maio = $ 320.000,00; junho = $ 310.000,00.
**6.** a. Custo fixo = $ 120.000,00; variável: outubro = $ 240.000,00; novembro = $ 300.000,00; b. $ 460.000,00; c. outubro = $ 30.000,00; novembro = $ 28.000,00; dezembro = $ 27.059,00.
**10.** P1 = $ 491.810,00; P2 = $ 874.475,00; P3 = $ 389.766,00.
**11.** X = $ 728,75; Y = $ 742,50; Z = $ 1.127,50.
**20.** b. Alfa = $ 21,20; Beta = $ 22,50; Gama = $ 5,95.
**21.** X = $ 7,61; Y = $ 8,81; Z = $ 8,08.
**22.** Margem de contribuição = $ 71.000,00; lucro = $ 41.000,00.
**27.** 1º Gama; 2º Alfa; 3º Beta.
**28.** Deveria ter escolhido o paletó de lã, que tem a melhor margem de contribuição unitária.
**29.** Não, a margem de contribuição do sapato é maior.
**30.** Lucro de Alfa = $ 220,00 e de Beta = $ 250,00. No entanto, a margem de contribuição pelo fator limitante demonstra que Alfa é melhor.

**31.** Deve aceitar a primeira proposta (do produto X).
**32.** Deve aceitar, pois esse pedido gera margem de contribuição de $ 3.000,00/mês.
**33.** Deve vender o produto sem embalagem, pois sua margem de contribuição é de $ 125,00/u, enquanto a do produto com embalagem é de $ 120,00/u.
**34.** a. mesas = 5.000 u; estantes = 5.000 u; armários = 7.000 u; b. mesas = 5.000 u; estantes = 875 u; armários = 7.000 u.
**35.** Alfa = 100 u; Beta = 25 u.
**36.** Cerveja em lata, pois a margem de contribuição adicional é de $ 220,00, sendo superior à margem de contribuição adicional das garrafas.
**37.** Garrafões de 10 l. Aumento do lucro da loja = $ 175,00.
**38.** Conforme a margem de contribuição, temos a seguinte ordem: maria-mole, paçoca, pipoca doce e pirulito.
**39.** X = 2.000 u; Y = 1.200 u; Z = 5.000 u.
**40.** Priorizar Y; produção = 400 u; margem de contribuição = $ 28.000,00.
**52.** Lucro bruto 1º ano = $ 6.800.000,00; 2º ano = $ 11.325.000,00; 3º ano = $ 11.435.000,00.
Margem de contribuição 1º ano = $ 8.000.000,00; 2º ano = $ 13.000.000,00; 3º ano = $ 13.000.000,00.
**53.** Lucro por absorção = $ 74.000,00; pelo variável = $ 64.000,00.
**54.** Por absorção = $ 21.300,00; pelo variável = ($ 12.600,00).
**55.** Estoque por absorção = $ 8.180,00; pelo variável = $ 6.680,00.
**56.** $ 5.000,00
**66.** a. 1.600 u; b. 2.400 u; c. 1.400 u.
**67.** 3.000 dz
**68.** a. 15.000 u e $ 3.000.000,00; b. 16.000 u.
**69.** a. 1.616 u; b. 3.232 u; c. 6.464 u; d. 1.512 u.
**70.** A segunda, pois seu ponto de equilíbrio econômico é de 1.440 caixas, enquanto o da primeira é de 2.400 caixas.
**71.** a. $ 40,00; b. $ 43,75; c. $ 42,50.
**72.** a1. $ 19,50; a2. $ 13,50; a3. $ 11,50; a4. $ 10,50.
**73.** a. 50 u; b. P1 = 15 u; P2 = 30 u; P3 = 75 u.
**74.** $ 116.216,00
**77.** Margem de segurança operacional = 0 u.
**78.** $ 66.000,00
**79.** 7 u
**84.** a. 3,226; b. 3,226.
**85.** 2,33
**86.** 2,5
**87.** 1,51
**88.** 3,5
**89.** GAO Garanhuns = 1,87; GAO Quixadá = 2,80.

## EXERCÍCIOS ADICIONAIS

**18.** a = $ 3,90; b. $ 18.500,00.
**19.** a. Deve ser aceito. b. $ 12.500,00.
**20.** $ 17.250,00
**21.** a. masculinas = 400 pares, femininas = 280 pares; b. $ 23.840,00.
**22.** a. Estantes (Lucro operacional fabricando mesas = $ 1.000,00; Estantes = $ 3.000,00).
**23.** a. M = 240 u; N = 200 u; P = 120 u; b. ($ 800,00).
**24.** a. $ 70.800,00; b. Quantidade que otimiza a MC: A = 2.000 u; B = 1.800 u; C = 650 u; D = 2.500 u; MC = $ 71.350,00.
**25.** a. = $ 321.000,00; b = $ 313.000,00; c. = $ 58.000,00; d = $ 50.000,00.
**26.** a. = $ 30.500,00; b. = $ 23.000,00; c = $ 19.500,00; d = $ 12.000,00.
**27.** a = $ 138.500,00; b = $ 158.500,00.

**28.** a. Lucro atual = $ 182.500,00; com o pedido = $ 205.000,00; c. lucro atual = $ 182.500,00; com o pedido = $ 205.000,00.

**29.** a. ($ 6.000,00); b. ($ 6.000,00).

**30.** a. X = $ 90.500,00; Y = $ 81.000,00; b. $ 41.500,00; c. $ 281.996.

**31.** a. $ 320.000,00; b. $ 160.000,00.

**32.** a. contábil: $ 200.000,00, econômico: $ 220.000,00; b. contábil: $ 340.000,00, econômico: $ 374.000,00.

**33.** a. R = $ 25,00; S = $ 42,50; b. ($ 11.250,00); c. $ 186.393,00; d. Não há MSO.

**34.** a. PEC = 9.000; b. PEE = 36.000; c. PEF = 8.100.

**35.** a. $ 400.000,00; b. $ 0.

**36.** a. Lisboa = 400; Madri = 400.

**37.** a. GAO Roma = 2,07; GAO Paris – 2,76.

**38.** a. 4.000 pares = $ 1.000,00; 5.000 pares = $ 5.000,00; 6.000 pares = $ 9.000,00; b. GAO = 16,0.

**39.** GAO = 9,0.

# CAPÍTULO 4

**8.**

| Custeio por absorção | | | Custeio ABC | | |
|---|---|---|---|---|---|
| Produto | Custo total | Custo unitário | Produto | Custo total | Custo unitário |
| A | $ 101.000,00 | $ 336,67 | A | $ 100.805,00 | $ 336,02 |
| B | $ 100.000,00 | $ 400,00 | B | $ 87.067,50 | $ 348,27 |
| C | $ 104.000,00 | $ 260,00 | C | $ 117.127,50 | $ 292,82 |

**9.**

| Custeio por absorção | | | Custeio ABC | | |
|---|---|---|---|---|---|
| Produto | Custo total | Custo unitário | Produto | Custo total | Custo unitário |
| X | $ 264.462,00 | $ 528,92 | X | $ 187.250,00 | $ 374,50 |
| Y | $ 131.838,00 | $ 439,46 | Y | $ 209.050,00 | $ 696,83 |

## EXERCÍCIOS ADICIONAIS

**5.** a. churrasqueira = $ 28.226,94; $ 70,57; balcões = $ 50.066,67; $ 250,33; gôndolas = $ 67.646,40; $ 225,49; b. churrasqueiras = $ 29.771,29; $ 74,43; balcões = $ 53.103,01; $ 265,52; gôndolas = $ 63.065,71; $ 210,22.

**6.** a. M = $ 1.155.000,00; $ 275,00; G = $ 513.000,00; $ 285,00; b. M = $ 1.124.454,55; $ 267,73; G = $ 543.545,45; $ 301,97; c. M = $ 1.069.928,57; $ 254,74; G = $ 598.071,43; $ 332,26.

**7.** a. detergente = $ 76.152,17; $ 2,18; sabão líquido = $ 70.034,78; $ 2,50; sabão em pasta = $ 73.163,04; $ 2,44; b. detergente = $ 82.978,16; $ 2,37; sabão líquido = $ 58.583,85; $ 2,09; sabão em pasta = $ 77.787,99; $ 2,59; c. detergente = absorção: $ 19.975,16; ABC = $ 13.734,26; sabão líquido: absorção = ($ 8.434,78); ABC = 3.016,15; sabão em pasta: absorção = $ 14.030,00; ABC = $ 10.176,67.

**8.** a. oficina = $ 72.500,00; clientes = $ 72.500,00; b. oficina = $ 90,63; clientes = $ 90,63.

**9.** P1 = $ 60.907,52; P2 = $ 32.494,70; P3 = $ 58.461.03.

**10.** Desenvolvimento de fornecedores = $ 11.500,00; cotação = $ 23.400,00; emissão de pedidos = $ 4.500,00; acompanhamento = $ 8.400,00.

# CAPÍTULO 5

**10.** Variação de matéria-prima = $ 0,60 D
Variação de mão de obra = ($ 0,75) F
Variação de custos indiretos variáveis = $ 0,75 D
Variação de custos indiretos fixos = ($ 0,20) F
Variação total = $ 0,40 D

- Matéria-prima
  Variação de quantidade = $ 0,00
  Variação de custos = $ 0,60 D
  Variação mista = $ 0,00
  Variação de matéria-prima = $ 0,60 D

- Mão de obra
  Variação de quantidade = $ 0,00
  Variação de custo = ($ 0,75) F
  Variação mista = $ 0,00
  Variação de mão de obra = ($ 0,75) F

- Variação de custos indiretos variáveis
  Variação de volume = $ 0,00
  Variação de eficiência = $ 0,00
  Variação de custo = $ 0,75 D
  Variação de custos indiretos variáveis = $ 0,75 D

- Variação de custos indiretos fixos
  Variação de volume = ($ 0,20) F
  Variação de eficiência = $ 0,00
  Variação de custo = $ 0,00
  Variação de custos indiretos fixos = ($ 0,20) F

## EXERCÍCIOS ADICIONAIS

**1.** Variação de matéria-prima = $ 0,70 D
Variação de mão de obra direta = 0,00
Variação de custos indiretos variáveis = 0,00
Variação de custos indiretos fixos = $ 0,08 D
Variação total = $ 0,78 D

**2.** Variação de matéria-prima = ($ 0,10) F
Variação de mão de obra direta = $ 0,25 D
Variação total = $ 0,15 D

**3.** a. Custo-padrão por panetone = $ 7,38
Custo real por panetone = $ 6,80
b. Variação de matéria-prima = ($ 0,40) F
Variação de mão de obra direta = 0,00
Variação do aluguel = ($ 0,10) F
Variação da depreciação = ($ 0,05) F
Variação da mão de obra indireta = ($ 0,08) F
Variação da energia elétrica = $ 0,05 D
Variação dos outros custos = 0,00
Variação total = ($ 0,58) D

# CAPÍTULO 6

## EXERCÍCIOS ADICIONAIS

1. Alvenaria = $ 24,46667; Pintura = $ 22,82222; Pisos e Azulejos = $ 25,11111; Hidráulica = $ 20,46667.
2. Despesas: Cozinha = $ 49.425,00; Sala = $ 37.675,00; Quarto = $ 54.600,00; Lucro: Cozinha = $ 90.575,00; Sala = $ 22.325,00; Quarto = $ 15.400,00.
3. a. Margem de Contribuição: Norte = $ 19.500,00; Sul = ($ 18.750,00); Leste = $ 18.187,50; Oeste = $ 5.062,50; b. Resultado da empresa = $ 14.000,00.

# CAPÍTULO 7

16. a. *Mark-up* divisor = 0,4750; multiplicador = 2,10526; b. Preço de venda à vista = $ 31,58; c. Preço de venda a prazo, com custo financeiro por fora: 30 dias = $ 33,16; 60 dias = $ 34,82; 90 dias = $ 36,56; d. Preço de venda a prazo com custo financeiro por dentro: 30 dias = $ 33,75; 60 dias = $ 36,39; 90 dias = $ 39,64.
17. a. $ 32,62; b. $ 34,61; c. $ 30,11.

## EXERCÍCIOS ADICIONAIS

1. a. 0,4735; b. 2,11193; c. $ 90,81.
2. $ 353.895,46
3. $ 478,85
4. $ 143,75
5. $ 35,00

# Glossário

**Atividade:** ação ou trabalho específico cujo objetivo é converter recursos em produtos ou serviços.

**Atividades que agregam valor:** ações ou trabalhos necessários para fabricar um produto ou realizar um serviço e que são valorizados pelos clientes.

**Atividades que não agregam valor:** ações ou trabalhos que compreendem duas categorias: a primeira contempla atividades necessárias ou obrigatórias para os negócios da empresa; a segunda, atividades que podem ser eliminadas ou até mesmo reduzidas sem prejuízo ao produto ou ao serviço.

**Ativo intangível:** ativo sem substância física.

**Bases de rateio:** parâmetros utilizados para fazer a distribuição de custos indiretos a mais de um objeto de custeio.

**Centro de custos:** unidade (ou segmento) da empresa em que se acumulam custos ou despesas.

**Conduta ética na contabilidade:** cumprimento das práticas contábeis aplicáveis à empresa, de modo a gerar demonstrativos com dados contábeis que proporcionem aos usuários informações corretas que os subsidiem em suas decisões.

**Custeio ABC (*activity-based costing*):** método de custeio que atribui, inicialmente, os custos dos recursos às atividades executadas pelas empresas. O custo de um produto ou serviço compreende a soma dos custos das atividades por eles consumidos.

**Custeio *kaizen*:** expressão japonesa que representa o processo de melhorias constantes durante o processo de fabricação.

**Custeio pleno (ou integral):** método de custeio que apropria aos produtos todos os custos e as despesas administrativas, comerciais e de distribuição.

**Custeio por absorção:** método de custeio pelo qual se apropriam aos produtos fabricados em determinado período todos os custos incorridos, sejam fixos ou variáveis. As despesas são levadas ao resultado do exercício.

**Custeio variável:** método de custeio pelo qual se apropriam aos produtos fabricados em determinado período somente os custos variáveis. Os custos fixos e as despesas são levados ao resultado do exercício.

**Custo da mão de obra:** salários pagos aos funcionários acrescidos de encargos sociais e trabalhistas.

**Custo de conversão:** ver *Custo de transformação.*

**Custo de oportunidade:** remuneração que um investimento não realizado propiciaria ao investidor, constituindo a remuneração mínima que o investimento realizado deve proporcionar para que esse investidor não tenha sua riqueza reduzida.

**Custo de produção:** custos com a matéria-prima, a mão de obra direta e os custos indiretos de fabricação.

**Custo de transformação:** custos incorridos para transformar a matéria-prima em produto. É formado pelo custo da mão de obra direta e pelos custos indiretos de fabricação.

**Custo dos produtos vendidos:** custo dos produtos que foram vendidos no exercício abrangido pela demonstração de resultados. É a saída da conta de estoque de produtos acabados por ocasião das vendas e consiste no custo que será confrontado com a receita para a obtenção do lucro bruto.

**Custo marginal:** acréscimo do custo total resultante do aumento da produção, como uma unidade a mais.

**Custo-meta:** custo máximo permitido para um produto, consistindo na diferença entre o preço que o consumidor está disposto a pagar e o lucro estipulado pelos proprietários da empresa.

**Custo-padrão:** custo planejado para um produto de acordo com as condições normais de produção; é determinado antes que a produção seja iniciada.

**Custos:** gastos consumidos na fabricação de um produto, na obtenção de uma mercadoria ou na realização de um serviço.

**Custos diretos:** custos referentes aos recursos consumidos no processo de fabricação e cujo consumo exato pode ser determinado por unidade fabricada, permitindo a apropriação direta do custo no produto.

**Custos fixos:** custos necessários para manter a estrutura que a empresa possui para realizar suas operações (ver *Custos semifixos*). São identificados com um período de tempo.

**Custos indiretos:** custos incorridos na produção que não podem ser medidos por unidade de produto. São apropriados ao produto por meio de rateio.

**Custos primários:** custos de matéria-prima e de mão de obra direta.

**Custos semifixos:** custos fixos que se alteram quando ocorrem mudanças na estrutura da empresa em decorrência de um novo volume de produção. Essa alteração acontece na passagem de um volume de produção para outro, após o que volta a manter o comportamento de custo fixo, até que o novo volume venha a ser alterado e necessite de nova estrutura.

**Custos semivariáveis:** custos que possuem uma parcela fixa e uma parcela variável.

**Custos variáveis:** custos decorrentes das atividades de produção; oscilam, isto é, variam de acordo com os aumentos e as reduções no volume de produção.

**Departamentos auxiliares:** departamentos da divisão de fábrica que não trabalham diretamente na produção, mas auxiliam os departamentos produtivos.

**Departamentos produtivos:** departamentos da divisão de fábrica que trabalham diretamente na produção.

**Despesas:** gastos incorridos para a obtenção de receita e a administração da empresa.

**Despesas administrativas:** gastos realizados na divisão de administração de uma empresa e que têm características de gastos fixos do período.

**Despesas comerciais:** ver *Despesas de vendas*.

**Despesas de vendas:** gastos realizados na divisão de vendas de uma empresa.

**Despesas variáveis:** parcela variável das despesas de vendas.

**Direcionador de atividades:** fator que identifica o modo como os objetos de custeio consomem as atividades.

**Direcionador de recursos:** fator que determina o modo como as atividades consomem recursos.

**Encargos sociais e trabalhistas:** gastos de uma empresa com os funcionários, que não os salários contratados.

**Engenharia de valor:** técnica de redução de custos empregada para atingir o custo-meta.

**Estoque de materiais:** ativo que ainda não foi consumido.

**Estoque de produtos acabados:** ativo composto de produtos já fabricados e que ainda não foram vendidos.

**Estoque de produtos em andamento (ou produtos semiacabados):** produtos que, ao final de um período, permanecem em fabricação e aos quais serão aplicados mais custos, a fim de concluí-los.

**Estoque de produtos em elaboração:** ver *Estoque de produtos em andamento*.

**Gargalo:** ponto da estrutura organizacional ou recurso escasso que limita as atividades operacionais.

**Gasto:** valor desembolsado com vistas à obtenção de um ativo, pago à vista ou a prazo.

**Investimentos:** gastos realizados com a obtenção dos bens e serviços que são registrados em contas do ativo da empresa. Posteriormente, quando houver o consumo desses investimentos, serão tratados como custos ou despesas.

**Mão de obra direta:** funcionários que trabalham diretamente no processo de transformação das matérias-primas em produtos ou que executam os serviços.

**Mão de obra indireta:** em uma empresa industrial, corresponde aos funcionários que trabalham na divisão de fábrica sem, porém, atuar diretamente na transformação da matéria-prima em produto. Em uma empresa prestadora de serviços, corresponde aos funcionários que apenas auxiliam na prestação de serviços, sem executá-los.

**Margem de contribuição:** diferença entre o preço de venda de um produto e seu custo variável e despesas variáveis. Essa diferença é a contribuição dos produtos para a cobertura dos custos e despesas fixos e para o lucro da empresa.

**Margem de segurança operacional:** quantidade de produtos ou receitas que uma empresa opera acima do ponto de equilíbrio.

***Mark-up*:** margem adicionada ao custo dos produtos para a formulação do preço de venda. Em geral, é expressa na forma de um índice ou percentual.

**Matéria-prima:** materiais utilizados no processo de fabricação e que integram fisicamente os produtos. Quando é possível identificar seu consumo nos produtos, o custo da matéria-prima é direto; do contrário, é indireto.

**Materiais auxiliares de produção:** materiais utilizados no processo de fabricação sem, contudo, integrar o produto.

**Objeto de custeio:** operação, atividade, conjunto de atividades, produto, departamento etc. para onde os custos são apropriados.

**Pedidos especiais:** pedidos extraordinários realizados pelos clientes que não afetam a produção normal.

**Perdas anormais:** perdas não previstas que excedem os limites das perdas normais no processo de fabricação ou ocorrem de maneira involuntária. O custo dessas perdas não é absorvido pelos produtos, sendo levado ao resultado do exercício.

**Perdas normais:** perdas que ocorrem naturalmente, dentro de limites previstos, no processo de fabricação. Seu custo está incorporado ao custo dos produtos.

**Ponto de equilíbrio:** situação em que uma empresa não tem lucro nem prejuízo. Nesse caso, a margem de contribuição iguala-se aos custos fixos acrescidos das despesas fixas. Também pode ser entendido como o momento em que o valor da receita apenas cobre os custos e despesas variáveis da quantidade que está gerando a receita, acrescidos dos custos e despesas fixos do período.

**Práticas contábeis:** procedimentos, convenções, regras e as próprias práticas específicas adotados por uma entidade na elaboração e apresentação de suas demonstrações contábeis.

**Produção em andamento:** produtos que estão em fase de fabricação, aguardando ser concluídos para então ser transferidos ao estoque de produtos acabados (ver *Estoque de produtos em andamento*).

**Produção em série (ou contínua):** sistema produtivo no qual as empresas fabricam produtos padronizados de modo continuado.

**Produção equivalente:** artifício utilizado pela contabilidade para atribuir custos às unidades de produtos que permanecem em fabricação ao final de um período. Compreende certa quantidade de unidades acabadas que representariam as unidades em processamento, atribuindo-lhes custos equivalentes em unidades acabadas. É empregada no sistema de acumulação de custos por processo.

**Produção sob encomenda:** sistema produtivo no qual as empresas necessitam de um pedido formal dos clientes. Os produtos não são padronizados, mas fabricados de acordo com as características definidas pelos clientes.

**Rateio:** distribuição de custos aos objetos de custeio de acordo com a base de rateio escolhida.

**Receita marginal:** acréscimo na receita total resultante do aumento das vendas, como uma unidade a mais.

**Risco operacional:** o risco operacional está associado à instabilidade no lucro operacional decorrente de variações nas receitas de vendas dada uma estrutura de custos e despesas fixos.

**Sistema de acumulação de custos por ordem de serviço (ou ordem de produção):** sistema de acumulação de custos utilizado pelas empresas que trabalham sob encomenda. O custo de uma encomenda só é conhecido quando ela é concluída.

**Sistema de acumulação de custos por processo:** sistema de acumulação de custos utilizado pelas empresas que trabalham com produção em série. Consiste em acumular os custos em uma conta representativa de determinado centro de custo e dividi-los pela produção equivalente para obter o custo de uma unidade do produto.

**Taxa de aplicação de custos indiretos de fabricação:** taxa de apropriação de custos indiretos aos produtos, calculada para normalizar os custos dos produtos. Em seu cálculo, considera-se um volume de produção estimado e os custos indiretos estimados.

**Tempo improdutivo:** horas em que os funcionários diretos, em caráter provisório, não realizam atividades nos produtos, em razão de interrupções temporárias, consideradas normais, da jornada de trabalho.

**Tempo ocioso:** horas não trabalhadas, isto é, nas quais os funcionários não executam atividades, em situações que fogem à normalidade.

**Tempo produtivo:** horas em que os funcionários diretos realizam atividades nos produtos.

# Referências


ABRANTES, J. Como as fases da pesquisa, desenvolvimento e responsabilidade ambiental, devem ser consideradas no ciclo de vida de um produto. VII Simpósio de Excelência em Gestão e Tecnologia. Associação Educacional Dom Bosco. Resende: Rio de Janeiro, 2004.

ALBUQUERQUE, M. C. C. de. *Introdução à teoria econômica*. São Paulo: McGraw-Hill do Brasil, 1976.

ASSOCIAÇÃO BRASILEIRA DE EMPRESAS DE LIMPEZA PÚBLICA E RESÍDUOS ESPECIAIS – ABRELPE. *Panorama dos Resíduos Sólidos no Brasil – 2009*. Disponível em: <http://www.abrelpe.org.br/noticias_releases.php?codeps=MzQ=>. Acesso em: 29 mar. 2011.

ASSOCIAÇÃO BRASILEIRA DE NORMAS TÉCNICAS – ABNT. *Resíduos Sólidos – Classificação – NBR 10.004*. Rio de Janeiro, 2004.

ASSOCIAÇÃO TÉCNICA BRASILEIRA DAS INDÚSTRIAS AUTOMÁTICAS DE VIDRO – ABIVIDRO. *Reciclagem*. Disponível em: <http://www.abividro.org.br/index.php/25>. Acesso em: 29 mar. 2011.

ASSOCIAÇÃO BRASILEIRA DE CELULOSE E PAPEL – BRACELPA. *Reciclagem de papel*. Disponível em: <http://www.bracelpa.org.br/bra2/?q=node/172>. Acesso em: 29 mar. 2011.

ASSOCIAÇÃO BRASILEIRA DO ALUMÍNIO – ABAL. *Reciclagem*. Disponível em: <http://www.abal.org.br/reciclagem/introducao.asp>. Acesso em: 29 mar. 2011.

ASSOCIAÇÃO BRASILEIRA DO SEGMENTO DE REFORMA DE PNEUS – ABR. *Dados do segmento*. Disponível em: <http://www.abr.org.br/estrutura.html>. Acesso em: 4 maio 2011.

ATKINSON, A. A.; BANKER, R. D.; KAPLAN, R. S.; YOUNG, S. M. *Contabilidade gerencial*. São Paulo: Atlas, 2000.

BERNARDI, L. A. *Política e formação de preços:* uma abordagem competitiva, sistêmica e integrada. São Paulo: Atlas, 1996.

BLOCHER, E. J.; CHEN, K. H.; COKINS, G.; LIN, T. W. *Gestão estratégica de custos*. São Paulo: McGraw-Hill, 2007.

BRAGA, R. *Fundamentos e técnicas de administração financeira*. São Paulo: Atlas, 1989.

BRASIL. Decreto-lei n. 5.452. Consolidação das Leis do Trabalho, 1º de maio de 1943.

__________. Constituição da República Federativa do Brasil de 1988.

__________. Lei n. 12.305 de 2 de agosto de 2010. Institui a Política Nacional de Resíduos Sólidos; altera a Lei n. 9.605, de 12 de fevereiro de 1998; e dá outras providências.

BRIMSON, J. A. *Contabilidade por atividades:* uma abordagem de custeio baseado em atividades. São Paulo: Atlas, 1996.

CARDOSO NETO, F. *Contabilidade de custos:* sistemas, técnicas de apropriação e gestão. São Paulo: Saraiva, 1987.

CEMPRE – Compromisso Empresarial para a Reciclagem. O mercado para a reciclagem. Disponível em: <http://www.cempre.org.br/ft_pet.php>. Acesso em: 29 mar. 2011.

CHRISTOPHER, M. *Logística e gerenciamento da cadeia de suprimentos*. São Paulo: Pioneira, 1997.

COGAN, S. *Custos e preços:* formação e análise. São Paulo: Pioneira, 1999.

COMISSÃO DE VALORES MOBILIÁRIOS – CVM. Aprova o pronunciamento do IBRACON sobre práticas contábeis, mudanças nas estimativas contábeis e correção de erros. Deliberação CVM n. 506, de 19 de junho de 2006.

COMITÊ DE PRONUNCIAMENTOS CONTÁBEIS. Pronunciamento Técnico CPC 04 (R1). Ativo Intangível. Disponível em: <http://www.cpc.org.br/pdf/CPC04_R1.pdf>. Acesso em: 9 mar. 2011.

COMITÊ DE PRONUNCIAMENTOS CONTÁBEIS. Pronunciamento Técnico CPC 27. Ativo Imobilizado. Disponível em: <http://www.cpc.org.br/pdf/CPC%2027.pdf>. Acesso em: 9 mar. 2011.

CONSELHO REGIONAL DE CONTABILIDADE DO ESTADO DE SÃO PAULO. *Curso sobre contabilidade de custos*. São Paulo: Atlas, 1992.

________. *Custo como ferramenta gerencial*. São Paulo: Atlas, 1995.

COOPER, R. G. Winning with new products. *Ivey Business Journal*, USA, 64, 6, p. 54-60, jul./ago. 2000.

DAMODARAN, A. *Avaliação de empresas*. São Paulo: Pearson Prentice Hall, 2007.

DAVIS, M. M.; AQUILANO, N. J.; CHASE, R. B. *Fundamentos da administração da produção*. Porto Alegre: Bookman, 2001.

DRUCKER, P. *Administrando para o futuro*. São Paulo: Pioneira, 1998.

DUTRA, R. G. *Custos:* uma abordagem prática. São Paulo: Atlas, 1986.

EQUIPE de professores da FEA/USP. *Contabilidade introdutória*. São Paulo: Atlas, 1998.

FILOMENA, T. P. *Modelo para medição e controle de custos no desenvolvimento de produtos*. 2004. 147 p. Dissertação (Mestrado). Programa de pós-graduação em engenharia de produção. Universidade Federal do Rio Grande do Sul. Porto Alegre: 2004.

FINEP – Financiadora de Estudos e Projetos. *Brasil inovador*: o desafio empreendedor: 40 histórias de sucesso de empresas que investem em inovação. Brasília: IEL – NC, 2006. Disponível em: <http://www.finep.gov.br/dcom/brasilinovador.pdf>. Acesso em: 18 jan. 2011.

FREIXO, O. M.; TOLEDO, J. C. de. Gestão dos custos do ciclo de vida do produto durante seu processo de desenvolvimento. In: IV Congresso Brasileiro de Gestão e Desenvolvimento de Produtos, Gramado, 2003.

GITMAN, L. J. *Princípios de administração financeira*. São Paulo: Harbra, 1997.

GRIFFIN, A. PDMA Research on new product development practices: Updating trends and bechmarking best practices. *Journal of Product Innovation Management*, USA, v. 14, n. 6, p. 429-458, 1997.

GUERREIRO, R.; MEGLIORINI, E. *Decisão sobre aceitar pedidos de vendas especiais na presença de excesso de capacidade disponível ou pela aquisição de capacidade, em uma perspectiva de curto prazo*. VIII Congreso del Instituto Internacional de Costos. Punta Del Este, Uruguay, 2003.

GUERREIRO, R. *A meta da empresa*. São Paulo: Atlas, 1996.

HANSEN, D. R.; MOWEN, M. M. *Gestão de custos*. São Paulo: Pioneira Thomson Learning, 2003.

HARDING, H. A. *Administração da produção*. São Paulo: Atlas, 1992.

HORNGREN, C. T. *Contabilidade de custos:* um enfoque administrativo. São Paulo: Atlas, 1989.

HORNGREN, C. T.; DATAR, S. M.; FOSTER, G. *Contabilidade de custos*. Rio de Janeiro: Livros Técnicos e Científicos Editora, 2000.

HORNGREN, C. T.; SUNDEM, G. L.; STRATTON, W. O. *Contabilidade gerencial*. São Paulo: Pearson Prentice Hall, 2004.

INSTITUTO AÇO BRASIL – IAB. Relatório de sustentabilidade 2009. Disponível em: <http://www.acobrasil.org.br>. Acesso em: 4 maio 2011.

INSTITUTO BRASILEIRO DE GEOGRAFIA E ESTATÍSTICA – IBGE. Pesquisa nacional de saneamento básico – 2008. Rio de Janeiro, 2010.

IOB – Informações Objetivas. *Caderno temática contábil e balanços:* custos de empresas comerciais (1ª parte). São Paulo, Boletim 33, p. 300-307, 1995.

________. *Caderno temática contábil e balanços:* custos de empresas comerciais (2ª parte). São Paulo, Boletim 34, p. 311-316, 1995.

________. *Caderno temática contábil e balanços:* custos de empresas comerciais. São Paulo, Boletim 14, p. 137-140, 1995.

________. *Caderno temática contábil e balanços:* custos nas empresas de prestação de serviços. São Paulo, Boletim 5, p. 8-11, 1999.

________. *Caderno temática contábil e balanços:* o sistema de custeio por atividade – sistema ABC. São Paulo, Boletim 11, p. 77-81, 1994.

________. *Legislação trabalhista e previdenciária:* encargos sociais nas empresas. Tabela de percentuais básicos. São Paulo, Boletim 13, p. 242-247, 1996.

IUDÍCIBUS, S. de; MARION, J. C. *Curso de contabilidade para não contadores*. São Paulo: Atlas, 1998.

JARUZELSKI, B.; DEHOFF, K. *Profits down, spending steady:* the global innovation 1000. Booz & Company Inc. Winter 2009. Disponível em: <http://www.inovacao.unicamp.br/report/inte_Innovation1000-2009_091207.pdf>. Acesso em: 12 jan. 2011.

KAPLAN, R. S.; COOPER, R. *Custo e desempenho*. São Paulo: Futura, 1998.

KOTLER, P. *Administração de marketing*. São Paulo: Pearson Prentice Hall, 2000.

KOUDAL, P.; COLEMAN, G. C. Coordinating operations to enhance innovation in the global corporation. *Strategy & Leardship*, v. 33, n. 4, p. 20-32, 2005.

LEITE, P. R. *Logística reversa*. São Paulo: Pearson Prentice-Hall, 2009a.

________. Logística reversa – a complexidade do retorno dos produtos. *Revista Tecnologística,* dez. 2009. Disponível em: <http://www.clrb.com.br/ns/artigos.asp>. Acesso em: 4 maio 2011.

LEONE, G. S. G. *Custos:* planejamento, implantação e controle. São Paulo: Atlas, 1987.

LI, D. H. *Contabilidade de custos*. Rio de Janeiro: Interamericana, 1981.

LIMA, J. G. de. *Custos:* cálculos, sistemas e análises. São Paulo: Atlas, 1987.

LUCAS, M. Absorption costing for decision-making. *Financial Management*, v. 75, n. 9, p. 42-44, out. 1997.

MAHER, M. *Contabilidade de custos:* criando valor para a administração. São Paulo: Atlas, 2001.

MARTINS, E. *Contabilidade de custos*. São Paulo: Atlas, 2003.

MOORE, L.; CREESE, R. C. Manufacturing cost estimation. *Cost Engineering*, v. 32, p. 17-21, maio 1990.

MOREIRA, D. A. *Administração da produção e operações*. São Paulo: Cengage Learning, 2008.

MORRIS, M. H.; MORRIS, G. *Política de preços em um mercado competitivo e inflacionado*. São Paulo: Makron Books, 1994.

NAKAGAWA, M. *ABC:* custeio baseado em atividades. São Paulo: Atlas, 1995.

________. *Gestão estratégica de custos:* conceito, sistemas e implementação. São Paulo: Atlas, 1993.

OLDCORN, R.; PARKER, D. *Decisão estratégica para investidores*. São Paulo: Nobel, 1998.

OSTRENGA, M. R.; OZAN, T. R.; MCILHATTAN, R. D.; HARWOOD, M. D. *Guia da Ernst & Young para gestão total dos custos*. Rio de Janeiro: Record, 1993.

PADOVEZE, C. L. *Contabilidade gerencial:* um enfoque em sistema de informação contábil. São Paulo: Atlas, 1997.

________. *Controladoria estratégica e operacional*. São Paulo: Thomson Learning, 2003.

________. *Curso básico gerencial de custos*. São Paulo: Thomson Learning, 2003.

PIZZOLATO, N. D. *Introdução à contabilidade gerencial*. São Paulo: Makron Books, 2000.

ROCHA, A. da; CHRISTENSEN, C. *Marketing*. São Paulo: Atlas, 1999.

ROGERS, D. S.; TIBBEN-LEMBKE, R. S. *Going backwards:* reverse logistics trends and practices. University of Nevada, Reno Center for Logistics Management, 1998.

ROZENFELD, H. et al. *Gestão de desenvolvimento de produtos*. São Paulo: Saraiva, 2006.

SALAS, O. A.; BLAKE, J.; GUTIÉRREZ, S. M. *La contabilidad creativa en España y en El Reino Unido:* un estudio comparativo. Universitat Pompeu Fabra. 1995. Disponível em: <http://www.econ.upf.edu/en/research/papers.php?area=5&nom=&pagina=11> Acesso em: 25 jun. 2008.

SANTOS, J. J. dos. *Análise de custos:* um enfoque gerencial. São Paulo: Atlas, 1987.

________. *Formação de preços e do lucro empresarial*. São Paulo: Atlas, 1988.

SANTOS, R.V. *Modelos de decisão para gestão do preço de venda*. Dissertação de Mestrado. São Paulo, Faculdade de Economia, Administração e Contabilidade, Universidade de São Paulo, 1995.

SLOMSKI, V.; KASSAI, J. R.; SLOMSKI, V. G. Contabilidade gerencial e sustentabilidade. In: PARISI, C.; MEGLIORINI, E. *Contabilidade gerencial*. São Paulo: Atlas, 2011.

SOUZA, M. A.; DIEHL, C. A. *Gestão de custos*. São Paulo: Atlas, 2009.

TEIXEIRA, J.; PIERRO NETO, S. di. *Matemática financeira*. São Paulo: Makron Books, 1998.

# Índice remissivo

# Sobre o autor

**Evandir Megliorini** é mestre em administração pela Pontifícia Universidade Católica de São Paulo e doutor em controladoria e contabilidade pela Faculdade de Economia, Administração e Contabilidade da Universidade de São Paulo. É autor de diversos artigos relacionados a custos e contabilidade gerencial, apresentados em congressos e publicados em revistas acadêmicas. É professor da Universidade Federal do ABC – UFABC.